国家出版基金资助项目
"十二五"国家重点图书出版规划项目

王天玉 ◎ 著

# 妇女何在？
## 三江并流诸峡谷区的性别政治

芒野东南的民族丛书

何国强 主编

中山大学出版社
·广州·

版权所有　翻印必究

图书在版编目（CIP）数据

妇女何在？三江并流诸峡谷区的性别政治/王天玉著.—广州：中山大学出版社，2013.12
（氹野东南的民族丛书/何国强主编）
ISBN 978-7-306-04697-0

Ⅰ.①妇…　Ⅱ.①王…　Ⅲ.①女性—生活状况—研究—云南省　Ⅳ.①D669.68

中国版本图书馆CIP数据核字（2013）第216484号

| | |
|---|---|
| 出版人： | 徐　劲 |
| 策划编辑： | 嵇春霞 |
| 责任编辑： | 嵇春霞 |
| 封面设计： | 林绵华　曹巩华 |
| 责任校对： | 廖泽恩 |
| 责任技编： | 何雅涛 |
| 出版发行： | 中山大学出版社 |
| 电　　话： | 编辑部 020-84111996，84113349，84111997，84110779 |
| | 发行部 020-84111998，84111981，84111160 |
| 地　　址： | 广州市新港西路135号 |
| 邮　　编： | 510275　传　真：020-84036565 |
| 网　　址： | http://www.zsup.com.cn　E-mail: zdcbs@mail.sysu.edu.cn |
| 印 刷 者： | 广州中大印刷有限公司 |
| 规　　格： | 787mm×1092mm　1/16　18.75印张　355千字 |
| 版次印次： | 2013年12月第1版　2013年12月第1次印刷 |
| 印　　数： | 1～2000册　定　价：46.00元 |

如发现本书因印装质量影响阅读，请与出版社发行部联系调换

# 总　序

黄淑娉

青藏高原古称"芫野"①，"喜马拉雅"与"横断"两条山脉在东南交汇，形成北半球地表褶皱最明显而紧密的区域——纵横千里，层峦叠嶂，忽而峡谷幽深、激流汹涌，忽而悬崖突兀、雪峰傲立。雄奇的景观掩饰着严酷的自然。适宜耕种的土地集中在河谷，陡峭的高坡土层稀疏、岩石裸露、杂草丛生，经常发生泥石流。山川、植被、动物、村庄依季节交替呈现出各种姿态：旱季，尘土飞扬、风霜严寒、万物萧条；雨季，四野青翠、鸟语花香、人畜徜徉于云端。

芫野东南素有"民族摇篮"之称。在北纬25°～38°、东经90°～104°的广袤区域，由东至西，有金沙江、澜沧江、怒江、独龙江和雅鲁藏布江，史前时代的汉羌之争，造成部分羌人融为汉族，部分羌人西迁。② 西迁的羌人一部分沿着江河古道北上甘青，另一部分南下川滇，到达今川、滇、藏交界区，更有一些部落进入了东南亚。他们南北行走的整套路线分布的区域到公元前4世纪业已形成民族走廊。《史记》记载了张骞出使大夏（今阿富汗）见到四川特产的见闻③，那是公元前2世纪发生的事情。又过了两个世纪，最后一批迁徙者

---

① 《诗经·小雅·小明》曰："明明上天，照临下土。我征徂西，至于芫野。二月初吉，载离寒暑。心之忧矣，其毒大苦！……"大意为周天子令诸侯征伐氐羌系部落，西行到青藏高原，将士思乡，无心恋战，企图班师回朝的情景。《说文解字》解"芫"，一为"远荒"；一为草本植物，如"秦芫"——兰花形，生长于黄土高原与青藏高原接壤地带、海拔3 000米的荒野，愈往西愈密。故"芫野"指今青藏高原东部，即今川、青、滇、藏四个省（自治区）相交界的区域。

② 如（南北朝）范晔《后汉书·卷八十七·西羌传第七十七》（景印文渊阁四库全书本第252～253册）有"秦献公初立，欲复穆公之迹，兵临渭首，灭狄獂戎。忍季父卬畏秦之威，将其种人附落而南，出赐支河曲西数千里，与众羌绝远，不复交通"的记载，说战国初期（公元前475年）以"卬"为首的一支羌人迫于族群竞争的压力，由今甘陕地区向西南徙迁至玉树地区。

③ 汉朝的四川特产远播大夏绝不可能走西域丝绸之路，那样将徒增路程，最有可能的是走西南丝绸之路，起点为成都，终点为印度甚至波斯（今伊朗），中间点为夜郎（今贵州）、滇（今昆明）、南诏（今大理）、缅甸。这说明中西交通很早就贯通了。

沿着民族走廊进入东南亚。东晋、十六国时期（317—420 年），鲜卑族从大兴安岭西迁，抵达青海湖与当地羌人杂处，出现西羌、吐谷浑、白兰、党项、附国、吐蕃、姜人等古代部族，也有南迁的情况出现。各氏族部落在南迁路中定居、联姻、繁衍，发生贸易、战争和宗教行为，经过千百年的基因采借与文化交汇，演变出藏族、门巴族、珞巴族、纳西族、傈僳族、怒族、独龙族、景颇（克钦）族、克伦族、骠族、缅族、掸族等境内外民族。① 元明以降，封建国家的势力先后侵及这片土地。目前，一块归中国，一块归印度，一块归缅甸。《芄野东南的民族丛书》就揭示了中国西南川、滇、藏和川、青、藏接壤地带极具内涵的民族文化。这些民族是藏族、纳西族、怒族、独龙族和傈僳族。这些民族人们的体质特征与三支种群有关：①蒙古北亚人，特征是高身材、中头型、高鼻型、前额平坦、黑眼珠，男人高大英俊，女人身材颀长；②蒙古南亚人，特征是身材略矮、低头型、前额微窄、褐色眼珠、低鼻型；③"藏彝走廊"型，介于前两者之间，又自成一类，其特征是中身材、中头型、中鼻型，孩子的眼珠较黑，成人的眼珠泛褐。具体来说，怒族和独龙族人带有蒙古南亚人的体质特征，藏族、纳西族和傈僳族人带有"藏彝走廊"型的体质特征。由于藏族人的来源复杂，内部族群众多，有的体质特征偏向蒙古北亚人。例如，三岩藏族人的体质特征与塔吉克族、维吾尔族、锡伯族、哈萨克族、蒙古族等北方民族关系密切些，跟藏彝类型的藏族关系疏远些。② 无论体质特征如何，这 5 个民族的人民都有率真淳厚、健谈好客、谦让刚毅、吃苦耐劳的一面。人们因地制宜谋取生活资料，建造房屋，修建梯田，引水渡槽，高山放牧；人们也抽烟喝酒、唱歌跳舞、知足常乐。

新中国成立后，党和政府组织集中进行民族识别（1953—1956 年）和少数民族语言与社会历史调查（1956—1958 年）。根据 20 世纪 80 年代出版的《民族问题五种丛书》的描述，当时藏族、纳西族、怒族、独龙族和傈僳族等民族已出现社会分化：有的社会结构呈尖锥形，如藏族的农奴制、纳西族的土司制；有的社会结构呈钝锥形，如保留着原始公社残余的怒族和独龙族。民族文化的保持与传承是通过社会结构来实现的。独龙江两岸的村落出现了头人、大小巫师（南木萨、龙萨）、工匠、平民、家奴。前三种人基本上是富裕的族人，他们拥有土地，蓄养奴隶，并未完全脱离劳动。奴隶来自债务和买卖，成为家庭的一员，由主人安排婚姻，给予经济开支。奴隶在公共场合（如祭礼、

---

① 参见（五代）刘昫《旧唐书》卷 197 列传第 147（景印文渊阁四库全书本第 268～271 册，台湾商务印书馆 1983 年版）和（宋）欧阳修《新唐书》卷 222 上列传第 147 上下（景印文渊阁四库全书本第 272～276 册，台湾商务印书馆 1983 年版）关于南蛮、西南蛮和骠国的描述。

② 参见何国强、杨晓芹、王天玉等《三岩藏族的体质特征研究》，载《人类学学报》2009 年第 4 期，第 408～417 页。

公议、公断等）与平民有身份界限。劳动过程中主仆地位不同，主人为奴隶提供生产资料（如土地、牲畜、农具、种子），并占有全部收获物。人们在社会结构中各居其位，各层次的差别不大，在血缘、地缘基础上发生的共济、共庆、换工等集体行为维持着内部平等，原始宗教和基督教起到恐吓叛逆者、安抚民众、制止反抗的作用。旧的社会结构被打碎以后，新的社会结构逐步建立，其所传承的文化与过去有着质的不同。

17世纪，西方人陆续进入喜马拉雅东部山区与横断山脉南部的多条河谷。早期的传教士、探险家带着猎奇的眼光看待这里的风土人情。19世纪伊始，民族学家、地理学家、行政人员、桥梁工程师开始进入这片地域上无人知晓、地图上一片空白的沃野。到20世纪40年代末的150年间，他们记录了大量宝贵的材料。英国、美国、印度三国学者的成绩尤为突出，如果只见他们为殖民政府服务的一面而不见其科学记述的一面是不公平的。在此，我愿意借鉴沙钦·罗伊的书单①，肯定J. 马肯齐、J. 布特勒、G. W. 贝雷斯福德、A. F. 查特尔、P. C. 巴利、B. C. 戈海尔、M. D. 普格②等人的工作；我还要提到F. M. 贝利、F. K. 沃德、维雷尔·埃尔温、P. N. S. 古塔、马骏达、N. 罗伊、B. C. 古哈和S. 罗伊等人的努力，特别是约瑟夫·洛克、克里斯托夫·冯·菲尤勒-海门道夫和埃得蒙·利奇的奉献。

洛克于1922年到达中国西南边陲，在川、青、甘、滇接壤地带考察，为美国农业部、国家地理协会和哈佛大学收集植物和飞禽标本，在丽江度过了27年。随着时间的推移，洛克的研究兴趣转移到纳西族的文化上。他的《纳西英语百科词典》收入了东巴教及濒于消亡的古纳西语，他撰写的《中国西南古纳西王国》叙述了当时甘青交界处、滇西北、川西南和西藏纳西族居住区域的地理、历史、物产和文化。1992年，迈克尔·阿里斯在纽约出版了《喇嘛、土司和强盗》，以图文并茂的形式回顾了洛克在川、滇、藏的田野研究经历。③

第二次世界大战期间，利奇在克钦山区打游击。那个地区为中国的滇、藏和印度的阿萨姆邦三面环绕，有号称"野人山"的莽莽丛林。利奇广泛地接

---

① 参见（印）沙钦·罗伊《珞巴族阿迪人的文化》，李坚尚、丛晓明译，西藏人民出版社1991年版，第297～302页。

② 他们的代表作分别为《孟加拉东北极边地区山区部落记事》（1836年版）、《阿萨姆山区部落概述》（1847年伦敦版）、《阿萨姆东北边境记》（1881年西隆版、1906年重印）、《阿波尔的吊桥》（载《皇家工程师》1912年第16卷）、《阿萨姆山区部落的头饰》（载《皇家孟加拉亚细亚学会会刊》1929年总字第25卷）、《阿波尔人的农业组织》（载《人类学系调查报告》1954年第3卷第2册）、《东北边境特区的娱乐活动》（1958年版）等，这里仅仅提到很少的一部分。

③ 参见 Michael Aris *et al*. *Lamas*, *Princes*, *and Brigands*: *Joseph Rock's Photographs of the Tibetan Borderlands of China*. China House Gallery, China Institute in America, 1992.

触克钦人,于1954年出版《上缅甸诸政治体系》,提出社会转变的动力学模型。几乎在同一时期,克里斯托夫·冯·菲尤勒-海门道夫在印度调查了10年,期间以特派员的身份在阿萨姆地区工作两年。他和妻子贝蒂·勃纳多在调查阿帕塔尼人①的间隙中,专程到麦克马洪线以南的斯皮峡谷,那里距离西藏的瓦弄咫尺之遥。因物资供应不足,1944年4月2日夫妇俩开始撤退,准备翌年再进行调查,后因印度政府决定推迟这项计划,最终未能进入西藏察隅地区。海门道夫基于田野调查的12本书②对于青藏高原的研究极具参考价值。

20世纪50年代以后的民族学家,无论是美国人、英国人、法国人、印度人,还是中国人,都是在利用前人收集的原始资料、绘制的地图、提炼的概念、阐述的命题和他们的民族识别、文化分类的成果,并汲取他们务实与求真的精神力量。

中国学者对青藏高原东南部的民族调查可追溯到抗日战争时期,左仁极、羊泽、朱刚夫、李式金、李中定、陶云逵、黄举安(以姓氏笔画为序)等人曾赴三江(金沙江、澜沧江、怒江)并流地区,调查成果虽然一鳞半爪,但科学精神不可低估。李霖灿、方国瑜、杨仲鸿对纳西语的研究尤其值得一提。新中国成立后的几十年间,我的同仁,如王辅仁、王晓义、孙宏开、刘龙初、刘芳贤、宋恩常、宋兆麟、吴从众、李坚尚、杨毓襄、张江华、姚兆麟、龚佩华、谭克让、蔡家骐、欧阳觉亚(以姓氏笔画为序)等,跋涉于川、青、滇、藏交界区的山水之间,也提出批判地学习和吸收西方人类学的任务。③ 1979年,西藏社会科学院资料情报研究所在北京成立,后迁至拉萨,组织翻译了一批文献,吴泽霖、费孝通都身体力行地做过译介工作。④ 由于各种原因,我们的研究起步较晚,田野研究缺乏长期性、系统性,理论方法上也有故步自封的表现,偏重于社会经济形态的素材,而较容易忽视社会组织、风俗制度与意识形态的素材。

---

① 中国民族学界有一种观点,认为阿帕塔尼人与珞巴族人同源,阿帕塔尼是珞巴族的组成部分。珞巴族包含20多个部落,如尼升、巴依、玛雅、纳、崩尼等,其经济形态与独龙族完全相同。

② 它们是《赤裸的那加人:阿萨姆邦的猎头部落的战争与和平》(1939年第1版、1968年第2版、1976年第3版)、《苏班西尼地区的民族学注释》(1947年版)、《喜马拉雅山区未开化的民族》(1955年版)、《阿帕塔尼人和他们的邻居:喜马拉雅山东部的一个原始社会》(1962年版,有中译本)、《尼泊尔的夏尔巴人:信佛的高地居民》(1964年版)、《尼泊尔、印度和锡兰的社会等级制度和血缘关系:对印度教与佛教相接触地区的人类学研究》(1966年版)、《尼泊尔人类学述略》(1974年版)、《喜马拉雅山区的贸易者:尼泊尔高地的生活》(1975年版,前三章半有中译本)、《喜马拉雅山地部落:从牲畜交换到现金交易》(1980年版)、《阿鲁纳恰尔邦的山地人》(1982年版)、《西藏文明的复兴》(1990年版)和《在印度部落中生活:一位人类学家的自传》(1990年版中译本)。

③ 参见林耀华《序》,见黄淑娉、龚佩华《文化人类学理论方法研究》,广东高等教育出版社2004年版。

④ 参见《费孝通译文集·前言》(上册),群言出版社2002年版,第2页。

改革开放以来,国内强调"补课",出版了不少社会文化人类学(民族学)的理论著述,这是可喜可贺的。最近十几年,获得高级职称的中青年学者也越来越多。但是,不可否认,一些民族学工作者欠缺实地调查的经历,学界对田野调查的要求放松,对边陲少数民族的研究远远不够,市面上田野研究的著述稀少。有人说,目前田野工作的条件(如交通、通讯、住宿、饮食、医疗、安全、语言沟通、调查工具和手段等)较之20世纪五六十年代不知改善了多少,可如今的实地调查与书斋研究的比例较之于过去不知减少了多少。① 本人深有同感。我虽然退休多年,但也知道一点外面的情况。现在科研的资助力度每年都在增大,下达的课题也在增多,出版界欣欣向荣,民族类的期刊、书籍相当多;但是,深入扎实的调查研究没有跟上来。由于辛勤收集第一手资料和认真提炼、精巧构思并以朴实平正的笔调叙述的作品不太为社会所赏识和鼓励,因此田野作品越来越少。这种情况与历史的发展很不合拍。就青藏高原东南部而言,随着旅游的开发,三江并流自然景观被列入《世界遗产名录》,社会对非物质文化的保护意识被带动起来了,国内外迫切需要了解这一区域的民族现状,抢救、整理和保存当地的原生态文化迫在眉睫。但经常到农牧区做调查的人不多。原因何在?这恐怕与投入和产出的衡量标准有关。譬如,有些环境陌生而艰苦,原创性作品生产周期长,即使出得来,社会反应也需要一定时间,不如"跟风"成效快。"不可否认,学界急功近利的浮躁之风,评判成果室内室外一刀切的做法,都是使田野调查边缘化的原因。"② 我认为,端正调查之风、调整激励机制势在必行,否则民族学研究将难以为继,更谈不上以良好的姿态服务于社会。

西北川、青、藏交界区,以及西南边陲川、滇、藏接壤地区,民族学资源异常丰富,吸引着以何国强教授为首的研究团队不畏艰苦、锲而不舍地调研。这套由7部专著组成的丛书即有选择性地介绍了那里的民族文化。分册和作者名依次为《青藏高原的婚姻和土地:引入兄弟共妻制的分析》(坚赞才旦、许韶明)、《碧罗雪山两麓人民的生计模式》(李何春、李亚锋)、《整体稀缺与文化适应:三岩的帕措、红教和民俗》(许韶明、坚赞才旦)、《独龙江文化史纲:俅人及其邻族的社会变迁研究》(张劲夫、罗波)、《青藏高原东部的丧葬制度研究》(叶远飘)、《妇女何在?三江并流诸峡谷区的性别政治》(王天玉)、《滇藏澜沧江谷地的教派冲突》(王晓、高薇茗、魏乐平)。翻开细细品

---

① 参见郝时远主编《田野调查实录:民族调查回忆·前言》,社会科学文献出版社1999年版,第3页。
② 英国皇家人类学会编订:《人类学的询问与记录·序言》,周云水、许韶明、谭青松等译,国际炎黄文化出版社2009年版,第13~14页。

味，看得出作者们长期研究的积累。主编何国强教授是我的学生，也是这个研究团队的组织者。他17年来坚持探索汉藏区域文化，主张多学科相结合，调查素材、史志和理论三点互补，中外资料融会贯通，以及汉族区域和少数民族区域的文化现象互为衬托的研究思路。自1996年夏天至今，他已11次踏上青藏高原。担任博士生导师以后，他努力寻求基金会的支持①，推动每一届研究生到青藏高原东部和东南部选题作论文，秉承老一辈民族学家研究西南民族的传统，深入偏远的高山峡谷。据我所知，另外10位中青年作者在跟随他学习期间，除极少数人之外，皆有1年左右的调查经历，目前分别在高校或科研部门工作。他们的成果与书斋式的研究不同，每一本书都充满鲜活的材料，讲理论、重实际，穿插纵横（时空）比较和跨文化研究（类型）比较，散发着田野的芬芳。

调查员根据已有的知识草拟提纲，到当地观察、询问和感受，苦学语言，一丝不苟地记录，孜孜不倦地追寻文化变迁的足迹，修正调查提纲和理论预设。他们入乡随俗、遵循当地礼节，与村民建立互信，由此获得可信的感知材料。但这套丛书不是田野材料的机械堆砌，而是在科学方法和理论模块引导下的分析、综合与描述，不仅揭示了该地区存在的一些问题——如风俗制度的动力和机制、传统生计的命运、社会转型时期妇女的角色变迁等——而且对这些问题做出了切合实际的解答。

这套丛书坚持了民族学研究偏远之地的优良传统，同时强调多维视角，突出科研的前沿性、创新性及应用性，对于边疆少数民族的研究具有弥足珍贵的作用，同时给东南亚乃至世界的民族学提供了参考价值；在抢救和整理濒临绝境的原生态文化方面，体现了学术研究在增进国民福祉及促进社会和谐过程中的作用，在为西部开发提供决策依据并带动民族文化的保护性研究等方面均有不可忽视的意义。

这套丛书还凸显了"好料做好菜"的诀窍。前期4个课题资助，10余年田野调查取得的第一手资料绝不会自动转化为社会公认的产品，需要紧扣"民族特色"提炼选题，科学搭配，形成整体效应。编者先是将婚姻与丧葬制度、血缘组织、传统生计、本地宗教和外来宗教（东巴教、藏传佛教和天主教）的碰撞、妇女地位、先进民族的帮助与后进民族的发展等选题集合在一个总题目下共同反映特定区域的文化，"好菜"就做了一半；继而在中山大学

---

① 本研究相关课题获得4次资助，即"青藏高原的兄弟共妻制研究：以卫藏和康的五个社区为例"（香港中山大学高等学术研究基金，2004—2005年）、"青藏高原东部三江并流地区民族文化的历史人类学研究"（教育部人文社会科学基金，2006—2008年）、"三江并流峡谷的民族文化和社会结构变迁研究"（国家社会科学基金，2007—2009年）、"川青滇藏交界区民族文化多样性的动力学研究"（国家社会科学基金，2012—2014年）。

出版社的鼎力协助下申请国家出版基金资助项目，争取新的资源来整合后续工作。这样，整道"菜"就做好了。以上两点在何国强教授与中山大学出版社的通力合作中可见端倪，同时专家的支持[①]也相当重要。在这个基础上，各分册的作者和责任编辑保持良好的互动，认真审稿，精益求精地修改文本、补充资料、优化结构，本着为人民高度负责的精神对待自己的职业。凡此皆说明学术界与出版界的精诚合作对于完成科研成果转换的重要作用。

---

① 这套丛书于2011年入选"十二五"国家重点图书出版规划项目，2012年入选国家出版基金资助项目。两次申报工作，均得到四川省社会科学院任新建研究员和中国人民大学胡鸿保教授的极力推荐。

# 前　　言

位处青藏高原东南缘的三江并流峡谷因其文化多样性为在跨文化视野中研究性别政治问题提供了宝贵的学术资源与分析对象，但由于受到以往研究视野与理论发展阶段的影响，人们对这一区域内妇女群体的关注仍较为有限。本书在前人研究的基础上，以人类学的研究理论与方法，试图从政治人类学的视角来审视这一区域内4个主要民族（即藏族、纳西族、怒族和独龙族）社会的性别政治问题，从婚姻形态、血缘继嗣、亲属称谓、婚姻支付、性别分工、宗教信仰、代际传递等方面展开研究；在参考大量文献和史料的同时，通过实地田野调查和近距离的观察与访谈，详细描述了身处各类特殊婚姻形态中妇女的真实生活，系统探讨不同婚姻形态和家庭内外的社会性别关系与发展动因，为更全面而深入地理解性别政治问题的产生、发展与变迁提供一种新颖的视角和参照，亦为分析和理解跨文化视野中的性别政治问题提供重要的民族志资料。

本书主要由以下7个部分的内容所构成：

第一章介绍多种独特性并存的三江并流峡谷。包括地理位置、生态环境和族群往来交融的历史文化积淀等内容，构建研究对象生活的真实环境。横断山脉崇山峻岭中的三江并流峡谷地处川、滇、藏交界地带，纵横分布的江河将横断山区切割为诸多深谷高岭和一块块不连贯的台地，由此形成的许多相对独立且封闭的地理区域使得这里成为生物多样性最为集中的地区之一；历史上往来交融的族群则更加丰富了这片区域的文化多样性，在此基础上形成的婚姻形态和性别政治形貌也因此具有复杂性。

第二章详细描述和分析三江并流峡谷区域社会的继嗣制度结构及其流变过程，探讨不同社会结构中母系与父系继嗣制度的形成、发展与确立过程中男女两性所获取或丧失的权利，包括亲属制度、婚姻制度、土地制度与生产关系、家庭的内部权利关系，以及婚姻的变动形态。不同的血缘观念和继嗣制度决定了男女两性在家庭和当地社会中所处的地位、扮演的角色及其掌握的权利；土地制度和生产方式是人们决定婚姻形态的基本要素，由继嗣制度决定的继承权及相应的家庭责任则催生了不同的婚姻缔结与支付形式，并为妇女获得相应的家庭与社会地位提供了必要前提。

第三章分析不同生计方式与性别分工模式下男女两性的角色与地位。三江并流峡谷脆弱的生态系统和地广人稀、可供耕地稀少的生存矛盾共同生成了当地半农半牧及包括商贸和手工业在内的多种生计模式。通过当地男女两性的劳动分工模式、劳动价值认同、社会政权以及建立在此基础之上的权利实践体系，发现存在于不同族群社会中的两性分工认知逻辑与判断标准，及其如何进一步延伸为一种等级化的空间观念。女性与男性在不同空间中的合作与竞争关系体现了社会性别制度的复杂性与动态性，同时也生动体现了由土地制度及生产方式所决定的多种婚姻形态存在与延续的内外动因。

第四章通过分析研究对象个体身体的外在表征和心理感受，解读不同社会文化系统对女性个体所产生的影响和控制机制。研究发现，"男女有别"及"女性污秽"的身体观念是不同社会对自我及他者身体的重要认知基础。社会对女性身体的认识以及女性对自我身体"污秽"的认同共同扮演了重要的角色，并合力推动了女性的自我认识以及对命运的顺从感，使得女性群体成为各种婚姻形态不断延续的重要推动媒介。

第五章讨论外部环境、文化系统和社会系统之间的联结机制——性别权利与政治的代际传递功能。通过分析当地社会的家庭教育、社区教育、社会教育和学校教育机制，探讨各种政治话语与意识形态的渗透过程，分析研究对象个体人格系统的形成与变动状态，为分析和理解其行为过程中生成的性别角色与地位问题提供微观视角的分析例证。对男女两性截然不同的性别期待驱使着人们在家庭与社区中施行不同的濡化与教化方式，社会文化则通过着装、游戏、劳动与道德教育等方式不断强化"男女有别"与"内外分工"的劳动模式以及"男高女低"的社会等级观念，并通过宗教信仰的形式进行进一步巩固与强化。制度化学校教育的推行则在很大程度上打破了固化的性别区隔与差异性期待，传统的社会性别制度及婚姻与家庭观念受到冲击，传统的性别权利与政治模式的存在进一步受到挑战与威胁。

第六章用动态的视角检视和分析社会变迁对三江并流峡谷传统性别权利与政治制度的影响与冲击，探讨身处其中的男女两性个体和群体在社会变迁背景下的反应和能动状态。以包产到户为主要特征的中国农村社会经济变革对当地的传统社会性别制度形成了有力的挑战：一是以国家话语为代表的法制观念的深入与普及，二是社会变革和商品经济推动个人权利意识的增强，三是日渐开放的社会环境及发达的传媒对原有性别制度的影响与冲击。这些共同作用同时使女性的价值空间得到了充分的拓展。

在上述章节分析的基础上，本书的结论部分对三江并流峡谷4个民族的性别政治问题进行总结性分析，试图探寻一种更加合理且细致的解释途径。尽管妇女在不同历史阶段的社会生活中扮演着重要角色，但其能动性仍然极大地局限于符合社会规范的空间与领域中；性别权利与政治问题的系统性与复杂性在多偶制家庭中得到了集中体现。妇女地位的屈从并不仅仅取决于其所处的经济地位，同时还涉及身体角色及其在实践和行动中所具有的地位和权利。因此，使用单一化的"高"或"低"的判断标准难以准确地阐释不同社会结构中妇女的权利地位问题，必须对之进行更加全面系统的分析与理解。妇女在维系婚姻与家庭方面起着重要的纽带与协调作用，妇女在家庭与社会中的角色与地位的变动对婚姻与家庭的存在和变动影响深远，值得进行更加深入的分析与探讨。

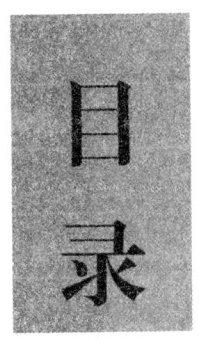

# 目录

导　论/1
　　第一节　研究缘起……………………………………… 1
　　第二节　研究回顾：男性和主流话语权威书写时代的
　　　　　　性别政治问题 ……………………………… 10
　　第三节　概念界定、理论视角及研究路径与方法 … 17

## 第一章　多重独特性并存的三江并流峡谷/25
　　第一节　高山峡谷与垂直立体的地理气候环境 …… 25
　　第二节　往来交融的族群及其社会文化 …………… 28
　　第三节　多样化的婚姻形态与社会性别制度 ……… 40

## 第二章　女源与男流：母权和父权的争夺与博弈/49
　　第一节　血缘、继嗣与家庭的传承机制 …………… 49
　　第二节　土地制度、资源配置与家庭内部的权利
　　　　　　实践 …………………………………………… 61
　　第三节　父权与母权继嗣争夺中的婚姻缔结与支付
　　　　　　方式 …………………………………………… 84

## 第三章　谁主内外：多种生计劳动中的性别分工模式/95
　　第一节　地广人稀之地的村镇与社会生产交换圈 … 95
　　第二节　不同生计方式中的典型性别分工模式 …… 104
　　第三节　"轻重"与"内外"：性别分工的标准 … 124

## 第四章　"肮脏"的妇女：身体认识中的阴阳之别与
　　　　　污洁之异/130
　　第一节　差异之源：创世传说中的男女两性角色 … 130
　　第二节　阴阳之术：性、生育及其控制中的社会
　　　　　　性别权利………………………………………… 135
　　第三节　转生安魂：生命的消逝与身体的处理方式
　　　　　　………………………………………………… 160

第四节　休闲时空中的社会性别权利……………………………………… 169

## 第五章　"低下"的妇女：性别政治的代际传递、更替与嬗变/179
第一节　"天赐之权"：传统社会中的性别政治传递机制 …………… 179
第二节　"神授之权"：来自宗教信仰的性别政治与权利 ……………… 188
第三节　制度化学校教育时代的性别政治建构与发展…………………… 201

## 第六章　双重边缘地带的社会文化场域：外来话语注入与新女性的崛起/211
第一节　内地与边疆："化外之地"的地缘政治与族群阶序 ………… 211
第二节　元代以降的外来话语权利注入与社会性别格局重构………… 217
第三节　边疆社会的新女性……………………………………………… 233
第四节　影响、卷入与自觉：全球化时代的性别权利与政治变迁…… 242

## 结论　妇女何在？性别权利与政治问题的遮蔽和再现/253
第一节　能动、系统与象征：对社会性别权利与政治问题的再认识
　　　　 ……………………………………………………………………… 254
第二节　社会性别权利与妇女地位研究：从静态量化分析转向动态
　　　　 现实生活……………………………………………………………… 255
第三节　异动中的社会性别角色与地位………………………………… 258
第四节　迈向发展之路的妇女群体……………………………………… 260

**参考文献/261**

**后　记/278**

# 导　　论

## 第一节　研究缘起

### 一、研究区域：地理位置与多重独特性的并存

从通常意义上来说，"三江并流"指的是发源于青藏高原的怒江、金沙江（长江上游）和澜沧江三条大江穿过横断山脉高大的云岭、怒山、高黎贡山中幽深的峡谷，并行奔流数百公里却不交汇的自然景观。从狭义地域划分上看，三江并流地区仅包括云南省西北部的迪庆藏族自治州（简称"迪庆州"）、怒江傈僳族自治州（简称"怒江州"）、丽江市及大理白族自治州（简称"大理州"）的部分地区。这里西与缅甸接壤，北与四川、西藏两省（自治区）毗邻。但若考虑到横断山脉在横向150公里、纵向200公里范围内被几条大江纵向切割的自然地貌以及这一区域的族群分布特征，那么"三江并流地区"这一概念所涉及的地域要远远超出上述列出的区域范围。考虑到这一区域内高山峡谷的地理地貌特征，本书将研究区域确定为"三江并流峡谷"。

本书研究的区域位于四川省、云南省和西藏自治区结合部，东经98°~100°30′、北纬25°30′~29°之间。这里是地球上挤压最紧、最窄的巨型复合造山带：在横向150公里、纵向200公里范围内，自西向东并列着担当力卡山、独龙江、高黎贡山、怒江、怒山、澜沧江、云岭、金沙江等几组山脉群和深谷，山峰与江面平均高差2 500米左右，这些山脉群构成了横断山脉的主体。

长江发源于青海唐古拉山脉主峰格拉丹东西侧，到青海玉树县境上游进入横断山区，称为金沙江，经西藏从德钦流入云南，主要支流有渔泡江、龙川江、普渡河、牛栏江等。汉代称金沙江为黑水、绳水，三国时今渡口以上部分称为淹水、雅砻江口以下部分称为泸水或泸江水，自元代起称为金沙江。从长江江源水系汇成通天河后，金沙江流经云南高原西北部、川西南山地，到四川盆地西南部的宜宾接纳岷江为止，全长2 316公里，流域面积34万平方公里。

怒江，又名潞江，发源于青海唐古拉山西南山麓的吉热伯格。其上游藏语

称为拉曲卡，因江水颜色深黑，古代地理著作《禹贡》称其为黑水河，向东流入他念他翁山和伯舒拉岭之间的峡谷，经西藏从贡山秋那桶流入云南，在云南境内流经福贡、泸水、保山、龙陵、施甸和镇康等县（市），从潞西县出境流入缅甸，称为萨尔温江，最后汇入安达曼海。

澜沧江发源于唐古拉山脉北麓，经西藏由德钦流入云南，流经维西、泸水、云龙、保山、临沧、景洪等县（市），在勐腊出境入缅甸、老挝，称为湄公河；经泰国、越南和柬埔寨等国家，最后注入南海。

三江并流峡谷区域面积达17.6万平方公里。其中，四川省3.9万平方公里，涉及白玉、理塘、乡城、稻城、得荣等县；云南省2.7万平方公里，涉及德钦、维西、贡山、福贡、中甸等县；西藏自治区11万平方公里，涉及芒康、左贡、贡觉、察隅、盐井、碧土、察雅等县。从行政区划上看，本书研究的区域分别隶属于四川省的甘孜藏族自治州（简称"甘孜州"）、云南省的迪庆藏族自治州和怒江傈僳族自治州，以及西藏自治区的昌都地区。

按照藏族传统的历史地理概念划分，本书所研究的四川省甘孜藏族自治州、云南省迪庆藏族自治州和西藏自治区昌都地区同属康巴藏族聚居区。其中，甘孜藏族自治州是康巴藏族聚居区的主体，地处川、滇、藏、青交界处，全州地处青藏高原东南缘，山川呈南北纵列式排列，有贡嘎山等山脉，有金沙江、大渡河、雅砻江等主要河流，是青藏高原向四川盆地的过渡地带，地势北高南低，平均海拔在3 000米以上；全州总面积15.3万平方公里，占四川省总面积的1/3，下辖甘孜、炉霍、新龙、白玉、德格、石渠、稻城、乡城、得荣、巴塘、道孚、雅江等18个县。境内有藏族、彝族、羌族、苗族、回族、蒙古族、土家族、傈僳族、满族、瑶族、侗族、纳西族、布依族、白族等25个民族，约90万人。其中，主体民族藏族占总人口的80%。

迪庆藏族自治州藏语意为"吉祥如意的地方"，是云南省唯一的藏族自治州，位于云南省西北部的滇、藏、川交界处，澜沧江和金沙江自北向南贯穿全境，全州辖香格里拉（即中甸）、德钦和维西3个县，总面积23 870平方公里；境内聚居有藏族、傈僳族、纳西族、汉族、白族、回族、彝族、苗族、普米族等9 000人以上的民族和16个其他民族，藏族约占总人数的33.81%。

被誉为"藏东明珠"的昌都地区位于西藏自治区东部，东临金沙江，与四川省甘孜藏族自治州接壤；北接青海省玉树藏族自治州；南接云南省，并有一段地区与印度和缅甸接壤；西南部以色齐拉山为天然界线，与工布地区相连；西北接那曲地区。整个地区总面积11万平方公里，人口约60万，下辖昌都、芒康、贡觉、八宿、左贡、边坝、洛隆、江达、类乌齐、丁青、察雅等县。因扎曲和昂曲在昌都相汇为澜沧江，因此"昌都"藏语意为"水汇合处"。昌都地区地处青藏高原横断山区，除南部和一些河谷地带地势稍低外，其余地区的海拔都在3 000～4 000米之间，西北部地区的平均海拔都在4 000米以上。

怒江傈僳族自治州地处云南西北部的青藏高原南延部分横断山脉纵谷地带，北靠西藏自治区察隅县，东连云南省迪庆藏族自治州、丽江市和大理白族自治州，南接保山市，西与缅甸接壤。该州是云南北上西藏和西进缅甸的重要通道。国境线长达449.76公里，土地面积14 703平方公里，下辖泸水县、福贡县、贡山独龙族怒族自治县和兰坪白族普米族自治县；境内主要聚居着怒族、独龙族、藏族、纳西族和傈僳族等民族。

从族群分布的地域特征上看，本书所研究的区域主要聚居着4个民族：聚居在金沙江和澜沧江流域的藏族和纳西族，以及分布于怒江流域的怒族和独龙江流域的独龙族。

## 二、研究价值：文化多样性与性别政治问题的典型性

三江并流峡谷地处青藏高原向四川盆地和云贵高原的过渡地带，纵横其间的横断山脉成为历史上南北民族迁徙、交流与融合的民族走廊。春秋至隋唐，这一区域内先后有过氐、羌、党项等族群的迁徙。频繁的流动与交融使得这一地区的文化形貌呈现出多样性与复杂性并存的特点；同时，典型的高山峡谷地形又造就了这片区域相对显著的封闭性和差异性，成为不同族群间文化、经济与政治交融的重要"接触区域"（contact zone）。悠久的历史与厚重的文化造就了三江并流峡谷重要的研究价值，尤其体现在语言、宗教、社会组织、婚姻形态等诸多方面。

从民族源流的视角看，集中分布在这一区域内的藏族、纳西族、怒族、独龙族等民族都是藏缅语族族群，与西北的氐、羌族群有渊源关系，这种同源共祖的历史奠定了各民族之间唇齿相依、共生相处的客观条件，并在历史发展历程中逐渐形成了同源异流、异源同流以及在分化和融合中你中有我、我中有你的亲缘关系。[①]

从区域研究的视角看，位处川、滇、藏交界区的三江并流峡谷，是世界上罕见的多民族、多语言、多种宗教信仰和风俗习惯并存的地区，由于其特殊的地域和历史文化背景，自近代以来便一直受到国内外研究者的重视，他们也取得了相对丰硕的研究成果。然而，由于地域环境的隔绝和社会发展的相对封闭性，外界对三江并流峡谷的了解十分有限，这片广阔的区域对于大多数世人来说仍是一个与世隔绝的"秘境之地"。在历经数次政属变迁和外来文化的剧烈

---

① 参见杨福泉《略论滇西北的民族关系》，载《云南社会科学》2000年第5期。

冲击之后，三江并流峡谷的社会经济面貌早已今非昔比，然而，其表现在自然地貌、生物物种和社会文化等方面的多样性特征仍然保存至今，尤其以多元婚姻形态为主要外在表现的社会性别权利与政治问题更是颇具学术研究价值。从本书主要涉及的4个民族来看，已有的研究可以从以下方面加以梳理和考察。

### （一）藏族

"藏族"乃汉语对操用藏语族群的统一称谓。虽然关于藏族的起源众说纷纭，但其先民很早就主要活动于青藏高原已是不争的事实①，目前，藏族在中国境内主要聚居在西藏自治区以及青海、甘肃、四川、云南等省。近代藏族自称"博巴"、"博"、"伯"，他称包括"古宗"、"古竹"、"古孜"等。②

学界对藏族的关注与研究开始较早，涉及藏族各种民俗、宗教等方面的古代文献可谓汗牛充栋，而对藏族社会开展真正意义上的实地调查与研究则始于20世纪初。在当时轰轰烈烈的"边政研究"浪潮中，不少研究者广泛深入四川、西藏、甘肃、青海和云南的藏族聚居区进行实地调查，发表了一批调查报告和研究成果，如蔡元本的《青海蒙藏旗族暨各寺院喇嘛调查》、沈与白的《西藏社会调查记》、冯云仙的《西康各县志实际调查》、方范九的《青海玉树二十五族分区调查》、黎小苏的《青海民族志概况》、马鹤天的《西北考察记：拉卜楞一览》等。

20世纪40年代前后，藏学家李安宅和夫人于世玉深入甘肃夏河地区，对当地的藏族社会进行了长期广泛的社会调查。李先生的成果主要汇集于《藏族宗教史之实地研究》和《李安宅藏学论文选》等著作中；于先生则根据在甘肃南部和四川西部藏族的调查资料广泛研究了当地的宗教、民间文学以及当地的妇女问题，其成果汇集为《于世玉藏区考察论文集》。任乃强先生主要在西康一带开展调查，主要成果包括《西康札记》、《西康图经》等。此外，同时期的学者俞湘文则在甘肃拉卜楞地区的游牧家庭中开展调查，出版了《西北游牧藏区之社会调查》一书。

1949年以后，随着民族识别和少数民族社会历史调查工作的开展，一批具有较高学术价值的实地调查成果先后面世，如《藏族社会历史调查》（一）（二）（三）（四）（五）、《草地藏族调查材料》、《四川省甘孜州藏族社会历史调查》等；20世纪80年代以来，藏学研究日渐蓬勃，研究队伍不断壮大，研究成果亦日渐丰硕；进入90年代，一批接受过专业学术训练的研究者投身

---

① 参见王尧《藏学概论》，山西教育出版社2004年版，第61~64页。
② 参见《云南各族古代史略》编写组《云南各族古代史略（初稿）》，云南人民出版社1977年版，第312~313页。

藏学研究领域，产生了一批标志性的重要成果，如格勒的《论藏族文化的起源、形成与周围民族的关系》、格勒与张建世等的《藏北牧民——西藏那曲地区社会历史调查》、陈庆英与何峰等的《中国藏族部落》和《藏族部落制度研究》、徐平与郑堆的《西藏农民的生活——帕拉村半个世纪的变迁》、刘志扬的《乡土西藏文化传统的选择与重构》、李立的《寻找文化身份——一个嘉绒藏族村落的宗教民族志》、章忠云的《藏族志：聆听乡音——云南藏族的生活与文化》、杨学政与格茸拉姆的《云南民族女性文化丛书·藏族——佛光里的诗化人生》等。

除上述出版的著作之外，还产生了一批学术价值突出的博士论文。例如，中国藏学研究中心丹增伦珠的《布达拉宫脚下的雪村——半个世纪的变迁》和达瓦次仁的《活佛权威和社会认同》，中国艺术研究院薛艺兵的《神圣的娱乐——中国民间祭祀仪式及其音乐的人类学研究》，云南大学郭净的《卡瓦格博澜沧江峡谷的藏族》和西绕云贞的《迪庆藏族百年社会发展简论》，中山大学廖建新的《三岩"帕措"研究》、王正宇的《论三岩藏族的身份及其认同（1368—1970）》等等。

与此同时，国外对藏族社会与文化的研究亦从未停止。一批重要的学术成果先后被翻译成中文引进国内出版，如图齐的《西藏宗教之旅》、石泰安的《西藏的文明》、内贝斯基·沃杰科维茨的《西藏的神灵和鬼怪》、戈尔斯坦的《喇嘛王国的覆灭》、巴伯若·尼姆里·阿吉兹的《藏边人家——关于三代定日人的真实记述》等。值得注意的是，一批在国外接受学术训练的中国学者先后提交了数篇凸显价值的博士论文，如哈佛大学胡晓江的《西藏拉萨的小商贩：移民商业与转型经济中市场的形成》（*The Little Shops of Lhasa, Tibet: Migrant Businesses and the Formation of the Markets in a Transitional Economy*）、加州大学伯克利分校叶婷的《被开垦的西藏土地：中国的发展与农业改革》（*Taming the Tibetan Landscape: Chinese Development and the Transformation of Agriculture*）等。

（二）纳西族

纳西族是分布于我国滇、川、藏交界地带的一个有着悠久历史与文化的民族。由于不同地区纳西族方言存在的差异，纳西族的自称包括"纳西"、"纳"、"纳日"、"纳罕"、"纳恒"等。汉文献中对纳西族的他称有"麽些"、"么些"、"磨些"、"摩梭"或"摩些"等。这些自称在发音上有轻微差别，但基本族称都是"纳"；而西、恒、罕、日都是"人"的意思。藏语称纳西族为"姜"或"卓"。"纳西"本为云南丽江一带纳西族人的自称，作为统一的族名，是中华人民共和国成立后根据该民族意愿确定的。① 在清代及其以前历代汉文史志中，这一民族的各支系尽管存在一些差异，但大多被称为"么些"。②

纳西族主要分布在云南省、四川省和西藏自治区交界的金沙江、澜沧江及其支流无量河和雅砻江流域，区域包括3个省（区自治）（滇、川、藏）、6个地级州或市（丽江、迪庆、凉山、甘孜、昌都、攀枝花）和12个县（丽江、中甸、宁蒗、维西、永胜、盐源、木里、华坪、德钦、芒康、巴塘、盐边）约8万平方公里的范围，其中以滇西北的丽江为最主要的聚居区。③ 1954年，中华人民共和国国家民族事务委员会（简称"国家民委"）派出云南民族识别调查小组根据"名从其主"原则，确定"纳西族"为统一族称。滇川交界自称"纳"或"纳日"的族群，在四川没有经过民族识别，沿用了上层人士的说法，被确定为蒙古族；在云南，纳人则被识别为纳西族支系。云南省人民代表大会常委会在1990年将纳人确定为摩梭人。

学术界对纳西族的研究始于20世纪30年代，一批学术先驱先后发表了一系列研究成果，开创了纳西族研究的先河。其中，有代表性的成果如陶云逵的《关于磨些之名称、分布与迁移》、《磨些族之羊骨卜及骨卜》与方国瑜的《么些民族考》、《纳西象形文字谱》、《纳西族的渊源、迁徙和分布》等。20世纪40年代前后，李灿霖对纳西文化的研究引发了学界对纳西族研究的关注，李先生也因其在纳西文化研究领域的杰出贡献而获得"么些先生"的美誉。与此同时，纳西族也引起了国外探险家和研究者的注意，如法国人巴克的《么些研究》、美国人洛克的《中国西南边疆纳西族的生活与文化》和俄国人顾彼得的《被遗忘的纳西古王国》等。

20世纪50年代以来，随着国家民族识别和少数民族社会历史调查工作的先后开展，对纳西族进行调查和研究的学者与成果日趋增多，早期的研究主要是对纳西族历史与文化的社会调查，成果包括《纳西族社会历史调查》（一）（二）等，后续的研究则以对纳西族历史文化的史学研究为主。

20世纪80年代以来，一批接受过系统学术训练的学者投身到纳西族研究的队伍中，他们将以往的文献研究经验与实地调查相结合，开创了纳西族研究新的发展局面，主要代表性成果包括詹承绪、王承权、李近春等的《永宁纳西族的阿注婚姻和母系家庭》，严汝娴和宋兆麟的《永宁纳西族的母系制》，国家民委《民族问题五种丛书》之一的《纳西族简史》等；云南本土的研究

---

① 参见和即仁《试论纳西族的自称族名》，载《思想战线》1980年第4期。
② 参见方国瑜《么些民族考》，见中山文化教育馆研究部民族问题研究室《民族学研究集刊》，国家图书馆出版社2010年版。
③ 参见郭大烈、和志武《纳西族史》，四川民族出版社1994年版，第3~4页。

者主要是方国瑜先生及其门下的和志武、木芹、傅于尧等学者。这一时期的研究除继续推进对纳西族汉文史料的整理和考证之外，还开始了以整理东巴文资料和其他文字资料为途径的全新研究方式，为这一领域后续研究的开展奠定了坚实的基础。此外，李灿霖先生40余年纳西族研究的成果《么些研究论文集》也于1984年由台北故宫博物院出版。20世纪80年代前后，国外对纳西族研究的主要成果有日本诹访哲郎的《西南中国纳西族的农耕民性和畜牧民性》、英国杰克逊的《纳西宗教》等。

1990年以后的纳西族研究成果主要有郭大烈与和志武的《纳西族史》，杨福泉的《多元文化与纳西社会》、《纳西族与藏族历史关系研究》，和钟华、杨世光主编的《纳西族文学史》，余海波、余嘉华的《木氏土司与丽江》，和少英的《纳西族文化史》，甘雪春的《正在走向世界的纳西文化》，和钟华的《云南民族女性文化丛书·纳西族——在女神的天地里》，周华山的《无父无夫的国度》，等等。

（三）怒族

怒族有"怒苏"、"阿怒"、"阿龙"、"若柔"等支系，汉文典籍史称"怒人"、"怒子"等，是中国人口较少、使用语种较多的民族之一，为滇西北独有的世居民族。民国时期主要分布于东经99°左右、北纬26°～28°30′之间的怒江流域，也就是高黎贡山东麓和碧罗雪山西麓的江边低地[①]；现在主要聚居或交错杂居分布在怒江两岸海拔1 500～2 000米的山间台地上。区域包括怒江州的贡山独龙族怒族自治县、福贡县、泸水县及兰坪白族普米族自治县等地；此外，在云南迪庆州的维西县及西藏自治区的察隅县也有少量分布，与傈僳族、独龙族、藏族、白族、汉族、纳西族等民族交错杂居，主要从事山地农业。

对怒族的研究始于20世纪五六十年代的国家民族识别和少数民族社会历史调查工作，产生的主要成果包括《怒族简史》、《怒族语言志》、《怒族社会历史调查》等，这些成果为后续研究的开展提供了重要的文献资料。

20世纪80年代以后，对怒族的研究逐步得到深入开展，相关成果主要有赵沛曦和张波的《怒族历史与文化》、何林的《同一屋檐下——贡山阿怒人的宗教信仰研究》、李月英的《三江并流地区的怒族人家》、刘达成的《怒族文化大观》、陶天麟的《怒族文化史》与《1949年前的怒族教育》、高志英的《云南乡土文化丛书·怒江》、何叔涛的《云南民族女性文化丛书·怒族——

---

① 参见陶云逵《几个云南土族的现代地理分布及其人口之估计》，见《"国立中央研究院"历史语言研究所集刊》（第七册），中华书局1987年版，第426～432页。

复苏了的神话》、王国祥的《怒族研究史略》、李志恩的《怒族源流与迁徙》、彭兆清的《怒族的民族关系和民族交往》等。

此外，云南大学肖迎的博士论文《怒江地区民族社会发展史》和高志英的硕士论文《怒江地区民族教育百年发展历程研究》等学位论文都涉及对怒族的研究内容。

### （四）独龙族

独龙族，汉文史籍称之为"俅人"、"俅曲"、"曲人"等，自称"毒龙"。民国时期主要分布在东经98°50′往西至97°50′、北纬27°~28°之间，即毒龙河流域（毒龙河本为金沙江源泉之一，处于高黎贡山与江心坡之间①），亦是滇西北独有的世居民族。作为新中国的一个少数民族，现在的独龙族主要分布在云南省西北部怒江州贡山县西部的独龙江峡谷两岸和北部的怒江两岸，以及相邻的维西县齐乐乡和西藏自治区察隅县的察瓦龙等地。此外，居住在西藏自治区察隅县境内的僜人与独龙族可能存在亲缘关系，居住在独龙江以西缅甸境内的许多不同称谓的部落群体与独龙族也有密切的亲属部落联系。② 国内其他地方少量分散的独龙族大抵都与独龙江有关，只是迁徙的历史时期存在差别。

作为国内独龙族研究的先驱，陶云逵早在20世纪30年代就深入独龙江进行体质人类学调查。事实上，在此之前已有几位研究者深入独龙江开展过实地调查，为当时独龙族的分布及实地情况留下了珍贵的记录，如尹明德的《云南北界勘察记》、李根源的《滇西兵要界务图注》、杨斌铨的《行程记》、谢彬的《云南游记》等。20世纪40年代前后对独龙族的研究成果有李生庄的《云南第一殖边区域内之人种调查》、尹明德的《滇边野山及恩梅开江迈立开江流域人种》、张家宾的《滇缅北段未定界境内之现状》、严德一的《俅子——传说父辈尚为有巢氏之民》、范义田的《云南边地民族教育要览》等。

20世纪五六十年代，全国少数民族社会历史调查组对独龙族开展了较为系统的调查与研究，产生了一批宝贵的研究成果，如《独龙族简史》、《独龙族社会历史调查》（一）（二）等，并涌现出一批独龙族研究专家及其研究成果，如洪俊的《独龙族源初探》、蔡家麒的《独龙族社会历史综合调查报告》、杨毓骧的《舒伯拉岭雪线下的民族》等。

20世纪80年代以来的研究成果包括李金明的《独龙族原始习俗与文化》

---

① 参见陶云逵《几个云南土族的现代地理分布及其人口之估计》，见《"国立中央研究院"历史语言研究所集刊》（第七册），中华书局1987年版，第426~432页。

② 参见《民族问题五种丛书》云南省编辑委员会、《中国少数民族社会历史调查资料丛刊》修订编辑委员会《独龙族社会历史调查》（一），民族出版社2009年版，第12页。

与《高山峡谷独龙家》、罗荣成的《云南民族女性文化丛书·独龙族——自然怀抱中的文面女》、高志英的《独龙族社会文化与观念嬗变研究》、郭建斌的《独乡电视：现代传媒与少数民族乡村日常生活》、周华山的《文面女之谜——58个独龙族文面女的口述研究》，以及中山大学人类学系周云水完成的博士论文《独龙族社会结构变迁研究》等。

### 三、主要内容

上文对主要分布于三江并流峡谷的4个民族的研究状况进行了简要回顾，从中不难发现，由于这一区域复杂的自然和人文环境，尤其是现存稀少的历史文献，及其在当前国家社会经济发展中有限的地位状况，共同造成了对这一区域问题研究的困难与不足。此外，尽管三江并流峡谷丰富的文化多样性为在跨文化视野中研究性别政治问题提供了宝贵的学术资源与分析对象，但由于受到研究视野与理论发展阶段的影响，人们对妇女群体的关注仍然有限。而在这些数量不多的涉及妇女的研究中，大部分的研究又较为偏重对民族史志的搜集与简单介绍，对性别政治问题往往疏于讨论。从学科史的视角来看，这种情形在一定程度上反映了中国民族学和人类学研究在发展历程中暴露的共性问题：一是受学科发展史的影响，中国人类学和民族学对妇女问题的研究起步较晚，对少数民族女性群体的研究自20世纪80年代中期之后才得以真正开展起来[①]；二是中国少数民族妇女研究大多偏重于对民族学、人类学相关理论的论述说明，偏重于民族史志的收集与介绍等，对妇女问题与现代化发展导致的政治权利、经济发展、社会公平等问题的系统考察较为缺乏。[②] 这些问题反映出历史研究自身的局限性，因为"研究者不光要了解历史，还要了解人们受制于政治、经济和多元文化——它们是不断地生产和再生产出来的——过程。一种叙述如

---

[①] 按发表时间先后顺序可参见陈伯霖《定居前鄂伦春族妇女作用和地位问题初探》（载《黑龙江民族丛刊》1988年第3期）、杨德芳《试从水族妇女的地位探索水族的社会历史》（载《贵州民族研究》1991年第3期）、依拉罕《西双版纳傣族农村妇女在家庭中的地位》（载《中华女子学院学报》1992年第4期）、张云《论藏族妇女的地位》（载《西藏研究》1992年第2期）、南文渊《西宁市回族妇女社会考察》（载《宁夏社会科学》1993年第1期）、王冬芳《早期满族妇女在家庭中的地位》（载《辽宁大学学报》1994年第5期）、王承权《少数民族妇女的婚姻家庭及其地位变化》（载《云南民族学院学报》1995年第4期）、雷伟红《从婚姻家庭看畲族妇女的社会地位》（载《中南民族学院学报》1998年第1期）、赵瑛《从婚姻家庭看布朗族妇女的社会地位》（载《云南民族学院学报》2002年第4期）、陈庆德《现代语境中的妇女地位与箐口哈尼村寨中的妇女角色》（载《思想战线》2008年第4期）。

[②] 参见尼玛扎西、刘源《西藏妇女的传统"沉寂"与现代化抗争》，见杨福泉主编《中国西南文化研究》，云南科技出版社2007年版，第263页。

果遗忘了社会分化,势必落入平庸、苍白的窠臼"①。

事实上,根据20世纪五六十年代的社会历史调查资料显示,三江并流峡谷在血缘继嗣、亲属称谓、婚姻形态、婚姻支付、性别分工、宗教信仰等方面都存在突出的独特性,并保存着人类进化发展史中在其他大部分地方已经绝迹的社会经济与文化形貌。三江并流峡谷在婚姻形态和社会性别文化方面的多样性和复杂性不言而喻,本书将在各个章节中进行分析和论述。

与以往部分研究聚焦单一民族群体有所不同的是,本书致力于在前人研究的基础上,以人类学的研究理论与方法试图从政治人类学的视角来分析审视三江并流峡谷区域内4个主要民族(即藏族、纳西族、怒族和独龙族)社会的性别权利与政治问题。政治人类学可以为以往的社会性别研究带来一些新的元素,从这一视角研究妇女所处的社会发展状态和趋势,不但能揭示源自不同社会结构根源和生产方式的社会性别制度与等级分化进程,同时还可以对不同族群社会性别制度与文化展开叙述与解读,进而深化对三江并流峡谷的整体性认识。

## 第二节 研究回顾:男性和主流话语权威书写时代的性别政治问题

与"阶级"这一概念相比,生理性别(sex)和社会性别(gender)在社会差别中是高度可见的认同形式,它们表现在人类身体的内部和外部,同时也是人类最初的认同,形成于社会化的早期和对变革的抗拒中;同时,作为具有相似性和差异性的社会组织中的基本范畴,它们似乎在所有社会中都发挥着作用。因此,尽管性别在传统上被视为具有跨时间的稳定性,但社会性别在历史维度上具有变化性,在不同时代和文化中对男女两性的理解也会随之发生改变。②

### 一、人类学视野中的性别政治问题

#### (一)性别视角在人类学研究领域内的出现与发展

人类学学者很早就注意到了男女两性在社会文化中所扮演的不同角色及由

---

① (美)罗伯特·C.尤林:《陈年老窖:法国西南葡萄酒业合作社的民族志》,何国强、魏乐平译,云南大学出版社2012年版,第3页。

② 参见(英)西蒙·冈恩《历史学与文化理论》,韩炯译,北京大学出版社2012年版,第158页。

此产生的一系列性别社会地位问题,除广泛描绘存在于不同社会结构和文化图景中的性别角色之外,也开始致力于探寻导致这种差别存在的原因或动力,而与此相关的亲属制度、婚姻家庭和性别角色等内容也一直作为传统人类学研究的基础领域存在至今。

林顿(Linton)将每个人天生授予或至少与生俱来的地位称为"归属地位",将个人在变幻莫测的生活中获得或至少是无意中获得的地位称为"获致地位"。① 性别角色与地位是普遍存在于每个社会中的归属地位形式之一。

玛格丽特·米德是最早使用民族志描述两性角色之间生物性别和社会属性差异的人类学者之一。在其成名作《萨摩亚人的成年》中,她审视了成长中的萨摩亚女孩,关于"成长为妇女的过程"和"青春期身体变化的突然性和显著性"是否伴随着一种不可避免的精神和感情上的痛苦,米德的回答是否定的。她认为,萨摩亚人成年的过程中并没有出现像那些生活在美国的同龄人那样充斥着不愉快的含义。② 在《三个原始部落的性别与气质》一书中,她发现3个部落的社会性别模式都与当时西方社会所认可的状况迥异,因此认为社会性别角色是由文化决定的。③

米德的研究开启了20世纪三四十年代的"女性民族志"文本时代。在这些文本中,女性成为主角或研究对象,并且通过其生活史、自传或游记的描述进行文本构建。但这一时期的研究者通常在泰勒所倡导的经验主义臆断(将女性作为一个更为彻底的社会写照进行研究)和帕森斯的实证主义方法(试图驳斥有关文化和社会性别的模式化见解)间举棋不定。

20世纪60年代兴起的妇女解放运动和美国黑人运动中萌生的女性主义思潮对人类学的女性研究产生了极大的推动作用,置身其中的人类学者们除承袭原有的研究旨趣(如女性地位)之外,还在人类社会变革的理论中重新思考和定义女性的地位和价值。作为专门领域的"女性研究"(women's studies)由此肇发。自此,女性研究领域所附带的政治色彩日益彰显。之后,受到政治学、人类学、文学、生物学等不同学科领域的部分学者(大多数为女性)的认同,女性研究发展迅速。起初,大多数的研究主要致力于对性别不平等进行普遍性的探寻,发出女性"重获"(retrieval)权利和地位的诉求,揭示在男性统治的社会中被忽略或轻视的女性对文化的贡献,找寻女性自己的声音,争取女性自己的空间,还原女性自己的形象。这种初衷的产生是学者们意识到女

---

① 参见 Ralph Linton. "The Study of Man: An Introduction." *Appleton-Century Crofts*, 1936: 114.
② 参见(美)玛格丽特·米德《萨摩亚人的成年》,周晓红、李姚军、刘婧译,商务印书馆2008年版。
③ 参见(美)玛格丽特·米德《三个原始部落的性别与气质》,宋践译,浙江人民出版社1988年版。

性自身的学术知识被边缘化的集中反映。许多秉持女性主义的学者认为，这种对女性历史与知识的淡漠和排挤根植于男性对社会的绝对控制。这种观点指涉的是男性在先天条件上对女性的控制所赋予男性的优越感。女性主义者提醒我们关注这种控制的范围和程度，并提出男性在这种关系中的权利可以理解为一种男权控制，对女性在世界范围内普遍居于从属地位的认识便由此引发。这些学者认为，无论是在西方还是在欠发达国家，女性的地位都亟待得到改善。①

20世纪70年代是女性主义思潮蓬勃发展的繁盛时期，受其影响的人类学家们雄心勃勃，运用各种理论尝试理解和分析存在于各种文化环境中的女性地位问题，各种假设和猜测层出不穷，武断和盲从屡见不鲜，其结果是频繁的相互攻击和论战。比如，罗莎多（Rosaldo）等人认为"男女两性之间的文化评估存在不对称性，其重要性在于以此指定男性和女性，且似乎广泛存在于世界各地"，通过举证一些民族志实例继而提出"性别的不对称性为何是一种广泛存在于人类社会的事实？"② 她的答案是，在所有社会中都存在某种程度上的公共与内部空间之间的区隔。因此，其改善之道则是将男性纳入到内部空间中来。

经济变量被认为是解释女性地位的首要因素。劳动分工所产生的空间价值差异导致了女性的地位问题。大量针对狩猎采集社会和农业社会的研究开始出现，这些研究扩展到家庭内部的食品生产过程，女性在家务中的经济活动也受到足够的关注。

社会结构变量也是解释女性地位的重要因素。在某些社会中，男性之间为获取威信而进行婚配。女性不仅仅被排除在获取威信的范围之外，而且还成为男性交换的目标而服从于男性的安排。列维－斯特劳斯认为，乱伦禁忌将自然与文化区分开来，创造了象征秩序，并建立了性别区隔，并且，几乎无一例外的都是男性在交换女性。这种禁忌迫使一个家庭放弃自己的成员而去选择另外一个家庭的成员进行婚配，因此产生出一种存在于家庭之间的交换体系。斯特劳斯还指出，一种亲属体系至少包括四种类型的家庭关系：母亲和母亲的兄弟之间的血亲关系，异性配偶之间的关系，代际关系（父母与子女之间），甥舅关系。鲁宾认为，婚姻交换是"女性受到压迫的基本核心"。但也有人强调，在行交换婚的社会中，女性在生活的其他领域内并没有受到特别的压迫。比如，姐妹共夫婚即被认为对女性地位产生了影响。

---

① 参见 Naomi Quinn. "Anthropology Studies on Women's Status". *Annual Review Anthropology*, 1977 (6): 181-225.

② 参见 M. Z. Rosaldo & L. Lamphere (eds). *Women, Culture, and Society*. Stanford University Press, 1974: 19-22.

显而易见，女性主义思潮的兴起和学者们对女性地位探究的兴趣源于一种重要的潜在动因——政治因素。这种研究初衷导致了当时几乎（甚至直到今天仍然如此）遍布全球的学者们对女性地位的刻板认识——女性地位低下。由于学界相通，人类学家的讨论也或多或少（甚至是极大地）受到这种认识的影响，进而采纳了这种政治观念作为其分析女性地位的基本指针。尽管大多数研究者在其研究开始之际都会小心谨慎地定义研究领域中所涉及的"地位"的内涵和外延，但他们当中的大多数人所设定的诸如政治参与、经济控制、个人自治、人身平等、法律保障、教育权利等诸多变量，实际上都成为验证"女性地位低下"这一模式性假设的必要条件。尽管进行了数十年的探寻，有关女性地位的问题留给人们的仍是一片迷思。

## （二）探寻决定"妇女地位与权利"的核心要素

由于迷思的存延，因此，找寻导致女性地位普遍低下的"密钥"成为研究者的主攻方向。女性研究更多地集中于探讨女性受压制的原因及状况，并开始讨论性（sex）和性别（gender）是如何操控和证明这种压制的。

罗莎多根据一系列相似的民族志实例提出，对男性和女性文化的评价存在一种不对称性。她认为，这种不对称性普遍存在于社会和文化对男性和女性的重要安排之中，并将存在这种普遍性的原因解释为男性和女性在公共和私人领域内不同的角色分工。因此，她建议将男性纳入这种内部的私人空间之中，以期改善女性地位低下的状况。① 奥特纳（Ortner）进一步论证了女性在生殖和家庭的限制中无法避免的生物属性，以此作为其抚育孩子责任的后果，女性的责任导致了她们自然的象征性身份认同，其结果是她们被排除在文化领域之外。②

更多的学者发现，除影响女性的社会和文化因素之外，西方殖民主义的全球扩张及新的经济和生产方式（现代化）对原有的性别地位也产生了深远影响。殖民行为重新定义了女性在农业生产中的位置，重构了传统的土地所有制，并且主要依靠男性推广商品作物和新的种植技术。

由于思维定式的左右，女性在同样的社会和文化环境中所拥有的平等甚至高于男性的地位问题被轻易地忽视了。因此，面对"女性地位"这样一个包含两个或更多变量的复杂现象，学者们提出必须使用不同变量的综合体来看待

---

① 参见 M. Z. Rosaldo & L. Lamphere（eds）. *Women, Culture, and Socitey*. Stanford University Press, 1974.

② 参见 S. B. Ortner. Is Female to Male as Nature is to Culture? in M. Z. Rosaldo & L. Lamphere. *Women, Culture, and Society*. Stanford University Press, 1974.

和分析女性地位问题。

由于女性地位问题的复杂性，使得人类学家不能孤立地考量各种影响因素，而现代国家的崛起和遍布全球的工业发展也对女性地位产生了深远的影响。在不同的婚姻制度中，女性的内部权利受到来自男性的威胁。男性对女性的统治之谜被解释为两性权利博弈和平衡的产物。大量的发现使得人类学家陷入了迷思，女性地位普遍低下的论断（在很大程度上）占据了学者们的思考空间和注意力，因此，需要使用新的材料和视角来看待和分析有关这一问题的各种假设。直到20世纪80年代，尽管学者们在探寻女性地位"密钥"的征途上孜孜不倦，研究成果卷帙浩繁，但触及核心问题（如社会性别的不对称性）者寥寥无几。①

### （三）新的解释路径

对密钥理论更多的直接挑战还来自于对民族志文献中性别偏见的控诉。由于人类学者疏于与女性交流，一些男性记录者和男性报道人②对女性的淡漠和忽视导致研究证据缺乏。因此，不少学者将研究兴趣从探寻决定女性地位原因与结果之间的关系转向对其形成过程的解释。

随着跨文化研究的广泛实践，学者们的研究兴趣逐渐从对密钥理论的探寻转向定义和探寻女性地位等更多特殊的方面。早期研究中所体现的经验性范式受到质疑，原先那种明显受到欧美文化中根深蒂固的性别偏见模式影响的研究理念遭到诘难。学者们尝试使用更多、更为复杂的理论解释性别不对称性的存在，并探查生产与生育分工角色之间的关系。

奥特纳的观点被认为是根植于西欧的文化和历史传统，而罗莎多的公共与内部空间区隔的普遍性论断也遭到质疑。经济变量被认为是决定女性地位的基本因素而受到重视。除以往一直关注的狩猎与采集社会和传统农业社会的案例之外，女性在经济活动中对劳动产品的控制力及其参与分配和交换的程度也受到关注。随着社会生产技术的不断革新，资本主义工业革命扩大了性别的空间区隔，对女性工作的研究兴趣因此扩展到了工业和非工业社会中的社会经济角色上，更多的学者开始注意社会发展、殖民主义、现代化和全球化对女性所产生的影响。在社会文化方面，除继续考察女性在生育和家庭活动中所充当的角色之外，女性的政治参与问题亦被关注。早期曾被广泛忽略的女性在仪式与宗

---

① 参见 Naomi Quinn. "Anthropology Studies on Women's Status". *Annual Review Anthropology*，1977（6）：181－225.

② 报道人：在实地调查中，一些了解与懂得地方社会历史与宗教知识的人，或者生活经历丰富的人充当访谈对象，笔者称之为"报道人"。

教中所扮演的角色问题也进入了研究者的视野。然而，由于很难测定变量指标，对女性地位的跨文化分析存在困难，学者们发现很难用"高"或"低"的绝对化标准来划定女性的地位，对女性地位的研究随即转入了微观层面。另外，问题的核心还在于判断标准的划定问题。

人类学对女性地位和角色探寻范式的转变与女性主义本身的理论转向是不谋而合的。苏红军认为，20世纪80年代以后，女性主义在政治理论和认识论上出现了3个颠覆性的重要转变：一是逐步摒弃西方启蒙主义建立在宏大叙述基础上的认识论，尤其是其中有关性别的压迫性的宏大叙述；二是从对事物的研究转向对语言、文化和话语的研究；三是从追求男女平等转向强调妇女之间的差异，包括解构西方女权主义的第三世界女权主义和第一世界中的少数种族女权主义以及女同性恋女权主义，批判了西方女权主义所继承的传统的东西方文化差异理论，指出这种差异理论是建立在启蒙主义的等级制二元论基础之上的。①

20世纪90年代以后，更多的研究转向了"社会性别研究"（gender studies）领域。虽然在很多时候，这个新名词只是"女性研究"的另一张标签，然而，这种概念上的转向却彰显出研究者们更大的理论雄心，即试图把原有的将女性和男性相区隔的女性研究思想转向一种新的、将男女两性都看作社会性别构成环境中的对等成分的理念。② 越来越多的研究在探究男女不平等、妇女受压迫的根源时，都强调性别差异与妇女社会地位及家庭地位的关系，并着重考察"性别角色"的形成过程及其意义。③ 更为重要的是，对性别的文化构建与自然象征的研究意味着对女性地位研究的历史性超越。此外，学者们还在处理女性群体内部的结构性差异上达成了某种共识，即认为"惟有将日渐拉大的种族、族群、阶级差异以及南北之间的全球差距等一并予以考虑，社会性别的不平等才能得到更加微妙和全方位的理解"④。按照这种学术理论路径，越来越多的非西方女性学者（有色人种和第三世界女性研究者）开始对西方女性主义理论进行解构，进而对"第三世界女权主义"进行建构，对"女性地位和角色"研究的理论体系进行拓宽，使得对这一研究对象更为深入和全面的理解和解释逐步成为可能。

综上所述，性别研究与人类学的核心领域密切相关，并显现出一种涉及象

---

① 参见苏红军《成熟的困惑：评20世纪末期西方女权主义理论上的三个重要转变》，见苏红军、柏棣主编《西方后学语境中的女权主义》，广西师范大学出版社2006年版，第3～39页。
② 参见 Lucinda Joy Peach. *Women in Culture: A Women's Studies Anthology*. Blackwell Publishers Inc, 1998.
③ 参见谭琳、陈卫民《女性与家庭：社会性别视角的分析》，天津人民出版社2001年版，第3页。
④ 胡玉坤：《社会性别、族群与差异：妇女研究的新取向》，载《中国学术》2004年第17辑。

征、结构主义、马克思主义和政治经济学派的争论，对于女性地位的看法，从一种放之四海而皆准的普适性理论逐步转向在一定范围、在特定社会或地区场景空间内的观念。将性别之间的差异看作"不平等"，反映出西方人类学家对这些政治体系的"地位偏见"解释。因此，理解女性的经济角色本身比记录其所产生贡献的数据显得更为重要；同样，文化也比经济更为重要。由此可见，必须采用全景式的描述方法，从多角度对身处特定环境中的社会性别进行研究，才能更加全面而深入地理解特定文化中的女性及其地位。

## 二、男性权威时代的"失语"妇女

人类学家对妇女问题的关注与这门学科的诞生几乎是同时的，然而，人类学界存在的性别偏见以及研究群体以男性学者为主体等因素，客观上限制了对该领域的深入探索。尽管如此，仍有一些女性人类学者（以及少数男性人类学者）在这一领域进行过理论思索与研究实践，尝试解开困扰人们的性别与权利谜团，同时提出更多需要考虑的问题。

回顾历史，20世纪60年代的女权运动直接催生了70年代女性主义思潮的迅速崛起与发展，90年代以后兴起的社会性别理论则为这一领域的研究拓展了更为宽广的思考空间。今天，作为人类社会发展不可或缺的组成部分，女性群体的重要性早已得到人类学家的公认，他们将对这一领域的研究作为了解人类社会文化整体的基石之一。然而，与城市和那些人数较多族群的妇女群体相比，对乡村和少数族群妇女的关注与研究始终较为薄弱，就算是以田野调查为经典研究方式的人类学也不例外。

本书将研究视角投向一片多种婚姻形态曾经并存发展的区域，探寻4个不同的族群，其中包括活动区域最为广泛且完整保留多种婚姻形态的族群——藏族及其多偶制中的妇女群体，在参考大量文献和史料的同时，通过实地田野调查和近距离的观察与访谈，详细描述了身处不同婚姻形态中妇女的真实生活，以此厘清存在于当地的社会性别关系，分析妇女在当地社会与文化中扮演的角色及其所占据的地位和拥有的权利，系统探讨了藏族、纳西族、怒族和独龙族家庭内外的社会性别关系与发展动因，为更加全面而深入地理解这一区域内多种婚姻形态的产生、发展与变迁提供了一种新颖的视角和参照，亦为分析和理解跨文化视野中妇女的角色与地位问题提供了重要的民族志资料。

需要指出的是，作为一种延续至今的婚姻形态，本书所关注的藏族多偶制所具有的重要存在意义与特殊价值还未能得到充分的关注与认可。同时，在人类学的性别权利与妇女地位研究视野中，由于多偶制存在数量的稀少和研究开展的困难，学者对其关注与研究亦较为有限。事实上，存在于所有婚姻形态中的性别权利与妇女地位问题在多偶制中的表现尤为突出，其家庭内部性别权利结构中所表现出的矛盾的性别关系和冲突与整个社会的性别制度交错共生，构成了一种"显隐并存"的复杂关系。这种独特的属性对于婚姻家庭、性别权利及妇女地位的研究具有不容忽视的价值。因此，本书的研究不仅是对以往藏族多偶制研究的一种补充，同时也是对以往性别权利与妇女地位研究视角的拓展与尝试。

本书的探索与实践是对以往性别权利与妇女地位研究的一种再认识，尤其是藏族多偶制的存在与延续驳斥了妇女在跨文化视野中普遍居于屈从地位的机械化认识。多偶婚制度下妇女的角色与地位所呈现的能动、系统与象征属性验证了纳奥米·奎恩（Naomi Quinn）对妇女地位研究发展趋向的预测，所采用的对研究对象动态现实生活的深描与系统分析的方法也证明了南希·列维妮（Nancy E. Levine）针对妇女地位研究所提出的运用多个变量替代单一变量进行评价与分析的有效性。对多种婚姻形态中妇女角色与地位的关注研究尝试印证了社会性别权利与政治的复杂性。无论是理论思想的创新还是对研究路径的探索，其目的都是为了在对同类问题的探究中走得更远。尽管无法穷尽所有可能的问题，但本书对不同婚姻形态的关注与探讨丰富了以往妇女地位的研究视野，同时也提出了留待继续探寻的问题。

## 第三节 概念界定、理论视角及研究路径与方法

### 一、概念界定

马克思认为："任何人之间的直接的、自然的、必然的关系是男女之间的关系。……从这种关系的性质就可以看出，人在何种程度上成为并把自己理解为类存在物、人；男女之间的关系是人和人之间最自然的关系。"① 这一经典论断，既道出了人的自然性别，也指出了社会性别。

在有性生殖的领域，所有物种的个体都可以用性别进行区分。一般情况下，一个物种有两种性别，即雄性与雌性，或阳性与阴性。性别有生理性别和社会性别之分，人的自然性使人具有生理性别，人的社会性使人具有社会性别。生理性别是指两性在生理方面的差异，是先天的。社会性别泛指社会对两性和两性关系的期待、要求和评价，常常在社会制度（如文化、资源分配、

---

① 《马克思恩格斯全集》（第42卷），人民出版社1979年版，第11页。

经济体制等）及个人社会化过程中得到传递和巩固。生物性别上的差异决定着社会性别和性行为上的差异①，正常的性与婚姻关系只存在于不同性别的两个人之间，并且性别在生活中有一定的性别角色。

对于权利的研究，除传统的政治学研究（如马克思的批评结构主义权利论、马克斯·韦伯的建构主义权利论和经典的精英权利论）以外，社会学家和人类学家也早有涉及。帕森斯认为，可把作为政治的权利视为一种可无限扩张的资源，类似于一种经济资源，这种权利也可理解为一种转换能力，即随着社会日益复杂，改变物质世界和社会世界的能力水平也显著提升。

社会学理论认为，权利是指产生某种特定事件的能力或潜力；许多心理学家视权利为人们行动和互相作用中的一个重要的基本动机；还有人认为，权利就是一种与理解的预测行为有特别联系的动机。这些定义均没有揭示权利的真正本质。人为了更好地生存与发展，必须有效地建立各种社会关系，并充分利用各种价值资源，这就需要人对自己的价值资源和他人的价值资源进行有效的影响和制约，这就是权利的根本目的。刘创楚和杨庆堃认为，社会学的地位和角色（status and role）理论是无往而不能用的概念，可以运用于中国社会的研究。② 有鉴于此，笔者综合人类学和社会学的相关理论，结合实际，概括出适合本研究对象的性别权利概念范畴：男女两性在当地社会系统中，凭借自己的角色与地位，以各种方式强制影响和制约自己或其他主体价值和资源的能力。

西方政治思想家从二元论的角度来谈论政治，认为政治不属于自然（如本能、直觉和混乱），而属于文化（如语言、理性、科学和艺术）；政治存在于公共领域，而不存在于个人或家庭的私人利益中。他们也用同样的思维框架来谈论人类，认为男女互为对立的两极，女性通过男性来确认，同样男性也通过女性来确认。③ 二元论本质上是将男性的政治理论严格地认同于理性、秩序、文化和公共生活，而女性则与自然、情感、欲望和私人生活密切相关。④ 受此思维影响，女性"被排除于严肃的公共事务空间，长期陷于家庭空间和与子嗣的生物和社会再生产相关的活动中"⑤。可见，"性别"的意义不仅仅是区别男人与女人的自然属性，还代表着一种特定的政治关系。美国历史学家琼·W. 斯科特认为，"性别是组成以性别差异为基础的社会关系的成分，性别是

---

① 参见马克思《1844年经济学哲学手稿》，人民出版社1985年版，第76页。
② 参见刘创楚、杨庆堃《中国社会：从不变到巨变》，香港中文大学出版社1989年版，第1页。
③ 参见（加）巴巴拉·阿内尔《政治学与女性主义》，郭夏娟译，东方出版社2005年版，第7页。
④ 同上书，第9页。
⑤ （法）皮埃尔·布尔迪厄：《男性统治》，刘晖译，海天出版社2002年版，第134～135页。

区分权利关系的基本方式"①。凯特·米利特将两性之间的支配与从属关系称之为"性别政治",指出性别之间的关系是牵涉控制、压迫与剥削的社会关系。性别之间的冲突较之民族间和阶级间的冲突更为悠久,两性间的争斗、压迫和反抗与人类实力伴随始终,从未止息。在她看来,性的问题实质上是政治问题。② 从西方社会关于性别政治的理论阐释与政治制度的形成与演变过程来看,性别政治就是两性与公共政治之间的关系问题。③ 考虑到本书研究对象所处的具体环境,笔者将性别政治概念的外延进行了适度扩展,使之包括了性别权利的组成部分,使研究视野更为开阔,对问题的探讨与分析更加全面。

## 二、理论视角

除前文简要回顾过的人类学对性别政治与权利的相关研究旨趣及萌生于 20 世纪 60 年代以后的女性主义外,本书的研究还受益于以下学术思潮:马克思主义理论的妇女研究与帕森斯的"社会行动观"及"社会系统论"。

### (一) 马克思主义理论的妇女研究

在史提夫·杰克逊(Stevi Jackson)看来,马克思主义通过分析社会结构与体系对妇女受压迫的经典性解释成为女性主义者推崇的根本原因之一,但后来的马克思主义或社会主义女性主义者和极端女性主义者在对待父权制的问题上爆发了激烈的论战,因为女性主义者都在力图以各种方式扩大马克思主义观点的影响,对其进行不断修正与重述。这些研究主要从生产关系、再生产和意识形态等不同维度展开。尽管在此之后,不少马克思主义和社会主义女性主义者纷纷远离唯物论的分析转而求诸后结构主义和后现代的视角,但马克思主义对妇女研究和女性主义的重要影响仍然从 20 世纪 70 年代一直持续到 90 年代。他同时指出,如果人们想要思考人群、民族、国家相互交织的后殖民世界的复杂性,那么唯物论的方法有充分的理由被认为仍然是不可或缺的。④

为客观全面地分析女性所处的家庭与社会地位,以及从中所表现出来的性别权利与地位,本书的研究坚持以特定社会中的生产关系为出发点,分析男女两性的经济状况,同时将研究视角拓展到社会再生产领域,对于 20 世纪 70 年

---

① (美) 琼·W. 斯科特:《性别:历史分析中一个有效范畴》,见李银河主编《妇女:最漫长的革命》,生活·读书·新知三联书店 1998 年版,第 24 页。
② 参见(美)凯特·米利特《性政治》,宋文伟译,江苏人民出版社 2000 年版。
③ 参见李晓广《当代中国性别政治与制度公正》,南京大学出版社 2012 年版,第 21 页。
④ 参见(法)史提夫·杰克逊《马克思主义与女性主义》,庞培培译,见(法)雅克·比岱、(法)厄斯塔什·库维拉基斯主编《当代马克思辞典》,许国艳等译,社会科学文献出版社 2011 年版,第 299~333 页。

代以后女性主义者对语言、话语、表象和象征等研究倾向亦有所涉及。

## （二）帕森斯的"社会行动观"及"社会系统论"

布莱德利（Bradley）和柯尔（Khor）在对西方研究妇女地位与权利的相关文献进行回顾之后发现，尽管社会科学研究在这一领域已经取得了丰硕的成果，但在理论探讨和研究方法上仍然存在三大不足：一是缺乏概念的理论化；二是缺乏将概念、指标以及恰当的统计方法加以整合的系统性研究，以至于无法判断结果的对错；三是忽略女性的处境与感受，以至于研究框架的设定适合于男性而并非作为研究对象的女性。[①]

受此启发，回顾以往对性别权利与政治问题的研究，笔者发现其中大多存在着两种不同的倾向，要么偏重男性，要么仅从妇女的角度分析问题。假如将观察与思考的视野进行拓展，则可以发现两性角色与权利的交织正是这种家庭结构内部的突出特征。这让笔者意识到，如果仅从其中一个视角进行透视，那么势必将导致以偏概全，只有将两者恰当地结合起来，才有可能为正确理解其中的性别权利与地位问题奠定基础。因为男女两性是构成社会与家庭的基本群体，忽略其中的任何一方都可能导致在理解之路上误入歧途。因此，分析妇女的角色与地位问题，首先必须对相关理论进行剖析与甄别。妇女首先是存在于社会中的个人，其角色与地位问题的实质根源于个人在社会中的行为。妇女是自身行为的主体，是其角色的积极构建者与实践者。从这个视角出发，帕森斯的结构功能主义中所提出的"社会行动观"及"社会系统论"对理解上述两个核心概念提供了极为有益的理论基础与借鉴意义。

帕森斯把社会看作具有不同基本功能的多层面的次系统所形成的一个总系统，又把个人行动放置在这个社会系统的不同领域中去分析，将地位和角色作为社会系统分析的基本单位。"系统"概念首先是作为单位行动者之间的互动结构，即行动体系的概念提出的。个人与他人（社会）结合的机制是角色与地位，并且这种结合能够把个别行动单位整合到一个社会行动的体系中。这一系统概念强调社会秩序的自我维持与均衡，突出系统各部分之间的关系分析。

帕森斯又以韦伯的社会行动观为基础提出了"单位行动"概念，其中包括行动者、目标、情景及规范和价值4种要素。行动者选择达到目标的方法，而该种选择会受到行动者所处的情景条件以及规范和价值的影响与制约。在行动观的基础上，帕森斯提出了后来的结构功能理论——AGIL架构，即适应（adaptation）、目标达成（goal attainment）、整合（integration）及潜在功能

---

[①] 参见 Karen Bradley and Diana Khor. "Toward an Integration of Theory and Research on the Status of Women". *Gender & Society*，1993，7（3）：347–348.

(latency)，并据此推广出社会行动系统。在他看来，社会行动是由行为有机体、人格、社会和文化4个子系统组成的整体。这4个子系统都有自己的维持和生存边界，但又相互依存、相互作用，共同形成控制论意义上的层次控制系统。①

行动者之间的相互关系组成了社会系统的基本结构。社会系统中的行动者通过其社会身份与社会发生联系，而一种身份就是社会中的一种地位，角色则是与这种地位相应的规范行为。角色具有相互性，角色之间相互期待，由此而形成社会的角色结构。② 地位与角色是社会体系中"结构"的组成部分。"地位"为行动者所处的结构位置；"角色"表达社会对这一位置的行为期望，它是社会与个人联系的中介，又是众人分享的象征。③ 此外，自从莫克帕德耶（Mukhopadhyay）和希金斯（Higgins）指出了文化差异对于性别地位研究的重要性之后，社会文化对个体所产生的影响也被纳入这一领域的研究因素之中。④

尽管帕森斯的理论有追求宏观层面的趋向，但他把个人行动放在社会系统的不同领域中去分析的理念，开启了从微观的角度考察宏观社会系统及其次系统同个别行动者互动的新思维。⑤ 依照他的理论表述及分析模式，结合本研究的研究对象进行演化和推广，笔者发现，女性个体存在于当地的文化系统、社会系统、人格系统和行为有机体系统4个子系统共同组成的社会行动系统中，各个子系统中存在着不同的自变因素，这些自变量相互作用，共同构成子系统的存在和发展状况，各子系统之间又存在层级递进和递减的能量供给与调节控制功能。它们之间并存互动、循环往复，共同建构了当地女性生存的时空领域，当地社会的"行动系统"正是通过其成员的角色、地位和权利关系结合而成的。也就是说，通过分析当地社会的"行动系统"，便可以系统地知晓其社会成员的角色与地位关系状况。

对于社会中的个体来说，个人社会化的必然途径是濡化与教化，通过将本土文化内化到个体特质中，以此获取扮演婚配角色所必需的技能；同时，宏观社会体系侧重对社会成员的外在塑造，利用学习的主导价值使个体产生符合角

---

① 参见陆学艺《历史上最具影响力的社会学名著20种》，陕西人民出版社2007年版，第124～125页。
② 参见（美）鲁丝·华莱士、（英）艾莉森·沃尔夫《当代社会学理论：对古典理论的扩展》（第六版），刘少杰等译，中国人民大学出版社2008年版，第22～23页。
③ 参见周怡《解读社会——文化与结构的路径》，社会科学文献出版社2004年版，第7页。
④ 参见 Carol C. Mukhopadhyay and Patricia J. Higgins. "Anthropological Studies of Women's Status Revisited: 1977—1987". *Annual Review of Anthropology*, 1988 (17): 461-495.
⑤ 参见周怡《解读社会——文化与结构的路径》，社会科学文献出版社2004年版，第10页。

色期待的行动，个体行动随即被引导，形成一种社会塑造的性别模式。遵循这种研究思路，借鉴帕森斯的行动理论模式，本书结合研究实际对之进行调适与推广，作为研究思路与框架构建的指导，如图0-1所示。

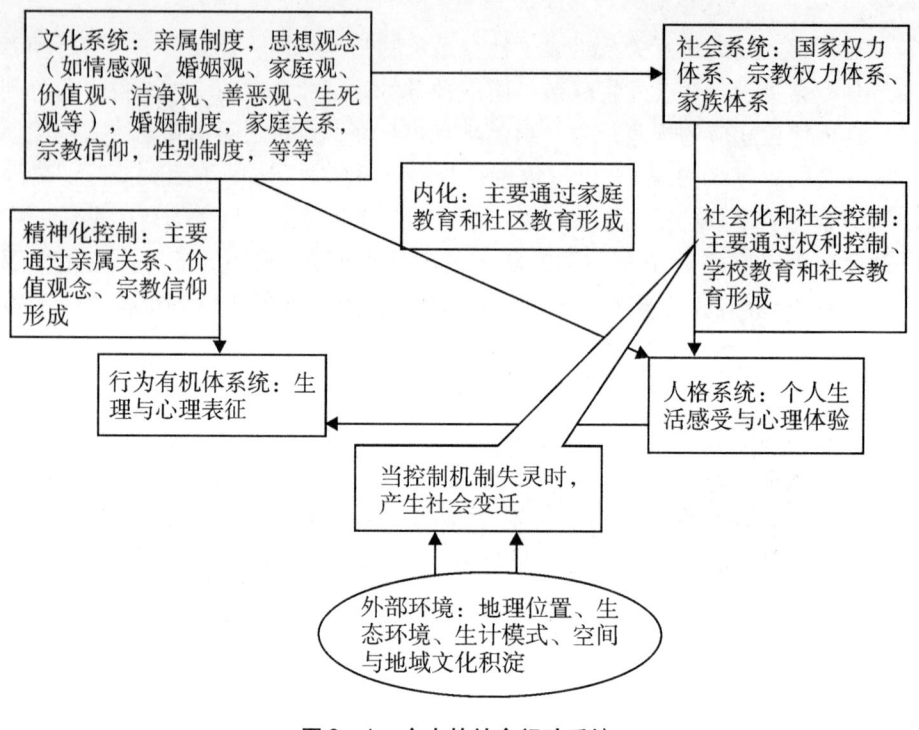

图0-1 个人的社会行动系统

## 三、研究路径与方法

### （一）田野调查

作为人类学的经典研究方法，田野调查是人类学研究必不可少的组成部分。在女性研究领域中，这种方法的运用还有3个重要的目的：一是纪实性地描述妇女的生活和劳动，二是从这些妇女自身的角度来理解她们，三是在社会背景中认识妇女。① 笔者运用田野调查参与观察的方法，亲自见证了当地女性的真实生活场景，真实地记录了她们的切身感受与体会，获取了第一手资料。

---

① 参见刘霓《西方女性学：起源、内涵与发展》，社会科学文献出版社2001年版，第66～67页。

## (二) 开放式访谈

对于女性研究而言，开放式访谈可以给予访问者和被访者最大的发挥空间。对于口述资料，萨莉·库珀·科尔曾在其著作《普拉亚的女人：一个葡萄牙沿海社区的工作与生活》中疾呼，应当把报道人的"生活史"看作他们的人生"故事"；在她看来，"历史"这一概念隐含着某种一致或均质的特性，这种特性与那些报道人所传递的解释不相吻合。在尤林看来，尽管萨莉的看法有失偏颇，但她有选择地凸显报道人的故事中那些不完整的部分，这种做法是值得称道的。① 因此，开放式访谈让访谈对象自我讲述的方式对妇女研究尤其有益，"因为以这种方式去了解妇女可以矫正几个世纪以来对妇女的种种想法的完全忽视，或一向让男人作为妇女代言人的做法"②。此外，开放式访谈可以为研究提供很多非标准的信息。运用这种方法，笔者获得了大量女性的访谈记录、口述史与个案，为凸显本研究的"真实私人生活"特点奠定了基础。

## (三) 整体观

作为一个不断变动的复杂体系，笔者认为妇女的角色与地位问题是一个需要探查、分析和理解的系统，更是一种可以折射当地社会历史与发展全景的镜像。因此，在研究中需要时刻把握文化的整体观，将各种文化要素进行联系与综合。为贯彻这一人类学的重要研究方法，笔者查阅了大量的历史文献与资料，涉及当地的历史文化、宗教信仰、经济社会发展、婚姻家庭与人口变动等诸多领域，为全面分析和理解研究对象构成必要前提。

## (四) 跨文化研究

尽管人类学比其他学科更欢迎妇女方面的研究课题，但令人遗憾的是，在人类学中也一直存在着男性偏见。为克服以男性为导向的跨文化材料的误导，就需要在不同的社会中研究多元的女性族群。因此，一定要有更多的跨文化的实证调查来研究女性的生活经验。③ 为更加准确、恰当地理解研究对象，笔者查阅了大量的文献资料，掌握了一定数量的不同文化背景中的女性的生活状况，并在研究中不断地进行跨文化的类比和分析，为理解和解释研究对象储备

---

① 参见（美）罗伯特·C.尤林《陈年老窖：法国西南葡萄酒业合作社的民族志》，何国强、魏乐平译，云南大学出版社2012年版，第205~206页。
② Reinharz Shulamit：《女性主义访谈研究》，朱源译，见孙中欣、张莉莉主编《女性主义研究方法》，复旦大学出版社2007年版，第77页。
③ 参见 Reinharz Shulamit《女性主义访谈研究》，朱源译，见孙中欣、张莉莉主编《女性主义研究方法》，复旦大学出版社2007年版，第378~392页。

了进行对比分析所需的必要基础和素材。

（五）女性民族志研究

女性研究者直接参与到研究对象的社会生活中可以有效弥补以往传统研究方法中的视角缺陷，并且可以不断反思社会性别作为社会生活的一个基本特征的重要意义，加深对以往研究中被忽略不计的有关妇女的社会现实状况的认识。① 许多训练有素的男性人类学家都曾发现过性别因素给民族的研究带来的挑战，并遗憾在自己的研究经历中未能与女人类学工作者共事，因为女性能够帮助其发掘那些以往从来没有留意过的东西。② 因此，笔者作为女性，不仅在很多方面对研究对象的生活与切身感受有相似的体验，同时还为本研究的实施、文本的构建与书写提供了独特的女性视角，弥补以往研究中对女性群体关注的不足。

---

① 参见 Reinharz Shulamit《女性主义访谈研究》，朱源译，见孙中欣、张莉莉主编《女性主义研究方法》，复旦大学出版社 2007 年版，第 322～329 页。

② 参见（美）罗伯特·C. 尤林《陈年老窖：法国西南葡萄酒业合作社的民族志》，何国强、魏乐平译，云南大学出版社 2012 年版，第 7 页。

# 第一章　多重独特性并存的三江并流峡谷

三江并流峡谷地区位于青藏高原东南缘、横断山脉腹地，这片区域既是青藏高原的重要组成部分，同时又是一个相对特殊的地理单元。就其地貌而言，横断山区是地球上海拔最高、面积最大、地形最为复杂的地区。因其山岭褶皱紧密，断层成束发育，而且大起大伏，故此山势、水力、气候、植被均变化巨大[①]，蕴含着三江并流峡谷地区最有价值的自然科学和社会科学宝贵资源。地质构造性隆起引起的海拔和气候的差异形成了三江并流峡谷地区地理景观和生态环境的多样性，导致动植物的多样性、民族的多样性、文化的多样性贯穿整个区域。[②]

## 第一节　高山峡谷与垂直立体的地理气候环境

金沙江、澜沧江、怒江3条世界大河在近千公里的范围内并行向南奔流，其最窄处直线距离仅16 000米，而它们的河口却分别注入太平洋的东海、南海和印度洋的安达曼海，东西相距3 000公里之遥，实为世所罕见的地理奇观。上述3条大河的源头都在青藏高原上，因切割很小而蜿蜒曲折。当其流入横断山区后，河流的切割愈来愈深，在滇西北段河流切割深度普遍达到2 000～4 000米，形成了该地区最具特征的高山深谷地貌。

---

[①] 参见格勒、海帆《康巴：拉萨人眼中的荒凉边地》，生活·读书·新知三联书店2005年版，第21～22页。
[②] 参见吉学平《云南三江并流地区史前多元文化概貌》，见李钢、李志农主编《历史源流与民族文化——三江并流地区考古暨民族关系研究学术研讨会论文集》，云南大学出版社2011年版，第104页。

## 一、三江并流峡谷的地理地貌特征

"三江并流"这一概念大约产生于20世纪80年代,联合国教科文组织的一位官员偶然在一张卫星遥感地图上惊异地发现,在位于东经98°～100°30′、北纬25°30′～29°的地区有3条大江在并流奔腾,这就是青藏高原东南缘横断山脉之间的金沙江、澜沧江和怒江,其流域亦即本书所研究的三江并流峡谷地区。2003年7月2日,联合国教科文组织第27届世界遗产大会以"三江并流"满足世界自然遗产的全部4条标准,将其列入《世界遗产名录》。①

横断山脉是中国特有的山脉系统,由青藏高原南缘的色隆拉岭山脉、伯舒拉岭山脉、他念他翁山脉、芒康山脉等组成。横断山区所涉及的范围包括西起昌都、察隅,东至邛崃山、大凉山,北从北纬32°的德格、壤塘、刷经寺起,南至北纬26°附近的大理、攀枝花一线,总面积近40万平方公里。② 其间山岳纵横,峡谷激流遍布全境,除金沙江、澜沧江和怒江3条大江及无量河、雅砻江、安宁河等主要河流外,还分布有波隆藏布、易贡藏布、波堆藏布等河流和易贡错、安错等众多湖泊。这些江河水流湍急,虽然没有泛滥之患,但亦无舟楫往来之利。区域内高山雪峰横亘,南北纵横的江河之间从西往东高耸着高黎贡山、碧罗雪山、梅里雪山、白茫雪山、哈巴雪山、玉龙雪山等雪山群,地理海拔高度呈垂直分布,从760米的怒江干热河谷到6 740米的卡瓦格博峰,汇集了高山峡谷、雪峰冰川、高原湿地、森林草甸、淡水湖泊、稀有动物、珍贵植物等奇观异景。

由于印度洋板块和欧亚大陆板块碰撞导致晚中新世至全新世青藏高原的隆升,地理地貌的巨大分异和气候季节性的不断增强,与之相应形成的几条平行的深切河谷(即并流奔腾的怒江、澜沧江和金沙江)产生了陡峭而相对独立的地貌单元。三江并流峡谷一带的垂直地理分布特征异常显著,由于交通不便和人口稀少等原因,森林覆盖率较高。在20世纪三四十年代,白玉、道孚等地的森林覆盖率为40%,定乡为50%,稻城一带甚至超过60%。③

## 二、三江并流峡谷的气候与物种多样性

三江并流峡谷地理条件复杂,地形地貌多样,"大抵一县之中,附近河谷

---

① 参见云南省三江并流管理局《世界自然遗产地——"三江并流"的概况及其保护工作的进展》,载《中国园林》2010年第5期。
② 参见中国科学院青藏高原综合科学考察队《横断山考察专集》(一),云南人民出版社1983年版,第96页。
③ 参见张保见《民国时期青藏高原经济地理研究》,四川大学出版社2011年版,第115页。

平原之地气候最为温暖，有时较内地尤热；低山部分温和；高山则渐凉爽，至达四千七八百米以上之山岭，则百物不生，人迹罕至，雪海冰川而已"①。高山与深谷并列，形成了以高寒为主、多种气候并存的垂直性立体气候特征。可谓是"一山分四季，十里不同天"，从河谷到山顶形成迥然相异的气候特征。高原地区寒冷干燥，降雨稀少；南北向之河谷及山之南坡较暖，东西向之河谷及山之北坡较冷。气温日变化剧烈，偏北地区表现得尤为剧烈。②

三江并流峡谷不仅是世界上蕴藏最丰富的地质地貌博物馆，还被誉为"世界生物基因库"。由于三江并流地区未受到第四纪冰期陆冰川的覆盖，加之区域内山脉为南北走向，因此这里成为欧亚大陆生物物种南来北往的主要通道和避难所，是欧亚大陆生物群落最富集的地区。从整体上而言，三江并流峡谷的大部分地区属于高原气候，但由于地形上的差别，各地的气候类型不尽相同。其主要包括以下几种类型：

（1）温暖半干燥区，主要指海拔3 200米以下的河谷地区，南方的潮热空气容易沿着河谷上溯到这类地区。由于降水量少、蒸发量大，因此形成较为干旱的气候。例如，金沙江、澜沧江和怒江的河谷都具有这类气候特征。

（2）温暖半潮湿区，大致是海拔3 200～3 600米的河谷坡地，气温比温暖半干燥区稍低。特点是雨水少、露水多，又因高处流水经常随坡淌下，因此较为潮湿。

（3）清凉潮湿区，为海拔3 600～4 100米的河谷坡地，由于降水量多、海拔高，因此能将暖气流中的水分凝结成雨雪下降，气候寒冷、蒸发量较少，地面较为潮湿。

（4）寒冷潮湿区，为海拔4 100米以上的山顶地区。降水量少，气候寒冷，成为积雪和冰冻状态。

（5）寒冷半干燥区，为海拔4 000米左右的草原，通常是河流的上源。由于地形限制，不能使气流持续上升形成雨雪，因此气候较为干燥。

随着海拔的升高和气候的变化，各种不同的气候分布带和生态环境形成，热带、亚热带常绿森林减少，依赖这种环境资源的大量物种急剧减少。动植物为不断适应这种变化而加速进化和分化，各种"多样性"也由此产生。青藏高原的隆升形成了东西动物群交流的屏障，使得曾经广泛分布在印度与巴基斯坦的西瓦古猿、中国的禄丰古猿、泰国的科拉特古猿等大型猿类以及池猿、兔猴等小型灵长类动物大量灭绝，随之猩猩、金丝猴、长臂猿等新物种开始在这一区域出现，还可能导致出现直立行走的早期人类和其他大型动物，如剑齿象

---

① 杨仲华：《西康纪要》，商务印书馆1935年版，第77页。
② 参见任乃强《西康图经·地文篇》，新亚细亚学会1935年，第122页。

起源于东亚南部（如中国云南、缅甸、泰国等地）。①

三江并流地区面积占中国国土面积不到 0.4%，但拥有全国 20% 以上的高等植物，包括 200 余科、1 200 余属、6 000 种以上。目前区内有哺乳动物 173 种、鸟类 417 种、爬行类 59 种、两栖类 36 种、淡水鱼 76 种，这些动物种数达中国总种数的 25% 以上。同时，三江并流地区也是欧亚大陆生物群落最丰富的地区，有 10 个植被型、23 个植被亚型、90 余个群系，拥有北半球除沙漠和海洋外的所有生物群落类型，几乎是北半球生物生态环境的缩影。② 如果说第三纪动物群以东西向交流为主、南北交流为辅（剑齿象动物群广泛分布在南亚和东南亚地区），那么第四纪以来特别是人类出现以来南北向交流则日趋明显，这种格局一直持续到今天，贯穿整个人类历史。三江并流地区的巨大山脉成为动物群地理隔离的屏障，新的土著物种不断产生，生物多样性不断丰富。由此形成的深切河谷则是人类迁移和文化传播的重要通道。③

## 第二节　往来交融的族群及其社会文化

三江并流峡谷地处内地中原文化、南亚文化、东南亚文化、青藏高原文化的边缘地带，地理位置偏僻、区域内山高谷深的地理特征造成的交通不便、信息闭塞等因素，使得当地的各族群保存了各自独特的文化特征，并在不断的迁徙融合中发展出并存共生的文化特质。

### 一、三江并流峡谷的史前文化遗存与族群关系

三江并流峡谷地区位于青藏高原的东南缘。考古学研究发现，在这片区域内以滇西北为中心的考古文化与周边的考古文化存在联系。同时，在这一地区还发现了考古学上 3 个时代的文化遗迹：丽江人及其文化遗物和在香格里拉县大小中甸草原西部发现的文化遗存属于旧石器时代；分布于维西、宁蒗和香格里拉等地的文化遗迹和金沙江两岸大量发现的古代崖画属于新石器时代；金属时代的文化遗存更为丰富，包括广泛分布于川西康藏至滇西北的石棺葬等文化

---

① 参见吉学平《云南三江并流地区史前多元文化概貌》，见李钢、李志农主编《历史源流与民族文化——三江并流地区考古暨民族关系研究学术研讨会论文集》，云南大学出版社 2011 年版，第 102 页。

② 参见云南省三江并流管理局《世界自然遗产地——"三江并流"的概况及其保护工作的进展》，载《中国园林》2010 年第 5 期。

③ 参见吉学平《云南三江并流地区史前多元文化概貌》，见李钢、李志农主编《历史源流与民族文化——三江并流地区考古暨民族关系研究学术研讨会论文集》，云南大学出版社 2011 年版，第 103 页。

遗物。这些文化遗迹的发现对于研究当地的族源和民族关系等问题均具有重要意义。①

此外，藏北色林错莫斯特石器、丽江人头骨枕部的隆起及其石球、丽江万人洞发现的盘状刮削器等器物都表明，金沙江地区在旧石器时代晚期的文化交流是以南北向为主的，人类顺着金沙江等河谷的迁移与华北和欧亚大陆北部进行着文化交流和基因交流，并传播到长江以南的珠江流域及其东南沿海。如果说金沙江流域的外来文化是以莫斯特文化为主，那么澜沧江流域和怒江流域的旧石器文化则与缅甸、泰国、越南和柬埔寨等国家的文化乃至和平文化都有着密切的联系，其特征与金沙江流域截然不同，显示出这一地区不同人群的活动特征。可见，旧石器时代的三江并流地区即显示出多元文化交流的特点。② 位于昌都地区的卡若则是西藏境内发掘的面积较大、保存较好、文化堆积丰厚、内涵丰富的新石器时代遗址，被公认为西藏三大原始文化之一。③ 此外，对卡若文化堆积层的考古学分析也发现了其与黄河中上游地区和云南元谋大墩子原始文化之间存在的渊源关系。④

丰富的考古学资料为进一步研究三江并流峡谷的社会文化奠定了必要基础，显示出西藏地区的原始文明与中原文化系统黄河上游、甘青氐羌文化和北方草原游牧文化之间均存在着悠久的历史联系。⑤ 其中，滇藏之间的文化联系始于石器时代，后来形成的滇藏茶马古道即是这种联系的延续与发展；此外，由于西南丝绸之路有分道进入三江流域，从新石器时代之后，蜀文化和滇文化也得以广泛传入三江并流峡谷地区。因此可以说，三江并流峡谷地区的原始居民在族源和构成上的多元化造就了这一区域文化特征的多元属性。

## 二、青铜时代以来三江并流峡谷的族群分布、迁徙与融合

考古遗存反映出三江并流地区的青铜时代文化以石棺墓为主要特点，个别地点伴有土坑墓，出土遗物以曲柄铜剑、无格铜剑、长方孔首铜剑、鹰和鹿杖

---

① 参见冯智《民族走廊与三江考古》，见李钢、李志农主编《历史源流与民族文化——三江并流地区考古暨民族关系研究学术研讨会论文集》，云南大学出版社2011年版，第3～5页。
② 参见吉学平《云南三江并流地区史前多元文化概貌》，见李钢、李志农主编《历史源流与民族文化——三江并流地区考古暨民族关系研究学术研讨会论文集》，云南大学出版社2011年版，第103页。
③ 参见西藏自治区文物管理委员会、四川大学历史系《昌都卡若》，文物出版社1985年版，第4～148页。
④ 参见土呷《昌都历史文化的特点及其成因》，载《中国藏学》2006年第1期。
⑤ 参见冯智《民族走廊与三江考古》，见李钢、李志农主编《历史源流与民族文化——三江并流地区考古暨民族关系研究学术研讨会论文集》，云南大学出版社2011年版，第5页。

头、短柄铜镜、银饰和双耳漩涡纹罐、三耳罐等为代表。① 因此，有学者将这一地区的青铜文化称为"三江地区类型"青铜文化②，也称为"怒江、澜沧江、金沙江上游青铜文化"③。通过对西藏古代墓葬的研究，霍巍发现，"西藏的东部地区，从史前时代一直到早期部落时期看来，都一直与西北地区的考古文化有着十分密切的联系；同时，可能也与川西—滇西北高原的考古文化之间有一定的关系"④。

从社会发展的视角看，青铜时代以来，中国西南各地社会已陆续进入君长国阶段，至战国秦汉时期，已是君长林立。关于汉武帝设益州郡之前三江并流地区的族群分布情况，史书中并无详细记载，说明当时此地并未被纳入中央政权的治域。司马迁在《史记·西南夷列传》前段中说：

> 西南夷君长以什数，夜郎最大；其西靡莫之属以什数，滇最大；自滇以北君长以什数，邛都最大……；其外，西自同师以东，北至楪榆，名为嶲、昆明……；自嶲以东北，君长以什数，徙、筰都最大；……皆氐类也，此皆巴蜀西南外蛮夷也。⑤

司马迁在这段叙述中列举的部落和族群涉及今天的四川西南、云南和贵州境内，包括了三江并流地区的大部分地域，大概反映了秦汉时期这一区域族群分布的概貌。我们从中可知晓，分布在今天四川西昌市的邛都部落，围绕在邛都周围的众多小部落分散在今天的四川省凉山州境内；嶲和昆明部落分布在今天的云南保山市东北至大理州境内；徙、筰都部落则在今天的四川雅安地区一带。⑥

从目前西南地区的考古发掘资料与相关研究成果来看，司马迁所描述的西南夷的地理位置、文化习俗、经济等方面的信息大致符合秦汉时期中国西南地区夷人的社会发展状况。其经济生计模式可初步分为4个大的系统：一为以滇、夜郎、邛都等以农耕为主的南夷族群，主要分布于云贵高原中部的滇池区域、云贵交界的滇东黔西地区、川西南的安宁河流域；二为分布于滇西和滇西

---

① 参见肖明华《三江并流地区的石墓与西南夷之白狼人》，见李钢、李志农主编《历史源流与民族文化——三江并流地区考古暨民族关系研究学术研讨会论文集》，云南大学出版社2011年版，第44页。
② 参见李昆声、张增祺《云南青铜文化之初探》，见云南省博物馆编《云南青铜文化论集》，云南人民出版社1991年版。
③ 王大道：《云南青铜文化的五个类型及与班清、东山文化的关系》，载《云南文物》1988年第24期。
④ 霍巍：《西藏古代墓葬制度史》，四川人民出版社1995年版，第303页。
⑤ （西汉）司马迁：《史记·西南夷列传》，参见方国瑜主编《云南史料丛刊》（第一卷），云南大学出版社1998年版，第4页。
⑥ 参见尤中《云南民族史》，云南大学出版社1994年版，第18~19页。

北地区以游牧为主的昆明、嶲等族群；三为主要分布于川西北和川西南地区的以半农半牧为主要经济形态的白马、冉、徙等族群；四为主要分布于滇东南、贵州西南部和广西西北部的以农业为主、渔猎业发达，属于百越系统的句町、漏卧、且兰等族群。生活在滇西和滇西北地区的昆明、嶲等族群主要过着逐水草而居的生活，游牧经济成为其主要经济形态，由于缺乏相对固定的居住场所、流动性较强，因而很难在一个辽阔的区域内形成一个较大的区域中心，族群之间的联系较为分散。①

司马迁在《史记》中将"西南夷"中所有部落的族系归为"皆氐羌类"，事实上可能并非如此。② 由于西南地区古代族群分布呈现出犬牙交错的形态，因此在探讨该地区古代居民的族群谱系时就需要一个宏大历史性界说的理念，应从大的区域环境和历史发展进程来进行族群谱系的讨论，而不该纠缠于某些特定的"民族"标准。按照这一思路，西南夷中从族系上属于氐羌文化系统的应该包括昆明、嶲、徙、白马、冉等部落。③ 主要族群包括僰族、昆明族、叟族和摩沙族等。④

秦汉之际，邛都地区（今四川省凉山州和云南永仁、大姚、永胜、丽江等地）的一些部落已经逐渐以农业生产为主，畜牧业退居次要的地位；一些部落还是农业与畜牧业兼营。农业和畜牧业的发展所提供的多余产品使得邛都与巴、蜀之间的商品交换开始出现，与内地朝廷的联系也日渐密切。而滇西部的嶲、昆明等部落仍以游牧为主，由于生产发展的相对落后，它们中间还不可能出现较大的部落，各部落也还没有结成一个共同的联盟体。⑤

隋唐时期，三江地区的"么些"已经从"乌蛮"中逐步分化出来，有了相对独立的聚居地。⑥《蛮书》中说："磨些蛮，……铁桥（今丽江北部塔城附近）上下及大婆、小婆、三探览、昆池（今四川盐源）等川，皆其所居之地也。土多牛羊，一家即有羊群。终身不洗手面，男女皆披羊皮，俗好饮酒歌

---

① 参见周志清《行走在三江上游地区的石棺——浅议三江上游地区秦汉时期的族群》，见李钢、李志农主编《历史源流与民族文化——三江并流地区考古暨民族关系研究学术研讨会论文集》，云南大学出版社2011年版，第52页。
② 参见尤中《云南民族史》，云南大学出版社1994年版，第19页。
③ 参见周志清《行走在三江上游地区的石棺——浅议三江上游地区秦汉时期的族群》，见李钢、李志农主编《历史源流与民族文化——三江并流地区考古暨民族关系研究学术研讨会论文集》，云南大学出版社2011年版，第53页。
④ 参见尤中《云南民族史》，云南大学出版社1994年版，第19～29页。
⑤ 同上书，第35～43页。
⑥ 同④，第119页。

舞。"① 南诏势力崛起之后，纳西族先民么些蛮所建立的越析诏被击败，部落主体从洱海东部的宾川地区向北迁徙到金沙江流域，向东迁徙到宁蒗、永胜乃至四川南部，向西迁徙到永昌地区，向南迁徙到昆川及西爨故地，民族人口不断被分解。② 同时，由于吐蕃势力向东南方向的延伸和神川都督府的建立，藏族人口开始大量进入滇西北地区。随着吐蕃、南诏和唐朝在铁桥上下地区的屡屡用兵，三江并流峡谷成为南诏与吐蕃之间的分界或缓冲地带，双方在这一区域的争夺和冲突持续不断。

由于这一区域原为吐蕃的势力范围，后为南诏所踞，但吐蕃在这里经营多年，其势力可谓根深蒂固。为了便于边界的控制并打消吐蕃卷土重来的可能，南诏在这里实行了"坚壁清野"的政策，将居住在大江两岸的施蛮、顺蛮、磨些蛮等部落远迁他乡。《史书》记载"磨些蛮……铁桥上下及大婆、小婆、三探览、昆明等川，皆其所居之地也……南诏既袭破铁桥及昆明等诸城，凡虏获万户，尽分隶昆川左右及西爨故地"③。金沙江两岸诸蛮部落的上层人士多被迁至白崖、蒙舍等洱海坝子附近的外围区域实施软禁监管，其部落民众则多被迁至西爨故地云南东北诸川的柘东地区，金沙江石鼓以上的河谷两岸几乎因此成为"半为散地"的荒凉无人区。④

元代忽必烈挥兵南下，征服了大理国，通过设置万户府和千户、百户所，继而建立云南行省，并广泛开展军、民屯田，设置驿传，活跃商业交换，建立学校、提倡儒学等政治、经济和文化措施，促使西南地区的民族发展较之大理国时期发生了不同程度的变化。⑤ 在这一时期，么些（纳西族）的分布区域与南诏、大理国时期基本相同，主要聚居在丽江路（今丽江）所属各府、州、县境内，柏兴府（今四川盐源）、鹤庆路也有一部分散居。他们善于冶铁和铸剑，使用铁制生产工具，但农业生产还未得到充分发展，其粮食中蔓菁仍占半数以上，畜牧业生产相对发达，各个家庭都拥有数量不等的牛、马、羊群。⑥ 隋唐之际即迁入此地的吐蕃（藏族）与么些（纳西族）"参错而居"。怒族在元代地理志《元混方舆胜览》中也有了较为明确的记载："潞江俗名怒江，出

---

① （唐）樊绰：《云南志·六诏》，参见方国瑜主编《云南史料丛刊》（第二卷），云南大学出版社 1998 年版，第 38 页。

② 参见高志英《藏彝走廊西部边缘民族关系与民族文化变迁研究》，民族出版社 2009 年版，第 21～27 页。

③ 转引自赵吕甫《云南志校释》，中国社会科学出版社 1985 年版，第 138～139 页。

④ 参见何金龙《三江并流区域河谷两岸少见南诏、大理文化遗存的思考》，见李钢、李志农主编《历史源流与民族文化——三江并流地区考古暨民族关系研究学术研讨会论文集》，云南大学出版社 2011 年版，第 59～60 页。

⑤ 参见尤中《云南民族史》，云南大学出版社 1994 年版，第 268～294 页。

⑥ 同上书，第 308 页。

潞蛮。"因"潞"与"怒"云南方言古今同音，因此，这个民族被后人认为是怒族。而居住在独龙江上游成为"俅江"流域的"撬"族（俅人、独龙族），由于一直处于封闭的状态中，不为外界所知，直至元代才在极为偶然的情况下被发现。对于这种进入史册的新族群，方国瑜先生考证道："又撬之族名少见，字书'撬'读牵么切，与求读奇么切，二字读音相近，则撬即求江之居民，为今之独龙族。"① 然而，在元代，除了这个族群的名称之外，人们对其具体情况仍然知之甚少，仅能知晓与他们有所接触的只是同区域内的少部分吐蕃（藏族）人。② 到了元代，卢蛮、撬蛮、么些蛮、吐蕃等族群共同繁衍生息于"藏彝走廊"西端，形成了今天这一区域民族分布格局的雏形。③

自元初受封土司后，明代丽江木氏土司（么些）势力迅速崛起，以"世尽臣职"之心上贡、奉调、征战，发动了与吐蕃之间旷日持久的战争，不断北征西进。到明朝万历年间，今云南迪庆州、四川甘孜州南部诸地和凉山州木里县的部分地区、西藏昌都地区芒康县南部的广大地区尽为其所有。④ 为巩固统治，木氏以移民和屯兵的方式将丽江、鹤庆一带的纳西族迁徙到其势力范围所及的临西（维西）、中甸（香格里拉）、阿墩子（德钦）和四川南部的得荣、巴塘、理塘一带，这一举措使纳西族的分布面积较元代有所扩大。成稿于清代的《维西见闻录》中记载道：

> 万历间，丽江土知府木氏寖强，日率么些兵攻吐蕃地，吐蕃建碉楼数百座以御之。维西之六村、喇普、其宗皆要害，拒守尤固，木氏以巨木作硾，曳以去碉，碉悉崩，遂取各要害地，屠其民而徙么些戍焉；自奔子栏以北，番人惧，皆降。于是维西及中甸，并现隶四川之巴塘、理塘，木氏皆有之，收其赋税，而以内附上闻。⑤

纳西族移民进入的这片区域是连接中国西南与西北民族地区的"藏彝走廊"的中转区，同时也是通向缅甸、印度等东南亚、南亚国家的门户区域，具有十分重要的地缘政治区位条件。⑥ 在木氏土司势力不断开疆辟土、发展壮

---

① 方国瑜：《中国西南历史地理考释》（下册），中华书局1987年版，第846页。
② 参见尤中《云南民族史》，云南大学出版社1994年版，第311～312页。
③ 参见高志英、徐俊《元明清"藏彝走廊"西端滇、藏、缅交界地带民族关系发展研究》，载《甘肃社会科学》2008年第6期。
④ 参见杨嘉铭、阿绒《明季丽江木氏土司统治势力向藏区扩张始末及其纳西族移民踪迹概溯》，见中国人民政治协商会议甘孜藏族自治州委员会《甘孜州文史资料》（第十八辑），2000年，第224页。
⑤ （清）余庆远：《维西见闻录》，见于希贤、沙露茵选注《云南古代游记选》，云南人民出版社1988年版，第117～118页。
⑥ 参见周智生《明代纳西族移民与滇藏川毗连区的经济开发——兼析纳藏民族间的包容共生发展机理》，载《思想战线》2011年第6期。

大的过程中，丽江一带么些族群社会的生产发展较为迅速。农业生产也比以前发达了不少，冶铁技术的进步相当显著，采矿业以开采银矿为主。随着儒家学校的建立，部分么些人接受了汉族文化。①

明朝时期云南境内的藏族被称为"古宗"。他们的经济文化生活状况大概与当时聚居在今西藏境内的藏族相同，"食肉批毡，种植蔓菁、麦稗（青稞）"，虽然农业有了一定的发展，但畜牧业仍占重要地位。政治上则分别受丽江、鹤庆的土官或流官统治。② 怒族则在明代首次见于史册。《百夷传》中记载："怒人，颇类阿昌。蒲人、阿昌、哈剌、哈杜、怒人皆居山巅，种苦荞为食，余则居平地或水边也，而言语皆不相通。"③ 这里记载的是与阿昌（景颇）杂居分布在今缅甸克钦邦东北部与怒江州连接地带的怒族。（天启）《滇志》中说："怒人，男子发用绳束，高七八寸，妇人结布于发。其俗大抵刚狠好杀。余与么些同。惟丽江有之。"④ 而俅人（独龙族）的情况在明朝的记录中已不复见，只能猜测其大约与元代相似。

清代，随着朝廷对西南边疆控制力度的逐渐增强，治域内民族矛盾丛生，木氏土司势力日渐衰微，已无力控制滇西北。南下的青海蒙古和硕特部趁机联合西藏的地方势力，驱逐日渐衰微的木氏土司势力，将迪庆藏族聚居区纳入其统治范围。在清廷统治的范围内，其政治、经济制度的实际内容及其所采取的各种政策措施基本上还是明朝的延续和发展，但也开始逐步改变原有庄田和军屯的土地制度，并着力推进改土归流政策。改土归流之后，由于直接受流官的统治，主要聚居在丽江一带的么些人在经济、文化方面更加趋向于汉族；在往北的维西及其附近地区，明朝之后迁居到此的么些人在军事头人的统帅之下进行屯垦戍守，将丽江一带的生产方式和社会结构模式带到了这里；居住在永胜、宁蒗、永宁一带的么些人的生产、生活相对落后，甚至有部分人一直从事流动性的畜牧业和农业生产，从事不完全定居的生产活动，接受邻近土官的统治，另外一些则仍然处于国家政治体系的统治之外。⑤

云南境内的藏族在清代仍被称为"古宗"，分布区域为丽江、鹤庆和景东三府。《维西见闻录》中将其生活生产状况描述为"力勤苦，善治生，甚灵

---

① 参见尤中《云南民族史》，云南大学出版社1994年版，第379~381页。
② 同上书，第388~389页。
③ （明）钱古训：《百夷传》，见方国瑜主编《云南史料丛刊》（第二卷），云南大学出版社1998年版，第365页。
④ （明）刘文征：《滇志》，参见方国瑜主编《云南史料丛刊》（第七卷），云南大学出版社2001年版，第80页。
⑤ 参见尤中《云南民族史》，云南大学出版社1994年版，第535~537页。

慧，耕耘之暇，则行货为商，所制鋈银、铁骑精工，虽华（汉族）亦不能为"①。此外，随着木氏土司势力的扩张，古宗群体内部也发生了明显的变化，余庆远的《维西见闻录》中这样记述道：

> 古宗，即吐蕃旧民也。有二种，皆无姓氏，近城及其宗、喇普，明木氏屠未尽者，散处于么些之间，谓之么些古宗。奔子栏、阿墩子者，谓之臭古宗。语言虽同，习俗性情迥别。②

透过这段精要的介绍，我们可以了解当时迪庆藏族群众的三大特点：第一，他们是来自吐蕃的"旧民"；第二，他们是明代木氏土司北进迪庆的"屠杀未尽者"；第三，部分藏族群众已经与当时被称为"么些"的纳西族相互融合，成为"么些古宗"，但距离西藏较近地区的藏族群众仍然保留着相对传统的生活方式。余庆远的记述生动反映了元明时期吐蕃和丽江木氏土司在迪庆高原的激烈争夺，同时也造就了当地大规模的族群往来与文化交融。

清代以后，怒族的分布区域得到了进一步明确。道光年间《云南通志稿》中说："凡怒江以西，西北接西藏，西南界缅甸蒙养路等地，东与丽江府及大理府云龙州毗邻皆是。"③ 相对于明朝，怒族的农业和手工业生产都有所发展，农产品数量增多，除种植苦荞之外，还增加了麦、薯、芋等品种，手工业产品有竹器、红纹布和麻布等，但狩猎仍是其经济生活中的重要组成部分。雍正年间，怒江地区正式归属丽江府管辖，怒族与么些人之间的关系日渐密切，双方开始频繁往来开展贸易活动。

据道光年间成书的《云南通志稿·人种志》载，当时俅人的主要分布区域在丽江府西部澜沧江大雪山外的俅江流域一带，与怒族居住区域接壤。④ 而后逐渐集中到俅江下游西南的独龙河流域地区，因此被称为独龙族。在这一时期，俅人当中的大部分人仍然靠"种黍稷，剐黄连为生"，农业生产技术水平低下，手工业生产仅能织造粗麻布，一部分俅人仍然"批树叶为衣，无屋宇，居山崖中"。

光绪年间的《丽江府志稿·地理志》中记载：

> 俅人男女皆批发，徒面苍黑，不知栉沐，树叶之大者为衣，耳穿七孔，坠以木环，不通语言。与怒人接壤，畏怒人不敢越境。接澜沧江由维

---

① （清）余庆远：《维西见闻录》，见于希贤、沙露茵选注《云南古代游记选》，云南人民出版社1988年版。
② 同上书，第122～123页。
③ （清·道光）《云南通志稿》（刻本），云南省图书馆藏。
④ 同上。

西而上，有呼为渠者，渠与倮殆音近向讹也。同治夷子中旬有猎人逐鹿至一山下，瞰大江，人迹不至，获二人，偏身生毛，问其居里，言语不通，盖亦倮人之类也欤。①

元、明、清三朝在云南建立的政权机构，因社会经济基础不同而形式有异。大体来说，元初在滇池与洱海地区基本上是以地主私有制为主的经济形态，因此设置流官政权；其余广阔地区，因尚处于地主私有制以前的社会经济阶段，而分设宣慰、宣抚以统率。明代初期，仍按元制，任命土职世袭，在云南内地设土官、在边地设土司代替朝廷行使管辖权。

## 三、清末民国以来三江并流峡谷的政属变迁与族群分布

如同其多样的地形气候与文化特征一样，三江并流峡谷的政属变迁历史亦纷繁复杂。甘孜州南部的巴塘、理塘、得荣、雅江、乡城、稻城等6县和西藏的昌都地区自唐代起就是吐蕃王国的一部分，明代称"朵甘思"，清代称"康"（或"喀木"）。吐蕃王朝崩溃之后，这里一度成为部落众多、多头统治、政令不一、自主称王的特殊区域。历代朝廷虽曾在此地设置过军政机构，但其内部始终未能得到有效的统一。政教合一的地方政权、土司统治的部落领地，以及所谓"无官无法"、以父系血缘纽带组成的"帕措"宗族等政治势力仍然并存。② 其中，理塘、雅江、乡城和稻城由理塘土司管辖，巴塘、得荣和昌都地区芒康县的盐井地区属理塘土司治地③，三岩一带因地势险要、民风闭塞，既不从清廷又不服西藏，被视为"野番"之地④。在西藏工布江达以东的地区，清末曾拟设置西康省，后未果。各土司仍然各自为政，形成若干分散割据、互不隶属、相互争夺的政治势力。

光绪三十一年（1905年），清驻藏帮办大臣凤全在巴塘为土人所杀，清廷委派建昌兵备道赵尔丰为炉边军务督办（继升川滇边务大臣及驻藏大臣）会同四川提督马维骐率兵进剿。大军采用强压的军事手段，先后平巴乱、打乡城、服盐井、定三岩，拓土开疆，锐意经营。⑤ 赵尔丰"改土归流"之后，理塘土司被迫逃亡西藏，副土司服毒自杀。在乡城，土百户被杀逐之事亦层出叠

---

① （清·光绪）《丽江府志稿·地理志》，见《丽江府志稿稿本》，云南省图书馆藏。
② 参见土呷《昌都历史文化的特点及其成因》，载《中国藏学》2006年第1期。
③ 参见杨嘉铭、阿绒《明季丽江木氏土司统治势力向藏区扩张始末及其纳西族移民踪迹概溯》，见中国人民政治协商会议甘孜藏族自治州委员会《甘孜州文史资料》（第十八辑），2000年，第246页。
④ 参见高秉鑫《西康历程》，见中国人民政治协商会议甘孜藏族自治州委员会《甘孜州文史资料》（第二十一辑），2004年，第9页。
⑤ 同上书，第3页。

见;"稻城四区"也仅保存每村有一小头人承办粮差和处理村中事务,境内原有统治已再无恢复可能。①

民国元年(1912年)革命军起,驻藏陆军哗变,西藏地方军队乘机东进,得荣、定乡和稻城叛变,理塘为乡城娃所破,清末在此的设置荡然无存。②昌都地区改称川边,成为后来西康省的一部分。自民国初年始,嘉黎以东的昌都地区划隶川边,民国七年(1918年)以后受西藏地方管辖。其中,丁青,即类乌齐,民国元年改县,不久归西藏管辖;宁静,清末设立江卡设治委员,民国二年改县;同普,清末置县;武城,清末为三岩委员,民国二年改县;贡县,清末为贡觉委员,民国二年改县;恩达,清末为恩达厅,民国二年改县;昌都,清末为昌都府,民国二年废府改县;科麦,清末置县,治科麦村;察隅,清末为杂瑜委员,民国二年改县;嘉黎,清末为拉里,民国二年改县;太昭,清末为工部设治局,民国元年拟设太昭府未果,民国二年改县。此外,盐井县也于民国二十二年后逐渐转归西藏地方政府管辖。③

民国十六年(1927年),刘文辉任西康边防总司令,在康定设立西康政务委员会;1939年元旦,西康省政府在康定成立。民国十九年(1930年),西藏地方军队再度开战,随后双方签订《冈托停战协定》,以金沙江为界,西康、青海和西藏界线遂得以确定。康定、巴安、义敦、九龙、泸定、雅江、道孚、理化、瞻化、稻城、甘孜、炉霍、丹巴、定乡、得荣、德格、石渠、邓柯、白玉等金沙江以东的19个县为西康省管辖。④ 1949年12月,刘文辉通电起义,宣布西康和平解放,西康省政府在西昌成立。1950年3月解放军解放全西康,结束国民政府统治。1955年9月,西康省人民委员会发出《关于省人民委员会停止行使职权,宣布撤销日期及有关事项的通知》,历时16年零10个月的西康省从此消失,成为历史名称。⑤

在迪庆藏族聚居区,明末清初之际,南下的青海蒙古和硕特部联合西藏地方势力,驱逐日渐衰微的木氏土司势力。清军1644年入关,1658年占领云南,木氏土司虽然得以保留,但其对迪庆的控制权已基本丧失,迪庆逐步成为达赖喇嘛的"香火之地",归属西藏地方势力管辖。康熙十三年(1674年),久踞云南的吴三桂公开反清,为争取西藏和青海地方政权的支持,将迪庆逐步

---

① 参见《理塘县长青春科耳寺调查》,见四川省编写组《四川省甘孜州藏族社会历史调查》,四川省社会科学院出版社1985年版,第290～293页。
② 参见张保见《民国时期青藏高原经济地理研究》,四川大学出版社2011年版,第49页。
③ 同上书,第44～45页。
④ 同②,第49～50页。
⑤ 参见高秉鑫《西康历程》,见中国人民政治协商会议甘孜藏族自治州委员会《甘孜州文史资料》(第二十一辑),2004年,第4～5页。

割贿。康熙年间清廷先后两次出兵西藏，终于平定青海和硕特部叛乱。康熙三十六年（1697年）之后，迪庆大部分由四川巴塘土官管辖。雍正二年（1724年），清廷收复青海，将维西、中甸、阿墩子划归云南管辖。① 雍正五年（1727年），清廷勘定川滇边界②，设维西厅，乾隆十八年（1753年）设中甸厅。1921年改维西、中甸两厅为县，1932年始设立阿墩子设治局，1935年以藏语"德钦林"之音，改名为德钦设治局。1957年，迪庆藏族自治州成立，德钦县由丽江地区划归迪庆藏族自治州管辖。

  在怒江地区，1620年，清政府为加强对怒江地区的统治，设置六库、老窝两个土千总，属云龙州。继而增设卯照、鲁掌和登埂三土舍，属永昌府。福贡、贡山属维西守备厅，隶属于丽江府，先后受康普土司禾氏和叶枝土司王氏管辖。清末，察隅土司势力深入菖蒲桶一带。辛亥革命以后，云南地方政府为遏制帝国主义对怒江地区的侵略野心，同时削弱地方土司的统治权力，建立"怒俅殖边总队"，分3个分队进入碧江、福贡和贡山，成立了知子罗、上帕和菖蒲桶3个"殖边公署"；在兰坪县营盘街设立"殖边总局"，将原属于保山市的登埂、卯照、鲁掌土司属地和原属于云龙的六库、老窝土司属地合并，成立鲁掌行政公署。

  1916年，知子罗、上帕、菖蒲桶3个"殖边公署"相继改制为"行政公署"。1930年以后，在怒江分别设立了菖蒲桶（贡山）、上帕（福贡）、知子罗（碧江）和泸水4个设治局，同时原兰州改置兰坪县；各县、设治局曾先后隶属迤西道（滇西道）、腾越道、第七行政督察区（驻丽江）、第十三行政督察区（驻维西）管辖。1928—1933年间，鲁掌、知子罗、上帕、菖蒲桶4个行政公署，先后改为泸水、碧江、康乐、贡山4个设治局。兰坪、碧江、福贡和贡山四县隶属于丽江行政专员公署。1954年，成立了包括泸水、碧江、福贡、贡山四县的怒江傈僳族自治区，首府设在碧江县城知子罗。1957年，改为怒江傈僳族自治州，并将兰坪县划入。1975年，因碧江县城有地质灾害的风险，自治州首府迁往泸水县六库镇，同时废除碧江县建制。

  独龙江地区直至清朝末年尚无地方机构设置。民国五年（1916年），菖蒲桶行政委员会将独龙江划为西保董；民国七年（1918年），独龙江为维西县茨开县佐西区；民国十一年（1922年），称为菖蒲桶行政委员会第四区；民国二十六年（1937年），称贡山设治局孟底乡；民国二十八年（1939年），改称新民乡。1950年4月称为贡山县第四区，1969年称为独龙江公社，1984年改为

---

  ① 参见《云南提督郝玉麟奏折》（雍正三年十二月初二日），见张书才主编《雍正朝汉文朱批奏折汇编》（6），江苏古籍出版社1986年版，第543~546页。

  ② 参见《西藏研究》编辑部《西藏志 卫藏通志》，西藏人民出版社1982年版，第8页。

独龙江区，1988年改称独龙江乡。

　　民国时期，在三江并流区域生活的族群主要有藏族（古宗）、纳西族（么些）、傈僳族（栗粟）、彝族（罗罗）、怒族（怒子）、独龙族（俅子）、普米族（西番）、白族（民家、巴尼、勒墨）、景颇族（浪速）、汉族等。这些族群的分布在很大程度上是隋唐以来吐蕃东进和明代木氏土司势力北扩的结果。事实上，早在木氏土司用兵迪庆之前，藏族已经成为迪庆高原的主体民族。而木氏的北进又给丽江地区带来了大量的纳西族军队、随军人员及移民。到明代，丽江以北地区的居民基本上为藏族，当时的文献称之为"古宗"、"西番"或"细腰蕃"；而在澜沧江一线的维西县，则为傈僳族世代聚居之地。从德钦到丽江，形成了一条斜跨迪庆高原东南和西北的分布线，北部地区的主体民族是藏族，南部则主要聚居着纳西族和傈僳族。

　　自明代以后由云南北迁进入藏族聚居区的纳西族一直在当地繁衍生息。据1954年开展民族识别工作时的统计数据显示，定居在甘孜藏族聚居区的纳西族至少还有5 000户以上①，但由于长期与藏族混居，其后代已经大部分演变为藏族。在乡城、得荣、稻城、巴塘等地的村寨，历史上都曾经是纳西族聚居的地方，但现在已经和当地藏族没有明显差异，仅在年节等某些民俗中保留着纳西族传统，以表示对先祖的怀念。甘孜州南部的纳西族主要聚居在巴塘县的白松乡。到1990年，全乡2 915人中有纳西族638人，占全乡人口总数的21.88%。② 纳西族聚居在白松乡一带有以下主要原因：一是当地海拔较低，气候温和，适合从滇西北迁入的纳西族生活；二是当地北通巴塘、南通得荣、东通乡城，是当时木氏土司进军和退守的战略要地。③

　　与藏族和纳西族相比，怒族和独龙族的分布区域则相对稳定，他们仍然聚居在怒江流域和独龙江流域世代繁衍生息。从人类历史上向四方迁徙的路线来看，族群交往活动的方向往往是沿着江河或山脉的走向形成，随着社会发展、文化交流和军事扩张，人们开始逢山开路、遇水搭桥。从这一思路来看，三江并流峡谷独特的地理地貌特点决定了这里以南来北往为主的族群交往与迁徙活动特征，各族先民利用横断山脉走向及江河冲刷切割所形成的天然通道，闯出了一条由东至西、由北而南的民族迁徙"走廊"和经济文化交流路线。正如陶云逵先生所言：

---

① 参见格勒《甘孜藏族自治州史话》，四川民族出版社1984年版，第114页。
② 参见杨嘉铭、阿绒《明季丽江木氏土司统治势力向藏区扩张始末及其纳西族移民踪迹概溯》，见中国人民政治协商会议甘孜藏族自治州委员会《甘孜州文史资料》（第十八辑），2000年，第240页。
③ 参见《白松乡纳西族社会历史调查报告》，见中国人民政治协商会议甘孜藏族自治州委员会《甘孜州文史资料》（第十八辑），2000年，第254页。

怒江、澜沧江，对于东往西，或西往东的交通上是一种阻碍，但是自北往南，或自南往北未尝不是一条天成的大道，因为虽然不能行舟，但是沿河而行的便利是很引诱人的，设如我们很笼统地叙述夹着这两条河的山脉形式和方向，则高黎贡山、碧罗雪山以及云岭雪山三者山脉，也多是自北而南的。这种形式，在交通方向上的便利与阻碍，和前述的河流是一样，就是便于南北，而碍于东西。①

## 第三节　多样化的婚姻形态与社会性别制度

婚姻可视为人类社会调节两性关系的一种工具，可以使每个人在社会中得到一个确定的地位，也因此决定他与其他人的关系。② 对于人类社会的婚姻制度，莫利斯曾有过这样的判断：

> 配偶关系在全人类的兴起，自然有利于单偶制的形成，但是它不会绝对要求采用单偶制。……如果配偶机制只适合单偶制，绝对排斥多偶制，那就使种属的繁衍失去效率。但是，多偶制的形成不会没有困难。……而且，维持大家庭的经济压力也不利于它的形成。程度不高的多偶制固然可以存在，但是它受到严重的局限。③

现实的状况印证了莫利斯的论断，人类社会中超过75%的婚姻形式是单偶制，多偶制仅集中分布于北极地区、青藏高原及南印度和毗邻的斯里兰卡。④ 就算是在其中"实行该婚俗的'当前世界最大和最为昌盛的社区'——操藏语的民族"⑤ 中，婚姻形式仍以一夫一妻制为主⑥。那么，在多民族共居杂处的三江并流峡谷，婚姻与家庭形态又会呈现出何种风貌呢？

---

① 陶云逵：《碧罗雪山之栗粟族》，见《"国立中央研究院"历史语言研究所集刊》（第17册），商务印书馆1928年版。
② 参见（英）W. H. R. 里弗斯《社会的组织》，胡贻谷译，商务印书馆1990年版，第35页。
③ （英）德斯蒙德·莫利斯：《裸猿》，何道宽译，复旦大学出版社2010年版，第82～83页。
④ 参见 J P Gray. "Ethnographic Atlas Codebook". *World Cultures*, 1998（10）：4-5.
⑤ Prince Peter. "The Polyandry of Tibet, Actes du IV Congres International des Sciences Anthropologiques et Ethnologiques". *Vienne*, 1952（2）：176.
⑥ 参见（法）石泰安《西藏的文明》，耿昇译，中国藏学出版社2005年版，第86页。

## 一、多种婚姻形态并存的藏族和纳西族移民社会

民主改革前，云南迪庆和四川甘孜藏族聚居区的情况大致相似，多种形式的婚姻形态并存于藏族社会中，包括一夫一妻制的单偶婚、一夫多妻和一妻多夫制的多偶婚。从已有的统计数据来看，1988年王大犇等人主持的调查表明了多偶制在各藏族聚居区的广泛存在①；1996年西藏自治区芒康县在对全县婚姻状况的调查中也发现了超过40%的多偶制②；2001年坚赞才旦对西藏真曲河谷地区所开展的调查较为集中且样本数量充沛，真实地反映了调查地区多种婚姻形态并存的真实形态③；张建世与土呷的调查提供了1个村落的详细调查资料，分析了单偶与多偶制家庭的形成条件及其之间的相互关系④；许韶明在2005—2007年间所调查的3个村落涵盖了多个藏族地区，展现了多偶制在不同地方所表现出的共性与差异，丰富了这一领域的调查资料⑤。在父系血缘占绝对统治地位的三岩地区，也以"一妻多夫"和"一夫多妻"为基本的婚姻形式，大家庭较为常见，一般不允许分家和脱离父系宗族组织。

诚如上文所述，藏族是实行多偶制较为集中的族群，在青藏高原东南边缘的藏族地区，从西藏境内的芒康、左贡、贡觉、察隅，到川西南的白玉、理塘、乡城、稻城、得荣等地，再到云南境内的德钦和中甸等地，凡是藏族人口聚居的地方，都有多偶制的广泛分布。《中甸县志》中曾这样记述：

> 藏族的婚嫁有四种方式：一、弟兄共妻，即多夫制；二、姐妹共夫，即多妻制；三、兄妹结婚制；四、无论多子或独子，均送入大寺为喇嘛，而赘一婿以延宗嗣。因藏族家庭之经济大权均操于女子之手，数千百年已成习惯，是以每一家庭仅容有一主妇，百千万年不许分家。⑥

据调查，在1950年以前的迪庆藏族聚居区约有31%的家庭是一妻多夫家庭。在一妻多夫家庭中，最为常见的是兄弟共妻，并且以两兄弟共娶一个妻子最为普遍。在中甸县（今香格里拉县）东旺乡，在民主改革过去40多年之后

---

① 参见王大犇、陈华、索朗仁青《西藏藏族妇女的婚姻与生育》，见张天路主编《中国少数民族社区人口研究》，中国人口出版社1993年版，第45页。
② 参见《芒康县基本情况及全县婚姻状况的调查报告》，芒康县人民法院1996年刊印。
③ 参见坚赞才旦《真曲河谷一妻多夫家庭组织探微》，载《西藏研究》2001年第3期。
④ 参见张建世、土呷《珠多村藏族农民家庭调查》，载《西藏大学学报》2006年第2期。
⑤ 参见许韶明《差异与动因：青藏高原东部三江并流地区兄弟型一妻多夫制研究》（博士学位论文），中山大学人类学系2009年，第51页。
⑥ 转引自段绶滋纂修《民国中甸县志稿》，见《中国地方志集成·云南府县志辑》（83），凤凰出版社1960年版，第47页。

仍有16%的家庭选择这种婚姻形式。① 笔者曾于2010年在德钦县一个藏族村落的567户家庭中发现51户实行多偶制，其中有48户是兄弟共妻的多偶制家庭。据文献资料显示，1950年以前德钦县也曾有过7个兄弟共娶一妻的案例。② 而斯里兰卡Sinhalese的一妻多夫家庭中也有过7个丈夫共娶一个妻子的例子。③

藏族群众多样化的婚姻形态其实正是藏族传统社会家庭结构的一个缩影，也生动反映了阿吉兹在藏边定日调查之后得出的结论。她认为："西藏的婚姻形态可能比任何其他社会更具有多样性，这种复杂的婚姻形态反映了人们的社会观念，表现了他们在思想和行为方面的适应性，它也是持续不断的社会流动过于剧烈的结果——这一切都促使人们在尽可能广阔的范围内选择合适的婚姻形态。"④

从滇西北地区北迁进入藏族聚居区的纳西族在婚姻形态上既深受藏族影响，同时还保留着较多的本民族传统。中甸一带的纳西族普遍以一夫一妻制家庭为主，婚姻多由父母包办，孩子在8～10岁时父母就会代其选定配偶，到了十八九岁时仍由父母择日安排结婚仪式。在通婚关系和范围上盛行姑舅表婚、姨表婚，转房制度也较为普遍。在当地东坝关金村44户纳西族家庭中，舅表婚占了14户。丧妻的男子有优先权娶入妻子未婚的姐妹，这被当地人认为是亲上加亲的美事。⑤ 在维西一带，纳西族虽然已经确立了一夫一妻制的父系家庭，但男女青年婚前的交往仍较为自由，即使发生性关系也不受社会斥责和约束。但其婚姻仍由父母包办。土司贵族家庭亦实行严格的等级内婚。⑥ 纳西族实行多偶婚的群体主要分布在四川省木里县俄亚一带，在盐井一带也有少量分布。

---

① 参见和建春《香格里拉县东旺乡藏族婚俗初探》，载《香格里拉史志通讯》2008年第2期。

② 参见宋恩常《藏族中的群婚残余》，见《民族学研究》（第二辑），民族出版社1981年版，第223页。

③ 参见L. R. Hiatt. "Polyandry in Sri Lanka: A Test Case for Parental Investment Theory". Man, New Series, 1980, 15 (4): 583-602.

④ （美）巴伯若·尼姆里·阿吉兹：《藏边人家》，翟胜德译，西藏人民出版社1987年版，第157页。

⑤ 参见《中甸、维西纳西族婚丧习俗》，见《民族问题五种丛书》云南省编辑委员会、《中国少数民族社会历史调查资料丛刊》修订编辑委员会《纳西族社会历史调查》（一），民族出版社2009年版，第56页。

⑥ 同上书，第58页。

## 二、以单偶制为主的怒族与独龙族社会

### （一）怒族的族内婚

怒族民间普遍流传着一个反映早期社会中祖先婚姻生活的神话传说。其大致内容是：在远古时代，因为洪水暴发，淹没了所有的房屋田地，只有兄妹两人躲在一个大葫芦里随水漂浮而幸运地生存了下来。洪水退去之后，世人都淹死了。兄妹二人所到之处只看见乌鸦在啄食人的尸体。乌鸦对他们说："世人都死绝了，只有你们两兄妹成婚才能繁衍后代。"但是，亲兄妹怎么能成婚呢？兄妹二人都不愿意。他们不听乌鸦的话，便分道南北去寻找配偶。但所到之处，都是一片兽蹄鸟迹的荒芜世界，不见人影。这时，他们才确信乌鸦所言属实。在无可奈何中，哥哥向妹妹求婚。妹妹说：若能以弩射中"衣马"（一种有小孔的贝壳）则乃天意所许，我兄妹俩只能成婚。结果，哥哥屡射屡中，兄妹遂成婚。婚后生九男九女。因为这时世上还只有这9对亲兄妹，所以仍然在兄妹之间相互成婚，繁衍后代。亲兄妹互为夫妇，这种婚姻形式是原始的杂乱性交状态中发展出来的第一种形态，类似于摩尔根所说的血缘婚。①

到20世纪50年代前后，怒族的婚姻形态主体已经发展为一夫一妻制，这种单偶制婚姻习俗受到当地社会的肯定与保护，重婚纳妾的情况很少。村寨中虽然也有极少数的多妻现象，但其原因多半是因为第一个妻子不生育，或者是在生女而不生男的情况下重娶产生的，因此不属于严格意义上的一夫多妻制。

氏族内婚和非等辈婚是怒族社会传统婚配关系中的突出特征。氏族甚至家族内部除亲胞兄弟姊妹外的男女都能够互相婚配，并且被人们视之为"亲上加亲"的美事。在碧江县一区九村的甲加自然村38对配偶关系中，其中氏族内部相互通婚的有23对，占60.5%；氏族外婚者仅有15对，占39.5%。在氏族内婚中又全部是血缘关系较近的一个家族内部的男女之间相互通婚。上述23对族内婚配偶之间的亲疏关系是：相隔7代者7对，相隔6代者3对，相隔5代者4对，相隔4代者4对，相隔3代者5对，相隔1代者4对，而其中竟还有一对是只相隔1代的姑母和侄子婚配。②在福贡县一区的木古甲村的一个自然村30户人家中，有叔伯兄妹婚5人，姨表亲婚2人，不同辈次的非近亲结婚5人，另6人是与外家族的婚配。在叔伯兄妹婚中，一般需要相隔3代以

---

① 参见《碧江县一区九村怒族社会调查》，见《民族问题五种丛书》云南省编辑委员会、《中国少数民族社会历史调查资料丛刊》修订编辑委员会《怒族社会历史调查》，民族出版社2009年版，第35～36页。

② 同上书，第37页。

上才能通婚，此类婚姻的缔结除了按习惯规定的彩礼外，还需要再送 1 口锅或三脚架给女方的父母。也有个别亲胞弟兄之子女相互婚配的，但群众对此很反对。怒族没有姑舅表优先婚配的习惯。姨表婚为习惯所允许。①

此外，怒族还保留着夫兄弟婚（转房）的习俗，即一个妇女在丈夫死后，可以转嫁给丈夫的同胞兄弟。对于这种婚姻形态，夫方亲属没有把它看作一种权利或义务，因为转房需要丈夫的兄弟也死了妻或尚未有妻室，同时还必须取得女方之同意，否则她可以改嫁给任何一个别的男人，因而也排斥了多妻的存在。转房之后，丈夫的前妻所留下的子女对继母称呼为伯母或叔母，女方前夫所生的子女称母亲的后夫为叔伯父。双方子女之间都视为兄弟姊妹。②

### （二）独龙族的族外婚

独龙族社会的传统婚姻形态以一夫一妻为主，也包括一定数量的一夫多妻家庭，妻子的人数以 2～4 人较为常见，但也有少数家庭有 5～8 个妻子。例如，独龙江南部地区曾有一个头人有 9 个妻子，但他娶第二个妻子时需要征得大妻及其娘家的同意。③ 1957 年的调查资料显示，在贡山县四区第四行政村的 97 个已婚男子中，多妻者有 21 个，占已婚男子总数的 21.6%。④

氏族外婚是独龙族社会中婚配关系的主要特征。即同一氏族的男女不能通婚，独龙族人还有句俗语叫"尔哇尔莫甲尔莫久"，意为"自家的姑娘不能讨"。各氏族间形成了较为固定的婚姻集团，实行严格的家族外婚制，反对姑舅表婚配。这种通婚集团的特点是：在两个固定的通婚氏族中，甲氏族的每一个成年男子都可以成为乙氏族每一个成年女子的丈夫，而乙氏族的男子不能娶甲氏族的女子为妻，必须娶丙氏族的女子为妻，这是为了防止血统倒流，从而形成了氏族环状外婚集团。⑤ 即男性必须到母亲出生的氏族里娶妻，而女性则要嫁给姑母曾嫁给的氏族的男性成员。这种通婚原则被人们称为"安克尼拉"。根据这种原则，最典型的是由 3 个不同氏族的成员所组成的通婚关系。事实上，由于各氏族的男女成员数量不一，甚至出现一时没有适合通婚的成

---

① 参见《福贡县一区木古甲村怒族社会调查》，见《民族问题五种丛书》云南省编辑委员会、《中国少数民族社会历史调查资料丛刊》修订编辑委员会《怒族社会历史调查》，民族出版社 2009 年版，第 64 页。

② 同上书，第 65 页。

③ 参见《民族问题五种丛书》云南省编辑委员会、《中国少数民族社会历史调查资料丛刊》修订编辑委员会《独龙族社会历史调查》（一），民族出版社 2009 年版，第 6 页。

④ 参见《贡山县四区四村独龙族原始共产制残余调查》，见《民族问题五种丛书》云南省编辑委员会、《中国少数民族社会历史调查资料丛刊》修订编辑委员会《独龙族社会历史调查》（一），民族出版社 2009 年版，第 103 页。

⑤ 参见龚佩华《独龙族的婚姻、姓名和历法》，载《民族文化》1980 年第 2 期。

员，使得这种通婚关系受到破坏，或者由单线的联系变成多线的联系。① 20世纪60年代的民族调查资料显示，在历史上54个独龙族家族公社中，较大的通婚集团有孔当、肖切、丁拉梅、龙元、求底、迪朗、龙仲、哨朗、莫利念家族。② 这种集团婚姻形态一直要持续若干代，只在对方已经没有合适对象的情况下才能停止通婚，而同一氏族的男女假如通婚，则要受到惩罚。例如，居住在孔当、孟登木和贡山丙中洛等地区的甲贡家族，就曾出现过本家族叔伯弟兄的子女相互婚配而被家族长赶走的事例，违反禁忌者被贩卖到察瓦龙地方当奴隶。③

由于独龙族生活在狭长的山谷之中，严格的氏族外婚制度使人们无法在大的地域范围内广泛挑选婚姻对象，女性来源是造成婚配范围窄的因素之一，并影响婚姻形态的选择，人们为解决这一难题遂想出了变通的办法。例如，居住在独龙江下游达色到孟库一带的迪东氏族为了解决通婚困难而将一个氏族从内部分裂，两个分裂形成的新氏族的男女遂可通婚。④

非等辈婚也是独龙族婚姻形态的重要特征之一，是原始对偶婚的另一种反映。这种婚姻不按照长幼辈分婚配，父亲死后，其小妻归长子占有；儿子死后，如无兄弟，儿媳归公公所有；亲姊妹也可以分别嫁给父子。

独龙族中非等辈之间的婚配关系很多，并且是社会公认的一种婚姻缔结形式。独龙族"非等辈婚"有下列四种类型：一是父子分别娶同一氏族内的姐妹为妻；二是父子分别娶氏族外的姐妹为妻；三是子娶庶母或侄娶其婶；四是父娶儿媳，侄娶继母。例如，丙当·顶的第三子死去之后，其妻子年仅17岁，家族最先打算将她转给第二子为小妻，但因为第二子不在家，最后由其公公丙当·顶本人娶其为小妻；而孔当·争的妻子原先则是他父亲的小妻，也就是他本人的小娘。⑤ 又如巴坡村汀家的一对姐妹分别嫁给彭来顿双朗独立·松家的父子为妻；木利门嫩·松家的父亲甚至乘儿子不在家时将其预定的未婚妻娶来

---

① 参见《贡山县四区四村独龙族原始共产制残余调查》，见《民族问题五种丛书》云南省编辑委员会、《中国少数民族社会历史调查资料丛刊》修订编辑委员会《独龙族社会历史调查》（一），民族出版社2009年版，第86~87页。
② 参见《独龙族简史》编写组《独龙族简史》，云南人民出版社1986年版，第86~87页。
③ 参见蔡家麒《藏彝走廊中的独龙社会历史考察》，民族出版社2008年版，第21页。
④ 同上。
⑤ 参见《贡山县四区三村孔当、丙当、学哇当独龙族社会经济调查》，见《民族问题五种丛书》云南省编辑委员会、《中国少数民族社会历史调查资料丛刊》修订编辑委员会《独龙族社会历史调查》（一），民族出版社2009年版，第43~44页。

做自己的小妻。① 在固定的婚姻集团中，一群亲兄弟和一群亲姊妹同时或先后实行婚配的行为，是早期群婚转入不稳定的一夫一妻制的过渡形式，这种婚姻属于对偶婚的范畴。② 非等辈婚的存在反映了独龙族社会曾经广泛存在的对偶婚制度，也就是一个氏族的男子普遍是另一个氏族女子的丈夫的阶段。这种不同辈分之间的婚姻关系反映了独龙江内女性适婚对象无法满足适龄男性的需要，即在婚配对象的女性数量方面存在不足。

妻姊妹婚是独龙族多妻家庭的特征，即一个男子同时或先后娶亲姐妹为妻。独龙族人称这种婚姻形态为"安尼南"，意为"娶两姐妹"，指在通婚集团之内，甲氏族的某男子娶了乙氏族的某长女为妻，这个女子的妹妹成年后可以嫁给这个男子为妻，或者嫁给这个男子的亲兄弟为妻。独龙族人认为，几个弟兄共娶几个姊妹为妻可以和睦相处，而且财产不会外溢。诸兄弟中若有一个弟兄死亡，其妻便转让给弟兄中的任何一个，假若弟兄不愿再要，可以再转给堂兄弟、叔叔甚至其父亲。一个男子同时或先后娶亲姊妹俩为妻，用很少的聘礼把妻子的妹子订下作为预备妻子"迪玛"，当女方没有姊妹时，便采取另外再娶一个女人为小妻的做法，以弥补劳动力的不足。"迪玛"指的是同时有两姐妹的家庭，大姐先嫁给男方，此时妹妹年龄尚小，姐夫有权事先将1把刀子或1头小猪给女方作为订礼，将妹妹订下作为自己的"预备妻子"。与娶正式妻子相比，预备妻子所需要的聘礼很少，有时仅仅只是1把刀、1头小猪或者几床麻布毯子就够了。到了妹妹成年时，将其作为"预备妻子"迎娶回家的仪式叫作"迪玛鲁"，意为纳预备妻子。假如女方没有姊妹，那么便采取另外再娶1个女人作为小妻的方式以弥补家庭劳动力的不足。在贡山县四区的第三村81户人家中，实行妻姊妹婚的家庭有10户，占了总户数的12.4%。③ 在同区第四村的21个多妻男子中，7人是妻姊妹婚，其中有6人妻为两姊妹，1人妻为三姊妹。④

妻姊妹婚实际上是对偶婚通婚集团的进一步发展，体现出男性在社会中进一步掌握权利的现实特征。尽管多妻的家庭没有妻妾之分，但大妻的地位要高

---

① 参见《贡山县四区四村独龙族原始共产制残余调查》，见《民族问题五种丛书》云南省编辑委员会、《中国少数民族社会历史调查资料丛刊》修订编辑委员会《独龙族社会历史调查》（一），民族出版社2009年版，第103页。

② 参见杨鹤书《中国少数民族社会与文化》，中山大学出版社1999年版，第32页。

③ 参见《贡山县四区三村孔当、丙当、学哇当独龙族社会经济调查》，见《民族问题五种丛书》云南省编辑委员会、《中国少数民族社会历史调查资料丛刊》修订编辑委员会《独龙族社会历史调查》（一），民族出版社2009年版，第45页。

④ 参见《贡山县四区四村独龙族原始共产制残余调查》，见《民族问题五种丛书》云南省编辑委员会、《中国少数民族社会历史调查资料丛刊》修订编辑委员会《独龙族社会历史调查》（一），民族出版社2009年版，第103页。

于次妻，她可以掌管经济和粮仓，小妻被大妻支配干活。但由于两姊妹来自同一家庭，相对和睦。尽管由于多个妻子之间的关系是亲姐妹而略显和睦，但丈夫对妻子的绝对控制关系已经确立，妻子不可能再有自由的性生活或与其他男子发生性关系，假如妻子与外人发生通奸事件，其丈夫有权让奸夫杀鸡或杀猪赔礼。

多妻家庭的存在实际上是父权制不断发展的结果，其初衷主要是为了购买女性的劳动力。在独龙族社会里，多妻婚姻发生的时间并不久远。根据1957年的调查，当地在三代人之前尚未发生多妻的现象，一直盛行传统的对偶婚和妻姊妹婚。在从对偶婚向多妻制发展的过程中，预备妻子"迪玛"的出现是一个重要的信号。多妻实际上是私有制发展的结果，实行多妻的多是当地富裕的家族长或头人，贫困人家多妻的情况很少。

独龙族还有转房婚的习俗，丈夫死后，妻子要嫁给夫家的同辈，也可以嫁给长辈或晚辈。男子把继承兄弟或儿子的妻子看作自己的权利，同时也是义务。例如，贡山县第四区第三行政村的丙当·滇家的儿子死去之后，其父就将儿媳收留作为自己的妻子；第四行政村的木楞崩·汀尽管已经有3个妻子，但在哥哥死去之后仍将嫂子收留作为自己的第四妻。女子只有在亡夫家实在无人继承或本人坚决反对转房的情况下才能外嫁，但外嫁者必须偿还夫家娶自己时所支付聘礼的一半作为补偿。① 又如，熊当村当时70岁的其空克演家原有4个儿子，其中一个婚后另居，第二子夫妇、第三子夫妇和未婚的第四子与父母共居。1980年，第二子在开采山石时不幸被滚落的石头砸死，其寡妻当年即带着1岁的孩子改嫁给第三子做他的第二位妻子。②

独龙族的婚姻基本上都由家长包办，家长根据门当户对的原则，垄断或控制女儿的婚姻和求婚者。族中盛行早婚，女孩在订婚后便可被领到男方家中生活，待其成年后再与丈夫同房生活。

独龙族独特的生存环境决定了社会发展程度的低下和缓慢，因而较多地保留着本民族传统的婚姻形态。择偶范围既遵循一般原则如乱伦禁忌、内外婚制和优先婚，同时又受到一些特殊因素如地理条件和人口比例的制约。其婚姻制度反映出他们的社会性质，尽管一夫一妻制是其社会主要的婚姻形态，但对偶婚和一夫多妻的存在亦反映出其婚姻形态从母系社会向父系家长制公社过渡的特征。

---

① 参见《贡山县四区四村独龙族原始共产制残余调查》，见《民族问题五种丛书》云南省编辑委员会、《中国少数民族社会历史调查资料丛刊》修订编辑委员会《独龙族社会历史调查》（一），民族出版社2009年版，第103页。

② 参见蔡家麒《藏彝走廊中的独龙族社会历史考察》，民族出版社2008年版，第76～77页。

## 小　结

　　纵横分布的江河将横断山区切割为许多深谷高岭和一块块不连贯的台地，形成许多相对独立而封闭的地理区域，使这里成为生物多样性和文化多样性最为集中的地区之一。三江并流峡谷多种独特性的并存，一方面来自其特殊的地理气候环境及其所孕育的物种生态结构，另一方面则与其历史上往来交融的族群和历史文化息息相关，在此基础上形成的婚姻形态和性别政治形貌也具有多样性与复杂性。因此，对这一领域问题的研究不能拘泥于某种限定的思维、方法和标准，而应该寻求更为有效的研究路径。此外，还应运用跨区域的视角对比和理解性别权利与政治的变迁史，采用多元化的分析思路，力求将特定对象的性别权利与政治问题在内涵确定的基础之上，使其外延尽可能地扩大。

# 第二章　女源与男流[①]：母权和父权的争夺与博弈

本章讨论的问题是不同社会结构中母系与父系继嗣制度的形成与流变过程中男女两性所获取和丧失的权利。社会是由相互联系的家庭所形成的一种结构，通过描绘家庭关系可以勾勒社会的面貌。[②] 婚姻使得家庭的责任和正式的义务成为整体，反映了社会的基本结构。每宗婚姻中存在的不同状况即根植于这一社会的可变因素，诸如关于血统与遗产、世系结构、居所以及那些控制两性之间关系的规则。[③] 母权与父权正是在不同的社会结构和婚姻家庭形态变迁中不断相互争夺与博弈。

## 第一节　血缘、继嗣与家庭的传承机制

正如佩勒兹所指出的那样，从20世纪60年代开始，人类学家对血统、婚姻和婚后居住规范等构筑亲属制度的基本元素的讨论逐渐丧失了兴趣。20世纪70年代以来，人类学的亲属研究已经被重构或部分地归入了社会史、政治人类学、女性人类学等领域，其中女性人类学为其注入了新的热情，并为其重构作出了贡献。科利尔和亚纳吉萨科的著作无疑是这一领域的重要标志，通过质疑性别与亲属之间的界线，作者试图使亲属研究重新恢复活力，并且使性别研究处于人类学理论的核心位置。[④] 受其启发，下文的讨论将不同社会结构中

---

[①] 本章的标题受到翁乃群《女源男流：从象征意义论川滇边境纳日文化中社会性别的结构体系》（《民族研究》1996年第4期）的启示，在此致谢！

[②] 参见（美）威廉·J. 古德《家庭》，魏章玲译，社会科学文献出版社1986年版，第2页。

[③] 参见 Dorothy Hammond & Alta Jablow. *Women in Cultures of the World*. Cummings Publishing Company, 1976: 26.

[④] 参见（美）迈克尔·G. 佩勒兹《20世纪晚期人类学的亲属研究》，王天玉、周云水译，载《广西民族大学学报》（哲学社会科学版）2010年第1期。

的血缘、继嗣、家庭的传承机制与性别分析相结合，探讨男女两性之间呈现的等级、权利与差异。

## 一、通行双系继嗣制度的藏族社会

在传统的藏族社会组织中，婚姻与家庭是最为有趣同时也是受误解最多的方面之一。① 在戈尔斯坦看来，西藏是一个讲究父权的社会，财产按照父系脉线的方式继承。② 藏族人将两性之间的结合与认同比喻为"骨"与"肉"之间的关系，认为父亲传递的"骨"是不变的，而母亲给的"肉"却可以改变。③ 在卫藏、安多及尼泊尔等地的藏族群众中，"骨系"观念代表了一个人来自亲生父亲血统的根源，与之对应的是来自母亲的"肉"。在他们看来，一个人的生命来自于"父亲的精液变成的骨"与"母亲的月经变成的肉"。由于人的躯体是先有骨、后有肉，因此母亲的肉系易变，而父亲的骨系则是永久不变的，继承父亲的骨系也就变得天经地义。与此同时，也存在少数因无法知晓亲生父亲或表亲通婚等原因继承母亲肉系的情况。④ 由于人类的基因存在一些"致病基因"，婚配对象之间的血缘关系越近，其后代中隐性遗传病的发病率也会相应增高。⑤ 认识到这一危害的藏族人在区分"骨系"和"肉系"的同时还规定了父系亲属永远不能通婚，而母系亲属也要7代之后才能通婚。⑥ 昌都地区三岩一带的"果巴"宗族群体可谓是这种双系继嗣制度的典型，家族内部同时认可父系和母系的血缘关系。

尽管通行双系继嗣制度，但父系制度仍然在藏族社会中发挥着重要的作用，这种情形与嘉绒藏族的家族双系制⑦有相似之处，这尤其表现在家庭的继承权上。在"骨系"观念与父系制度限定下形成的等级内婚和血缘外婚是当地婚姻构成的基本前提，并将男性后嗣作为家族延续的血脉之本。按照这些规则，婚姻缔结的双方必须身处社会中的同一等级，并且在父系的3代之内没有血缘关系，方具有婚配的可能，尽管母系方面的亲属关系也会被考虑其中，但

---

① 参见 Melvyn C. Goldstein. "Stratification, Polyandry, and Family Structure in Central Tibet". *Southwestern Journal of Anthropology*, 1971, 27 (1): 64–74.

② 参见（美）Melvyn C. 戈尔斯坦《巴哈里与西藏的一妻多夫制度新探》，何国强译，载《西藏研究》2003 年第 2 期。

③ 参见张天路、张梅《中国藏族人口的发展变化》，载《中国藏学》1988 年第 2 期。

④ 参见星全成《藏族继承制度的内涵及特征试析》，载《西藏研究》1997 年第 2 期。

⑤ 参见谭乐山《对杂交、血缘群婚和马来亚亲属制的质疑》，见《民族学研究》（第二辑），民族出版社 1981 年版。

⑥ 参见张天路、张梅《中国藏族人口的发展变化》，载《中国藏学》1988 年第 2 期。

⑦ 参见林耀华《川康嘉绒的家族与婚姻》，见林耀华《民族学研究》，中国社会科学出版社 1985 年版。

较父系略显宽松。家户的延续则是依靠儿子（尤其是长子）来完成，没有儿子的家庭必须通过招赘的方式，将上门的女婿作为自家的儿子，使其后嗣绵延不绝。尼村藏族群众对父系继嗣关系的推崇表现为大量的从夫居婚姻。在笔者曾多次调查过的德钦县尼村，2012 年全村超过 60% 的家庭是从夫居的，平均每户有 5.5 人。在甘孜地区，牧区家庭大部分是核心家庭，一家 3 代甚至 4 代一起生活的大家庭主要集中在农区。

主干家庭是当地社会中最主要的家庭形式，超过半数的家庭是由父母和一对已婚子女及其后代所组成的；其次为联合家庭，这类家庭中包括了父母与多对未分家的已婚子女一起生活。在中国农村中占据 80% 以上的核心家庭①在尼村变成了少数，大部分人家仍然延续着主干家庭的类型：父母至少和一对已婚的子女生活在一起。此外，还包括少量的单人户和其他类型的家庭形式。7 人、8 人和 9 人户的家庭在当地所占比例最大，反映出最少包括 3 代人在内的主干家庭和联合家庭较为普遍，10 人及以上的家庭大部分是联合家庭以及表现为"单一婚姻主干家庭"形式的多偶制家庭。4 人户及以下的家庭中大部分是核心家庭，此外还包括一定数量的单人户。

多偶制家庭的人口规模则生动反映了这类婚姻所组建的家庭在凝聚人口和劳动力方面所显示出的独特作用。尼村多偶制家庭的人口一般都在 5 人以上，家庭成员包括父母、共娶（嫁）一妻（夫）的两兄弟（姐妹）、儿媳（女婿）、孙子孙女以及部分因未婚、出家或其他原因没有从家户中分离出去的亲属。大部分多偶制家庭的人口数量在 7～10 人之间，也有少数超过 10 人。多偶制家庭内部不可分割的亲属关系以及由生育所增加的人口使得其家庭规模不断扩大，成为当地人口较多家庭户的典型代表。

担任家长是延续家族权威的主要表现形式。家长，当地人称为"琼达"，一般由长子担任，在某些特殊情况下也可以由非长子承担。与俄亚纳西族人所行使的"内外家长制"②有所不同的是，尼村藏族群众的家庭只有一个家长，且一般是男性。作为"家长"的长子，不仅是年龄上的兄长，同时也是一个家庭权威的象征，其他的家庭成员必须在家长的安排下从事各种劳动，屈从于家长的权威。丈夫去世但孩子年幼的家庭，也可以由主妇暂时行使家长的职责。假如家长去世，其出家的兄弟在愿意的情况下也可以还俗返回家中与哥哥的妻子一起生活，但这种情况非常少见，因为放弃修行被认为是一项极大的"恶业"。

藏族社会所实行的双系继嗣制度实际上与当地游牧或半农半牧的社会生产

---

① 参见潘允康《社会变迁中的家庭：家庭社会学》，天津社会科学院出版社 2002 年版，第 189 页。
② 参见刘龙初《俄亚纳西族安达婚姻及其与永宁阿注婚的比较》，载《民族研究》1996 年第 1 期。

产权观念有直接关联。农业社会由于产权分明,双系制无法长期存在其中;而在社会生产方式中存在牧业生计成分的族群中,由于社会产权不够明晰,时常会发生诸如牲口越界吃草或者牲畜自由交配的现象,假如这些事情都要区分清楚,那么社会将会陷入无休止的纷争之中,而宽松的性关系及双系继嗣制也因此形成。在当地通行的双系制中,入赘的女婿不仅可以得到妻子家一视同仁的待遇,甚至还可以成为一家之主。的确,尼村入赘的女婿可以在岳父同意让出位子的情况下出任家长。此外,人们也可以通过过继与收养吸纳家庭成员,但养子一般会从亲属中选择,他们将获得与婚生子同等的权利,这种做法也广泛地存在于藏族聚居区各地。

双系继嗣制还直接影响了当地人在婚前和婚后的性自由以及私生子的出现。正如孟德斯鸠所指出的那样,在许多许可多偶制的地方几乎是无所谓私生子的。① 同样,尼村的这些私生子也并不会因为自己"尴尬"的身份而遭到不平等的待遇,他们的母亲或父亲也不会受到他人的歧视,但这种情况现在已经很罕见了。村里最后一批常见的私生子,现在大多已经年过四十。例如,45岁的私生子阿扎现在仍然跟妈妈一起生活在外婆家,他并不介意自己的身份,而且周围的人也不介意。他的父亲格桑就住在距离自己家不远的地方,因为父亲的妻子原来一直不能生育,因此在婚外生下了阿扎。尽管没有与父亲生活在同一个家庭里,但阿扎还是得到了父亲不少的关爱。后来,格桑的妻子生下了一子一女,家族有了后嗣,他们后来甚至还跟阿扎认了兄弟。像阿扎这样的私生子村里还有不少,但并不是每个人都可以得到父亲家的认可。周围的人们虽然都知道他们的身份,但从未因为这样的身份轻视他们,因为在大家看来,所有的孩子都是一样的,只是生活在不同的地方而已。②

藏族群众开放的性关系与淡泊的血缘观让初到的外地人(尤其是汉人)迷惑不解,"华人通其妻亦莫之问下",(跟随西吴商人等外出经商的妇女)"去则还,而古宗收其所生之子女为酬焉"。③ 婚外生育现象在藏族聚居区的普遍存在与藏族相对松弛的血缘观念密不可分,同时也从另一个侧面反映出当地性别比例的失衡状况。由于男子的大量出家与非正常死亡,致使大量女性无法正常婚配④,婚外生育现象由此产生。民国年间西康道孚县藏族群众的私生子现象也较为普遍。人们认为这是由于男性入寺为僧不守戒律,而女子过剩不得出嫁而与人发生性关系的双重后果。这些婚外所生育的孩子由妇女抚养,因此

---

① 参见(法)孟德斯鸠《论法的精神》(下册),张雁深译,商务印书馆1997年版,第111页。
② 调查时间:2010年7月。
③ 参见(清)余庆远《维西见闻录》,见于希贤、沙露茵选注《云南古代游记选》,云南人民出版社1988年版,第123页。
④ 参见赵留芳《道孚县浅影》,载《康导月刊》1938年创刊号。

这些"乡间偏僻之地，多数妇女终身无夫而有子，自己亦不讳言其子为私生子也"。另据西藏大学1988年的调查统计资料显示，牧区和农区非婚生育的比例分别为6.7%和4.0%。① 藏族谚语"知其子之生父其母也，知其子之生母乃众人也"②，即是这种广泛存在的婚外生育现象的生动写照。

在民主改革前的甘孜藏族聚居区，父权制的小家庭是社会的主要组成部分。父亲支配全家的收入，安排家中的生产生活，决定子女的婚嫁事宜。在一妻多夫制的家庭中，长兄为父，其余兄弟为叔。对于多子女的家庭，除了一人可以继承祖产外，其余或是入赘他家，或是入寺当喇嘛；只有女儿的家庭，可以招赘，上门女婿同样可以继承家产和拥有父权。经济条件相对较差的家庭的儿女的婚娶和招赘都相对困难，再加上大量男子出家为僧，终身不婚的人口比例较高，其中以女性较为突出。

无论是在云南迪庆还是在四川甘孜，藏族社会对离婚和再婚的看法都较为开放，只要双方同意离婚，到本部落头人处备案即可，也可到当地有名望的活佛处请求其主持离婚。此外，经由男女双方家庭私下协商同意也可以离婚。但假如只有一方同意离婚，那么就会比较困难。一般由先提出离婚的一方支付离婚产生的相关税费。③

## 二、从母系向父系过渡转换的纳西族继嗣制度

尽管父权制早已在丽江地区的纳西社会中得以确立，但永宁、盐源、俄亚地区的纳西社会中仍然保留着"以女为贵"的母系继嗣传统。在靠近丽江的中甸三坝地区，直到20世纪50年代前后，女性在家庭中仍然拥有相当的权利。例如，儿女的婚事，决定权不在父亲而在母亲，女子出嫁时可以带走平时自己积累的一切个人财物，甚至还可以带走一块田地。没有儿子的人家女儿可以继承父母的全部财产。④ 在通行父系继嗣制度的纳西族社会中，男子在家内以家长身份掌握大权，妇女不能处理重大事情，也不能担任任何社会职务。在一般情况下，妇女没有财产继承权。

木氏土司为了实现人口分布的相对平衡，自明代以后北迁进入藏族聚居区的纳西族虽然大部分以整村移民的方式在特定区域内聚居⑤，人数估计多达数

---

① 参见张天路《中国少数民族社区人口研究》，中国人口出版社1993年版，第46页。
② 杨恩洪：《藏族妇女口述史》，中国藏学出版社2006年版，第50页。
③ 参见刘俊哲等《藏族道德》，民族出版社2003年版，第216页。
④ 参见《纳西族社会历史调查》（第二辑），云南民族出版社1986年版，第25页。
⑤ 参见周智生《明代纳西族移民与滇藏川毗连区的经济开发——兼析纳藏民族间的包容共生发展机理》，载《思想战线》2011年第6期。

万甚至更多①，但从大环境上看与藏族长期处于大杂居的状态，因而逐步受到藏族文化的渗透和影响。由于与藏族逐步通婚，其继嗣制度亦逐步与当地藏族趋于一致，存在嫁女和入赘两种婚姻缔结方式，父母是子女婚姻关系的主要决定者。经过数百年的融合变迁，纳西族移民家庭的人名和房名已经全部藏化，土地制度与继承方式也与当地的藏族相同。② 与藏族略有不同的是，纳西族的婚姻关系缔结活动中女方仍然保留了相当的权利。无论是嫁女还是入赘，媒妁之事均由女方出面到男方求亲，假如对方无异议，则赠送订亲信物。礼物多少和种类不拘，但茶叶和哈达是必备的，这一点与藏族非常相似。

聚居在中甸一带的纳西族继嗣中保留着较多的母权遗风。女子如在婚前生有孩子，只要能指出孩子的父亲，且该男子未婚，则他必须娶这个女子，假如此男子已婚则必须负责抚养小孩。非婚生子女与婚生子女社会地位相同，母亲的社会地位亦不受影响。还有少数女子出嫁后终生留在娘家，并在娘家生育子女，待孩子四五岁之后才由男方带回抚养。不管是否是亲生的后代，丈夫都必须承认其为自己的子女。男女婚后仍保留性自由，双方不管谁与第三者发生性关系，既不受社会舆论和法律的约束，一般也不会伤害夫妻感情。当地社会中舅父的权利极大，盛行"天上雷公，地下母舅"的说法，部分村落中外甥和外甥女有权继承舅父的财产，其婚事舅父亦有权干预。③

### 三、保留母系遗存的怒族父系继嗣制度

传说中怒族的始祖是一位名叫"茂英充"的女性，反映了该族早期曾经历了母系氏族社会阶段。在母权制社会中，与母系血统的继承相对应的是母系财产的继承，而与财产的继承相对应的是当时的婚姻制度中存在着"男子出嫁，女子娶夫"的现象。这样的习俗在怒族民间还有广泛的流传。

此外，舅父权是母权制社会的残余之一。在现在怒族的社会生活中，舅父权仍然有较为突出的保留。例如，"奥剖"（舅父）这一称谓的含义就是"最尊敬的父辈"。怒族还有谚语说："天下最长的是道路，亲间最长者为舅父。"在习俗上，外甥女出嫁时，舅父要收受一头牛的彩礼；外甥在舅父面前不许乱开玩笑，以示对舅父的敬重。这种禁忌观念较之在父母面前更为严格。如果外

---

① 参见赵心愚《和硕特部南征康区及其对川滇边藏区的影响》，载《云南民族学院学报》（哲学社会科学版）2002 年第 3 期。
② 参见《白松乡纳西族社会历史调查报告》，见中国人民政治协商会议甘孜藏族自治州委员会《甘孜州文史资料》（第十八辑），2000 年，第 261～266 页。
③ 参见《中甸、维西纳西族婚丧习俗》，见《民族问题五种丛书》云南省编辑委员会、《中国少数民族社会历史调查资料丛刊》修订编辑委员会《纳西族社会历史调查》（一），民族出版社 2009 年版，第 56 页。

甥婚后不育，便会被认为是得罪了舅父的缘故，夫妇照例必须置备酒肉，双双去舅父家拜谒舅父，虔诚地恳求舅父"恕罪"。舅父的权利还体现在财产继承权上。如果舅父死后族内没有近亲料理善后而由外甥料理，外甥可以继承舅父的一部分财产。同时，舅父也有抚养孤儿外甥的义务。

怒族社会还普遍保留着氏族公社的残余，若干有血缘关系的家族聚居到一起，形成一个村寨，每个村寨有一个头人，负责管理内部事务。例如，碧江县的普乐村有188户怒族，分属于"腊老姚"（虎）、"腊蚌姚"（熊）、"腊里姚"（麂子）、"腊乌齐"（蛇）、"腊快姚"（岩缝里钻出来的人）等5个氏族。这些氏族的名称很可能是他们古代的图腾。很多氏族（除非是新迁来的）都有自己的公地，本氏族成员可以自由开垦，开垦后的土地个人仅有使用权，如果要变成私人所有，必须向氏族购买。到1956年，可耕的公荒地已经很少了。

在社会生活中自然产生的氏族头人（阿莫染）一般都是作战勇敢、办事公正的人。有事大家都去请他解决，自然而然地他就成为公众领袖。氏族头人的主要职责是管理氏族的内部事务，排解纠纷，对外则领导群众抵抗外族的压迫和掠夺，因此在群众中享有很高的威信。头人没有特殊的权利，只是在调解纠纷时，双方当事人要送点小礼物给他，但他也要拿酒给大家喝。头人没有绝对的权利，凡较大的事情，都要经过全氏族的男子商议。头人也不能世袭，没有形成固定的统治集团，但他们一般是生活较为富裕的人。头人没有一定的任期，一般是上一任老死之后，再产生下一任。国民政府进入怒江地区之后，有个别头人告老辞职的，也有被撤换的。例如，知子罗村的头人"色局"就因为办事不公，激起公愤，被群众撤换。①

怒族早期实行过母女父子连名制，后转变为父子连名制。1956年的调查资料显示，怒族在距当时8代之前还采用父子连名制。根据传说，怒族的始祖名叫"密以从"（意为从天上下来的人），相传到当时已有63代。他们的口传家谱（译音）如下（按幼子推算）：

> 密以从、从足人、阿都都、都沙布、沙布必、必那沙、那沙以、以纳比、纳比欢、欢米滋、米滋报、报以简、以简聘、聘狂来、狂奴德、奴德报、报息了、息了威、威韦求、求卫山、山喝洛、喝洛希、希麻奴、麻奴白、白夸寿、夸寿丁、丁拉马、拉马独、独拉里、拉里瓜、瓜息亚、息亚杯、杯红姊、红姊土、土南亚、南亚巧、巧丙苏、苏杯宽、阿宽宽、阿林林、林普怠、怠劳莽、劳莽丁、丁老巧、巧威楚、楚拉杯、杯楚雀、赫布

---

① 参见《怒族社会概况》，见《民族问题五种丛书》云南省编辑委员会、《中国少数民族社会历史调查资料丛刊》修订编辑委员会《怒族社会历史调查》，民族出版社2009年版，第13页。

纳、纳毫脱、四果勇、木以彪、彪亚怎、怎麦特、特劳安、安劳威、老沮、老恩、老威、老吼、豪果、怎鲁、老盘、阿纳。①

家谱对于怒族至关重要，据说几百年前怒族人和傈僳人争夺一片土地，双方都说这块土地原来就是他们祖先遗留下来的，争执了三天三夜。后来，一个怒族妇女数出了自己的家谱，证明怒族在傈僳族之前就居住在这里，这样，傈僳人才无话可说。怒族的家谱就这样一代代地口传下来，很多老人都能数出自己的家谱。

怒族社会是一夫一妻制的个体家庭经济。家庭由父母和未婚子女组成，父亲是家长，实行幼子继承制，世系按父系计算。儿子们结婚后，除了幼子因赡养父母而与父母共居外，其余的都要另行安家立户。分出的小家庭在生产生活上仍然与父母和整个家族保持着共同耕作和相互协助的关系。外嫁的女儿没有财产继承权。

在这种一夫一妻制的父权家庭中，妇女的社会地位很低下。妇女没有财产继承权，个别女子因父母无子而留在娘家招上门女婿的，则由夫婿继承财产。这些妇女在家中的地位虽然略高于嫁出的女子，但绝不能超越丈夫。招赘上门的例子并不多见。一是因为由父权的财产继承权会导致本家族合法继承者的排斥；二是在以男性为中心的社会中，人们在观念上认为做上门女婿是没有"出息"的人，因而不愿为之。幼子继承制的形成与确立和怒族早期的群婚风俗有关，由于男女婚前性关系的放任，所生长子不一定是丈夫的婚生子，为了保持父系直系血亲的纯洁性，因而确定了幼子继承制。

虽然离婚的情况不多，但女性在婚姻中仍处于不利的地位。按照习惯，如果男方要休妻，只要送一头牛给妻子"遮羞"就可以了。如果女方提出离婚，就要加倍赔偿结婚时男方所送的彩礼。由于妇女在家庭经济中没有地位，实际上妇女不可能提出离婚要求。离婚后，女方除本身的衣服及饰物外，家庭财产全部归男方所有。

寡妇再嫁，不会受到社会歧视和干涉，所以怒族地区寡妇很少。丈夫死后，妻子即回娘家待嫁。但寡妇的婚姻仍由丈夫家做主，所得彩礼也归丈夫家所有。与初次婚嫁相比，寡妇再嫁的聘礼较少，如初次婚嫁聘礼一般为5～8头黄牛，则寡妇再嫁只需1～2头黄牛。如寡妇再嫁属转房婚，则无须任何彩礼，只要由当事人通知家族成员，杀猪煮酒请大家吃一顿饭，即算完成

---

① 《怒族社会概况》，见《民族问题五种丛书》云南省编辑委员会、《中国少数民族社会历史调查资料丛刊》修订编辑委员会《怒族社会历史调查》，民族出版社2009年版，第4～5页。

转房手续。①

#### 四、确立父系继嗣制度的独龙族社会

20世纪50年代以前,独龙族是典型的父系家长制社会,家族成员共同生活和劳动,土地、财产和粮食为大家族共同所有。私人财物仅涉及男子的弓弩、长刀和妇女的首饰。家长由家族中辈分较高的男子担任,负责安排生产、管理粮食,并代表家族出席氏族会议。随着生产力的发展和私有制的逐步确立,父系大家族逐步开始向一夫一妻制的小家庭过渡转化。已婚的儿子从大家族中分离出来,组建独立的小家庭,家族的财产由幼子继承。

在继承法方面,大家族中的财产除个人的首饰和武器之外,一切均为公有。分居的儿子一般可以得到一口锅或一个三脚架。无子的夫妻可以招赘,但入赘者仅限于"丈人种"家族的男子,也有极少数人招怒族或傈僳族人入赘。独龙语中将从妻居称为"木帕楼"。收继养子的情况极其罕见,绝后家族的财产由其亲近的子侄继承。②

新中国成立后,独龙族聚居的独龙江被划为贡山县第四区,由北至南共设4个行政村。独龙族的小家庭一般包括夫妇及其子女,三代同住的情况不多见。到1957年,全区共有独龙族329户、2 251人,每户平均人口都在6人以上,略高于当时内地的户均人口数。事实上,1957年之前的25年,独龙江的户口数还要远小于上述统计数据。据历史资料显示,1932年国民政府在茂顶设置公安局时,当时全区仅有240户、2 500人,平均每户有14人;1955年第四区的统计数据显示独龙族有273户、2 324人,平均每户8.5人。在1955—1957年的短短2年时间里,户数就增加了56户。其主要原因有二:一是独龙族原先盛行大家庭公社制度,弟兄娶妻后并不分家,因此每户人口平均都在10人以上;二是1909年夏瑚在独龙江设置"俅管"之后,独龙族逐渐受到内地汉族和周边傈僳族的影响,实行婚后分居,因此户数逐渐增多,户均人口减少。③

独龙族的氏族名称,大多以该氏族的某些特征命名,常习惯以各地的自然村名来命名和称呼。根据20世纪50年代末的调查,独龙江地区约有15个氏族,即木金、当生、木仁、木江、龙吴、江勒、姜木雷、凯尔却、孟登木、芒

---

① 参见何叔涛《云南民族女性文化丛书·怒族——复苏了的神话》,云南教育出版社1995年版,第15页。
② 参见《独龙族社会情况调查》,见《民族问题五种丛书》云南省编辑委员会、《中国少数民族社会历史调查资料丛刊》修订编辑委员会《独龙族社会历史调查》(一),民族出版社2009年版,第9页。
③ 参见《独龙族简介》,见《民族问题五种丛书》云南省编辑委员会、《中国少数民族社会历史调查资料丛刊》修订编辑委员会《独龙族社会历史调查》(一),民族出版社2009年版,第12页。

库、都洞、甲贡、兰旺多、旺钱拉、德楞登。在这 15 个氏族之下，还有 54 个各自命名的家族。① 一个世系群的成员使用同一个姓氏，如龙棍·及次·婻，分别表示姓、父名和排行（大女儿）。首先，每个人的名字把世系群、家族和个人连接在一起，表明世袭继承的关系。其次，每个"克恩"（世系群）以天然的山峰、谷地、河流、树木或渔口为界，以土地公有为全"克恩"成员共居一地的基础，公共耕地称为"夺木古"。再次，"克恩"的头人"卡桑"由有能力、有经验、善言辞的男性担任。在"夺木古"上的春播秋收由"卡桑"统一召集，同世系群各个大家族成员共同参加。最后，在同一个"克恩"内，各个大家族有互助及赡养孤寡者的义务，内部财产严禁外逸，同族叔伯兄弟享有财产转承的权利。

以长屋为标志的大家族所起的社会职能主要包括：各个长屋代表的大家族"宗"在消费上实行共享共食制，各个火塘轮流烧火做饭，一个火塘的储粮用毕，即轮到其他火塘尽义务；家族长"吉马抗"代表大家族参加制订"克恩"的生产计划；家族长所居小隔间是大家族会议的固有位置。家族长有教育子女、维护长屋内各火塘亲族友善关系、调解纠纷的职能。

世系群（"克恩"）与大家族（长屋）在履行社会经济职能时的相互依存性极为显著。在土地所有、产品分配、对外事务、财产归属上都表现了世系群与大家族的紧密关系。所以，世系群有一套管理体制和社会经济职能系统，起到了类似原始公社的作用。

尽管独龙族社会在 20 世纪 50 年代以前已经显示出典型的父系家长制特征，但同时还保留着许多母系家庭公社的特点。当时独龙族的婚姻形式中，存在着改变了形式的类似"普那路亚"婚姻的一种群婚制残余：他们所行使的固定的氏族（家族）环状外婚制即是典型例证。

离婚后的女方，包括死去丈夫的寡妇，便携带尚未达到独立生活年龄的子女和自己的财物，回到娘家。她们可以在娘家生产、生活，也可改嫁或招赘上门。

按照独龙族的习惯法，父母死后家中的房屋、土地、牲畜、粮食和农具等归各个儿子所有，但不平分。若无子嗣，财产归家族成员所有。女儿只能继承母亲的挂珠、手镯、耳坠之类的装饰品。离婚的情况很少发生，如果要离婚则须请头人和双方家族长公断，评理地点在男女家中都可以，双方父母和亲戚朋友都要参加。评理时，要以水酒、茶水招待。判决后，要刻下木刻，双方各持一半保存，作为凭证。②

---

① 参见蔡家麒《藏彝走廊中的独龙族社会历史考察》，民族出版社 2008 年版，第 15 页。
② 参见杨毓骧《伯舒拉岭雪线下的民族》，云南大学出版社 2000 年版，第 121 页。

独龙族的原始共产制家族公社通常是由三代人组成的大家庭，包括祖父母及其子孙。出嫁的女儿和女婿，都可以参加家族公社，在家族中与其他成员一样处于平等地位。直到20世纪50年代，独龙族仍然保留着出嫁的女儿领着女婿回娘家小住的习俗，女婿参加岳父家的生产成为必尽的义务，岳父家需要劳动力的时候可以随时把女婿叫回来，女婿不能拒绝。如果岳父家的儿子年幼，女婿便要住在岳父家，帮助劳动，直到岳父的儿子长大时或者岳父母死去后才能离开，独立组织自己的家庭，或者回到自己的家族公社里。

独龙族的氏族内部可以收留养子，一般选择较为邻近本氏族的成员，也可收养其他氏族的孤儿，使其成为本氏族的成员，但仍以亲属为多。养子在社会上看不出地位的低下，但在家庭经济生活中处于低下的地位，如家中的重活往往由其承担，穿衣、吃饭等也不如其他家庭成员。①

寡妇可以再嫁或三嫁，男方的父兄接纳原来聘礼的一半，即可将寡妇嫁出，但再嫁的例子很少，因为根据转房婚的习俗，妻子只要死了丈夫，不久就被丈夫的哥哥占有了。私生子在社会中不受歧视，母亲改嫁时，私生子可以随母亲一起到新的家庭生活，新的丈夫对于非亲生子依然视为亲生子一般。②

离婚如果由男方主动提出，则不需要女方家退还彩礼。但若因女方与人通奸而引发，则女方必须退还部分彩礼；如果是女方主动提出离婚或女方与人私奔，则女方家必须退还所有彩礼。婚后男方将女方逼死不受习惯法制裁，理由是男方在结婚时已经支付过彩礼，女方是作为商品被购买的，因此死活都是男方的人，女方家人不得过问。离婚时如果有两子，则长子归男方，次子归女方，待女方再嫁生子后则应将次子送回给男方，如果女方离婚后终身不嫁则次子永远归女方。如果离婚时育有一子一女，则儿子归男方，女儿归女方；独子或独女都归男方。婴儿哺乳期和女方怀孕期间一般不能离婚。③ 由于离婚需要付出高额代价，这种由买卖商品关系所确立的婚姻关系使离婚的可能性日益降低。

---

① 参见《云南省贡山县第四区独龙族社会经济调查总结报告》，见《民族问题五种丛书》云南省编写组、《中国少数民族社会历史调查资料丛刊》修订编辑委员会《独龙族社会历史调查》（二），民族出版社2009年版，第37页。

② 参见《贡山县四区三村孔当、丙当、学哇当独龙族社会经济调查》，见《民族问题五种丛书》云南省编辑委员会、《中国少数民族社会历史调查资料丛刊》修订编辑委员会《独龙族社会历史调查》（一），民族出版社2009年版，第46～47页。

③ 参见《贡山县四区茂顶、蓝旺度独龙族社会经济调查》，见《民族问题五种丛书》云南省编辑委员会、《中国少数民族社会历史调查资料丛刊》修订编辑委员会《独龙族社会历史调查》（一），民族出版社2009年版，第88页。

### 五、三岩极端父系继嗣典型

与藏族社会分布广泛的双系继嗣制度相比，分布在西藏昌都地区贡觉县三岩一带的"帕措"和四川省甘孜州白玉县和巴塘县的"戈巴"宗族群体可谓是父系继嗣制度的极端典型。"帕措"历史悠久，至少可以追溯到 700 年前，是一种在当地特定的历史条件下为维护家族自身利益逐渐形成的宗族组织制度，其组织以父系血缘关系缔结而形成，父权在家庭中享有至高无上的地位，家庭财产由男子继承。据 20 世纪 50 年代初期的调查统计数据，原三岩地区和芒康地区共有帕措 1 419 户，其中仅三岩就有帕措群体 87 个、头人 104 个。①直到 1996 年，三岩地区的罗麦、雄松等 6 个乡还存在有 10 户以上的帕措组织 57 个，共计 1 416 户 8 464 人。②"戈巴"存在的历史比"帕措"更为久远，尽管当地的土著居民从严格意义上说不属于藏族，但其早已将藏族文化视为自己的文化主体。和帕措一样，戈巴组织拒绝一切女性，女性仅仅是作为部落之间联系的婚姻纽带，是男性的附属品"纳加"（意为手中物），所有的部落男孩一出生便成为"戈巴"成员，享受平等的政治权利，共同承担公共义务。家庭财产由父系血缘的男性亲属继承，没有男性后代的家庭将自动成为绝户，其财产由本宗族组织接收。

在上述五类不同类型的血缘观所决定的继嗣制度中，男女两性被置于截然不同的位置之上：藏族社会通行的双系继嗣制度为女性获得基本的继承权提供了基本保障，并成为女性获得相应家庭与社会地位的重要基础；自明代以后，北迁进入藏族聚居区的纳西族虽然已经深受藏族影响在继嗣制度上实行双系制，但仍然在较大程度上保留了重视母系的传统；从母系向父系社会过渡的怒族社会尽管还保留着不少母权遗迹，但已经得到认可的父权制继嗣制度已经使女性丧失了大部分的继承权；在父权制全面确立的独龙族社会中妇女已经丧失了绝大部分的继承权；作为极端父系继嗣典型的"帕措"和"戈巴"组织中的妇女则完全丧失了独立的继承权，成为男性的附庸。从中可见，血缘观念和继嗣制度对一定社会中的性别权利有根本性的决定作用。

---

① 参见土呷《昌都历史文化的特点及其成因》，载《中国藏学》2006 年第 1 期。
② 参见中共贡觉县委政法委《试析贡觉县帕措、果巴势力》，2000 年，第 4 页。

## 第二节 土地制度、资源配置与家庭内部的权利实践

土地作为农业耕作中最为核心的生产资料,也是家庭存在的基本要素。土地所有制及地方性制度所经历的变迁史为我们了解不同社会中家庭的立足之本提供了生动的案例,也成为分析一定社会中男女两性性别政治问题的重要根基与出发点之一。

### 一、土地制度与资源配置

#### (一)传统藏族社会的份地制度

虽然藏族聚居区的大部分地区适合牧业的发展,但从事农业的藏族人口仍然居大多数。① 正如卡拉斯科所指出的那样,在这样一个将土地作为最重要的生产资料的地区,土地制度就越发显示为社会结构的基础,土地占有权与所有其他社会活动密切相关,所有重要社会团体的结构——从家庭到国家——都能在土地制度中体现。②

以云南的迪庆藏族聚居区为例,自唐代吐蕃东进藏族成为迪庆的主体民族之后,直至1950年以前,迪庆藏族聚居区的绝大部分地区实行的是被称为"属卡"的社会制度。从土地制度层面来看,属卡是一种以地缘为基础,在村社层面上形成的制度,起源于原始氏族组织瓦解之时。每个属卡有自己的固定地域,由2个及以上的自然村组成,土地、山林、牧场供内部成员平等使用,类似于农村公社性质。同时,属卡还是一种有效的社会分层制度。尽管内部成员之间相互平等,但成员并不拥有对耕种的土地和使用资源的所有权,真正控制属卡的是当地寺院、领主和土司。按照规定,属卡成员必须从寺院、领主或土司手中领取份地进行耕种,统治者则从中收取地租并摊派差役。作为一种社会制度,属卡的统治者可以通过对生产资料的绝对掌控达到有效控制社会的目的。

属卡的土地以"份"为计量单位,每份地为7~20架(1架约为3亩,

---

① 参见(美)皮德罗·卡拉斯科《西藏的土地与政体》,陈永国译,西藏社会科学院西藏学汉文文献编辑室1985刊印,第3页。

② 同上书,第2页。

1 亩≈0.066 67 公顷。下同)。家户是领种土地的最小单位,每户一般可以领种一份地。中甸一带的份地一般分为两种:一种称为"嘉迪"(又称为皇粮地),领种这类土地的农民需要缴纳粮赋、负担差役,这类土地占耕地总面积的 90%;另一种土地称为"罗迪"或"催迪"(也称为寺田),领种这类土地的农民不需要负担官府赋役,但需要承担杂派劳役 22 种,此外还有宗教负担。德钦一带负担寺庙差役和地租的正户称为"取日",负担官府差役和钱粮的正户称为"东瓦",正户除领种的土地之外,一般还占有零星的小块草场。① 各个属卡之间的地域界线是分明的。由这种分明的村落边界产生出两种社会意义:地理方位和产权观念。② 各属卡的山林、土地、牧场等都有"四至碑记,文约可凭",属卡的资源受传统的习惯法即《古约》的保护。如果属卡的土地、牧场、山林受到侵犯,引起纠纷,小则通过交涉、诉讼解决,无法通过谈判解决时还常常引发械斗。

  属卡时期的土地所有制以家户为单位。属卡的地位最高者被称为"老民",也叫"头人",有的地方称为"伙头";一般的属卡正式成员,即正户,叫"百姓"。属卡内部以户为单位使用土地,不存在明显的性别差异,丈夫过世,妻子亦有权继续拥有土地的使用权,即使遇到土地被寺院抢夺的情况也可以凭借土地所立凭据进行交涉。③ 由于属卡的土地归统治者所有,各家户所持有的土地只有使用权,人们仅可以转租或典当土地,而不能任意出售;各户耕种的土地可以继承,但在没有后嗣或迁出的情况下必须将土地交回。领种土地的家户还必须义务缴纳赋税并承担各种劳役,有时还要为统治者无偿耕种土地,劳动中所需的口粮和劳动工具亦需要自备。领种土地者需要承担三大类的地租和劳役:一为实物地租,一般按照份地面积上交占实际收入 30% 左右的粮食,德钦一带则以对半分苗的活租居多,除了粮食以外,草场、副业的产物以及田边地角的经济作物都要与领主对半分;二为货币地租,所占比例较小;三为劳役地租,即领主向农奴摊派的各种"乌拉"差役,例如农奴每年平均要到领主家服役 40 天以上,多则 100 天以上,甚至长达半年,还要承担多种杂派。④ 这些严格的制度使得土地的流动性受到限制,与汉人社会中"千年田

---

  ① 参见云南省地方志编纂委员会《云南省志·卷六十一·民族志》,云南人民出版社 2002 年版,第 517 页。
  ② 参见张佩国《地权分配·农家经济·村落社区——1900—1945 年的山东农村》,齐鲁书社 2000 年版,第 181～182 页。
  ③ 参见王恒杰《迪庆藏族社会史》,中国藏学出版社 1995 年版,第 266 页。
  ④ 参见云南省地方志编纂委员会《云南省志·卷六十一·民族志》,云南人民出版社 2002 年版,第 517～518 页。

八百主"的地权转移情况①形成了鲜明的对比。

尽管租户的负担如此之重,但属卡组织原有成员之外的人想加入并不是一件容易的事情。没有门户的人被称为"沿巴",如有需领种土地或自立门户者,除了通过申请、立保等办理正式加入属卡的程序之外,还需要办理书面手续。这种严格的村籍制度实际上反映了当地紧张的人地关系。根据规定,新加入属卡的成员被称为"热润",他们一般是从原属卡的世袭成员家庭中分离出来,并通过申请手续获得属卡组织批准认可的成员,也有部分是从外地迁入的人。但直到 20 世纪 50 年代,藏族之外的民族能够加入属卡者仍然极为少见。

2010 年夏天,笔者在德钦县尼村调查期间遇到了一位身背干柴的村民,经询问得知他是 1948 年左右从云岭乡逃难来到此地的汉人,由于当时无法取得属卡成员的身份,也没有自己的固定住房,导致他无法在当地安家落户。没有土地意味着他没有当地的户口,年近七旬的他至今也没有组建家庭,只能孤身一人在村户人家之间流动生存。由于没有收入和家庭,老人的生计完全依靠为其依附的家庭做一些力所能及的活计换取生存必需的口粮和基本的住处。在过去的 60 年中,他已经在 10 多户家庭中流动生活过,这样的情况还将继续,他只希望能为生存找碗饭吃,寻个住处。与老王情况相似的还有一些早期不属于属卡成员的"从属性居民",如裁缝、屠夫以及丧葬师等,他们的土地要么来源于亲属的馈赠或租借,要么根本就没有土地。他们的后代只有通过嫁入当地的家户,才能成为属卡的正式成员。除非别无他法,否则愿意与这些从事"卑贱"职业的从业者家庭联姻的人家微乎其微。这些外来者难以获得属卡成员身份的情况与人地关系同样紧张的江南汉族农村如出一辙。当地的村籍不仅反映了村落的社群关系,实际上涉及的是对物(主要是土地)的分配问题。②

明代木氏土司控制迪庆之后,除征收土地税、酥油税和金税三大税种之外,还在中甸等地采取耕田免税、荒地加税的办法鼓励开荒。在各种苛捐杂税不断加重百姓负担的同时,耕田和垦荒对劳动力的需求极大地助长着人们聚集家庭人口与财产的现实心理,能够有效地实现上述目的的多偶制亦受到推崇。清代中期以后,随着格鲁派势力在迪庆藏族聚居区的强盛,属卡与宗教势力之间的联系进一步增强。居住在德钦地区的各属卡正式成员分别从当地寺院和土司手中领种份地,并向他们纳粮、服劳役;而没有门户的佃户只能从寺院和土司那里租种土地,生活境遇更差;社会的底层还有为数不少的奴隶。到清代后期,属卡内部的份地分配开始出现不均衡,户与户之间产生明显的差异,各属

---

① 参见张佩国《近代江南乡村地权的历史人类学研究》,上海人民出版社 2002 年版,第 79 页。
② 同上书,第 96 页。

卡之间也出现了强弱之别，属卡之间和属卡与寺院之间的矛盾不断激化。① 在甘孜地区，一份调查资料详细记录了1940年当地不同农民阶层的数量（见表2-1）②。

表2-1　9个藏族村庄农民的土地分配状况

| 农民种类 | 家庭（户） | 所占比例（%） | 土地（英亩） | 所占比例（%） | 每户平均土地（英亩） |
| --- | --- | --- | --- | --- | --- |
| 交税农民（差巴） | 410 | 74.82 | 1 364.50 | 93.74 | 3.33 |
| 奴隶（科巴） | 38 | 6.93 | 22 | 1.51 | 0.58 |
| 寺庙属民（拉臣） | 44 | 8.03 | 60 | 4.12 | 1.36 |
| 从属居民（塔都） | 56 | 10.22 | 9.10 | 0.63 | 0.16 |
| 总　计 | 548 | 100.00 | 1 455.60 | 100.00 | 2.65 |

表2-1中的数据清晰地反映，当地的土地大部分集中在缴税农民的手中，其他三种性质的农民所掌握的土地仅仅是一小部分。土地的主人几乎都是控制当地的土司和寺院僧侣，不需要缴税的耕地微乎其微。在组成农奴的两类人群中，"差巴"意为当差的人，是土司直接管辖的农奴；"科巴"意为所需要人，是土司和寺庙管辖的农奴。农奴对农奴主服役的多少，取决于其从农奴主处领种土地的面积大小。"差巴"和"科巴"的主要区别在于后者从土司或寺院领种的土地面积小于前者，除一年中的大部分时间为土司头人和寺院无偿劳役外，一般没有其他"乌拉"差役和实物贡赋负担。奴隶位于社会的最底层，人数不多，主要从事家务劳动和充当随从，其所生子女仍为奴隶。从属居民"塔都"是农奴社会的流浪户，他们不入当地户籍，可以自由迁徙，但没有政治权利。③

迪庆的情况与之类似，到1949年，在整个迪庆藏族聚居区范围内，土司和喇嘛构成的僧侣贵族占总人口数不到10%，却占有全区绝大多数的牧场、山林和农田；而占总人口达78%的农奴，只占有极少量的土地，有的甚至没有土地。④ 属卡成员所能领种的有限土地面积及自立门户的苛刻条件常常导致无力承担门户负担的百姓自愿放弃门户，形成所谓的"绝户"。据统计，到

---

① 参见王恒杰《迪庆藏族社会史》，中国藏学出版社1995年版，第243～245页。
② 参见（美）皮德罗·卡拉斯科《西藏的土地与政体》，陈永国译，西藏社会科学院西藏学汉文文献编辑室1985刊印，第66页。
③ 参见《甘孜藏族自治州概况》编写组《四川甘孜藏族自治州概况》，民族出版社2009年版，第71～72页。
④ 参见王恒杰《迪庆藏族社会史》，中国藏学出版社1995年版，第315页。

1949年以前，德钦地区已经有将近1/5的家庭出现了绝户①，无地的佃户比例高达70%②。自愿出户的百姓必须交出原来立门户时所继承的土地、房屋、家具以及家畜。这种情形表明，属卡的部分普通成员实际上已经成为丧失从前村社成员身份的农奴。③

清代迪庆藏族聚居区的属卡制度所反映的农业形势和税收制度与西藏古代王朝时期的情形仍然十分相似。虽然距藏王牟赤赞普所推行的意在保持农民的平均分配制度的三次穷富平均政令已经过去了1 000多年④，但农民家庭作为收税单位和税收来源的基本制度仍然顽强地延续了下来。对于普通的缴税农民来说，土地是极其宝贵的资源。但由于门户份地制度仅允许租户使用土地，禁止转让、典当和买卖⑤，在如此尖锐的人地关系矛盾背景之下，土地对当地人的重要程度可想而知。继承土地是他们维持生计的唯一方式，家户不得不采取各种措施最大限度地保证土地和财产不被分散，以确保家人的生计得以延续。因此，以集聚土地和劳动力为主要目的的多偶制自然受到人们的追捧，并伴随着土地制度一直传承下来。

在昌都地区，生产关系与其他藏族聚居区类似，其社会体制大体上属于封建农奴制类型，自然经济占绝对优势，社会中只有两个对立的阶级——领主和农奴。领主包括西藏地方政府、贵族（包括大头人）、寺庙。西藏地方政府和呼图克图占有全区的土地；贵族和寺庙占有和使用全区的部分土地。农奴主要是差巴、俄惹（呷札），只有使用土地的权利。另外，还有部分奴隶阶层（如差约、正约、枯巴）。除政教合一的呼图克图的封地外，中小领主没有处理土地所有权的权限；贵族只可以买卖、抵押土地的永久或暂时占有权；差巴只可转移、抵押土地的使用权。农奴附着在所耕种的土地之上，其最终的人生所有权属于最高领主。农奴给领主缴纳地租的主要形式是劳役和实物。⑥

在20世纪50年代初的民主改革前，占迪庆州人口55%的藏族社会形态

---

① 参见王恒杰《迪庆藏族社会史》，中国藏学出版社1995年版，第314页。
② 参见云南省地方志编纂委员会《云南省志·卷六十一·民族志》，云南人民出版社2002年版，第517页。
③ 参见王恒杰《迪庆藏族社会史》，中国藏学出版社1995年版，第115～118页。
④ 参见（美）皮德罗·卡拉斯科《西藏的土地与政体》，陈永国译，西藏社会科学院西藏学汉文文献编辑室1985年刊印，第13页。
⑤ 参见王恒杰《迪庆藏族社会史》，中国藏学出版社1995年版，第237页。
⑥ 参见《昌都地区社会历史调查资料》，见西藏社会历史调查资料丛刊编辑组、《中国少数民族社会历史调查资料丛刊》修订编辑委员会《藏族社会历史调查》（四），民族出版社2009年版，第28～29页。

是封建农奴制,其中个别地区还有奴隶庄园制的残余。① 云南全境解放之后,针对边疆民族地区的具体情况,云南省提出了"和平协商"的土地改革方式,涉及现今行政区划中的 29 个县(市),人口 160 万。其中,仅有中甸、德钦、宁蒗等 6 个县全部实行和平协商土地改革政策,其余的 23 个县(市)都只在部分地区实行。② 到 1956 年,上述大部分地区都顺利完成了土地改革,但于 1956 年和 1957 年引起了滇西北的中甸、德钦、维西、宁蒗等藏彝地区的激烈反抗。当时,四川西部的康巴地区在西藏"噶厦"地方政府的策动下引发动乱,并波及迪庆地区。各大喇嘛寺召开秘密会议,摊派门户兵和"乌拉"、"差役"、"书卡"(即"属卡")紧密配合,举起"保族"、"保教"旗帜,反对民主改革运动。③ 在 1950 年 4 月解放军进驻此地之前,迪庆藏族聚居区还处于政教合一的封建农奴制统治之下。因此,云南省委根据藏族聚居区文化复杂、社会发展不平衡和政权不稳定等因素,依照中央的指示精神及省内各地区的实际情况,将迪庆州内不同的民族地区划分为"缓冲区"与"和改区"进行土地改革。④

　　针对当地少数民族上层的具体情况,党和政府提出了"政治为主,军事为辅"的原则,提前对这些地区进行民主改革。事实上,除少数上层人物参与反改革运动外,大多数的藏族群众对此都持观望态度。当地实行了民族区域自治之后采取和平协商方式进行土地改革,此项工作到 1958 年 9 月全部结束。⑤ 改革使得过去无田无地、少田少地的农民分到了土地,并在国家的大力帮助下解决了耕牛、农具等需求,从而促进了当地生产、贸易和文化事业的发展。⑥ 德钦全县共完成改革地区 2 678 户,没收征收土地 23 414 亩,划分地富户 161 户,其中地主 124 户、富农 37 户;分田户约占总农户的 50%,每人分得土地 1.3 亩⑦,逐步实现了"耕者有其田"。

### (二)川滇交界区纳西族社会的土地制度

　　直到 1950 年,川滇交界区的纳西族土司地区还完整保留着封建领主制度。凡土司辖区的一切土地、山林均属土司所有,其中一部分是由土司及其"司

---

　　① 参见中共迪庆州党史征集研究室《封建农奴制度在迪庆的覆灭》,大理印刷厂 1993 年印刷,第 5 页。
　　② 参见当代云南编辑委员会《当代云南简史》,当代中国出版社 2004 年版,第 132 页。
　　③ 参见云南省地方志编纂委员会主编《云南省志·卷六十一·民族志》,云南人民出版社 2002 年版,第 514 页。
　　④ 参见刘彦、张禹《云南藏区民主改革口述史之个案调查》,载《思想战线》2010 年 S2 期。
　　⑤ 参见当代云南编辑委员会《当代云南简史》,当代中国出版社 2004 年版,第 135 页。
　　⑥ 同上书,第 136 页。
　　⑦ 参见德钦县志编纂委员会《德钦县志》,云南民族出版社 1997 年版,第 84 页。

沛"（贵族）直接占有的官地，另一部分则是"责卡"（农奴）租种的份地。根据永宁一带的统计数据，官地占 31%，份地占 59%，其他性质的土地占 10%。土司的官地由农奴负责耕种，一般情况下种子由土司出，每户农户要出 30 个左右的人工和 20 多个牛工，另有驮马 10 多匹次、肥料一两百斤。贵族的官地则由自己的家奴负责耕种。除了耕种官地外，农奴还要向土司纳贡。纳贡实物以村分派，村内又按土地股份分摊。主要类别包括逢土司去世、土司长子"穿裤子"成丁礼、土司儿子结婚每村各出 1 匹马、土司太太去世、土司女儿"穿裙子"成丁礼和结婚每村各出 1 头牛。外来迁入的汉族由土司发给"红照"，划出一片荒地供其开垦耕种，但要支付相应的押金和地租，外来佃户较多的地区还专设了汉族保正代替土司催收租粮。①

### （三）从原始公有向个体私有转变的怒族土地制度

由于自然条件和历史原因，分布在怒江不同区域的怒族生产力发展程度存在差异，土地制度也不同。怒族土地制度主要包括原始公有、伙有共耕和个体私有三大类。

（1）原始公有制主要集中在怒江西岸原碧江和福贡两县较为古老的怒族村寨。这些土地主要是高寒山区和未开垦的荒地，凡属本氏族、本村或家族的成员均可自由开垦和使用，也可世代传承，不耕种时可转让但禁止买卖。

（2）伙有共耕所有制是怒族社会经济中占主导地位的土地所有制形式，普遍存在于各村寨和家族成员间。原碧江一带称其为"棉阿白"，贡山怒语称之为"猛卡麻"，这是从原始公有制向个体私有制转化过程中的一种过渡土地所有制形式。共耕的特点是，氏族成员共同占有一块土地，以共同劳动和互助的方式平均出劳力、种子、牲畜，收获也按户平分。伙有耕地的占有形式包括家族伙有、开荒者伙有、共同买地伙有和姻亲伙有四种形式，其中以前两种为主。在私有制不断发展的过程中，伙有耕地逐渐发生转让和买卖，有的则被不断分割，最终导致崩溃瓦解。②

（3）私有制的产生和发展是以原始公有制和伙有共耕制的不断衰亡为基础的。到 1956 年时，怒江地区的大部分土地已经为个体农民所有，土地买卖现象较为普遍，但仍然保留着一些公有制的参与，明显地表现在公有荒地可以自由开垦及土地共耕关系上。

从土地制度的分配区域上看，原碧江一带的怒族农业耕作技术比福贡和贡山一带粗放，生产发展较为落后，刀耕火种是其主要耕作方式。福贡一带因地

---

① 参见郭大烈、和志武《纳西族史》，四川民族出版社 1994 年版，第 494 页。
② 参见云南民族事务委员会《怒族文化大观》，云南民族出版社 1999 年版，第 286～288 页。

势、土壤等条件优于前者,加之交通条件相对优越,便于购置农具,因而锄犁耕作技术比碧江一带先进;个体经济发展水平较高,公有土地保留较少,但仍保留着个体成员共同占有的集体耕地。贡山一带由于深受藏族和纳西族的影响,生产力发展水平相对较高,已经形成了以地缘关系为纽带的村社,在村社内部存在两种土地所有制,即村社内未经垦耕的山地和森林属于村社所有,经过垦耕的土地归个体家庭所有。此外,还有部分个体家庭间的共耕地。雇工和借贷关系均已存在,实物借贷多半是租借牲畜、粮食,同时已经发生土地抵押和蓄奴现象。

### (四) 公私并存的独龙族土地制度

在1950年以前,个体家庭私有共耕及私有私耕的土地是主要的土地占有形式。据20世纪50年代对第二行政村的调查显示,私有土地占全部耕地面积的69%。这种占有形态首先从小家庭在住房附近经营的园地开始,越往后范围越大,熟地、水冬瓜树地甚至火山地也逐渐被铁制生产工具和劳动力较多的人户占为己有,自家耕种收获物归自家。即便采用伙耕的办法,也按照所出劳动力和种子的数量来分配粮食。个体家庭占有制的巩固和发展,标志着原始公社已走向彻底的崩溃和没落。

从整体上看,独龙族传统的土地制度基本上可划分为三种形态:①家族公有共耕。独龙语称为"夺木枯",这种土地属家族公社所有,实行集体耕种,共同分配收获物。根据1957年对独龙江第三行政村3个家族土地的调查,3个家族公社共有共耕地30亩,占公社全部耕地的48%。②伙有共耕。独龙语称为"夺木奢",即几户公社成员共同占有一片耕地,共出种子,共同劳动,收获物按户及种子量平均分配。上述3个家族共有这类土地659亩,占总耕地的86.5%,是3个公社主要的土地占有形态。③私有共耕及私有私耕。主要是园地及部分水田。3个公社共有私人园地35亩、水田33.4亩,占总耕地762亩的8.7%,其中主要是头人占有。①

村寨头人占有较多优质的土地。他们在土地的分配管理、居民的迁徙、新社员的吸收、宗教活动的进行乃至争端的调停和婚丧礼仪的主持,都具有很大的权利。家族长作为家族公社的首领,拥有分配资源的权利。家族公社最主要的特征是共有共耕、平均分配,按血缘关系组成的家族公社,共营"公共房屋和集体住所"。但因生产发展、人口增殖,生产上集体的规模逐渐缩小,甚至发展为个体进行,土地变为"共有私耕",房屋园地为家庭私有,共同生

---

① 参见《独龙族简介》,见《民族问题五种丛书》云南省编辑委员会、《中国少数民族社会历史调查资料丛刊》修订编辑委员会《独龙族社会历史调查》(一),民族出版社2009年版,第17~18页。

产、平均分配的家族公社发生了变化，作为消费单位的个体家庭变成了社会的生产单位。家族和血缘亲疏关系不再是占有的前提；只要是村社成员，不脱离村社，都可以分到一份土地，离开村庄则必须交还。基于这种土地为村组集体所有的性质，个人与土地之间仅仅是占有关系，离开集体，个人是不存在的。正如马克思所言："在东方，财产仅有公社财产，个别成员只能是其中一定部分的占有者，或是世袭的或是不世袭的。"①

独龙族的"共耕"可以看成是在生产力落后的情况下人们团结对抗自然的一种策略。耕地仍然是部落的财产，最初是交给氏族使用，后来由氏族交给家庭公社使用，最后便交给个人使用；他们对耕地或许有一定的占有权，但是没有更多的其他权利。每个家庭占有土地，首先是建筑住所，每个人可以选择自己看中的地方建住所。农村公社既有公有因素又有私有因素，是原生的社会形态的最后阶段，同时又是向次生形态过渡的阶段，即从以公有制为基础的社会向以私有制为基础的社会过渡。

上述 4 个民族所生活的社会中不同的土地制度和资源配置方式决定了其社会结构中存在不同的婚姻与家庭形态。长期存在于藏族和纳西族移民社会中的份地制度决定了其以一夫一妻制家庭为主、多种婚姻形态并存的基本结构特征；而在从原始公有制向个体私有制过渡的怒族和独龙族社会中，伴随着原始公有制的崩溃和个体私有制的确立，生产力的发展促使土地所有权快速发生变化，父权制的一夫一妻制家庭逐渐成为社会结构的主体。阶级的形成对于男女两性所产生的影响显而易见。② 因此，尽管妇女在上述社会中一直是重要的劳动力，尤其是在男子大量脱离生产劳动的藏族和纳西族社会中，但她们并未因此获得相应的生产劳动支配权，社会的生产活动仍然主要掌握在男性手中。

## 二、民居布局与家庭内部的权利实践

家庭的住所是一家人生活起居的主要空间，也是家庭成员关系尤其是两性之间的亲密关系发生较为密切且集中的场所。这正如马凌诺斯基（马林诺夫斯基）所言：

> 家庭的物质设备包括居处、屋内的布置、烹饪的器具、日常的用具，以及房屋在地域上的分布情形，这一切初看起来，似乎是无关轻重的，它们只是日常生活的细节罢了。但事实上，这些物资设备却极精巧地交织在

---

① 马克思：《论资本主义以前诸社会形态》，文物出版社 1979 年版，第 308 页。
② 参见（美）托马斯·帕特森《马克思的幽灵——和考古学家对话》，何国强译，社会科学文献出版社 2011 年版，第 192 页。

家庭的法律、经济、道德等各方面。①

## （一）藏族

藏族聚居区牧民大多居住在用牦牛毛编织的黑色帐篷里，农区则多为用土坯和石块垒成的两层楼房，一般上层住人，下层圈养牲畜。②传统的藏房大多为三层土木结构的平顶碉楼。一层是牲畜圈，大多光线黑暗，气味难闻；二层为人们生活起居之所，阳光充沛，通风干燥；三层是经堂，是整栋房屋中最为整洁和清净之所。各层之间由坡度极陡的独木梯相连相通。

房子由石块和黏土夯实而成。房屋厚重的墙体被认为同时具有保暖和防御的功能。外墙漆为白色，窗框和门框上描绘着俗称为"藏八宝"的宝伞、金鱼、宝瓶、妙莲、右旋白螺、盘长（吉祥结）、胜利幢、金轮的"八瑞相"（或称"八吉祥徽"）图样（扎西达杰）。这是一组最为常见的藏传佛教图样，象征着吉祥、圆满和幸福；窗棂上飘挂着由红、绿、黄、蓝、白5种颜色组成的横帘（沙木），分别代表着苯教中火、水、地、天和云5种本源。在藏族群众看来，被风吹动的经幡象征着默念经文，与转经筒具有同样的意义，因此在风能吹过的山顶、河边、树梢等地方都可以悬挂祈愿的经幡。屋顶被设计成平台（贡唠），角落建有白塔。房屋内部的墙壁也是人们进行空间装饰的主要对象。传统的房屋内壁主要进行彩绘，现在也可以在市场上买到印刷好的成品直接张贴。常见的图样包括"祥瑞四兽"（兔子、小鸟、猴子、大象）、"蒙人驭虎"、"财神牵象"、"六长寿"及"十相自在图"等。

在人们从事大部分活动的第二层，厨房的位置居中，并且占据了大部分的空间。这里的空间以炉灶为中心，分为左右两个部分，围绕炉灶放置的卡垫是人们入座的地方，妇女必须坐在炉灶的左面，男性及客人则坐在炉灶的右面，不可混淆。类似的性别空间划分同样也存在于牧区藏族群众的帐篷中，人们将男女两性活动的空间分为阴阳两帐，阴帐与阳帐同样以炉灶为界线，经堂设置在阳帐一方，处理各种肉类食品的工作也必须在阳帐处进行。晚上的就寝格局也是如此。假如秩序混乱，那么"天神将会发怒，人畜将会遭灾"。③

从其外在造型和使用功能的角度来看，传统藏族民居所体现的外部的坚实、沉稳、安全以及内部的繁复和精致无疑体现着当地人的审美旨趣，建筑的内部格局同时也体现着居住其中的人们所期待的性别文化象征。近年来，尼村

---

① （英）马凌诺斯基：《文化论》，费孝通译，华夏出版社2002年版，第43页。
② 参见中国科学院青藏高原综合科学考察队《西藏农业地理》，科学出版社1984年版，第7页。
③ 参见吴杰《浅析藏族民居帐篷里的空间结构与信仰》，载《青海师范大学民族师范学院学报》2011年第1期。

藏族群众的家庭空间划分正在悄然发生着变化：房屋数量的增加导致了厨房与客厅的分离，卧室成为更加独立的私密空间。公共空间的缩小与私人空间的扩大趋势不仅是当地人生活水平提升的外在表现，也体现了年轻人在家庭中整体地位的上升——因为他们可以拥有更多的独立空间以脱离长辈的监督，家庭成员之间的关系也日趋私人化。

有研究发现，藏族民居即使是在杂居文化背景下也呈现了丰富的多样性风貌和形态，但彼此间还是存在着共同而严谨的空间结构，反映出空间要素的发展与衍生的逻辑关系，并且这些空间要素均表现出其居住文化中的宗教信仰、生产活动与生活方式之特有空间需求。① 在当地人看来，"家"代表着内部的空间。从下到上的空间等级划分来源于人们"畜、人、神"的"三界"观，同时也体现了从世俗到神圣、从污秽到洁净的世界观与认识体系。

由于房屋的各层内部很少用实体的墙壁分割成多个房间，居住的功能由楼层进行区隔，所以不存在明确的卧室。在寒冷的天气里，能够睡在生有炉灶的温暖的厨房里，是家人最好的选择。近年来，很多人家通过改造用木板隔出了单独的卧室，并安装了房门，进一步提高了个人生活的私密性，尤其是已婚的夫妇。第三层则是仓库和神圣的经堂。

原来传统的家庭中大多没有专用的床，木质的长椅上铺上一层卡垫，白天可以坐人，晚上放上被子就可以睡觉了；有的家庭则直接把泡沫垫子放在地上，席地而睡。床上用品也较为简单，一般家庭也没有多余的被褥，走亲戚时甚至需要自己携带。女儿出嫁的闺房，一般由家中的仓库或其他房间临时改造而成，在大多数情况下，家人都是根据性别和辈分分别居住的。各层楼之间由陡峭的独木楼梯相连，老人和妇女都可以顺利上下，大多数人由于长久习惯，可以健步如飞，但偶尔也有人不慎跌落。

从前，厨房是老人、妇女和孩子居住的地方，而男性则集中居住在楼上。夫妻之间的性活动是极其隐秘的行为，需要同居的夫妻只能在夜深人静时由丈夫悄悄与妻子同宿，但必须尽快返回自己的住处，以免被他人尤其是长辈发现，否则将被视为不知羞耻的行为。近年来，这种居住方式已经在尼村悄然发生着变化：在新修建的藏房中，大部分的家庭都对各层内部的房间进行了分割，安装了木质墙体和房门，甚至还加设了门锁，卧室变成了更加私密的空间。夫妻可以同居一室，老人和孩子也各有自己的房间。空间分隔的变化在很大程度上改变了夫妻关系的公开程度，同时也是对传统生育观念的一种挑战。一位老年妇女说：

---

① 参见胡昂、黄琬雯《传统藏族民居的空间结构之分析与探究》，载《建筑与文化》2010 年第 11 期。

以前哪像现在，结婚的男女可以睡在一起，（以前大家都）害羞，不好意思，以前的房子也不像现在这种隔起（分房间），一般都是全家人中女的睡楼下，男的睡楼上，（夫妻）在一起（房事）的时候都是男的用衣服顶在头上悄悄地来，家里人看见不好意思。另外，大家都说睡一觉就会怀孕，生多了娃娃养不起，所以要分开住。①

这种夫妻分开居住的方式与同样盛行多偶制的俄亚纳西族极为类似②，并且都规定了只能是丈夫主动访妻子，妻子却不能访丈夫。同时，不对等的配偶数量造成了夫妻同宿的又一不便，夜深人静时的夫妻生活不仅要避讳长辈和他人，更要考虑到婚姻关系中的其他参与者。对于他们的分居方式，不仅外界充满困惑，就连其他村民也有不少猜测：

那种家庭么，老是（几乎）晓不得（不知道）晚上是咋个（怎么）睡，听人家说是各人有一个房间，晚上先进去的人会把鞋子放在门口，后来的人就不会进去了。③

轮流同宿的夫妻该如何安排，才不会导致尴尬（甚至是冲突）的情况发生，这是主妇和其他参与婚姻的成员都必须慎重考虑的问题，同时也是外界对其充满好奇与困惑的焦点。④ 上文中曾经提到，在传统的老式藏房中，由于人们一般不会在房屋内部分割多个房间，因而也不存在纯粹意义上的卧室。而在多偶制家庭中，则需要一间较为特定的卧室，以方便夫妻同宿。这种夫妻共居的卧室较为特殊，因为这个卧室并不完全属于夫妻双方。比如，在兄弟共妻家庭中，妻子可以单独拥有一个卧室，这间特殊的卧室是夫妻进行隐秘生活的地方，只要有其中两人在场，第三方就必须尽快回避，以免尴尬；而在姐妹共夫的家庭中，姐妹通常会各自拥有一个卧室，丈夫轮流与之同宿。回避尴尬的方式有多种，比如遇到长期在外的兄弟回家时，在家的一方会主动提出要外出办事，或者故意晚归，以此让同宿的双方看起来自然一些。

在兄弟共妻家庭中，与主妇同宿的丈夫会在其卧室外面放置诸如腰带、鞋子、帽子等信物，以此作为与妻子同宿的标识，其他丈夫如看见就自然回避。这种做法常见于各种对兄弟共妻婚俗的记述中，如《维西见闻录》的描述：

---

① 访谈时间：2010 年 8 月。
② 参见刘龙初《俄亚纳西族安达婚姻及其与永宁阿注婚的比较》，载《民族研究》1996 年第 1 期。
③ 访谈时间：2010 年 8 月。
④ Nancy E. Levine. *The Dynamics of Polyandry: Kinship, Domesticity, and Population on the Tibetan Border* (Preface). University of Chicago Press, 1988：3.

> 兄弟三四人共妻，一妻由兄及弟，指各有玦，入房则系之门以为志，不紊不争，共生子三四人，仍共妻，至六七人始二妻。①

那么，事实真的如此吗？通过调查，笔者渐渐发现，多偶制家庭的夫妻之间并不一定需要这些程式化的标识才能表明同宿者的身份。在很多情况下，他们并不需要这些所谓的"信物"标识，而仅需要简单的眼神或言语暗示就能各自明白对方的心意，有时甚至是直接的安排。嫁给两兄弟的曲珍告诉笔者：

> 这些一般老是不消（用），有时候吃饭的时候，有时候干活的时候说一哈（下），大家就晓得了。假如哪个好长时间不回家，那么等他回家的时候另外一个就不会过来了。②

另一位来自两代兄弟共妻家庭的主妇次央也说：

> 这些东西一般是不消（用），大家会凭自觉。他们兄弟会说好，我是不好说。不过哪个老是（非常）不公平，我也会说呢。③

关于为什么不留下记号，当事人有自己的看法。有的人认为，这种事情本来就是秘密进行的，假如留下了记号则很容易让别人知道，会很害羞。与兄弟共妻家庭相比，姐妹共夫家庭所面临的问题要相对简单些，因为两姐妹各有一个卧室，丈夫可以轮流进入姐妹的卧室住宿。

在一般情况下，多偶制家庭中有权拥有单独卧室的一方，在夫妻的性关系中能够占据主动地位，调配与协调诸多配偶之间的关系。但是，家长的权威同样会在夫妻同宿的问题上表现出来。例如，家长会经常利用自己的权威增加与妻子同宿的次数，或者安排其他的兄弟离家从事劳作，以此获得更多与妻子相处的时间。这样的行为可能会导致兄弟之间产生矛盾，甚至是婚姻的破裂与家庭的瓦解。尽管如此，不少家长还是会用这种方式试探其他兄弟的忍受程度，以此作为树立个人权威的一种有效途径。无法忍受的兄弟可能会重新寻找情人（嘎人），甚至从其中脱离出来自立门户。

性关系作为维系夫妻感情和保持家庭和睦的重要途径受到多偶制家庭成员的重视，尤其是那些煞费苦心安排子女组建多偶制家庭的长辈。对于那些情感生疏或者年龄差距较大的夫妻，长辈甚至会费尽心思创造机会，让他们在相互

---

① （清）余庆远：《维西见闻录》，见于希贤、沙露茵选注《云南古代游记选》，云南人民出版社1988年版，第123页。

② 访谈时间：2010年8月。

③ 访谈时间：2010年8月。

熟悉中培养感情，以此促成双方的性关系。在长辈看来，只要双方产生了性关系，那么夫妻关系就算稳定了，整个家庭也会因此安定与团结。

（二）纳西族

迪庆维西、中甸三坝一带的纳西族住宅基本上都是木楞房，建造时用圆木纵横相交架设为四方形，门槛高、门楣低，出入都需要弯腰。少数人家房屋建有两层，上层住人，下层饲养牲畜。屋内的格局划分为两边：一边架木板床，火塘设在床正面中央，火塘呈方形，上面放置三脚架；另一边安放木碓，碓头必须向东。人们生活的起居坐卧都按照男左女右的规则进行。翁媳之间、夫兄和弟媳之间不能对坐和谈笑，岳母和女婿之间也有同样的禁忌。① 纳西族人大多为一日三餐，主食是包谷、青稞、大米、荞麦等，其中大米较为珍贵，多半在年节时食用。蔬菜的品种不多，有白菜、葱、蒜等。男女老幼都喜欢饮茶，食用器具基本上为木制，吃肉时由父亲掌勺平均分配，平时的饭菜由媳妇盛送。纳西族忌食狗肉，不许宰杀耕牛和驮马。② 理塘一带的纳西族由于长期与藏族通婚杂居，在生活方面已经深受藏族影响。20 世纪初，古纯仁在川滇边藏族聚居区考察时发现，当地纳西族的过年习俗除杀神猪祭天外，其他与藏族已基本相同。③ 在乡城、稻城、得荣、巴塘一带，纳西族移民的绝大多数后裔已渐成为藏族，习俗、服饰以及语言都与当地藏族没有什么区别，连当地的藏族人也只能从过年是否按纳西族传统习惯才知其是否为纳西族后裔，不少地方只有一些地名还反映出它们曾经是纳西族居住的地方。④

（三）怒族

怒族大多居住在怒江两岸海拔 1 500～2 000 米的山腰台地上，也有部分村寨建于平地。怒族民居主要是一种下部架空的干栏式建筑。由于受到早期生产工具和劳动力的限制，怒族先民无力将陡峭的地基修建平整，因此只能因地制宜地使用长短不一的木桩将房屋底部架成水平状态。此外，由于怒江一带雨水多，空气湿度大，这样下部架空的房屋可以起到很好的防潮和保暖功效，中空的部分还可以用来圈养家禽家畜。由于用来支撑房屋底层的木柱间距密，数

---

① 参见《中甸、维西纳西族婚丧习俗》，见《民族问题五种丛书》云南省编辑委员会、《中国少数民族社会历史调查资料丛刊》修订编辑委员会《纳西族社会历史调查》（一），民族出版社 2009 年版，第 57～58 页。

② 同上。

③ 参见（法）古纯仁《川滇之藏边》，李哲生译，载《康藏研究月刊》1948 年第 15 期。

④ 参见杨嘉铭、阿绒《明季丽江木氏土司统治势力向藏区扩张始末及其纳西族移民踪迹概溯》，见中国人民政治协商会议甘孜藏族自治州委员会《甘孜州文史资料》（第十八辑），2000 年。

量多，有的甚至多达上百根，因此俗称"千脚落地"。民居主要用竹篾或藤条绑扎，或用树杈支撑而成。楼面以上的墙体用横、竖木杆绑扎成网式承重骨架，内墙以竹席围扎而成，屋顶为悬山式茅草顶或木板顶。为了增加户外面积，有的人家还利用悬挑扩大空间增建阁楼、抱厦。

由于分布区域不同，怒族的干栏式建筑也存在差异。怒江南部地区气温相对较高、湿度大，人们使用木头做房屋的柱子，用竹席制作墙体和楼板，顶上覆盖木板或茅草，起到防潮和通风的作用。而怒江北部的贡山一带气温较低，民居主要是用圆木相叠建成的木楞房，与北部藏族民居有相似之处。木楞房比竹篾房略大，呈长方形，一般分为内外两间。外间待客，设有火塘，上面安置铁三脚或石制三脚架，用来烧火做饭；内间是主人休息的卧室。

怒族的起居用具比较简单，一般在床板上铺垫草席、兽皮等，再盖上羊毛毯或麻布毯。起居室最重要的长老床旁的墙面上，挂着狩猎时捕获的野兽的头颅和野禽的羽毛，还有弩弓、长刀、箭包等工具。重要的禁忌包括：妇女不能睡长辈的床，女儿和儿媳不能睡父亲的床，儿子长大后也不能睡母亲的床；长辈男人不能睡晚辈妇女的床，即使出门或做客也只能是长辈妇女睡晚辈妇女的床，长辈男子也只能睡晚辈男子的床；妇女一般不能坐长辈男性那张墙面挂有弩弓的床；女儿、儿媳不能与男性长辈同坐一张床或一条凳子；女性不能从男性成员的衣物、生产工具、狩猎工具、帽子上跨过；等等。

怒族自制的日常生活用具有竹篮、竹筐、竹编饭盒、木制水缸、蓄水木槽、背水木桶、木柜、木凳、木锁、木钥匙、石磨等，炊具有木碗、木勺、木棒、锅盖等。怒族习惯日食两餐，主食以玉米为主，常见的蔬菜有白菜、萝卜、辣椒等，夏季还有竹笋等野菜，肉类主要是家中饲养的猪、鸡、羊等；烹调方式包括煮、蒸、烧、烙等，这些工作均由妇女承担。怒族的特色食品包括"下拉"、石板粑粑"龙布拉快"等。"下拉"一般用鸡肉（也可使用其他种类的瘦肉）和较好的烧酒为制作原料。制作时先将瘦肉剁为丁状，然后放入锅里用漆油或酥油煎炒，炒至脆黄时再倒入烧酒，盖上锅盖焖片刻即成。石板粑粑为怒族独有，烤制粑粑的石板"龙布拉"产于贡山秋那桶，呈浅黑色，质地细腻，传热快，柔韧性和保温性能好，经高温火烧仍不会断裂。用这种石板烤制的粑粑可薄可厚，不煳不粘。

怒族家庭里男女的地位是不平等的，妇女处于从属地位，家庭财产归男子支配。在日常生活中，如妇女要在男子面前走过，必须弯下腰来，手提住裙子，小心翼翼地走过，但打骂虐待的事情很少。怒苏人中有这样的谚语："斧子不能剥篾，青蛙不能上树；母鸡不能吃盐巴，女人讲不来道理。"因此，妇女不能参加氏族的祭祀活动，不能参与讨论家族和村社的公共事务。女性在家庭生活中必须时时注意自己的行为举止，除了要做好所有家庭成员吃、穿、住、行的准备工作外,还必须遵循一套礼仪规范和禁忌。例如,在吃饭时要注重形象,不能发出声响,更不能醉酒;每次用餐时儿媳或女儿必须首先给长辈盛饭并双手恭敬地送到长辈手上;等等。

尽管父权制已经在怒族社会中得以确立,但部分支系残留的民俗仍然体现了从前母权的痕迹。例如,给新生儿取名的权利首先是婴儿的祖母和姨妈,其次才轮到父母;当女主人不在家时,丈夫无权出售家中饲养的猪羊鸡鸭,当家理财仍然是妻子的责任和权利。①

### (四) 独龙族

由于自然条件的差异,独龙江上下游地区的房屋格局略有不同。巴坡以南地区基本上是用竹木建盖的干栏式楼房。这种房屋因山地较陡,建盖时需要靠山打桩,因此俗称"千脚落地",与怒族民居相似。房屋内部以木板或竹篱笆隔开,中间为通道。一般室内设2~3个火塘,长辈的火塘设在上方,火塘上挂着吊板或挂钩,用来烤食物、烧茶水。火塘内放置铁三脚,或垒三块石头,用来放置铁锅。室内四周放置家具、炊具等生活用具。如果室内宽敞,还可以隔成小房间,给已婚子女居住,各房间内也设置火塘。其他未婚的子女则在长辈的火塘边挨着长辈睡。房屋的两边都开设房门,有木梯可以上下。主门外通常用原木搭成室外走廊,走廊上安置木碓窝。在独龙江下游的南部村寨,直到20世纪80年代还有不少几代人共同居住的长干栏楼房。在独龙江的北部,民居以木楞房为主。房屋四壁全用水冬瓜木、松木或杂木小柱交叉垒成。屋顶铺茅草,两面滴水。楼房下面十分低矮,不能关牛,只能用来做猪圈和羊圈。②

独龙族人的生活用具大致可分为炊具、日常用具和粉碎器等。其中,炊具主要包括铁三脚架、铁锅、铝锅、铜壶、土锅、陶罐、小铁臼。这些金属器具和陶器在20世纪50年代以前大部分是从贡山或察瓦龙的藏族聚居区交换而来的。其他的炊具还包括用来蒸饭和蒸水酒的木甑、盛猪食的木槽、竹制的打茶筒和盛肉筒。日常用具包括竹篓、簸箕、粪箕、篾笆、小提篮、供盘、竹盒、竹刀壳等。粉碎器包括石手磨、木手碓、脚碓、石磨和水碓等。③

在独龙族社会中,妇女拥有一定的家庭地位,主要表现在主妇分食制、主

---

① 参见何叔涛《云南民族女性文化丛书·怒族——复苏了的神话》,云南教育出版社1995年版,第11页。
② 参见杨毓骧《伯舒拉岭雪线下的民族》,云南大学出版社2000年版,第97~100页。
③ 同上书,第100~104页。

妇管仓制①、妇女招待客人、夫妻共同商量决定家中的事务等方面。按照独龙族人的习惯，一个大家庭中有两个以上儿媳的，便要实行轮流煮饭的制度。例如，某家人有3个儿媳妇，早晨由大儿媳拿出粮食做饭，晚饭由二儿媳煮饭，次日早晨由三儿媳煮饭。吃饭的时候一定要由家长的妻子或家庭主妇按照人数分配食物，每人一份。这种由主妇分食的习惯，独龙族人称之为"额杂布朵"。如果主妇死去，便由长子的媳妇分食，以此递推，家长和男人是不负责分食的。

如先久当地区迪朗村村民迪朗先久松家，在其年幼的时候，祖父一辈的3个兄弟（即祖父、伯祖父、叔祖父）及其3代人共20余人同住在一所较大的房子里。他的伯祖父有7个子女，叔祖父婚后无子嗣，祖父、祖父的父母和兄弟姊妹10人分成3个火塘共同居住。到迪朗先久松这一辈人长大成家后，才逐个分出另居，但仍旧在一起劳动和吃饭。起初，3个火塘的主妇同时做饭，每个火塘每次将做好的饭食按照其他2个火塘的人数分配，无论大人、小孩，都是每人一份；这种分配食物的方式被称为"可列亚列阿季"，"可列"意即"那边"，"亚列"意即"这边"，"阿季"意即"给予"，这种方式意为几个火塘的人互相给饭共食。后来，3个火塘采取轮流做饭的共食方式，每次由一个火塘的主妇为整个大家庭成员做饭，然后分给其他2个火塘的人，仍然是不论大小每人一份；这种方式被称为"索尔阿列义"，"索尔"意为"饭"，"阿列义"则是"轮着做"的意思。②

与主妇分食制并存的是主妇管仓制。由于每个独龙族家庭都有好几个仓房，每种粮食存放在不同仓房里，仓房有时建在距离住所很远的山上隐蔽地里，防止外人劫掠。仓房分为两种：一种叫"捧千"，即大仓房，也就是公共仓房，每一个大家庭共同收获的粮食，都可以储存在大仓房里，共同食用；另外一种叫"捧秋"，即小仓房，也可以叫作私人仓房，用于储存私人粮食。一般来说，小仓房是儿子结婚之后才能有的，象征着个体家庭的逐渐分离和私有制的发展。当一个大家庭的大仓房粮食吃完之后，接下来就要流动食用小仓房的粮食。大仓房必须由大家庭的主妇管理，小仓房由儿媳管理。由于各个仓房存有的粮食数量不一，假如哪个仓房如小家庭提前用完储存的粮食，就免去轮流煮饭的义务，转由那些存有粮食的仓房轮流承担。

仓房是象征有"瓦密"（福气）的地方，一般不能轻易让别人看到。当家

---

① 参见《贡山县四区三村孔当、丙当、学哇当独龙族社会经济调查》，见《民族问题五种丛书》云南省编辑委员会、《中国少数民族社会历史调查资料丛刊》修订编辑委员会《独龙族社会历史调查》（一），民族出版社2009年版，第41～42页。

② 参见蔡家麒《藏彝走廊中的独龙族社会历史考察》，民族出版社2008年版，第79～80页。

的主妇死后举行"则安"葬礼的时候，由家长邀请团体成员和女方亲戚一起来到仓房前，将仓房当众打开，根据当时储量的多少，由大家确定酿制多少瓶水酒（每瓶重12.5公斤），请大家饮用，喝完为止。在当地人看来，如果主妇是有"瓦密"的人，仓房的粮食是吃不完的，这说明主妇平时储粮很丰富。男子从来不过问仓房及粮食的多寡等事务。粮食吃完了，主妇会告诉男人："明天去打猎吧！"男人便会携带弩弓、砍刀和猎犬上山去打猎；或者在每年的5—6月间相约集体去寻野粮，采集野菜。家长则往往坐在家中支配大小事宜，其本人虽然也参加劳动，但更多的是依靠别人的劳动成果生活，这显示出家长在家庭中的地位和权利。

在大家庭制度盛行的年代，火塘分居制与之相伴相生。每个家庭凡是有一个儿子结婚，便要在同一屋内增加一个火塘，这种分火塘的习惯被称为"卡尔信"。分火塘象征着个体小家庭的建立。分设火塘后，便要设立小仓房了，但大家还是共同劳动并一起生活。

担任家长的通常是家族中的成年男子，家长的职责是领导和组织家庭成员生产，调解家内纠纷，帮助青年男女解决婚姻问题。妇女被认为是不会说话、缺乏做事能力的人，因此族长不能由妇女担任。父权不仅表现在家庭内部，享有威信的家长在各个家族公社间也享有威望，负责处理各种公共事务。独龙语称这种享有威望的年长男子为"卡珊"。在叶枝土司和国民党统治时期，有少数"卡珊"被委任为"括色"或者保长、甲长，成为统治者征收捐税的代理人。"卡珊"也是独龙族社会习惯法的主要解释者。独龙族的习惯法保护正在产生的私有财产和父权。它规定，对于第一次、第二次犯偷盗罪的成员要进行教育，犯过4次偷盗罪的人会被割耳朵，与已订婚、结婚女子通奸的男人要受处罚，等等。

在多妻的家庭中，诸小妻实际上沦为家长的家庭奴仆，家长成为诸小妻的实际统治者。家长因此可以减少劳动，依靠诸妻生产过活。白天诸妻从事耕种、薅草、找野粮、编织等劳动，晚上成为家长纵欲的工具。诸妻夜间同睡在火塘旁，丈夫与大妻睡火塘的正房，丈夫与诸小妻轮流同宿时必须事先征得大妻的同意。在这样的家庭中，大妻享有较高的地位，负责管理和主持家务，招待亲友。在习惯上，丈夫娶小妻必须征得大妻的同意，甚至有大妻主动帮丈夫讨小妻的现象。女子仅仅被当作一件简单的物品，通过一定的实物而被男方交换过来，主要是为了购买劳动力。这就是多妻者多为家庭经济比较富有、土地比较多的家族长和头人的根本原因所在。

在社会伦理道德和原始法制中，平均分配法则规定了人们在生产中互助，不计工时长短和劳动强弱，所生产的粮食平均分配。主妇分配的饭食无论老幼，每人一份，来客亦可得到一份。个人不能独占，否则会受到社会的斥责。

人们之间相互礼让，家中老人的卧床一定要安排在火塘上方，子女的火塘则在下方或室内。有客人到来时家人最好不要经过客人面前，如实在避让不开也要俯身低头，妇女还要用双手压住衣裙轻轻走过客人面前。独龙族人在喜庆或节日时还有两人合饮一碗酒的习俗，以示团结和睦。只要年龄相近，男女皆可合饮。

社会禁忌规定女儿出嫁后不能回娘家生孩子，否则会被认为影响娘家的子孙兴旺。如果发生这种事，女婿家要送两瓶酒以及若干野兽肉给妻子家，以作补偿。①

以传统法判决离婚案件，主要看哪方有理。按照习惯法，若姑娘婚前病死或与人私奔，则女方要赔偿男方彩礼。若夫妻不和睦，女方提出离婚，则头人、双方家长代表根据女方申诉，认为有理的可以不赔偿男方彩礼，若认为理由不足的则要赔偿男方彩礼。若男方提出离婚，女方可以不退还彩礼。但离婚案件在独龙族人的社会中是极少的。②

对于家庭之间的贫富差距，独龙族人有自己的看法。他们认为，从前的富裕人家主要是家中劳动力充沛，人也比较勤劳，无论天晴或下雨都经常外出劳动，其占有的水冬瓜地（熟地）比较多。种植面积大，粮食产量就多，一年基本上够吃，又能煮不少水酒。这种人家在生产和生活上善于计划和安排，人也比较聪明、善于讲话，同时也会搞点剥削的事；此外，他们还依靠打猎、挖黄连与贝母、织布等副业收入再到外面交换黄牛，宰杀后分给全村人吃。而穷困人家主要是因为家中子女多，劳动力少，土地少，办法也少，生产活动不会计划和安排，其中还有些家庭成员比较懒惰，所以年年缺粮。但人们普遍认为独龙族社会的贫富差距并不悬殊。③

不同的居住格局与家内生活所体现的性别关系反映了不同社会结构和婚姻形态中男女两性所处的不同地位。藏族和纳西族社会坚固复杂的民居建筑不仅分割了不同的功能区域，同时亦为男女两性划分了截然不同的内部活动空间，女性对男性的屈从现象已然出现；在相对简单的怒族和独龙族民居中，尽管内部空间的划分无法做到泾渭分明，但女性对男性的屈从现象更为明显。无论是藏族和纳西族社会中的主妇管家，还是独龙族社会中的主妇分食制与火塘分居制，都体现了父权制兴起和确立后男女两性社会分工中所体现的"男主外，女主内"的空间特征。这种分类认识同时也成为女性参与社会公共事务，甚至是参与政治活动难以逾越的主要障碍。

---

① 参见杨毓骧《伯舒拉岭雪线下的民族》，云南大学出版社2000年版，第108页。
② 同上书，第109页。
③ 参见蔡家麒《藏彝走廊中的独龙族社会历史考察》，民族出版社2008年版，第80～81页。

## 三、不同婚姻形态中的亲属称谓方式与性别权利格局

"亲属称谓是指因为要表示由亲子关系及婚姻关系而产生的人际关系有别于一般生活关系的用语,以及由此扩展到由其他方式所产生的关系之用语。"① 它"并不是一些空洞的名称,而是实际上流行的对血缘亲属关系的亲疏和辈分的观点的表达;这种观点是一种完备地制定了的亲属制度的基础,这种亲属制度可以表现单个人的数百种不同的亲属关系"②。自科利尔(Collier)和亚纳吉萨科(Yanagisako)提出将社会性别与亲属关系放在一起讨论③以来,这种研究视角的有效性已经逐步得到了验证。

### (一)淡化父系和母系差异的藏族亲属称谓体系

有研究发现:"藏族的亲属称谓不区分父系和母系,不存在辈分上的混淆,具有笼统性和高度概括性,明确区分辈分和性别,比较接近夏威夷式的亲属称谓制度。并且在两代范围之内明确区分直系和旁系,模糊父系和母系,突出核心家庭成员联系,具有爱斯基摩式亲属称谓制度的特征。"④ 在笔者调查过的德钦藏族村落尼村,人们的亲属称谓体现了上述论断并凸显了以下特点:

第一,当地的双系继嗣制度在亲属称谓中得到了集中体现,淡化父系和母系亲属称谓之间的差异是当地藏族群众亲属称谓体系的首要特征。例如,无论己身为男子还是女子,对自己的子女和姐妹的子女都称为子女,儿子称"巴嚓",女儿称"布姆";对自己的子女的子女和姐妹的子女的子女,都叫孙子、孙女,孙子称"森泽",孙女也称"森泽"。无论己身是女子还是男子,对父亲和母亲的姐妹都称"玛"或"阿妈教",对父亲和母亲的兄弟都称"阿格"或"阿格教";自己的祖父与外祖父都称为"阿尼",祖母和外祖母都称为"阿佳"。儿媳、女婿称双方父母也通用"阿爸"、"阿妈",其余的称谓与配偶一致。

第二,亲属称谓也淡化了称呼对象的年龄差异。比如,伯父、叔父和姨父都称为"阿格";同样,伯母、婶婶和姨母都统称为"阿妈教";表姐妹、堂姐妹、嫂嫂和姐姐、弟妹或妹妹都称为"阿日"或"森姆",与之对应的表兄弟、堂兄弟、哥哥和姐夫、弟弟和妹夫都称为"郁"或"边亚"。

---

① 芮逸夫:《云五社会科学大辞典(第十册)人类学》,台湾商务印书馆 2000 年版,第 283 页。
② 恩格斯:《家庭、私有制和国家的起源》,见《马克思恩格斯选集》(第四卷),人民出版社 1995 年版,第 25 页。
③ 参见 Jane F. Collier & Sylvia J. Yanagisako (eds). *Gender and Kinship*: *Essays Toward a Unified Analysis*. Stanford University Press, 1987.
④ 邹中正:《汉族与藏族亲属称谓的比较研究》(硕士学位论文),四川大学 2003 年,第 28 页。

第三，以自己为中心往下一代推算，代数越多则称谓种类越少，性别与年龄差异越模糊。例如，侄子与外甥都称为"泽乌"，侄女与外甥女都称为"泽姆"；而孙子、孙女、外孙子和外孙女都称为"森泽"，不再区分性别。

值得注意的是，在其亲属称谓系统中唯有对舅舅的称呼是专用的，称为"阿荣"，舅母则称为"绵"。这种称谓方式与当地盛行的入赘婚，以及男女平等的继承方式是一致的，同时还体现了明显的长幼有序及内外有别的特征。夫妻之间的称呼则较为多样，但一般不会直接称呼对方的名字，而是用孩子对对方的称呼来代替。在父系宗族组织山岩"戈巴"中，组织内部或与之有关联和结盟的"戈巴"成员之间的亲属称谓皆按照父母与之有关联的亲属关系来称呼，在某种程度上反映了其中存在的血缘关系纽带的宗族观念。[①]

在藏族的多偶制家庭中，亲属称谓不仅是一种人际关系的代称，更体现为一种权利等级与亲属关系格局。在笔者所调查的德钦县多偶制的家庭中，无论有多少个成员，其后代都只会有一个社会性的父亲和母亲。在兄弟共妻的家庭中，其后代称哥哥为爸爸，称弟弟为叔叔；在姐妹共夫的家庭中，年纪最大的姐姐永远是所有孩子的母亲，其余的妹妹只能是孩子的"阿妈教"（意为"小妈妈"）。

然而，藏族聚居区各地多偶制家庭中的亲属称谓存在着较大的差别。例如，有些地方兄弟共妻家庭的孩子可以把共妻的几个兄弟都称为"爸爸"，在另一地区同样的家庭中，孩子则把共妻兄弟中的最为年长者称为"父亲"，其余几人都称为"叔叔"，即使"叔叔"可能是他们的生父。[②] 真曲河谷的情况更为复杂，除上述两种称谓方式外，孩子还可以称呼共妻兄弟中的年长者为"爸爸"，称其年幼者为"舅舅"。[③] 据此，有研究认为，在藏族的多配偶制婚姻中，"其亲属称谓的内涵变化很大，即同一个亲属称谓在单偶婚家庭中所表示的亲属关系与在多偶婚家庭中表示的亲属关系差别很大，充分反映了婚姻形式对亲属称谓的影响"[④]。

与上述地区相比，尼村的多偶制家庭对父母亲的称谓进行了较为严格的界定。首先，兄弟共妻的家庭中永远只能有一个父亲，也就是家长，就算是作为制度性"父亲"的兄长去世或因故脱离家庭，弟弟也不能因此由"叔叔"变成"爸爸"。但是，在当地人看来，兄弟共妻家庭的子女对"叔叔"的称谓中即暗含有"爸爸"的意思，并且知晓其家庭情况的当地人都能意会这种暗含

---

① 参见范河川《父系原始文化的活化石——山岩戈巴》，四川大学出版社2000年版，第30页。
② 参见邹中正《汉族与藏族亲属称谓的比较研究》（硕士学位论文），四川大学2003年，第22页。
③ 参见坚赞才旦《真曲河谷亲属称谓制探微》，载《西藏研究》2001年第3期。
④ 邹中正：《汉族与藏族亲属称谓的比较研究》（硕士学位论文），四川大学2003年，第29页。

的意思（近似于汉人社会中常见的父母亲离婚后的子女称呼母亲再婚的对象为"叔叔"的做法）。同样，姐妹共夫家庭的孩子也只会有一个父亲和一个母亲，不论自己的亲生母亲是谁，家里确定身份的母亲永远只会有一个，即"发生了生物性的母亲与社会性的母亲不相符的事实"①。可能出现尼村多偶制家庭社会性父母身份的建立仍然显得顺理成章。当地人认为，这样严格的、顺其自然的亲属称谓体系确保了家长在家庭中的"合法地位"，同时也为家庭内部的管理和家内关系的协调确立了基本的制度化准则及权威。

### （二）重视母系的纳西族亲属称谓体系

语言是一种较为稳定的社会元素，纳西语言中反映出从前纳西社会重视女系的习俗。例如，其语言中存在以"女"为大、以"男"为小、以"母"为大、以"子"为小的使用现象。例如，祖房、大房称为"金美"，意即"女房"、"母房"，小房称为"金若"，即"男房"、"子房"；大树称为"孜美"，即"女树"、"母树"，小树称为"孜若"，即"男树"、"子树"；祭天用的大香柱称"迅美"，即"女香柱"、"母香柱"，小香柱称为"迅若"，即"男香柱"、"子香柱"；等等。在一些固定词组和用法中，也是女性在前、男性在后。例如，夫妻称为"尼努阿改汝"，其中的"尼努"是妻子，"阿改汝"是丈夫；古语中将夫妻称为"本爪"，也是妻子"本"在前，丈夫"爪"在后；情侣"名若"，亦是遵从女性在前、男性在后的规则。② 迁入藏族聚居区的纳西族由于长期与藏族杂居和通婚，藏语逐步成为社会中通用的语言，仅在亲属称谓中保留了纳西语称呼方式。③

### （三）保留原始血亲制度遗迹的怒族亲属称谓体系

怒族的亲属称谓仍保留着原始血缘亲族制度的一些遗迹。例如，称呼父亲、父亲的兄弟辈均为"奥朴"；称呼母亲、父亲之兄弟辈的妻子们与母亲的姊妹辈均为"奥米"；称呼母亲之兄弟辈为"奥颇"，即舅父，这是怒族社会中最受尊敬的一个称谓；同胞兄弟姊妹之间互称"在若"或"报屋"，意为"生于同一根脐带"，同一祖父的兄弟姊妹之间亦可使用这一称谓，但姑舅兄弟姊妹之间则不可使用；父亲的兄弟及母亲的姐妹们的丈夫统称"奥朴"，为区分年龄长幼，将年长于父亲者称为"朴茂"、年幼于父亲者称为"朴拉"或

---

① 费孝通：《生育制度》，商务印书馆1999年版，第74页。
② 参见杨福泉《多元文化与纳西社会》，云南人民出版社1998年版，第127页。
③ 参见《白松乡纳西族社会历史调查报告》，见中国人民政治协商会议甘孜藏族自治州委员会《甘孜州文史资料》（第十八辑），2000年，第271页。

"朴吞";同样,在称呼母亲的姐妹们和父亲的兄弟的妻子们为"奥米"时,将年长于母亲者称呼为"米茂"、年幼于母亲者称呼为"米拉"或"米吞",分别对应年龄阶序中的大、中、小差异。①

值得注意的是,怒族语言中的两个属于女性的亲属称谓,即妻子(mi)和儿媳(krue),其含义分别是"生火煮饭"及"剥麻",这反映了妇女的个人生活主要被限制和束缚于家务劳动中。在父权制建立的过程中,多妻通常发生在家族头人、村寨领袖和富裕的家庭中。在怒苏语中,丈夫对3个妻子的称呼分别是"米茂"、"米拉"、"米吞",意为"大妻"、"中妻"和"小妻"。妻子和儿媳的称谓也有区别:妻子称为"米",意为"生火煮饭",即围绕火塘锅庄干家务之意;儿媳称为"克鲁",意为"剥麻",即从事纺织缝纫、为全家老少的衣着而奔忙之意。② 这些都反映了怒族传统家庭的分工模式。

(四) 双系并存的独龙族亲属称谓体系

独龙族纵向的直系亲属称谓只能区分上三代和下三代,横向称呼仅可区分伯叔及姨母,并且上三代和下三代不区分性别,这是双系并存的明显特征。人与人之间的亲疏关系和长幼关系尚未明确划分,也不可能出现表示亲疏关系和辈分的亲属称谓。③ 其亲属称谓早期明显以母系称谓为主,父系称谓产生的时间相对较晚。曾祖父母叫"阿科勃",孙子孙女叫"帕里"。又如,姑表、舅表、姨表、内兄弟、襟兄弟姐妹都统称为"阿罗",姑妈、舅妈、姨妈、岳母都统称作"阿尼",嫂嫂、小姨、舅表姐妹、大伯、小叔统称为"阿墨",哥哥、姐姐统称为"达门",弟弟、妹妹统称为"阿体"。④ 值得注意的是,独龙族的亲属称谓中还没有"妻子"和"丈夫"这两个词语。称呼丈夫的方式是在"楞拉"(指一般男人)前加上"恩",意为"我的男人";称呼妻子的方式是在"仆玛"(指一般女人)前加上"恩",意为"我的女人"。还有不少人家在孩子的名字前连上母名,尤其是男孩,体现出母系继嗣制度的遗存。这种称谓方式显示出独龙族人原始朴素的社会和家庭观念,也说明他们的婚姻关系正在从晚期的对偶婚向尚不稳固的一夫一妻制初级阶段过渡。

亲属称谓的差异体现了不同社会继嗣制度的基本结构与变动趋势。藏族淡

---

① 参见云南民族事务委员会《怒族文化大观》,云南民族出版社1999年版,第90~92页。
② 参见何叔涛《云南民族女性文化丛书·怒族——复苏了的神话》,云南教育出版社1995年版,第11页。
③ 参见《独龙族简史》编写组《独龙族简史》,云南人民出版社1986年版,第96页。
④ 参见《独龙族社会情况调查》,见《民族问题五种丛书》云南省编辑委员会、《中国少数民族社会历史调查资料丛刊》修订编辑委员会《独龙族社会历史调查》(一),民族出版社2009年版,第41页。

化父系和母系差异的亲属称谓体系恰当体现了其社会结构中通行的双系继嗣特征，而多偶制家庭中特殊的亲属称谓方式则是多元化婚姻形态与其相应的继嗣制度相互调试变异的结果；纳西族社会重视母系的亲属称谓体系体现了其继嗣制度中的母系遗风；怒族社会中保留原始血亲制度遗迹的亲属称谓体系已经伴随着父系继嗣的强化逐渐淡化，并且通过女性家庭成员刻板化的称谓方式反映传统家庭的分工模式；以双系并存的形态存在于独龙族社会父系继嗣制度背景下的亲属称谓体系则生动反映了其独特的镜像特征，即亲属称谓是继嗣制度和婚姻形态双重作用的产物，但并不会随之立即产生变动，超前或滞后的现象都有可能存在。上述民族亲属称谓中出现的特殊现象正好反映了他们各自所经历的特殊婚姻形态或继嗣制度发展阶段。

## 第三节　父权与母权继嗣争夺中的婚姻缔结与支付方式

婚姻支付是考察婚配过程中男女双方经济投入的主要方式，除了聘礼还包括嫁妆。一般来说，彩礼是指男方付给女方的财物，而嫁妆则是女方带入男方家庭的财物。从这个视角出发，古德（Goody）和坦比亚（Tambiah）发现了聘礼与嫁妆和女性在婚后家庭和社会中所处地位之间的密切联系：与男性相比，女性在广泛支付聘礼的社会中具有较为独立的经济和社会角色，以及较强的性别平等趋向；相反，在盛行嫁妆传统的社会中，女性则受到更多的经济限制以及在社会和性关系中处于被动的地位。[①] 对于婚姻支付的功能，则形成了两种不同的解释理论：弗里德曼（Freedam）和怀特（Whyte）等人认为，男方支付给女方的聘礼是想为新娘将来所具有的生育和劳动价值在物质上进行补偿，因此被称为婚姻偿付理论[②]；另一种理论以孔迈隆（Cohen）等人为代表，认为婚姻支付无论是来自男方还是来自女方，都将作为一种物质资助流向新婚夫妇单元，因此被称为婚姻资助理论[③]。

---

[①] 参见 Jack Goody and S. J. Tambiah. *Bridewealth and Dowry*. Cambridge University Press，1973.

[②] 参见 M. Freedam. "Ritual Aspect of Chinese Kinship and Marriage." in M. Freedam. *The Study of Chinese Society：Essays*. University of Chicago Press，1978：273 - 289；William L Parish and Martin King Whyte. *Village and Family in Contemporary China*. University of Chicago Press，1979：185.

[③] 参见 Myron L. Cohen. *House United，House Divided：The Chinese Family in Taiwan*. Columbia University Press，1976：177.

## 一、男女双方均可主导的藏族社会

青藏高原东南部的藏族社会在婚姻的缔结方式上，既有遵照父母之命行使的包办婚姻，也有不少经男女双方自由恋爱组成的家庭。从整体上看，其婚姻制度具有典型的等级制度和家长制特征。农奴主和奴隶主实行严格的等级内婚制，土司头人等贵族只能在等级内相互婚配，禁止其子女与被统治阶级的子女联姻，否则他们将被赶走或处死。与自由恋爱相比，包办婚姻的存在更为普遍，青年男女必须遵照父母之命、媒妁之言，双方即使感情再好，没有父母的同意也无法结合。因此，逃婚、跳河、上吊等现象屡见不鲜。①

藏族群众对于婚姻缔结的主导方并没有明确的性别限制：无论是男性还是女性，占主导地位的一方均是"讨"，而被动的一方则都是"嫁"。换言之，"讨"不一定产生从夫居，而"嫁"所产生的结果中也包含着为数不少的从妻居。男子可以"讨妻子"，女子可以"讨丈夫"。因此，与汉人农村显著的父系亲属制度相比，藏族村落的从妻居与从夫居一样普遍。

受藏族群众"老大当家"习俗的影响，聘礼和嫁妆的赠送方并不局限于婚配双方的某一特定性别群体，而是由婚配的主导方所决定：讨丈夫的女方可以支付聘礼，嫁入妻家的男方也须陪嫁嫁妆。这种做法明显有异于汉人社会中招赘婚的聘金比普通嫁娶婚少，甚至完全没有聘金的情况，因此是贫困人家的男子所接受的做法。②并且，无论是男方还是女方所支付的聘礼"甲路卡达"显然都不具有所谓的"偿付"功能，而出嫁方所支付的嫁妆，也并没有仅仅流向新婚夫妇，而是作为一个整体进入了讨入方的家庭之中，除了那些在当地少见的新婚夫妻独立门户的情况。聘礼在婚姻支付中的历史非常久远，正因为如此，聘礼过重也是导致抢婚、逃婚、偷婚、招赘婚、服役婚和交换婚等婚姻形式的重要原因之一。③依照这种思路来看，藏族群众相对淡薄的聘礼观念确实为巩固婚姻与家庭关系发挥了一定的作用。

然而，在某些一妻多夫制较为盛行的地区，由于男女性别比例的失衡，导致大量剩余妇女的存在，因此给出嫁的女方造成经济压力。例如，在芒康县，女孩出嫁讲究排场，陪嫁物品包括首饰、衣物，还有数十头的牛羊，由于担心女儿不能顺利出嫁，家中不得不想方设法凑齐嫁妆。④在笔者调查的云南德钦

---

① 参见根旺《民主改革与四川藏族地区社会文化变迁研究》，民族出版社2008年版，第27页。
② 参见庄英章《惠东婚姻制度初探：以山霞东村为例》，见马建钊、乔健、杜瑞乐主编《华南婚姻制度与妇女地位》，广西民族出版社1994年版，第10～44页。
③ 参见瞿明安《跨文化视野中的聘礼——关于中国少数民族婚姻聘礼的比较研究》，载《民族研究》2003年第6期。
④ 参见《芒康县基本情况及全县婚姻状况的调查报告》，芒康县人民法院1996年刊印。

一带，无论当家者是男是女，讨入方的花销总额极为相似，在三四万元之间，但嫁入方的花销存在着明显的性别差异。与入赘的女婿相比，嫁入的媳妇娘家需要花费更多的嫁妆开销，后者的开销甚至要比前者增加一两万元。尽管如此，父母还是希望女儿可以尽快地嫁入一个好人家，只要嫁妆在能力范围内他们都尽力置办，毕竟在当地人中男性不结婚的人很少，而女性有不少人终身未婚，尤其是在过去政教合一的年代。出嫁女性丰厚的嫁妆不仅可以得到婆家的欢心，也可以为将来在婆家的生活和地位奠定一定的基础。正如我们在第一章中已经讨论过的那样，缓慢增长的人口、失衡的性别比例以及男性人口相对较高的死亡率和较短的寿命等因素都共同对藏族聚居区女性形成了明显的婚姻挤压。"喇嘛占总人口的比例多大，便有相应比例的妇女成为婚配过剩人口。"[1] 再加上一妻多夫的广泛盛行，使得原本就过剩的适龄妇女很难找到合适婚配的男性，进一步激增了联姻中女性嫁资的花销。可见，上述现象的出现是性别比例失衡的结果，在自身需求的驱使下，妇女不得不主动寻找男性对象，希望嫁出女儿的家庭也必须接受支付昂贵嫁妆的现实。

## 二、深受藏族影响并保留母系遗风的纳西族移民社会

纳西族对婚礼的规定很细，从定婚到接亲，再到拜堂、婚礼结束，每项程序都有许多具体的要求，举行婚礼要按这些要求进行。迪庆中甸白地一带的纳西族社会还保留着男子出嫁、女子娶夫的习俗。婚礼习俗与女性出嫁一致，由女方邀请媒人到男方说合，同意后则履行订婚、结婚仪式，婚礼时由女方到男方迎娶，出嫁的男子也与女子一样需要哭泣。[2] 维西一带的纳西族婚礼中有抢房的风俗，即新娘新郎要争先跑进新房，先进入者将来可以挟制对方。结婚当晚，同村男女青年聚集在新人家中，通宵歌舞表示庆贺。[3]

在木里俄亚纳西族婚礼中，新人拜堂之后安排有献哈达仪式。此时，媒人、新娘和新郎三人站在火塘下方，东巴用一根绳子或长腰带，一头拴在房子中柱上，另一头系在右侧高床上，将他们圈在一起；然后，东巴高喊献哈达，并念一段祝词，说一些吉利话，再将放在神台上的哈达交给媒人，由媒人分别绕在新人的脖子上；之后，其他亲友也纷纷上前向他们献上哈达。[4] 在盐源达

---

[1] 王端玉：《喇嘛教与藏族人口》，载《民族研究》1982年第2期。
[2] 参见《中甸、维西纳西族婚丧习俗》，见《民族问题五种丛书》云南省编辑委员会、《中国少数民族社会历史调查资料丛刊》修订编辑委员会《纳西族社会历史调查》（一），民族出版社2009年版，第56页。
[3] 同上书，第58页。
[4] 参见刘龙初《四川省木里藏族自治县俄亚乡纳西族调查报告》，见《四川省纳西族社会历史调查》，四川省社会科学院出版社1987年版。

住村，纳西族在婚礼的第二天安排男女双方亲属见面喝酒，第六天为新娘回门，这两天的活动中都要献哈达。① 献哈达这一仪式可以肯定不是纳西族婚礼中传统的内容，这一程序的出现，应是受藏族婚礼习俗影响的结果。

### 三、从"讨男子"向"娶妻子"转变的怒族社会

怒族子女们的婚姻大多是父母包办的，一般是从小就订婚，或者是子女成年后，父母即为之选择能耕会织的配偶。订婚的男女双方必须属相不相克。订婚时，由男方请一个媒人带4瓶酒，到女家去说亲。媒人到了女家，先拿出1瓶酒请大家喝，然后说明来意。如女方父母同意，媒人就拿出其他3瓶酒，请亲戚邻居来喝。之后，男女双方各请一个亲戚商量聘礼。黄牛是怒族社会婚姻支付中的主要聘礼，聘礼一般是3头牛，也有多至六七头的。聘礼可以分几次送，一般是在结婚前就要送齐，但穷困的家庭可以请求赊欠，婚后偿付。如果这一辈不能还清，就要由其儿女负责偿还。

20世纪20年代基督教传入怒族地区之后，很多人入了教，他们的婚姻转由教会做主。女教徒不准与非教徒结婚，同时不准收受彩礼。② 但需要通过教会头人从中说合。教徒结婚时非教徒可以去参加婚礼，非教徒结婚时教徒则不去参加婚礼。因此，怒族原有的婚姻制度已只在非教徒中起作用。50年代以后，这种传统的婚姻制度又进一步发生了变化。例如，非教徒的婚姻也有了较大的自由，即使父母代替子女选择了对象，也必须征求儿女的同意方能生效，否则儿女可以提出反对意见。但亲事说成后，父母仍请媒人到女家商议彩礼，买卖婚姻的色彩仍未消除。

怒族社会的婚姻形态已具备由父母包办的买卖性质，习惯法肯定了此种包办婚姻，更反映了对女性一方的强制。例如，自幼由父母包办的婚姻，如果日后女方提出解约要求，则必须以双倍的代价赔还彩礼，以此经济惩罚来保护包办婚姻，它往往酿成妇女为抗婚不遂而投江、服毒等社会悲剧。在20世纪50年代民族关系紧张复杂的年代，甚至还有以妇女为人质抵押赎金，以赎回被汉族劫掠的男子的情况。③

订婚的怒族男女双方到了十七八岁即可结婚。结婚之前要请"禹谷苏"

---

① 参见李近春《四川省盐源县沿海公社达住村纳西族社会历史调查报告》，见《四川省纳西族社会历史调查》，四川省社会科学院出版社1987年版。
② 参见《怒族社会概况》，见《民族问题五种丛书》云南省编辑委员会、《中国少数民族社会历史调查资料丛刊》修订编辑委员会《怒族社会历史调查》，民族出版社2009年版，第14～15页。
③ 参见《碧江县一区九村怒族社会调查》，见《民族问题五种丛书》云南省编辑委员会、《中国少数民族社会历史调查资料丛刊》修订编辑委员会《怒族社会历史调查》，民族出版社2009年版，第37页。

（巫师）卜卦选择吉日，全村的人共同帮助新郎盖一间新房。在习惯上，媒人在新婚夫妇举行婚礼之日，必须慎重向参加婚礼的青年男女宣布婚姻关系以外禁止发生两性关系的戒语。

怒族盛行族内婚，堂兄弟姊妹之间均可通婚，但现在已经很少见了。姑舅表婚有优先权。外甥女订婚时，必须先征求舅父的同意。男方送来的订婚酒，要先请舅舅喝，然后父母才能喝。嫁女儿所得的聘礼，也要分送一部分给舅舅。与之相比，姨表通婚的情况很少。受到交通条件和语言隔阂的限制，通婚范围较为狭小。姑娘一般不会嫁到几天路途之外的村寨，并且几乎不与其他民族通婚。

结婚那天，男方请10多个人去接新娘，其中要有一个唱调子的高手，和女方的人对唱，直至将对方唱服了，才能将新娘接去。父母和亲戚陪同新娘到男方家做客。结婚的仪式很简单，新郎和新娘坐在一起，由巫师祝福新人"夫妻和睦、多生子女、粮食丰收、不得疾病……"。然后，主人以酒肉招待宾客。晚上，客人们就在火塘边唱歌跳舞，表示祝贺，新娘新郎也和大家一起欢乐。第二天，巫师用猪头祭鬼，又替新人祝福一次。至此，客人都散了，只剩下女方来送亲的人。这时，新郎的父亲要拿出一瓶上好的酒，交给女方一个年龄较长有名望的人。然后，这个人就边喝边讲，把新娘交给男方家。大意是说：我们家姑娘从此就算是你家的人了，生是你家人，死是你家鬼。由你家管，由你家教。但千万不能虐待，否则我们是不答应的；夫妻两人也要相亲相爱，像树林中的鸟一样，雌雄不分离，像鱼不离水、刀不离壳……婚礼到此即算结束。婚后第十三天，新娘和新郎带一瓶酒及一背明子（点火用）回一次娘家，叫作"回门"，并且要送一点礼物（如一个竹笋或一块布）给结婚时的伴娘，表示感谢。新婚夫妇在娘家住两三天后即回家，从此和父母分居，开始共同生活。①

尽管怒族社会已经普遍以男娶女嫁的一夫一妻制为主要的婚姻形态，但历史上却长期存在着"讨男子"的婚俗。在怒族阿龙支系中，"讨男子"被称为"振金抗努巴缕"，讨入的男子无须改姓，无论在家庭还是在社会中，从妻居的男子都不会受到歧视。"讨男子"的习俗与娶妻基本相同，但女方向男方求婚的聘礼往往数倍于娶妻。② 关于从"讨男子"向"娶妻子"婚俗的转变，在阿龙人中流传着这样的传说：

……在男人出嫁的那天，新娘等了半天也没见有人来，于是她跑到了

---

① 参见《怒族社会概况》，见《民族问题五种丛书》云南省编辑委员会、《中国少数民族社会历史调查资料丛刊》修订编辑委员会《怒族社会历史调查》，民族出版社2009年版，第14～15页。
② 参见何叔涛《云南民族女性文化丛书·怒族——复苏了的神话》，云南教育出版社1995年版，第9页。

男方家中，看见新郎抱着柱子哭道："我的房子呀，我的牛呀，我怎么能够舍得离开你们呀……"于是新娘心软了，就说："得了，男嫁女嫁都一样，我嫁你算了。"

这则传说虽然看似荒诞无稽，却反映了怒族社会中母权制的逐步衰落和父权制的建立。

由于婚前男女社交自由与包办婚姻之间存在的矛盾，有青年男女相恋之后和情人私奔。也有一些因为遭到父母反对或女方索取聘礼过高，女方先到男方家同居，然后再托人商议彩礼，这样聘礼可以相对少一些。

### 四、父权主导的独龙族社会

独龙族青年男女婚前享有充分的社交自由，晚上可以到"公房"住宿，父母不会干涉，订婚者亦享有此项权利，但结婚必须经由父母同意。假如父母接受了男方的彩礼，无论女儿是否同意，都会安排与男方结婚。独龙族盛行早婚，父母对子女婚事的议定大多在其年幼时，甚至有不少指腹为婚的情况。有的因订婚前已有恋爱对象，但又无力改变父母之命，有情人只好双双自杀殉情。例如，贡山县第四区二村的孟当·念矫因其父母将她许给白利甫给松为妻，但其坚决不嫁，在父母逼迫她出嫁时投河自杀；而在劳动中产生感情的迪乔·增与学念·一在私订终身后原想结为夫妻，但遭到了双方父母的反对，不仅强迫他们分开，还要求他们顺应父母之命另行嫁娶，这对相爱的青年男女被迫投河自尽。[①] 20世纪50年代以后，强迫的买卖婚姻逐步为自由恋爱后缔结的婚姻所取代。

青年男女相爱后告知父母，父母便会委托媒人到女方家说亲。媒人携带一包茶叶、一件衣服和一小竹筒酒。若说亲不成，酒可留下，但茶叶和衣服应带回。媒人说亲时需要将男方的想法详细告知女方。双方的交谈应坦诚布公，如实介绍家庭的经济状况和存在的困难。如女方不同意，则常以女儿劳动不得力或性格不好为理由；如同意，则会将自家的要求告知对方。达成一致的双方而后开始商量彩礼事宜。有的父母还会征求女儿的意见后再答复男方。媒人在多次往返奔走之后才能确定婚事，然后择定吉日举行婚礼。为成功获得女方的同意，媒人在求婚时往往吟唱这样的配亲习俗歌：

四方亲戚朋友都来了，

---

① 参见《云南省贡山县第四区独龙族社会经济调查总结报告》，见《民族问题五种丛书》云南省编写组、《中国少数民族社会历史调查资料丛刊》修订编辑委员会《独龙族社会历史调查》（二），民族出版社2009年版，第23~24页。

犹如彩云挂在山头。
亲戚朋友围火塘坐在一起,
喜喜欢欢地饮酒。
雀鸟飞向一座树林,
红雀绿鸟是亲戚。
亲戚朋友不能乱交,
有缘有分才成亲戚。
你家的姑娘已成人,
成人的姑娘要出嫁。
姑娘要是守在娘家,
会孤怜如一根拐棍。
亲戚朋友一家人,
亲戚朋友一条心,
你的姑娘嫁到我家,
姑娘的身价慢慢给。①

婚礼当天,男方须请三四个伴郎去女方家迎接新娘,还要携带一定数量的酒,同时还要给女方送去 2 头牛作为彩礼。婚后,女方须回送男方 1 头牛,以示礼节。亲友相邻都要来做客。客人要给新人送来酒、肉、粑粑等礼物。当晚大家要饮酒、唱歌,与新婚夫妇说笑。

婚后半个月,新婚夫妇要返回娘家,携带粮食、水酒、粑粑和肉类等作为礼物。新婚夫妇还要帮助女方父母劳动 20 余天或更长的时间。如果女方的劳动力较为充沛,丈夫也可以不去女方家劳动。但在平时,女婿必须主动到妻子的娘家帮助劳动生产。就算是打猎所得也要分给岳父母一半。冬月丈夫家杀年猪时,要分给妻子一份肉,妻子将肉切成块,晒干后送给自己父母。②

由于男方娶入多个妻子的目的是为了增加家庭的劳动力,也就是为家长购买劳动力,因此独龙族人称娶妻为"濮玛旺"(买女人)③。既然是买卖关系,那么就必须付出一定的聘礼,这种聘礼被称为"提彼奢热"(价钱和东西)④,意为女人是物品、聘礼是价钱。女性因此仅仅被当作一件简单的物品,通过一定的实物交换成为男方财产的组成部分。

用实物交换一个妻子的代价并不算高。例如,布卡王·奎娶妻的彩礼为牛

---

① 李金明:《独龙族文化大观》,云南民族出版社 1999 年版,第 187~188 页。
② 参见杨毓骧《伯舒拉岭雪线下的民族》,云南大学出版社 2000 年版,第 118~120 页。
③ 参见孙宏开《独龙族语简志》,民族出版社 1982 年版,第 98 页。
④ 参见李金明《独龙族文化大观》,云南民族出版社 1999 年版,第 53 页。

1头、猪1头半、铁三脚架1个、锅1口、砍刀1把、斧头1把、碗4个，下松此娶妻的彩礼为猪2头、铁三脚架2个、锅2口、砍刀1把、斧子1把，下松批娶妻的彩礼为猪2头、铁三脚架1个、锅2口、砍刀2把、碗2个、酒4瓶，狄松顶娶妻的彩礼为牛1头、猪2头、碗10个、玻璃瓶1个、酒2瓶。女方家长收到这些彩礼后，耕牛和猪立刻被杀掉在家族内部共同分食，如果男方送来酒，也要将酒进行分享。一般的情况是，娶大妻男方要送两次彩礼才可将妻子接回家中，但没有任何婚礼仪式，大家饮酒吃肉之后便算完婚；如果是娶小妻则只需要送一次彩礼。女方姑娘出嫁时，由于家族内部已经分享过男方送来的彩礼，因此亲戚每家必须赠送一件礼物给出嫁的女子，以表示女子是由家族成员共同送嫁的。假如男方无力支付彩礼，允许欠债，日后支付；假如实在支付不起，可以入赘，理由是由于支付不起彩礼必须去女方家劳动终身，以劳动的代价补偿女方家养育女儿所付出的代价。

独龙族传统婚姻中的求婚劝嫁歌和配亲歌在有婚姻缔结关系的集团之间吟唱。求婚时，由父母或媒人携带酒或其他礼品，到女方家里，一边喝酒一边唱求婚歌。

独龙族婚姻中的买卖关系表现在以下几个方面：

（1）如双方已经订婚且男方送了聘金，但在婚前女方死去，有姊妹者可以顶替，无姊妹者要退还聘金。结婚后不久，妻如死在娘家，在没有姊妹续嫁的情况下，至少也要退还一部分聘金。无论女方在婚前或婚后与人私奔，女方父母都要赔偿男方的彩礼。例如，茂顶村茂即的妹妹茂妮，嫁给蓝旺度村的滴朗当阿克为妻，但婚后与姘夫逃走，男方随即提出控告，双方所在地的头人进行调解。最后裁定由女方的哥哥赔偿男方彩礼，包括牛2头、猪3头、铁锅1口、铁三脚架1个。2年后女方的哥哥寻获茂妮，将其带回另嫁他人，重新将彩礼收回。由于独龙族没有文字，为留存凭证，男方会在订婚时将其付给女方的彩礼和婚后所送的东西以木刻的方式记录下来，届时作为赔偿的依据，对方就只能按据赔偿。[①]

（2）可以顶替。如已订婚并且女方已收受聘金，但最终女方不同意嫁给男方（这种情况很少见），亦可由家庭中其他女子顶替，如自己的妹妹，甚至是父亲的小妻。这样做男方也无异议，因为男方所购买的只是能劳动和生育的人，至于是哪一个，他们并不计较。

（3）抵债。借他人的猪、牛等牲畜，在无力偿还的情况下，可以用自己

---

① 参见《贡山县四区茂顶、蓝旺度独龙族社会经济调查》，见《民族问题五种丛书》云南省编辑委员会、《中国少数民族社会历史调查资料丛刊》修订编辑委员会《独龙族社会历史调查》（一），民族出版社2009年版，第86～87页。

的姊妹、女儿抵债，或者做妻室。例如，蓝旺度·捧罢因偷盗戛木力·阿克家粮仓内的包谷被主人家发现，并在其家中抄查出赃物定案。按照习惯法，除追回失物外，偷盗者须将其13岁的女孩交给失主家终身为奴，以免除刑罚和抄家的处分。①

（4）寡妇改嫁，尤其是年岁稍大的，聘金减半；退婚、离婚，不管出于主动的是男方还是女方，女方一律退聘金，即使死了丈夫的寡妇返回娘家不另嫁也不例外。娶妻的聘金，习惯上可分3次支付，支付完第一次，男女双方即可同居（独龙语叫"木娃娃"），可以不举行婚礼。由于婚姻没有严格的年龄限制，因此老夫少妻或少夫老妻的现象并不少见。②

（5）丈夫习惯上有打骂妻子的权利。如发现他人与自己的妻子通奸，则有权要求惩罚那个男子。

由于女子被视为劳动力和物品，买卖婚姻在独龙族社会中大量存在。妇女主要通过财物（主要是黄牛）交换得来，因而成为家庭中的一项财富。为了使财产不外泄，转房婚成为顺其自然的结果。例如，55岁的布勒比亚·达蒋松曾娶两妻，即是同胞姐妹。长妻曾生育9个女儿，次妻曾生育6个子女。他娶长妻时花了5头黄牛的彩礼，婚后6年生下两个子女。后来岳父病重，妻子娘家向他借去1头黄牛杀牲祭鬼，但无力偿还，所以将妻妹以5头牛的价格再嫁给达蒋松。而达蒋松为了娶次妻，把挖了15年的贝母和黄连出售，才凑足了5头牛的款子，还清了彩礼。③

### 五、极端父权控制的帕措与戈巴组织社会

由于妇女被排除在社会组织成员之外，因此其婚姻亦没有自主权。妇女的婚姻由帕措和戈巴会议安排。帕措和戈巴组织主导婚姻存在较强的功利性，因此非常重视门当户对，安排婚姻时常考虑和权衡与联姻对方结成联盟的利弊，注重订亲和结婚仪式，也非常在意婚姻的稳定性。婚姻不仅仅是当事男女双方的私事，更是关系到两个宗族组织的重要集体性活动。出嫁方需要给男方支付彩礼，一般为牛、羊、珠宝和土地等，彩礼的多少依家庭经济状况而定，出嫁的家庭承担大部分，其余小部分由帕措成员分摊；男方不需要支付彩礼，但假

---

① 参见《贡山县四区茂顶、蓝旺度独龙族社会经济调查》，见《民族问题五种丛书》云南省编辑委员会、《中国少数民族社会历史调查资料丛刊》修订编辑委员会《独龙族社会历史调查》（一），民族出版社2009年版，第86～87页。

② 参见《贡山县四区三村孔当、丙当、学哇当独龙族社会经济调查》，见《民族问题五种丛书》云南省编辑委员会、《中国少数民族社会历史调查资料丛刊》修订编辑委员会《独龙族社会历史调查》（一），民族出版社2009年版，第56页。

③ 参见杨毓骧《伯舒拉岭雪线下的民族》，云南大学出版社2000年版，第118～119页。

如男方所在的帕措势力较弱，则需要向女方支付彩礼。①

由于婚姻完全由男性控制，因此几乎不存在入赘的情况。入赘者会遭到宗族组织的排挤，以至于无法在当地正常生活。例如，1959年经自由恋爱组建家庭的拉玛珍与其美次仁夫妇婚后定居在妻子所在的村落，但当地帕措组织头人等认为妇女没有继承权，不能在父母的居住地生活，向夫妇俩收取房费和地皮费，致使他们出走外村；1989年，又强行勒索其家中的2头黄牛、2头犏牛、1件藏式女装等价值3 000元的财物。1993年，该头人又以同样的借口将与其他宗族成员结婚成家的一名妇女及其家人强行驱赶，拆除其房屋后获取房屋材料出售款3 200元。1996年，他们的行为终于受到了当地法院的惩处。②

由于父权制社会将女性视为提供生育功能的家庭财产，因此对女性的贞洁尤其重视，男女之间的性关系非常谨慎，女子婚前不得发生性关系，婚后不得发生外遇，禁止男女之间嬉戏玩笑。假如本组织的女子与外组织的男子发生性关系，如果双方实力悬殊往往会发生械斗；势力相当时则通过协商解决，不愿意娶之为妻的男方必须以财产和牲畜的方式赔偿女方宗族组织。

在极端父权控制的帕措和戈巴组织中，妇女丧失了基本的作为社会和家庭成员的权利，婚姻成为宗族组织的公共性事务。婚姻自主权的丧失和转房婚的普遍存在反映了妇女被视为一种特殊的财产，其生育能力尤其是生育男性后代的能力成为决定妇女存在的价值及其社会地位的重要因素。

本节所描述的不同的婚姻缔结与支付方式反映了男女两性在不同社会结构中所处的社会与家庭地位。在男女双方均可主导的藏族社会中，相对淡薄的聘礼观念确实对巩固婚姻与家庭关系发挥了一定的作用，但在某些男女性别比例失衡的地区，大量剩余妇女的存在抬升了女性出嫁的支付成本；深受藏族影响的纳西族移民社会尽管在继嗣制度和婚姻的缔结各方面已明显藏化，但仍在某些方面保留着传统的母系遗风；在从以母系主导向以父系主导转变的怒族社会中，妇女逐渐成为用黄牛来衡量其价值的家庭财产；在父权主导的独龙族社会中，随着买卖婚姻的盛行，妇女已经彻底沦为男性掌控的财产；而在极端父权控制的帕措与戈巴组织社会，妇女及其家庭已经彻底丧失对婚姻的掌控权，成为宗族势力的附庸与筹码，毫无地位与权利可言。

---

① 参见中共贡觉县委政法委《试析贡觉县帕措、果巴势力》，2000年，第8页。
② 同上书，第12～13页。

## 小　结

　　本章的分析充分反映了性别政治权利问题与一定社会中的血缘、继嗣和土地制度密不可分。藏族社会和纳西族移民社会中双系并存的继嗣制度与长期存在的份地制度为女性获得继承权奠定了基本前提。而在公有制逐步崩溃、私有制逐步确立的怒族和独龙族社会中，对偶婚的衰落、一夫一妻制的出现、一夫多妻制度的产生、妻姊妹婚与转房婚的盛行都表明父权制已经逐步形成，买卖婚姻关系的确立使女性成为被购买的商品，丧失了在婚姻关系中的主体地位和应有的权利，成为任凭男方摆布的财产。母系继嗣制度尽管仍然在其已经确立的父系社会中遗存，但为了适应父权制的社会制度，已经产生了诸多变异，女性原先拥有的权利已逐步丧失，转而成为男性的附庸。

# 第三章　谁主内外：多种生计劳动中的性别分工模式

物质生产实践是人类社会生存和发展的基础，自然条件则是人类开展生产劳动的重要前提。从整体上看，三江并流峡谷是一片生态环境脆弱的区域，地形条件复杂，高山峡谷密布，山地、谷地、河流相间；干旱少雨的气候条件限制了农作物的生长，干旱、冰雹、暴雪和霜冻等自然灾害频发，为人类生产活动的开展设置了重重障碍。尽管如此，世代居住于此的各民族仍然发挥聪明才智，根据立体地形和气候特征，充分发挥自然优势，合理利用土地，发展生产技术，不断繁衍生息，形成了独特的生存之道与性别分工模式，并为保持当地生物多样性积累了丰富经验。

## 第一节　地广人稀之地的村镇与社会生产交换圈

从整体上看，人类的活动具有群体性和社会性的特征，大多数的人类居住地集中在一起，成为村落。随着社会经济的发展，人类的居住地趋于发展成为规模较大的聚邑，甚至城市。因此，广义的聚落指村落和城市，狭义的聚落则仅指村落。[①] 由于三江并流峡谷地理气候条件特殊，分布于其间的人类聚落因此呈现出独特之处。在高海拔地区，由于气候苦寒，农作物单位面积产量低，不少地方气候极其恶劣，不适宜于人类生活；而低海拔地区则气候炎热，虫蛇出没，疾病流行，生活环境亦较为恶劣。唯有在河谷两岸和海拔高度适中的坝区，冬暖夏凉，适宜人类居住。

---

① 参见李寿、苏培明《云南历史人文地理》，云南大学出版社1996年版，第199页。

## 一、农、牧、商等多种生计方式并行的金沙江和澜沧江流域社会

西藏自治区的昌都地区、四川省的甘孜藏族自治州及云南的迪庆藏族自治州位于青藏高原的东南缘，整体地势呈现西北高、东南低的特点，地形复杂，气候类型亦较为多样。例如，昌都地区的芒康地处金沙江与澜沧江之间，气候温和，雨水丰沛，北部的左贡、贡觉、三岩等地气候也相对温暖；盐井一带温度差异则较大，河谷温暖，山地高寒，夏季多雨，冬春季节较为干旱，四季经常刮南向的风。①

农业是青藏高原东南部社会的主要生产方式。在昌都以南40公里处发现的卡若遗址曾出土过谷物的种子，说明谷物栽培很早以前就存在于藏东澜沧江局部的河谷地区。②雅鲁藏布江及其主要支流的中下游及昌都地区中南部的三江河谷地带，因其气候相对温暖，是西藏历史悠久、经济地位最重要的农区。③整个西藏地区土地垦殖面积不大，耕地数量有限，主要沿河谷呈条带状或片状点缀在高原山岭之中。其中，分布在雅鲁藏布江流域内的耕地约占全藏耕地总面积的65%，怒江、澜沧江和金沙江流域内的耕地约占耕地总面积的23%，其余耕地散布在藏南高原、阿里西部、喜马拉雅山南坡和察隅等地。④

综观整个藏东南区域，在海拔高度适中的地区，主要作物种类有玉米、荞麦、小麦、红薯、马铃薯、旱谷、杂豆等；在海拔较低的河谷平坝地区还能出产水稻。藏东昌都等地的农业主要集中在东南向沿江河两岸海拔高度低于3 200米的河谷地带，作物种类包括青稞、小麦和荞麦等，并可两年三熟。⑤藏东南的察隅等地海拔2 000～3 000米地区是农业垦殖带。其中，察隅的察瓦龙一带农业尤其发达，其所产稻米曾作为昌都西藏地方驻军的军粮补给来源。据20世纪40年代的粗略统计，察瓦龙一带的耕地有数百顷。⑥

在原西康省所属的得荣、甘孜等地，清末已有大规模的农地开垦活动。但随着清朝的覆灭和川边战乱的频发，大量农民或亡或逃，从前的垦殖成果受到较大破坏。直到西康建省后，社会逐渐稳定，加上政府对生产事业的提倡和促

---

① 参见《昌都地区社会历史调查资料》，见西藏社会历史调查资料丛刊编辑组、《中国少数民族社会历史调查资料丛刊》修订编辑委员会《藏族社会历史调查》（四），民族出版社2009年版，第2～3页。
② 参见中国科学院青藏高原综合科学考察队《西藏农业地理》，科学出版社1984年版，第4页。
③ 同上书，第22页。
④ 同②，第39页。
⑤ 同②，第41页。
⑥ 参见严德一《察隅边防述略》，载《边疆通讯》1947年第5期。

进，农垦才有所恢复和发展。到1949年，甘孜州全州有耕地12 320顷。① 德钦和中甸地区的农业生产因地处高寒地带发展较受限制，只在海拔相对较低的澜沧江、金沙江及其支流河谷地带有所分布，多为狭窄的条带状，但农业发展较为活跃。据统计："1909年中甸全县有耕地251顷，1929年为1 241顷，1949年达到1 913顷。"② 在迪庆藏族自治州的高海拔地区，由于气候寒冷，普遍种植的粮食是耐寒、热量高、营养丰富的青稞以及高原经济作物。例如，阿墩子一带夏季气温很少在27℃以上，冬季最冷时在冰点以下，每年冰冻的时间要持续5个月之久，从当年的10月一直要持续到次年的3月。③

尽管农垦面积不断扩大，但从整体的农业技术发展情况来看，三江并流峡谷的藏族社会直到1950年前后仍然停留在传统农业阶段，局部地区还处于刀耕火种的原始农业状态，除粮食加工使用水力外，农业生产全部依靠畜力和人力。在农作物种类方面，当地以青稞、小麦、豌豆和燕麦等为主，其中青稞所占比例最大。其他一些对灌溉和温度要求较高的作物，如稻谷和玉米等，分布较为集中。从地域分布上看，康区南部的巴塘、乡城、稻城一带的农业种植技术较北部地区进步。在海拔较高的地区，如甘孜州的北部一带，每年冬春两季大雪封山，气温常在零下10余摄氏度，可耕可牧的土地不到总面积的2/5。④

值得注意的是，应用农耕的纳西族的迁入对这一区域的农业发展曾起到过重要的推动作用。纳西族因原来主要聚居在海拔相对较低、气候条件相对温和的滇西北地区，农业生产技术较藏族相对发达。木氏土司势力北扩进入藏族聚居区之后，即通过政令发展农业，如在云南中甸一带"派大批徭役，开挖水沟，造梯田教种稻谷、栽种核桃等"⑤。但由于缺乏对地形等自然条件的认识，结果以失败而告终。木氏控制甘孜州南部以后，有意地在金沙江流域的纳西族移民区域内发展农业。明代以后在纳西族逐步迁入的迪庆北部、甘孜南部和昌都芒康一带，平均海拔超过3 000米，日照充足，森林资源丰富。⑥ 外来的纳西族与本土聚居的藏族一起开沟挖渠，推行灌溉；改造平整土地为梯田，实行条播，种植旱稻。据巴塘一带的民间传说，明朝时当地的藏族还在使用硬质木犁开垦土地，是纳西族从丽江带来了铁犁，从而使耕地的深度和效率都得到了

---

① 参见甘孜州志编纂委员会《甘孜州志》，四川人民出版社1997年版，第895页。
② 云南省中甸县地方志编纂委员会：《中甸县志》，云南民族出版社1997年版，第455、549页。
③ 参见李式金《云南阿墩子——一个汉藏贸易要地》，载《东方杂志》1944年第16期。
④ 参见杨静仁、李子杰、邓锐龄《关于西康省藏族自治区基本情况的报告》，见四川省编写组《四川省甘孜州藏族社会历史调查》，四川省社会科学院出版社1985年版，第4页。
⑤ 瑟格·苏诺甲楚：《明季木氏土司对中甸的经营浅识》，见《中甸县志通讯》第3期，第54页。
⑥ 参见杨勤业《横断山区综合自然区划》，见中国科学院青藏高原综合科学考察队《横断山考察专集》（一），云南人民出版社1983年版。

明显改观。当地人因此称之为"绛肯"（即纳西犁铧）。① 除对当地农业生产技术改进良多之外，纳西族还引进了不少当地原先没有的作物品种，如红米，其种植技术和要求都高于小麦、大麦、青稞等当地原产作物，到清末时期已经在巴塘一带得到了普遍种植。②

在畜牧方面，昌都地区的牧场分布面积较广，牧畜以牦牛和绵羊为主，山羊和马次之。甘孜州一带的牧业以游牧为主，牲畜种类主要是牦牛。到1954年，整个西康省共有牛176万头、羊130万只、马18万匹。畜牧产品主要是酥油、羊毛和牛羊皮革等。牧区的主要副业是挖药材和驮运。药材主要有鹿茸、麝香、贝母、知母、虫草、丹皮、羌活等。③ 此外，昌都地区南部由于气候温和还出产果子，如盐井一带出产梨、桃、橘子、苹果、石榴，三岩、贡觉等地也出产桃、杏、葡萄等水果，还有野花椒等香料出产。④ 尤其需要指出的是，盐井出产的盐是当时周边地区人民必需的稀缺物品，这一特产不仅奠定了盐井在藏族聚居区重要的经济与战略地位，也使之成为历代政权争夺的焦点。为争夺盐井，木氏土司曾与当地的藏族部落展开过激烈的战争。

从农牧业的比重分布上来看，昌都地区北部主要以牧业为主，南部则以农业为主。在人口和户数上，农区较牧区为多，农区面积约为牧区面积的1/3，农户却占总户数的75%以上。⑤ 原西康省（现甘孜州的大部分地区）的情况与之类似，尽管牧场面积是农田面积的6倍多，但1954年全省的农业人口总数达32万，畜牧业人口仅14万。从区域分布上看，西康的东部和南部以农业为主，畜牧业只占十分之二三；而北部地区则以畜牧为主，农业仅占十分之三四。东部的九龙、康定、丹巴等地和南部的巴塘、得荣、乡城、稻城等地基本上是纯农业或畜牧业分布极少的地区。从总体上来看，整个西康省的农业经济比重较大。⑥

由于货币关系不够发达，藏东南地区的交换与贸易主要以以物易物的方式进行。以西康省为例，从外地输入的商品主要是茶、布、盐、糖等，输出的商

---

① 参见杨嘉铭、阿绒《明季丽江木氏土司统治势力向藏区扩张始末及其纳西族移民踪迹概溯》，见中国人民政治协商会议甘孜藏族自治州委员会《甘孜州文史资料》（第十八辑），2000年，第241页。

② 同上书，第241～242页。

③ 参见杨静仁、李子杰、邓锐龄《关于西康省藏族自治区基本情况的报告》，见四川省编写组《四川省甘孜州藏族社会历史调查》，四川省社会科学院出版社1985年版，第5页。

④ 参见《昌都地区社会历史调查资料》，见西藏社会历史调查资料丛刊编辑组、《中国少数民族社会历史调查资料丛刊》修订编辑委员会《藏族社会历史调查》（四），民族出版社2009年版，第5、17页。

⑤ 同上书，第17、22页。

⑥ 参见杨静仁、李子杰、邓锐龄《关于西康省藏族自治区基本情况的报告》，见四川省编写组《四川省甘孜州藏族社会历史调查》，四川省社会科学院出版社1985年版，第5页。

品主要是羊毛和药材等。20世纪50年代初的数据显示，当时平均每年需要输入雅茶约20万包（合400万斤）、布3万尺、盐30万斤、糖七八万斤；输出羊毛约100万斤、药材约60万斤。进出的货物总量基本持平。但商业资本的发展相对较快，1954年共有商业资金1 000多亿元，其中寺院是最大的经营者，开展商贸活动的寺院占寺院总数的70%，其次为土司、头人，最后才是普通藏商和汉商。①

尤其值得注意的是，茶叶是从内地输入藏族聚居区的物资中数量最大的，这显然与藏族群众以肉、乳为主食的生活饮食习惯密切相关。由于高原地区出产蔬菜的种类和数量有限，人们不得不依靠饮茶去油腻、净膻腥、助消化，并补充身体因缺少蔬菜而所需的各种养分。藏族聚居区不产茶，与其临近的西北诸省也不产茶，藏族人民对茶叶的需求便只能依靠盛产茶叶的川、滇两省，尤其是云南。故早在古代，就有商贾不畏山高路险将滇茶和川茶贩运至藏族聚居区，以后便逐渐形成从云南普洱经磨黑、南涧、大理、丽江、中甸、德钦，翻越梅里雪山到西藏察隅、左贡、拉萨、亚东、日喀则，再分别到缅甸、尼泊尔、印度及红海沿岸各国的茶马古道。由这一古道所承载的东西部农耕文化与游牧文化之间的商贸交往直到民国年间仍然盛行不衰。

由于受到自然地理分布和政教合一制度的影响，历史上藏族聚居区大部分的集镇均是规模较大的寺院所在地，如甘孜、德格、巴塘和理塘等地。这些地方既是开展贸易活动的市场，同时也是政治中心，可以看成是城市的雏形。在西康省广袤的地域上，人口300户以上的小城镇仅有6个，即康定、甘孜、理塘、巴塘、丹巴和道孚。其中，康定、甘孜、理塘的人口均在500户以上，商业较为发达。② 自北宋年间"茶马互市"兴盛以后，大量的"边茶"通过这里输入藏族聚居区，而藏族聚居区的马匹和药材等特产也经由此地进入内地。19世纪以后，英国和印度的大量贸易商品也集聚在这里进行交换。康定一地极盛时期的锅庄（藏商交易的货栈）曾达48家之多。20世纪30年代，康定甚至成为与上海、武汉齐名的中国三大商埠之一。到新中国成立前，康定、泸定、丹巴、巴塘、甘孜等县由于历史上是商贸和交通要道，因此已经有了公用的建筑和居民房屋；而雅江、白玉、德格等县由于规模相对较小，居民少则数十户，多则一两百户，有的县城有石板或土垫的狭窄街道。③

昌都地区则是川、青、滇、藏的货物集散地，是藏东地区的盛业都会。各

---

① 参见杨静仁、李子杰、邓锐龄《关于西康省藏族自治区基本情况的报告》，见四川省编写组《四川省甘孜州藏族社会历史调查》，四川省社会科学院出版社1985年版，第5页。

② 同上。

③ 参见甘孜州志编纂委员会《甘孜州志》，四川人民出版社1997年版，第1602页。

地商人大多在昌都设有分庄，各种山货先集中到这里，然后再运往别处。主要输入的商品是茶叶、绸缎、布匹和烟草等，输出品则多为药材、羊毛等土特产品。① 民国初年，因战乱与匪患，内地和西藏之间联系受阻，各商号先后撤离，昌都商业一落千丈，仅依赖茶叶贸易维持，但主要由西藏贵族和喇嘛商人垄断经营。② 抗日战争时期，昌都商业略有起色，但难复旧日繁荣。当时"有街市一条，长约半里余，房屋高则不过一丈，矮者人与檐对齐，路上人畜尿粪，星罗棋布，瞩目皆是，臭气熏天，下雨则泥泞不能步行"③。据估算，到1950年，昌都仅有各类商户122户。④

云南的中甸和德钦是沟通西藏与内地的交通要道，除德钦、中甸、奔子栏、桥头、小街子等几处重要的商业集镇外，集会和庙会贸易也发挥着重要作用。德钦旧为滇藏要冲，贸易曾一度兴旺。民国初期，地方治安混乱，商旅不行，贸易有衰落之势。抗日战争时期，因滇缅公路被切断，德钦成为中印之间的交通孔道，各大商号再次设立分号者达30余家，小商号也有50多家。⑤ 随着抗日战争的结束，各商号亦先后撤离，德钦的商贸活动迅速衰落。中甸是西藏与内地的互市之地，贸易兴盛，清末民初时县城设立的大商号有100余户，并有十几处大型货仓，"年财货输入额在700万元（半开）以上"⑥。民国初年，匪患不断，贸易受挫。抗日战争期间再度兴盛，抗日战争结束后亦迅速衰落。据新中国成立初期的统计数据显示，当时全县仅有小本经营、濒临倒闭的小店300户。⑦

如上所述，青藏高原东南地区聚落与城镇的发展与分布特点体现了这片区域直到1950年前后仍然以农业为主体的社会经济发展状况，商贸活动虽有所发展，但规模和贸易范围还较为有限，这些特点无疑是其所处地域的自然环境、人口分布状况及交通条件共同作用的结果，同时也对当地人的生产生活水平、消费交换圈和通婚圈产生了重要影响。

---

① 参见《昌都地区社会历史调查资料》，见西藏社会历史调查资料丛刊编辑组、《中国少数民族社会历史调查资料丛刊》修订编辑委员会《藏族社会历史调查》（四），民族出版社2009年版，第18页。
② 参见张保见《民国时期青藏高原经济地理研究》，四川大学出版社2011年版，第240页。
③ 陈文瀚：《昌都剪影》，载《康导月刊》1940年第11期。
④ 参见李坚尚《西藏的商业和贸易》，见中国科学院民族研究所、中国藏学研究中心社会经济所合编《西藏的商业与手工业调查研究》，中国藏学出版社2000年版，第32页。
⑤ 参见迪庆州工商行政管理局《迪庆藏族自治州工商行政管理志》，云南民族出版社1997年版，第45页。
⑥ 同上书，第43页。
⑦ 参见云南省中甸县地方志编纂委员会《中甸县志》，云南民族出版社1997年版，第425页。

## 二、农业垦殖初步发展的怒江和独龙江流域社会

### (一) 怒江流域

怒族主要居住在碧罗雪山和高黎贡山的山腰地带，这些地区大多山高谷深，原始森林密布；气候类型为寒带、温带和热带并存的垂直气候，由于地处印度洋暖流和青藏高原寒流的交汇地带，属亚热带山地季风气候，常年雨量充沛；尽管两岸山高坡陡，但森林腐质土层丰厚，不仅分布着各种丰富的动植物资源，还蕴藏着矿产、木材和药材等自然资源。

怒江地区除贡山一带外，自然条件基本相似——西边是高黎贡山，东边是碧罗雪山，两岸的山岭海拔多在3 000米以上，怒江从两山之间流过，形成一个"V"形大峡谷。东西相距一二十公里至二三十公里、南北长约500公里，"山势陡峭，岩石林立，土地贫瘠，物产不丰，气候具寒、温、热三带，沿江酷热，山腰温和，山顶寒冷"。冬天，沿江两边的山上雪深及腰，沿途阻塞，交通断绝。大雪封山的时间长达三四个月，至少也有一个多月。[1] 怒族居民因地制宜，开创了独特的山地农业和坡地耕作技术。开垦的农地既有刀耕火种的轮歇地，也有较为固定的手挖地和牛犁地，在部分江边河谷的台地上还开垦了水田。粮食作物包括玉米、荞麦、旱谷、小米、高粱、土豆等，也出产南瓜、黄瓜、豌豆等蔬菜。

怒族居住的地区大多是怒江两岸海拔1 500～2 000米的山腰台地，以木板、竹篾、茅草等材料构筑房屋。村寨之上是森林，可为人们提供赖以生存的水源及各种野生植物；村寨之下是旱地，也有少量梯田，可供开展农业种植和粮食生产；村寨居中，往下可种地垦殖，往上可采集狩猎。同时，村寨避开了河谷的炎热和高山的苦寒，减少了疾病的发生。

乾隆年间余庆远的《维西见闻录》中这样记载当时怒族的生活状态：

> 男女批发，面刺青文，首勒红藤，麻布短衣，男著裤，女以裙，俱跣。覆竹为屋，编竹为垣。谷产黍麦，蔬菜薯蓣及芋，猎禽兽以佐食。无盐，无马骡。无盗，路不拾遗，非遇虎豹，外户可不扃。人精为竹器，织红文麻布，么些不远千里往购之。性怯而懦，其道绝险，而常苦栗粟之侵凌而不能御也。[2]

---

[1] 参见《怒江区概况》，见云南省编辑组、《中国少数民族社会历史调查资料丛刊》修订编辑委员会《中央访问团第二分团云南民族情况汇集》(上)，民族出版社2009年版，第7页。

[2] (清) 余庆远：《维西见闻录》，见于希贤、沙露茵选注《云南古代游记选》，云南人民出版社1988年版，第126页。

上述史料反映了怒族的生存环境、生产生活方式和社会人口发展状况。由于山高谷深、田地分散，直到 20 世纪 50 年代前后，怒族聚居的村落人口都比较少：多的也只有 50 余户，如原碧江县的老母登村；中等规模的村落约有 30 户，如福贡县的木古甲小村；人口少的村落只有 10 余户，如原碧江县的罗宜益、甲加等村落。这些村落的居民，大多数都由家族血缘近亲组成，这是怒族村落形成的主要特点。此外，也有一些村寨中杂居着少数傈僳族、白族（勒墨支系）人口，也有少数的怒族杂居在傈僳族村寨中。①

怒江地区具有一定规模的商贸集镇主要有福贡县开辟于民国二年（1913年）的上帕街、碧江县的知子罗等，汉人和当地少数民族在这些集镇进行贸易，互相买卖货物。赶集时输出的货物包括黄连、金子、灰鼠皮、火狐皮、水獭皮、牛皮、麂皮、贝母、麝香、茯苓等，输入的主要是当地稀缺的食盐、土布、茶叶以及其他日用品。②

由于缺乏货币，在相当长的一段时期内，黄牛一直是怒族地区商品交换中的固定计价单位。除小宗交易大多使用铁锅、铁三脚和砍刀进行以物易物交换外，大宗交易往往用黄牛作为交换媒介。例如，一头中等黄牛可以买到 2～3 亩土地，一个健壮的女奴相当于 4～5 头黄牛的价值。1929 年以后，怒江地区先后出现了几个集市，内外经营商品者也将各种流通的货币带到了这里，当时滇省铸造的半开银元、铜币、纸币和缅币卢比逐渐在当地和周围地区流通开来。③

## （二）独龙江流域

在独龙江地区，由于两岸山高谷深坡陡，气候为典型的立体型，峡谷炎热，半坡温暖，高山寒冷。独龙族社会组织以村寨为单位，一般由一个或几个父系家族组成。尽管氏族是独龙族的基本社会组织，但同一氏族的各家族之间没有共同的地域，政治和经济上的联系亦较为松散。各村寨之间有一定的界线，一个村寨一般只有四五家人，多的有 10 余家，且分布极其分散。由于劳动生产具有较强的季节性，人们也因此产生流动性的迁居。生产季节居住在山腰火山地边，每到秋冬季节则返回河边过冬，因此一家人大多有 2 处或 3 处居住之地。独龙江北部地区由于台地较大，固定居所较多，逐步形成固定的小村

---

① 参见张文照《怒族简况》，见《民族问题五种丛书》云南省编辑委员会、《中国少数民族社会历史调查资料丛刊》修订编辑委员会《怒族社会历史调查》，民族出版社 2009 年版，第 1～2 页。
② 参见《福贡经济贸易调查》，见云南省编辑组、《中国少数民族社会历史调查资料丛刊》修订编辑委员会《中央访问团第二分团云南民族情况汇集》（上），民族出版社 2009 年版，第 38～40 页。
③ 参见云南民族事务委员会《怒族文化大观》，云南民族出版社 1999 年版，第 264～265 页。

落；南部地区成规模的定居村落相对较少。① 曾视察当地的清末官员夏瑚这样记述：

> 惟上、下江均系地广人稀，恒三五十里始得一村，每村居民多至七八户，少或二三户不等，每户相距，又或七八里十余里不等。江尾曲、傈杂处，居民较上下江为稍密，每村有多至二三十户者。房户屋系随竹木，盖以茅草，房中烧火一堂，家人父子围炉歇宿，人多之户，有烧火二三堂者。家有粮食布饰等件，则于附近山林密处，另结茅屋数处，分别储存，用需若干，临时始往取用。②

直到 20 世纪 80 年代初，民族学者考察当地时看到的情况仍与夏瑚当年所见基本一致。③ 尽管地广人稀，但独龙江地区位处亚热带和西南季风的迎风面，有充沛的水资源和大面积的荒山坡地，为发展生产提供了丰富的土地资源。从巴坡到北部的迪政当，海拔 2 200 米以下的土地面积约有 260 平方公里，约 290 万亩，即使除去 70% 的森林和不能开垦的陡坡地，仍有土地百余万亩；直到 20 世纪 80 年代初期，经开发利用的土地不过万亩，实际固定耕地面积共 6 560 亩，其中水田仅有 500 余亩。④

独龙族主要居住在高黎贡山西面的恩梅开江上游，其南部和北部区域的社会经济发展很不平衡。明清文献中即有关于独龙族人刀耕火种的记载。清末地方官夏瑚在独龙江实地考察时看到的情况是：

> 农器亦无犁锄，所种之地，惟以刀伐木，纵火焚烧，用竹锥地成眼，点种包谷；若种荞麦稗黍等类，则只撒种于地，用竹帚扫匀，听其自生自实，名为刀耕火种，无不成熟。今年种此，明年种彼，将住房之左右前后地土，分年种完，则将房屋弃而之他，另结庐居，另砍地种；其已种之地，须荒十年八年，必俟其草木畅茂，方行复砍复种。⑤

在独龙江流域北部，由于与傈僳族和藏族长期接触，独龙族人的生产生活

---

① 参见《云南省贡山县第四区独龙族社会经济调查总结报告》，见《民族问题五种丛书》云南省编辑委员会、《中国少数民族社会历史调查资料丛刊》修订编辑委员会《独龙族社会历史调查》（一），民族出版社 2009 年版，第 23 页。
② （清）夏瑚：《怒俅边隘详情》，见方国瑜主编《云南史料丛刊》（第十二卷），云南大学出版社 2001 年版，第 149 页。
③ 参见蔡家麒《藏彝走廊中的独龙族社会历史考察》，民族出版社 2008 年版，第 58 页。
④ 参见杨毓骧《伯舒拉岭雪线下的民族》，云南大学出版社 2000 年版，第 83～84 页。
⑤ （清）夏瑚：《怒俅边隘详情》，见方国瑜主编《云南史料丛刊》（第十二卷），云南大学出版社 2001 年版，第 149 页。

方式多少受到上述两个民族的影响，已经有了一定规模的农业种植。而在南部地区，由于地域的隔绝，与外界接触较少，直到20世纪50年代前后还处于刀耕火种、轮歇耕作的原始耕作农业阶段，采集、捕鱼、狩猎等生计方式在生产生活中还占有较大比重；其家庭手工业有编制竹篾器和编织麻布，家族之间实行以物易物的原始交换模式。

刀耕火种是一种古老的生产方式，曾经广泛为人类社会所采用，但受到外来因素的影响，这种生产方式正在不断消亡之中。人类学和农业考古的研究观点认为，刀耕火种标志着人类由只能以"天然产物"作为食物的"攫取经济"阶段，跨入能进行食物生产的"生产经济"阶段。① 因此，怒族和独龙族社会中所保留的生产方式和劳动分工模式无疑给我们提供了鲜活的历史研究资料。

三江并流峡谷村落与集镇的分布状态及各民族所开展的生产方式差异反映了自然条件对人类的生存、定居、生产、流通、交换、消费以及交往与通婚圈的决定性作用。在藏族主要聚居的金沙江和澜沧江流域，由于多种生计方式并行，加上贸易的兴盛，人们的生产生活水平明显要高于交通相对闭塞的怒江和独龙江流域。从贸易交换关系来看，藏族聚居区繁荣的贸易体现了当地民众除了日常必需的交换之外已经发展形成了较为成熟的以营利为目的的贸易活动。与之相比，怒族和独龙族还大多处于封闭式的自然经济生产方式之下，有限的交换活动主要表现为生活必需品的简单交换，由于交换关系的不对等，贸易交换中也体现了明显的不等价和盘剥特征。可见，社会经济发展基础和交通条件极大地限制了怒江和独龙江流域人们的贸易活动和生活水平，也对人们的社会交往和通婚圈产生了重要影响。

## 第二节　不同生计方式中的典型性别分工模式

依照性别分配劳动是人类最早的劳动分工方式，也是人类找到的最为有效的组织社会生活的方法。"每个社会无论其技术多么原始，都分配给男女不同的任务。回溯人类的演化史，我们从中就可看出，两性的劳动分工是相当古老的，这种分工的根源是灵长目动物的自我保护和养育幼儿的特化。"② 正如埃

---

① 参见黄国勤、张桃林《论刀耕火种及其对生态环境的影响》，见徐礼煜、杨苑璋《刀耕火种替代技术研究》（上册），中国农业科技出版社1996年版。
② （美）R. M. 基辛：《文化·社会·个人》，甘华鸣、陈芳、甘黎明译，辽宁人民出版社1988年版，第301页。

里克·沃尔夫（Eric Wolf）运用马克思主义对社会劳动进行的分析所揭示的那样，任何社会的劳动分工形式都可以与特定的社会地位相联系，并且能够成为解释和说明相应地位的基础。① 因此，性别分工的结果被认为在很大程度上对女性的地位发挥着影响作用。② 正如利科克（Leacock）所言，决定妇女地位最为重要的一点在于家户的公共性和两性互惠之间的劳动分工。自从原始共产社会决定由谁开展什么工作以来，妇女对主要的社会必须劳动的参与并没有将她们的地位降低为如同在阶级社会那样的实质上的奴隶身份，而是赋予了她们与其贡献相称的决策权利。

## 一、多种生计方式并存的藏族社会

藏族社会是一个多种生计模式并存的社会，三江并流峡谷的藏族聚居区以农业为主，但牧业、商业、手工业也有相当规模的发展。卡拉斯科认为，在一个家庭内部同时出现牧民和农民的情况可以说是藏族聚居区的生计方式"在集约农业、农牧混合和纯粹的牧业经济之间有变迁"③的现实反映。

### （一）农业

如前所述，藏东南地区是西藏农业发展较早的地区，除历代藏族先民不断辛勤开垦外，纳西族和汉族移民亦曾贡献于当地的农业发展。清末赵尔丰在川边改土归流，大力推行移民开垦和采矿，巴塘、理塘、乡城、稻城一带，都曾有汉族移民前往开垦。④ 但直到1950年以前，藏东南社会的生产技术仍然是较为落后的。由于笃信藏传佛教，藏族群众认为丰收是"神的恩惠"，歉收是"神的惩罚"，民间视人粪为不能与庄稼接触的污秽之物，在农业种植中不能施用，部分地区使用牲畜粪肥，同时不进行可能导致杀生行为的灌水、浇地、除草、除虫等作业，遇到自然灾害时就请喇嘛念经驱除。⑤

以原西康省为例，生产工具主要有木犁、木耙、鹤嘴锄、连枷、镰刀、斧头等。大部分地区对农田的管理较为粗放，一般每年耕地2~3次（播种时耕

---

① 参见（美）托马斯·帕特森《马克思的幽灵——和考古学家会话》，何国强译，社会科学文献出版社2011年版，第7页。
② 参见 Naomi Quinn. "Anthropology Studies on Women's Status". *Annual Review Anthropology*, 1977 (6)：181-225.
③ （美）皮德罗·卡拉斯科：《西藏的土地与政体》，陈永国译，西藏社会科学院西藏学汉文文献编辑室1985刊印，第7页。
④ 参见赵松乔、程鸿、郭扬等《川滇农牧交错地区农牧业地理调查资料》，科学出版社1959年版，第11页。
⑤ 同上书，第13页。

1次、秋收后翻地1次），春耕普遍使用二牛抬杠的方式，由于牵挽费力，劳动效率很低。年轮歇地在1/4以上，普遍使用撒播法，每亩地需种子23斤，较之当时内地的条播种植法多耗费种子2倍多。农产品以青稞为主，小麦、豌豆、洋芋、包谷、圆根次之。由于气候关系，大部分地区每年只能收获一季。常年产量最高为种子的八九倍，最低为两三倍，普遍为五六倍。1954年的统计数据显示，全西康省共有耕地125万余亩，年产粮食1亿多斤。①

昌都的大部分地区农业生产与耕作技术落后的情况与上文所述的原西康省近似，只有其南部的盐井因靠近云南，能应用输入的铁犁、斧头和锄头等工具。很多地方不使用人粪，但普遍施用厩肥（牛马粪与草木灰混合而成）。在水利条件便利的地区引水灌溉耕地，但有的地区仍坚持不灌溉。② 农作物以青稞为主，小麦、荞麦、豌豆、圆根等次之。由于气候和土壤条件的差异，农作物存在差异。例如，察雅、宁静各地区主要作物是青稞；贡觉、江达等地因气候较暖，除青稞外还大量种植小麦；三岩一带还种植大麦；察隅县一带因气候温和，可种植稻谷。由于自然条件的差异，播种和收割季节也各不相同。例如，盐井一带的青稞和小麦每年的播种期为1—2月，收割期为5—6月；而气候较暖的易贡地区则在11月播种、翌年7月收割，并且在青稞、小麦、豌豆等作物收割之后还可种植圆根、荞麦等，一年可获两熟。整体而言，一般农作物的成熟期为青稞、豌豆、荞麦120天，小麦120～150天，圆根90天。农作物的收成，按照土质的优劣一般可以分为三等，种子和收成的比例分别是最好地为1∶15～1∶12、普通地为1∶8～1∶4、歉收地为1∶4～1∶3。一般水地的收成为1∶8～1∶4，旱地的收成为1∶7～1∶3。③

在滇西北的中甸，农历二月以后气候渐暖才能耕种，作物主要是耐寒的青稞、小麦、苦荞和蔓菁等，玉米因为气温较低不能成熟。8—9月青稞收获后即不再耕种任何作物。一年的雨水主要集中在6—7月，3月下种时需要雨水，但此时非常干旱，夏季时常有冰雹，对作物的危害很大。④ 在德钦一带，一年的农作时间可分为大春和小春两个阶段：大春主要种植玉米、小米、高粱等作物，小春则种植小麦、青稞及蚕豆等作物，没有明显的轮作制度。当地人一般

---

① 参见杨静仁、李子杰、邓锐龄《关于西康省藏族自治区基本情况的报告》，见四川省编写组《四川省甘孜州藏族社会历史调查》，四川省社会科学院出版社1985年版，第2～4页。

② 参见《昌都地区社会历史调查资料》，见西藏社会历史调查资料丛刊编辑组、《中国少数民族社会历史调查资料丛刊》修订编辑委员会《藏族社会历史调查》（四），民族出版社2009年版，第23～24页。

③ 同上书，第23页。

④ 参见《中甸县情况》，见云南省编辑组、《中国少数民族社会历史调查资料丛刊》修订编辑委员会《中央访问团第二分团云南民族情况汇集》（上），民族出版社2009年版，第110页。

于作物成熟收割前两三天灌水，收割之后用耕牛翻犁土地一两次之后即进行播种。小春作物的种植多为撒播；大春玉米种植一般以犁地后的点播为主，也有进行人工打塘点播或条播的情况。玉米的种植在小春收割、牛翻犁土地之后即开始播种。一般而言，每亩密植3 000～4 500株，需要薅锄1～3次，灌水4～5次，底肥施用500～1 000公斤，并使用相当数量的追肥。包谷一般在两类土地上种植：一为老包谷地，一般是缺乏灌水条件的旱地，一年一熟，多种植晚熟的品种，在每年大春雨水之后及4—5月雨季时各翻犁一次；二为茬地包谷，在小春收割前3～4天灌水，翻犁后播种。大春作物收割前3～4天灌水，收割之后即开始翻犁土地播种小麦。一般使用撒播方式，整个生长期需灌水5～6次、追肥1～2次、薅锄1～2次。在抽重穗期间还需要拔除病株，打掉老叶，以利于通风透光，促进子粒饱满，提早成熟。清除的病株和老叶可以作为牲畜的饲料。大麦、青稞的栽培方式与小麦类似，蚕豆则多为人工点播或牛犁后播种，其他栽培管理方法和小麦相同。土地较多的农户有的将水稻与玉米进行水旱轮作。在海拔相对较高的半山区，水浇地为一年两熟，一年一熟或两年三熟的旱地一般为玉米与小麦、青稞、大麦进行轮作。①

云南金沙江流域的河谷地区地形较为复杂，既有山间河谷又有高寒山地，耕地多在山间平台，便于灌溉，农作物一年两熟，主要作物有小麦、玉米、青稞、水稻、蚕豆、白菜等。清代余庆远的《维西见闻录》中就提到过青稞在当地的种植②，清代植物学家吴其濬将其整理记述为：

> 青稞即莜麦，一作油麦。云南近西藏界亦产，或即呼为燕麦。青稞质类麸麦，而茎叶类黍，耐雪霜，阿墩子及高寒之地皆种之，经年一熟；七月种，次年六月获，夷人炒而舂面，入酥为糌粑。③

藏族群众耕田的工作通常由男性和女性共同完成，但必须遵循"男不背粪，女不犁地"的生产禁忌。女性不能独立犁地的主要原因并不是她们没有足够的力气驾驭耕牛等牲畜，也不是因为她们不能掌握犁地的宽度与深浅，关键在于她们不能触碰对于家庭生产来说具有重要性的耕牛，否则将会影响土地的收成。农活主要由妇女承担，除了耕田与收获也有男性参与之外，不论是播种、育肥、浇水和养护几乎都由妇女来完成。但这种性别分工也不是绝对的，

---

① 参见德钦县志编纂委员会《德钦县志》，云南民族出版社1997年版，第78～80页。
② 参见（清）余庆远《维西见闻录》，见于希贤、沙露茵选注《云南古代游记选》，云南人民出版社1988年版。
③ （清）吴其濬：《植物名实图考》（上册），中华书局1963年版，第16页。

在缺乏劳动力迫不得已的情况下，如家中实在没有男性，妇女也参加犁地。①同时，那些十分缺乏女性劳动力的家庭也会抽出部分男性帮忙料理农活，不过一般不会是青壮年男性，只有那些老年男性或是未成年的男孩才会有时间帮助家里的媳妇或母亲干一些除草、浇水或打药的活。一般情况下，50岁以上的老年人大部分在家烧茶、带小孩、照看牲畜、搓毛线等，未成年人则根据体力的强弱分别参加放牛、背水、家务等劳动。从春耕到收获的6个月是农忙期，从11月到次年1月是农闲期。

在昌都地区，一般农村劳动的分工仍然凸显以妇女为主的特点。男子只管犁地、锄地、灌溉、收割、放牧、挤奶、打酥油、烧茶、做饭、拾粪、搓毛线、织氆氇和料理家务都由妇女承担，未成年的孩子则帮助家里放牧、拾柴、拾粪，干些零星的活计。②甘孜州农业劳动中妇女的平均出勤率每年为80～120天，而男子只有30～50天。③在父系组织盛行的三岩一带，男性为了躲避械斗的仇杀不得不常常藏在家中从事家务，而将户外的劳动全部交给妇女。男性能够缝制衣服、照顾孩子，妇女则成为料理农活的能手。

从人们一年四季的劳动分工情况来看，包括未成年人在内的男女两性都有自己相对固定的劳作领域。女性几乎全年都在家中完成既定的劳作，而男性则有大部分的时间在外奔波，直到新年之前才会返回家中从事一些与节日有关的准备工作。但有时也会出现小范围的交叉和重叠。与此同时，那些多偶制家庭，尤其是兄弟共妻家庭往往拥有相对充足的男性劳动力可以在家中与妻子一起料理农活，这也成为这类家庭在当地受到推崇的主要原因之一。

（二）畜牧业

畜牧业是藏族社会的传统生计模式之一，藏族群众将牧业作为农业以外的主要收入来源。如果说土地是农民的第一条生命线的话，那么牲畜和公用的牧场就是他们的第二条生命线。因此，牲畜的多少不仅是牧民财富的首要标志，也是农民生活贫富的一个显著标志。④

理塘的毛垭是甘孜州南部较大的牧区，可供放牧的草原在100万亩以上。

---

① 参见《理塘县长青春科耳寺调查》，见四川省编写组《四川省甘孜州藏族社会历史调查》，四川省社会科学院出版社1985年版，第150页。

② 参见《昌都地区社会历史调查资料》，见西藏社会历史调查资料丛刊编辑组、《中国少数民族社会历史调查资料丛刊》修订编辑委员会《藏族社会历史调查》（四），民族出版社2009年版，第27页。

③ 参见赵松乔、程鸿、郭扬等《川滇农牧交错地区农牧业地理调查资料》，科学出版社1959年版，第13页。

④ 参见张正明《甘孜藏区社会形态的初步考察》，见四川省编写组《四川省甘孜州藏族社会历史调查》，四川省社会科学院出版社1985年版，第9页。

全区平均海拔在 4 500～4 600 米之间，气候寒冷，全年基本上没有纯粹的无霜期，只是在 4—6 月霜降较少，每年解冻期为 3 个月，其余为冰冻期。土壤为层沙土，较为肥沃。牧草以禾本科为主，估计每 10 亩草原可放牧牲畜 1 头。① 此外，当地还盛产虫草、贝母、大黄、秦艽等药材，并蕴藏铜、金等矿藏。1950 年以前，用土法在此挖金的有 50 多户，每人每月至少可以挖到 1 两，矿苗好的地方甚至可挖到 4～5 两。②

由于受到藏传佛教信仰的影响，牧民都不放火烧山培育牧草。冬季的枯草季节也没有储草过冬的习惯，只是把牲畜赶到较为温和的山谷去，只有富裕人家才有条件储备冬草。根据季节的变化，牧场每年一般要搬迁 3 次：藏历的 5 月搬到夏季牧场，8 月搬到秋季牧场，入冬则搬到冬、春季牧场。在大搬迁中还有小搬迁，每年达六七次，特别是在大雪封山、草枯冰冻的冬春季节搬迁次数较多。为了适应气候的变化与有计划地使用牧草，牧民形成了"冬草夏不食，夏草冬不食"的放牧习惯。③

牲畜的饲养和管理对畜牧业发展尤其重要。据有经验的牧民说，要使牲畜繁殖快、成长好，必须总结一套经验。例如，牲畜要早放晚收，过冬要储草喂养，放牧要选草好的地方，发现病畜要进行隔离，等等。但自然灾害和疫病还是常常造成牲畜大批死亡。在没有专业畜牧医疗机构的时代，每当牲畜患病，牧民多请喇嘛念经打卦，求神保护，同时也积累了一些给牲畜治病的土方法。例如，牛羊中毒后喂以盐酸水和藏蜡，得了炭疽病喂鼻烟或用针刺其肺部，马肚痛时灌烧酒，等等。④

从毛垭牧区的性别分工来看，妇女仍然是主要的劳动力。1958 年的统计数据显示，当时全区有人口 4 834 人，其中喇嘛和扎巴有 1 238 人，占全区男性人口总数的 52.7%。其余的男性主要从事驮运、支差等副业劳动，放牧、挤奶、畜产品加工等生产劳动和全部的家务都由妇女承担。因此，牧民都认为生产上离开妇女是不行的，如果哪一家全部是男子或者妇女很少，那么他们家在生产上就会很困难。然而，妇女承担的繁重劳动已经远超出其体力范围，男性劳动力的大量缺乏对当地的生产发展产生了较为严重的影响。例如，42 岁的女牧工志玛在帮牧主家放牧的时候一个人要负责 106 头牲畜，早出晚归，劳

---

① 参见《理塘县长青春科耳寺调查》，见四川省编写组《四川省甘孜州藏族社会历史调查》，四川省社会科学院出版社 1985 年版，第 222 页。
② 同上。
③ 同①，第 223 页。
④ 同①，第 224～226 页。

累不堪。①

在云南德钦一带,由于草场的面积相对较小,专业的牧民人数有限,因此在养殖的牲畜中以犏牛为主。这种牛产奶量较高,还兼有劳役和肉用的功能,适合当地的气候,发病率较低,易于饲养。山羊也一直是当地人饲养的主要牲畜。由于长期的自繁自养和自由交配,导致品种退化。1980 年前后,德钦县有关部门开始对山羊进行种群改良;到 1984 年,改良品种得到广泛推广,取得了很好的经济效益。此外,当地藏族群众还大量饲养毛驴。毛驴四肢强健,善于在狭窄的乱石山路上行走,管理简单,并有良好的繁殖和役用功能,短途每次可驮运五六十公斤、长途每次可驮运四五十公斤的东西,役用年限长达15 年以上。

(三) 商业、手工业和副业

藏族人广泛从事贸易的情况很早就为外界所关注,曾经游历过藏地的外界人士对这一行业的兴盛留下了丰富的记录。藏族从事商业贸易的社会阶层十分广泛,既有职业商人和普通的农民,也包括大量的政府官员和寺庙僧侣,一些记录中甚至把藏族描绘为贸易的民族。②

在笔者曾经多次调查过的迪庆藏族聚居区,从事贸易在当地人看来是值得骄傲的事,这主要得益于当地地理优势得天独厚、商业发展较早。当地的传统商业活动主要由两大部分组成:一部分是以马帮为主的长途运输和贸易,另一部分是以当地为交换市场的商贸活动。其中,德钦县奔子栏一带的马帮曾经享誉藏族聚居区,但随着滇藏公路的贯通,传统的马帮贸易已经逐步退出了历史舞台,那些纵横茶马古道的马锅头与马脚子③也不得不回到故乡,成为地道的农民。20 世纪 80 年代以来,改革开放的经济政策重新唤起了他们对商贸活动的兴趣。随着本地市场的繁荣,大部分人已经放弃长途跋涉转而在家门口做起了生意。

藏族聚居区农村的手工业已经从农牧业中初步分离出来,但独立手工业者的人数还较为有限,大多数的手工业者还兼从事农牧业。大部分的手工业是作为农牧民家庭副业的形式存在的,主要用于满足家庭自身的消费需要,流入市场进行交易的数量较为有限。尽管发展规模有限,但藏族聚居区的某些手工业技术已经达到相当的水平,如铁工、木工、制革、缝纫、刀具制作、塑佛像、

---

① 参见《理塘县长青春科耳寺调查》,见四川省编写组《四川省甘孜州藏族社会历史调查》,四川省社会科学院出版社 1985 年版,第 227 页。

② 参见(美)皮德罗·卡拉斯科《西藏的土地与政体》,陈永国译,西藏社会科学院西藏学汉文文献编辑室 1985 刊印,第 224 页。

③ 指马帮队伍中的领头者和普通的赶马人。

木板印刷等技术。需要指出的是,藏族的家庭手工业从业者以男性为主,女性很少参与。

家庭副业主要有挖金、挖药材、养牛、织毡子、驮运等。挖金多为一般贫苦牧民和流浪户等从事的活动;挖药材则是一般中下等水平家庭的副业;搞驮运的家庭较为普遍,驮运是家庭收入的大项之一。清末至民国时期,在毗邻理塘的毛垭牧区有4个金厂,附近1 000多户居民中平时挖金的有2 700～2 800人,但因为天气寒冷,经常停工。但在毛垭沟的金厂,当地200多户居民中就有300多人参加挖金,其中大部分是妇女和小孩。每人每天可得金1分以上,每人每月上交给当地土司税金3分。由于当地金矿优良,绵延50余里,附近多个地方的百姓都成群结伙,驮运口粮和工具前往毛垭沟挖金。当时采金的方法较为简单,必备工具是尖嘴锄,获得的金沙虽然成色尚可,但其中夹杂了大量的尘土和沙子。①

驮运是藏族聚居区牧民的主要副业活动。有驮畜者自行结伙外出运输,没有驮畜者则给别人做工。甘孜州南部家庭的驮运活动遍及乡城、稻城、雅江、理塘等地。尽管长途驮运劳顿辛苦,但却可以给家庭增加一项额外的收入。例如,毛垭牧民达娃才仁家,有牲口30多头,在新中国成立以前帮别人驮运茶叶到巴塘,每年往返6～8次,每次出动15头牛,可收入60～70元藏洋,全年可得收入490元藏洋。②

此外,丰富的生物资源还给人们提供了另外一条生计途径——采集。当地出产松茸、木耳等多种野生菌,另外还产有虫草、贝母、当归、大黄等名贵中药材。毛垭牧区一带虫草资源丰富,从前每人每天多的可以挖到1 000～2 000根,少的也有50～100根,100根虫草价值1元藏洋。虫草是家庭重要的收入来源之一。在迪庆、德钦一带,松茸的产量较大。1986年松茸成为德钦县的主要外贸物资。该县成立梅里公司组织销售,仅是将松茸出口到日本一项就可以给全县每个农民带来200元的年均收入(1997年)。③ 到2009年,虫草的价格日渐攀升,按照成色划分,虫草收购的价格一根少则几十元、多则上百元,虫草给当地人带来的财富已经不容小觑。

以上罗列的社会经济发展状况集中体现了藏族聚居区高原农户经济"少而全"的生产特点④,农业、牧业和商业同时并存于一个家庭中;同时又体现了藏东地区的整体特征:社区封闭性、自给性十分突出,使得社会分工受到明

---

① 参见《理塘县长青春科耳寺调查》,见四川省编写组《四川省甘孜州藏族社会历史调查》,四川省社会科学院出版社1985年版,第231～232页。
② 同上书,第232页。
③ 参见德钦县志编纂委员会《德钦县志》,云南民族出版社1997年版,第104页。
④ 参见绒巴扎西《云南藏区农户经济行为分析》,载《云南社会科学》1996年第1期。

显约束，社会分工水平较低，并且局限于家庭内部和各个家庭之间。①

## 二、以农业生产为主的纳西族移民社会

为适应迁徙之后的定居生活与社会发展，自明代以后陆续迁入藏族聚居区的纳西族主要聚居于气候温和、自然条件相对优越的地方，因此农业耕作是其主要的生计方式，此外还兼有牧业、林业和其他副业。由于较早就与汉族发生密切来往与接触，纳西族的农耕技术较为发达，手工业早已从农业中分离出来，并以经营铜器和皮革等为主。②

纳西族的农业耕作技术发展程度相对较高，川滇交界一带的纳西族社会的耕作方式以二牛抬杠为主，使用铁犁犁地。耕作工具包括铁锄、铁砍刀、镰刀以及木耙、木槌、石磨、石碓等。肥料以畜圈内牲畜粪和火烧肥（火土）为主，平坝地区有水浇地，山区主要依靠自然降水。③ 主要粮食作物有小麦、青稞、大麦、玉米、荞麦、红米等。例如，在纳西族较为集中的巴塘县白松乡，在 20 世纪 80 年代末该乡定曲河岸坝田轮种红米 60～70 亩，亩产可高达 800～900 斤。此外还因地制宜地种植了核桃、梨、桃子、苹果等果木；同时有果园 52 亩，其中苹果地 39 亩，其他果木地 13 亩，零星果树 0.2 万株，果木总产量 215 吨。④ 饲养的牲畜种类包括牛、马、骡、驴、山羊、绵羊和猪等。在全乡当年 142.08 万元的总收入中，种植业收入为 55.51 万元，林业为 6.29 万元，牧业为 34.36 万元，副业为 36 万元，工业为 3.88 万元，交通运输业为 2.64 万元，建筑业为 1.26 万元。人均年纯收入 308 元，列当时巴塘各乡第十位。⑤

畜牧业是农业之外的主要生计方式。饲养牲畜种类包括牦牛、黄牛、水牛、羊，此外还有各种家禽，其中猪是主要的家畜，普遍实行放牧饲养。冬天将猪加工成猪膘（将整猪去除骨头和内脏后，加盐阴干压扁制成），猪膘不仅是一个家庭财富的标志，也可以用来借贷、交换，充当实物货币使用。⑥

盐井一带的纳西族移民除部分开垦农田外，还有部分曾经是木氏土司势力

---

① 参见王文长《对藏东藏族家庭婚姻结构的经济分析》，载《西藏研究》2000 年第 2 期。
② 参见赵松乔、程鸿、郭扬等《川滇农牧交错地区农牧业地理调查资料》，科学出版社 1959 年版，第 14 页。
③ 参见郭大烈、和志武《纳西族史》，四川民族出版社 1994 年版，第 494～495 页。
④ 参见《白松乡纳西族社会历史调查报告》，见中国人民政治协商会议甘孜藏族自治州委员会《甘孜州文史资料》（第十八辑），2000 年，第 250～252 页。
⑤ 同上书，第 252 页。
⑥ 参见郭大烈、和志武《纳西族史》，四川民族出版社 1994 年版，第 495 页。

北扩时来到这里戍守的士兵，后来一直主要从事盐业生产。① 据调查，盐井现从事盐业生产的是纳西族妇女，据说这是当地的传统，纳西族男子的任务是将盐运到集市进行交易。② 这种分工可能与当年男子的主要任务是戍守有关。由于食盐的稀缺，纳西族移民开发的盐井对整个藏族聚居区的社会经济产生过深远的影响。直到今天，当地盐场中最大的 34 口盐井的名称依然沿用纳西语的称谓方式。③ 纳西族人口大量聚居的盐井后来也成为整个西藏自治区境内唯一的纳西族自治乡。

### 三、从游牧向农耕转变的怒族社会

#### （一）农业

怒族历史上曾以狩猎和采集作为主要的生计方式，后来从事农业，主要种植玉米、荞麦、马铃薯和小米等农作物和漆树、油桐、核桃、茶树等经济林木，畜牧业不算发达。怒族经营农业的时间很早，明代《百夷传》中即有其种植和使用苦荞的记录。但生产工具的发展一直较为滞后，早期主要以木、竹制成农具；十六七世纪开始使用铁制工具，主要有犁、锄、刀、斧等，都是外地输入的。这些农具大多十分短小，劳动效率不高，到 1950 年为止，他们使用的锄头还仅有手掌般大小。农业耕地面积已经基本固定，刀耕火种的轮歇地已经很少，除了坡度较陡的山地之外，耕作上已经普遍使用畜力。耕地主要有水田、牛犁地、锄挖地、火山地四种，其中水田约占10%、牛犁地占约80%，刀耕火种的轮歇地已不到5%。农作物有玉米、水稻、荞麦、小麦、豆类、薯类等，④ 以玉米为主（据说怒江地区原来没有玉米，是清代杜文秀起义后才从白族地区带回来的），约占粮食总产量的 80%。

耕作技术极为粗放。当地没有历法，生产不讲节令，一般是桃花开时犁地、鸟叫时播种。旱地一般是犁过一道以后，将土块敲碎，然后用一根尖木棍戳洞点种玉米，没有积肥施肥的习惯。玉米长大之后，薅一两次草，即待收割。收割时，将玉米棒子掰下来，秆则留在地里焚烧，作为次年的肥料。产量都很低，一般只有种子的 20 多倍，少的只有四五倍。如果按照单位面积产量来计算，一架（两头牛耕一天的面积，称为一"架"，约 2 亩）牛犁地的常年平均产量仅 100 公斤左右。一架地的全部生产过程，约需要 25 个工作日。除

---

① 参见陶占琦《西藏盐井纳西族的发展现状及其宗教信仰》，载《西藏研究》1999 年第 2 期。
② 参见金飞《盐井县考》，载《边政》1931 年第 8 期。
③ 参见陶占琦《西藏盐井纳西族的发展现状及其宗教信仰》，载《西藏研究》1999 年第 2 期。
④ 参见《怒族社会概况》，见《民族问题五种丛书》云南省编辑委员会、《中国少数民族社会历史调查资料丛刊》修订编辑委员会《怒族社会历史调查》，民族出版社 2009 年版，第 5 页。

去 5 公斤种子外，每个劳动日所得还不到 4 公斤玉米。①

女性是怒族传统农业生产的主要参与者，除了砍火山地和犁地等劳动强度较大的重体力劳动外，点播、间苗、薅锄等田间管理均由女性承担。垦荒和收获也由男女共同参与，各家户种植的蔬菜和饲养畜禽的工作则全部由女性负责。

### （二）采集与狩猎

采集是对粮食不足的重要补充。尽管怒族的农业已经有了一定程度的发展，但直到清末，由于受到地理条件和生产工具的限制，采集和狩猎仍然在怒族社会中占据着重要地位。由于粮食产量有限，加之每年秋后各家各户要使用大量的粮食酿酒，缺粮的情况更为严重。因此，每年的春夏之交是怒族家庭青黄不接的时候。按照传统的分工模式，女性负责采集，男性负责狩猎。采集的主要植物包括野山药、野百合、野荞叶、竹叶菜和各种蕨类。妇女采集黄连、贝母、天麻等珍贵药材，木耳、竹笋等山珍食品则成为补充家庭经济收入的重要产品。男性狩猎的事宜，女性不得过问，更不能随意触摸狩猎的工具。

### （三）手工业和副业

怒族的社会分工不算发达，手工业还没有完全脱离农业而独立。在传统的手工业分工模式中，男性负责制作狩猎工具、农具、编织竹器，女性则从事种麻、剥麻、纺麻、织布和缝纫。到清代，怒族的竹器制作和红纹麻布纺织工艺已在三江并流地区声名远播，纳西族甚至不远千里前往购买。

怒族村寨中有少数铁匠会铸造犁头和修补农具（据说是其祖辈从兰坪的白族那里学来的），但他们都是没有脱离生产的农民。他们自己没有原料，仅仅是替人加工或者修补。一般是雇主拿旧的犁头请他们重新铸造，3 个旧的可以铸造 2 个新的。工资多半以粮食偿付。工具和技术都很落后，3 个人合作 1 天只能铸造 6~8 个犁头。还有少数木匠，专做储藏粮食用的木柜，但也仅是在农闲时作为副业生产。别人拿木料来请他们加工或定做，基本没有以出售为目的的。② 在福贡县一区的木古甲村有 6 处铁匠炉，全都是兼营的。其中有 3 处能打锄头、刀、斧及铸造犁头，另外 3 处仅能做修补活计。这些兼营的铁匠炉的技艺一般是父子相传的，有的已经传承了 4 代。过去，村里的兼营铁匠都是在农闲时铸造少量犁头出售，或者为别人加工、修补农具，获得少量实物

---

① 参见《怒族社会概况》，见《民族问题五种丛书》云南省编辑委员会、《中国少数民族社会历史调查资料丛刊》修订编辑委员会《怒族社会历史调查》，民族出版社 2009 年版，第 5~6 页。

② 同上书，第 6 页。

报酬。1955年,国营贸易公司开始组织加工犁头,新建了一处能够铸造犁头的铁匠炉,开炉时间虽然较多,但仍然没有将该手工业从农业生产中分离出来。除铁匠炉外,村里还有编制竹器和编织麻布的手工业。怒族擅长编制竹器,所编制的竹筛、背篓等除一部分自用之外,另一部分用来出售。① 男子普遍都会编制竹箩、篾笆等竹器,但主要供自家使用,很少出售。由于社会分工不发达,日常生活中很少有商品交换活动,也没有专门从事商品交换的商人。但怒江地区出产贝母、黄连等药材,每年到了一定的季节,都有不少人到高山上采集药材,再向外族商人交换盐、布等生活必需品。此外,也有极少数人从事商业贸易,如碧江县的知子罗是当年地方政府所在地,有几户怒族人家在这里酿酒出售,尽管利润很大,但他们的生活来源仍然以农业收入为主。②

家庭纺织的工作主要由妇女负责,从割麻、绩麻、捻线到织布的整套工序都由妇女独立完成。纺织是怒族女子必须掌握的一项技能,几乎与男子的狩猎技术同等重要。纺织水平成为决定一个女子社会地位和身价的重要因素。四五岁的女孩就要在母亲的教导下学习割麻,10岁以后开始学习纺线和漂染技术,十三四岁就要正式学习织布了。每逢农闲,家长们会组织女孩们在火塘旁借着微弱的火光摸黑织布,进行纺织比赛。一般来说,在相同的时间内谁能织出又多又好的布,她的身价就高,其母亲也会为此感到无比荣耀。③

妇女们将麻割回来之后,要对其进行沤制、剥皮、绩麻等处理,然后用纺轮纺纱,用踞织机(腰机)将其纺织成布,最后才能加工成衣。可以说,除了参与田间劳作和上山采集、放牧牲畜等生产劳动之外,纺织麻布和缝纫衣物成为妇女最为繁重的劳动负担之一。

怒族的纺织技术十分简单,没有纺车,织机也很简陋,完全使用手工捻线编织。纺轮是怒族妇女纺织使用的简单工具,主要由轮盘和捻杆两部分组成。轮盘为圆形,有一定的重量,边薄心厚,中央有孔,便于安置捻杆;捻杆为竹质或木质的,顶端有一个小侧钩,既能钩住线又能自由旋转。捻线时先把搓好的麻线缠在捻杆上,然后拉出一段,同时放下纺轮,捻动捻杆带动纺轮在空中旋转,不断从手中释放续接好的麻线,使纺轮一面转动一面下降,捻紧一段线后及时上提,再把捻紧的线缠在捻杆上,如此反复。纺线者还可以选择坐在凳

---

① 参见《福贡县一区木古甲村怒族社会调查》,见《民族问题五种丛书》云南省编辑委员会、《中国少数民族社会历史调查资料丛刊》修订编辑委员会《怒族社会历史调查》,民族出版社2009年版,第44页。
② 参见《怒族社会概况》,见《民族问题五种丛书》云南省编辑委员会、《中国少数民族社会历史调查资料丛刊》修订编辑委员会《怒族社会历史调查》,民族出版社2009年版,第6页。
③ 参见袁芳《从社会性别看怒族的村寨教育》,载《河南教育学院学报》(哲学社会科学版)2003年第1期。

子上，左手拿着麻头，右手把捻杆放在大腿上一搓，纺轮自然旋转，麻线随着纺轮越转越紧；到了一定程度停止旋转，这时把捻好的线缠在捻杆上，再转动轮盘。如此反复，直到捻杆缠满为止。

线纺好之后，就要进行染色的工序。怒族传统的染色主要使用天然染料，如用麻秆炭染黑色、用苞谷的淀粉染白色、用栗树皮染红色等。这些染料容易获取，加工简单，使用方便，但色彩较为单调且容易褪色。线经过染色晾干后，即可用来织布。怒族使用的踞织机结构简单：前后两块模板、一把打维刀、一个梭子、一根比较粗的分经棍和一根较细的棕固定在临时搭好的木桩上，棕的另一端系于织布者腰部。织布时，织布者席地而坐，两足分置于经线两边，利用分经棍形成一个自然梭口，右手持梭子、左手引纬，然后用木刀打纬。踞织机携带方便，纺织时不需要太大的地方。用这种比较原始的踞织机织布，经纱的张力完全靠腰来控制，经纬线全由双手操作，两足不能发挥作用。所以，织布时常常顾此失彼，互相脱节，费时多、织布少，布幅较窄，一天织不了几尺。但由于受传统观念的影响，怒族社会认为妇女不会织布就不是地道的怒族妇女，加之自织的布料厚实耐用，怒族群众仍然普遍喜欢使用这种踞织机织布。[1]

由于技术落后，工具简单，从绩麻、捻线到做成一条裙子，需要耗费200多个小时。由于怒族的传统服饰都是自纺自织而成，因此妇女们不论是走路还是舂米都手不离麻。即使这样整年辛勤劳动，一家人还是很难都穿上一件麻布衣服。1950年以后，怒族的衣着用布已逐渐为内地输入的物美价廉的棉布所代替。

## 四、从采集渔猎向农耕转变的独龙族社会

### （一）农业种植

土地的利用程度取决于生产工具，铁器、木器和石器并用是独龙族农业生产水平发展的重要特征。主要的生产工具有小木锄"治卡"、怒锄"俄尔种"（小木锄尖上包一块小铁皮）以及从内地输入的砍刀、弩弓、竹棍、木棍和石磨等；铁制的板锄、条锄、铁犁、铁斧等都是1950年以后才输入独龙江的。[2]

铁制农具进入独龙族社会的时间还不长，铁刀和铁在独龙语中都被统称为

---

[1] 参见熊丽芬《怒族服饰文化初探》，见李钢、李志农主编《历史源流与民族文化——三江并流地区考古暨民族关系研究学术研讨会论文集》，云南大学出版社2011年版，第376～377页。

[2] 参见《独龙族简介》，见《民族问题五种丛书》云南省编辑委员会、《中国少数民族社会历史调查资料丛刊》修订编辑委员会《独龙族社会历史调查》（一），民族出版社2009年版，第17页。

"下木"，对原料和工具的称呼仍未分开，这一称呼与藏语对铁的称呼相同，说明铁制工具可能是由藏族传入独龙江的。由于使用的时间不长、范围不广，因此每个家族公社中仅有一两个男子会修补铁器。由于经济条件所限，砍刀虽然对生产而言十分重要，但无法达到平均每个劳动力一把，直到民国年间，拥有斧头的人家也不过一半。播种、松土、覆土、田间除草、打场和挖掘等劳动，都靠使用木锄、木耙、木棍、木锹、竹扫帚和竹棍等。为了获得金属生产工具，独龙族需要用黄牛、肥猪甚至是人，才能在不等价交换中获得砍刀。直到20世纪50年代，砍刀对独龙族来说仍然是一种非常稀缺的生产工具。根据当时的调查材料，第一行政村共有15个小家庭，62个劳动力，却只有33把砍刀；第二行政村有62户家庭，176个劳动力，只有111把砍刀；第三行政村有35户家庭，103个劳动力，有103把砍刀；第四行政村有50个劳动力，有40把砍刀。① 独龙族使用的铁刀分为男女两种类别。男子使用的刀长约45厘米，刀身前段宽约6厘米、尾约3厘米；女子用的刀略小，长约30厘米，刀身前段宽约4厘米、尾端宽约2厘米。此外，还有专门给儿童使用的小刀，长约20厘米，刀身前段宽约2厘米、尾宽约1厘米。②

独龙族对畜力的使用不多，由于不习惯饲养牲畜，牛仅作为一种财富的象征。黄牛主要被用于年节祭祀"卡秋哇"剽牛祭天和娶妻时作为聘礼，并不用于犁耕，直到1950年之后才逐步用于犁地。③

由于受到生产工具的限制，在滇西南的山地民族中，独龙族是农业产生较晚的民族之一。根据文献记载和民族学资料分析，独龙族进入农业时代不会早于清朝。④ 清代中后期，金属工具从恩梅开江及北部的察瓦龙传入独龙江，独龙族才开始利用砍刀、斧头从事刀耕火种的农业生产。

独龙江峡谷的农作物种类很多，包括玉米、旱谷、荞子、小麦、小米、稗子、豆类和薯类等，新中国成立后逐渐引进了水稻、土豆和各种蔬菜。独龙江北部地区因为受到藏族的影响，还种植燕麦、青稞等高山耐寒作物，同时栽培蔓菁、葱、蒜、辣椒等10余种蔬菜。农作物以玉米为主，产量一般约为种子的30倍，一升玉米种的面积可收获3斗左右。南部地区因为气候较为炎热，

---

① 参见《云南省贡山县第四区独龙族社会经济调查报告》，见《民族问题五种丛书》云南省编辑委员会、《中国少数民族社会历史调查资料丛刊》修订编辑委员会《独龙族社会历史调查》（一），民族出版社2009年版，第2页。

② 同上书，第48页。

③ 参见《独龙族简介》，见《民族问题五种丛书》云南省编辑委员会、《中国少数民族社会历史调查资料丛刊》修订编辑委员会《独龙族社会历史调查》（一），民族出版社2009年版，第17页。

④ 参见尹绍亭《远去的山火——人类学视野中的刀耕火种》，云南人民出版社2008年版，第39页。

以旱谷为主,新开的荒地,一箩谷种可产三四十箩。其耕作方法虽然简单,但由于土质较好,雨量充足,因此产量并不算低。由于一块土地同时耕种多种作物,每种作物成熟的时间不同,人们在生活上又很少储备,因此基本上是熟什么就吃什么。秋收时,除了一部分收回家外,另外很多在地里就被吃光了。此外,由于这里到处分布着茂密的原始森林,为了防范野兽的侵扰,人们在下种后到收割前都要到地里日夜蹲守,否则一夜之间庄稼就会被猴子、野猪、熊等动物全部吃光。①

独龙族所种植的农作物种类也同样深受周边民族的影响,如玉米即是受藏族和怒族的影响,经怒江流域传入独龙江地区的。独龙语称"玉米"一词为"旦崩",便是保留着云南西北部的藏族和怒族的叫法。而在靠近西藏察瓦龙的滇藏边境地区,那里的独龙族也很早就从藏族那里学会了种植青稞和燕麦等高山耐寒作物的方法。②

1950年以前,独龙族社会的土地耕作方式非常粗放。一方面,家族公社还保留着公有开垦的轮歇火山地,占耕地面积的50%～70%;另一方面,出现了由若干户互相结合在一起集体耕种的半固定的耕地,占耕地面积的25%～45%,各户房前宅后独资自营的小块园地约占耕地面积的5%。

独龙族长期以来喜种水冬瓜树、漆棕、桃树、李树及龙竹、金竹等,其中水冬瓜树的面积最大、数量最多。充沛的降雨量促使水冬瓜树生长迅猛。水冬瓜树秋天种子成熟掉落,人们在落子之前先到水冬瓜树林中烧去树下的杂草,这样种子落到地上就容易发芽生长。冬末春初,人们就到山上采集水冬瓜树苗,将其浸泡在水沟之中,待到雨天便移栽到抛荒休耕的地里。水冬瓜树生长迅速,只要5年左右就可长成直径10厘米、高七八米的大树,树根有很大的根瘤可以吸收氮元素,对于增加土地肥力有明显的功效。

除了以刀耕火种方式经营的火山地之外,20世纪50年代以后,独龙族也开始尝试种植水稻。一般在每年3月以后修整水田,并在距离村寨较近的水田中施用农家肥;4月以后插秧;6月初用牛犁田插秧,但对播种季节的关注程度不足;半个月后,第一次拔草,有时施用一些化肥;10月收割稻子。稻谷脱粒的方法是在空地上铺一张大竹箦席,上面放置一两块大石头,将稻束用力击打石头,谷粒随即脱落在竹席上,再用竹竿、棍棒等敲打脱落未尽的稻束,

---

① 参见《民族问题五种丛书》云南省编辑委员会、《中国少数民族社会历史调查资料丛刊》修订编辑委员会《独龙族社会历史调查》(一),民族出版社2009年版,第2～3页。

② 参见《云南省贡山县第四区独龙族社会经济调查报告》,见《民族问题五种丛书》云南省编辑委员会、《中国少数民族社会历史调查资料丛刊》修订编辑委员会《独龙族社会历史调查》(一),民族出版社2009年版,第50页。

然后存入粮仓。独龙族虽喜爱食用稻米,但耕作不精,产量亦有限。①

独龙族传统的劳作方式以家庭为生产单位,如果开垦的是大片的山林,则采取伙种的形式,男女分工不明显。各家庭集体出种子,按户出劳力,不计工时和劳动力强弱,收获物由集体平均分配。随着农业生产的逐步发展,独龙族人形成了相对固定的农业生产月历(见表3-1)②。

表3-1 独龙族的四季农业生产月历

| 月份 | 独龙语称谓 | 意义 | 生产活动 |
| --- | --- | --- | --- |
| 1 | 阿猛 | 过雪月 | 大家休息,个别户种早洋芋 |
| 2 | 阿薄 | 出草月 | 山草开始生长,大量种洋芋 |
| 3 | 奢久 | 播种月 | 开始播种小米、芋头、棉子等作物 |
| 4 | 昌木蒋 | 花开月 | 桃花开,鹤集中鸣叫,播种完毕 |
| 5 | 阿石 | 烧火山月 | 大量烧火山,停止下种 |
| 6 | 布昂 | 饥饿月 | 存粮吃完,大量采集野粮 |
| 7 | 阿茸 | 山草开花月 | 薅草,采野粮 |
| 8 | 阿长木 | 霜降月 | 山草被冻死,开始收庄稼 |
| 9 | 单罗 | 收获月 | 收获小米、包谷、稗子、荞子 |
| 10 | 总木甲 | 降雪月 | 收获完毕,储粮,山巅降雪 |
| 11 | 勒梗 | 水落月 | 河水降落,找冬柴,砍苦荞,准备过冬 |
| 12 | 得则钦 | 过年月 | 妇女砍活麻、织麻布、跳牛舞 |

(二) 采集和渔猎

道光年间的《云南通志稿》中记载:"俅人居澜沧江大雪山外,……种黍稷,剐黄连为生。"③ 从这段史料中可以看出,直到清初,采集和渔猎在独龙族社会生产中仍然占有相当的比重。

采集在独龙族的经济生活中占有一定地位,人们将采集野生食物作为主要的生活来源之一。采集的植物种类繁多,主要有野苕、董棕树根、登木线根、

---

① 参见蔡家麒《藏彝走廊中的独龙族社会历史考察》,民族出版社2008年版,第3页。
② 参见《贡山县四区三村孔当、丙当、学哇当独龙族社会经济调查》,见《民族问题五种丛书》云南省编辑委员会、《中国少数民族社会历史调查资料丛刊》修订编辑委员会《独龙族社会历史调查》(一),民族出版社2009年版,第24页。
③ (清·道光)《云南通志稿》(刻本),云南省图书馆藏。

小竹笋、竹节菜、野蒜、大百合、鱼腥草、木耳和各种可食菌类等。此外，蜂蜜也是人们采集的主要食品，除自用外，还可制成蜂蜡出售或进行贸易交换。采集野菜一般在每年3—8月进行。在20世纪40年代以前，每到春季即由头人或家族长带领大家集体上山，进行季节性的采集，所采食物平均分配；之后随着私有制的逐渐发展，季节性的集体采集逐渐转变为家庭单独采集，承担采集任务的多为妇女和儿童。①

独龙族的捕鱼活动四季都在开展，使用的工具和方法亦较为多样。其工具包括"别尔"（方形扁体）、"董阿"（长形，口大身细）、"日桑"（两头大，外形似葫芦，中间相连处有一窄孔）、"萨本"（形似灯笼，较小，入口处由宽渐窄）等各种形状和功能的竹篾渔篓，以及"乞叉"（两根细长的竹竿中间套结上一张长方形或菱形的网）、"布亚"（长方形渔网）、"兰赫柔"（类似渔叉，用粗铁丝弯制成一般大小的渔叉4个，分成4个方向，分别绑在竹竿一端，用麻绳拴连，麻绳一端系牢在竹竿中段）等辅助工具。此外，独龙族还有使用开山采石的炸药投入江中炸鱼的。所捕的鱼一般在家中食用，数量多时分给其他村民。②

狩猎一般在每个氏族公社固定的猎场上进行，一般多在冬春两季，由各氏族集体围猎。氏族内部有共同的打猎区域，在本氏族的区域内，别的氏族成员不经同意不得随便狩猎。猎区一般以山峰河流为界，假如越过边界在别的猎区内获得猎物时，一般要分一半给其所有者。③ 可猎取的动物包括野牛、狗熊、山羊、鹿、麂子、岩羊和羚羊等。猎取较大的野兽时，由家族长或有经验的猎手担任指挥，每个参与的成员要自备武器和食物，猎物则实行平均分配。主要的狩猎工具有弩、箭、铁矛、地弩、扣子、竹签等。④ 此外，还有个人开展的小规模狩猎，所得一般归个人所有，数量较多时也用来馈赠亲友。独龙族在狩猎时常使用毒箭，毒药用雪山上采集的剧毒植物"草乌"制成，由于毒性剧烈，制作者的手上不能有破损之处，否则将有生命危险。狩猎的活动既辛苦又充满危险，不少人在狩猎中曾经遭遇过猛兽的袭击，有人身负重伤，还有人因此不幸丧生。

---

① 参见杨毓骧《伯舒拉岭雪线下的民族》，云南大学出版社2000年版，第92页。
② 参见蔡家麒《藏彝走廊中的独龙族社会历史考察》，民族出版社2008年版，第7～8页。
③ 参见《云南省贡山县第四区独龙族社会经济调查总结报告》，见《民族问题五种丛书》云南省编写组、《中国少数民族社会历史调查资料丛刊》修订编辑委员会《独龙族社会历史调查》（二），民族出版社2009年版，第37页。
④ 参见杨毓骧《伯舒拉岭雪线下的民族》，云南大学出版社2000年版，第92～94页。

## (三) 手工业和副业

直到20世纪50年代，独龙族的手工业还没有完全脱离农业生产独立存在。家庭手工业者主要包括铁匠、木匠、纺织和竹器编织者，少数家庭以手工作为副业。其中除纺织外，其他行业的从业者均为男性。从事铁匠的少数男子可以打制和修理铁锄、砍刀和镰刀等铁制工具，并能锻制小刀、小木锄的铁尖器以及铁渔叉。由于生铁很难买到，因此规模较小。木匠从业者原先仅会使用砍刀和扁斧等工具从事解板、砍料、盖房等粗木活，新中国成立后才逐步开始使用锯子、刨子和凿子等工具。独龙江地区生产竹子，竹器编织在独龙族人的家庭生活中占有重要地位，除可供自己使用外，还可以对外交换贸易，受到周围藏族、怒族、傈僳族等民族的喜爱。①

纺织是家庭手工业中的一项重要内容，此项工作全部由妇女承担，姑娘从10多岁开始便学习纺织技术，使用的是被称作"腰机"的织布工具。腰机由腰机带、梭板、木板和机架等几部分组成。使用时将几根木杆插在地上作为机架，装好各种部件，穿上经线。织布时，妇女席地而坐，将腰机皮带系在腰部，腰机末端挂在木架上即可。不使用时可将其卷成一筒，收藏起来。纺织好的布料可以用来缝制衣服和挎包，人们过去大多使用的是竹针。竹针用竹片削制而成，针尖有叉，使用时将麻线卡于叉内，即可缝制。② 1980年后在巴坡办起了一家小型的缝纫厂，由于独龙族妇女有编织和缝纫的传统，工人大多为独龙族妇女。

独龙族妇女承担了制作麻线毯子的繁琐任务。首先，从野外（过去主要是休耕的火山地上）用砍刀砍下成熟的大麻植株，背回家中附近的小溪旁，将大麻叶子取出后浸泡到水中，待7～10天后大麻的表皮与韧皮中部分胶质腐烂、纤维开始松解，便可以轻易将纤维从植株上剥离。其次，将火塘里的灶灰调和成汁，将剥离的纤维放入其中浸泡1～2天，然后捞出清洗干净后晾在阴凉处，待水分干燥后有条理地分拣。接下来要劈绩，将脱胶的纤维劈成尽可能细的条，再将一段段较细的纤维束并和续接在一起，然后将纤维搓合成麻绳。搓绳时要将纤维压紧于两指或两掌之间，向同一方向搓转；也可以手腿并用，将纤维置于腿上，用手掌搓之。利用搓转时产生的力量使纤维束扭转，互相抱合形成单纱，接着把两股单纱并到一起，朝相反方向搓动，使之重合形成股线，根据制作需要，还可以将股线搓合成麻绳。

独龙江两侧的山上有很多可以染色的植物，最为常见的缪蓝高约60厘米。

---

① 参见杨毓骧《伯舒拉岭雪线下的民族》，云南大学出版社2000年版，第88～90页。
② 同上书，第90～91页。

将其叶子采回后碾碎放入盆中加水发酵3天，之后将麻线浸入蓝草叶汁中均匀染色，半天后捞出晾干。若要染成红色，可以采茜草的根或者核桃树皮，将其切成碎片后放入热水中煮沸，染色时需要加入椿木灰，反复染3次才能出现艳丽的红色。紫草和荩草分别可以作为紫色、黄色染料使用，麻栎树的壳斗和树皮煮沸后可以将麻线染成黑色。

麻线通常以纯白为主，偶尔搭配蓝色、红色与紫色，在使用腰机这一最为简单的纺织工具织布之前，要将麻线按照颜色需要搭配好，按顺序缠绕在绞棒上。这一工序比较繁琐。两根麻线结成一股叫作捻线，然后将线绕成团（独龙语称"一克亚"）。之后，拿来一个用木头削成的底部宽平、顶端尖细、中间有一铁钉穿过形似陀螺的物件（独龙语称"文切"），把绕成团的线拉开再绕在"文切"上，左手捏着线头，右手将"文切"往腿部用力一滚，放手、抽线。随着"文切"快速转动，织布者的左右手不停地捻着，转捻得更细的麻线则不断地绕在左手掌上，最后，把左手掌上的线缠绕在长宽各约66厘米的叫"文卡"的工具上。织布的地方一般在自己家木板房的过道上。纺织工具和麻线、毛线缠绕后放在一个竹编篾箩里。织布时，先取下竹箩，拿出竹片、木筒、木片共9件纺织工具和织布的经线，将经线一端挂在晾台的木桩上，另一端用"结布拉"（腰机带）系在自己的腰际，然后席地而坐，双手开始不断地穿梭纬线。随着织布者双手不停地运作，一行行呈竖条状排列的彩布便织出来了。

独龙族的传统麻纺织品种类较少，常见的主要有独龙毯和绑腿。由于劳作繁忙，妇女们往往利用农闲或下雨天无法外出劳作的时间进行纺织，一个妇女一天仅能织约6寸宽的麻布尺许，一年中每个妇女可织2～3床麻毯。[①] 从纺织技术来看，无论采集野麻、纺纱、绩麻，还是织布和缝制成衣物或毯子，都需要手工操作并消耗大量的闲暇时间，甚至可以说妇女除了正常的家务劳动（如做饭、喂猪、照料小孩）之外，剩余的时间都花在制作麻线毯子上。由于纺织技术落后，生产效率较低，各户人家都是自纺自织，没有交易，一年每人最多只有一身衣服。人们的衣服经常是旧的破了，新的还未做好，妇女较少或没有妇女的人家甚至衣不蔽体。随着生产方式逐渐远离刀耕火种，制作毯子需要的麻线已经很难获取。

独龙族普遍饲养家畜家禽，主要种类为猪和鸡。据1949年的统计数据，贡山县第四区一村15户人家中，有猪111头，鸡40余只；三村的29户人家

---

① 参见《云南省贡山县第四区独龙族社会经济调查总结报告》，见《民族问题五种丛书》云南省编写组、《中国少数民族社会历史调查资料丛刊》修订编辑委员会《独龙族社会历史调查》（二），民族出版社2009年版，第56页。

中，有猪 45 头，鸡 142 只。人们饲养的猪和鸡主要用于祭祀杀牲、物物交换、赠送亲友及自己食用。此外，还有不少人家养有蜜蜂用以采食蜂蜜。①

独龙族家族公社具有早期家族公社的一般特征：生产资料、生活资料集体占有，共产共食；按性别、年龄分工，不存在小家庭经济成分；人口、财产的世代与集体分化原则，可以概括为经济上的整体性。家族公社成员之间在物质、思想方面的平等、合作、互助以及民主管理等特征，是社会关系上的民主平等性。②公社的生产品采取商品形式者越多，就说明生产品为生产者自己消费的部分越小。以交换为目的而生产的部分越大，公社内部原始的自然形成的分工被交换排挤得越多，那么，公社个别成员的财产状况也变得越加不平等。③ 直到 20 世纪 50 年代，独龙族的生产生活水平仍然十分低下，尽管人们全年辛勤劳动，但每日两餐，除极少数人能吃到干饭以外，绝大多数人都是喝稀饭度日，缺粮户达 90% 以上。每年青黄不接时只能靠采集山茅野菜度日，很多人整年都吃不上盐，吃肉更是难得的机会，只有在村落中有人家剽牛祭鬼或有猎获野兽时才能分到一份。④ 人们常用"衣不蔽体，食不果腹"来形容独龙族人从前的日常生活。历史调查资料也显示，20 世纪 50 年代前独龙族不缺粮的人家很少，人们往往依靠采集和渔猎来度过荒月。一般的人家每年都有三四个月的缺粮时间，有的甚至长达 11 个月。每年一到春季，往往已经无粮，而粮食收获之后由于没有节制地酿酒、祭鬼等，耗费甚大，使得口粮短缺的情况更为严重。食盐是极其稀缺的物品，一般人家每年只能吃到一两斤，甚至更少，茶就更难见到了。⑤

农业技术的发展和土地制度的变革导致了独龙族原始共产生产方式的解体和小家庭生产关系的确立，个体家庭成为生产和消费的经济单位，这种变化逐步破坏了原先广泛存在的男女老少平等的分配制度与性别分工体系，妇女的地位日益下降，逐步沦为被奴役的对象。同时，随着生产力的发展和以手工业副业和贸易交换为代表的商品经济的产生，贫富差距的出现打破了原先社会成员

---

① 参见《云南省贡山县第四区独龙族社会经济调查总结报告》，见《民族问题五种丛书》云南省编写组、《中国少数民族社会历史调查资料丛刊》修订编辑委员会《独龙族社会历史调查》（二），民族出版社 2009 年版，第 12 页。
② 参见庄孔韶《父系家族公社结构的演化进程概说》，载《中央民族大学学报》（哲学社会科学版）1982 年第 4 期。
③ 参见恩格斯《反杜林论》，人民出版社 1957 年版，第 166～167 页。
④ 参见《独龙族社会情况调查》，见《民族问题五种丛书》云南省编辑委员会、《中国少数民族社会历史调查资料丛刊》修订编辑委员会《独龙族社会历史调查》（一），民族出版社 2009 年版，第 4 页。
⑤ 参见《云南省贡山县第四区独龙族社会经济调查总结报告》，见《民族问题五种丛书》云南省编写组、《中国少数民族社会历史调查资料丛刊》修订编辑委员会《独龙族社会历史调查》（二），民族出版社 2009 年版，第 29 页。

地位平等的状态，妇女被局限于难以创造经济价值的家务和纺织中。在家庭内部，妇女仍然负责管理家务，掌管粮食，具有一定的地位，但在婚姻关系中已经沦为被买卖的商品。

## 第三节 "轻重"与"内外"：性别分工的标准

在马克思和涂尔干看来，社会分工是使性别地位发生变化的第一推动力。① 那么，人类社会的性别分工究竟是由什么决定的？人类学研究中一直有个传统的倾向，即认为最早的劳动分工是由性别和年龄决定的。学者们曾经从不同的视角给予各种解释，如男女两性的生物特性决定论、经济制度决定论、性别角色决定论、比较优势决定论等。事实上，由于性别劳动分工的错综复杂，因此任何形态的性别劳动分工都是上述各种因素综合作用的结果。②

### 一、藏族和纳西族社会内外有别的分工标准

在劳动分工方面，与拉祜族"两性合一，男女同工"的劳作方式③截然不同的是，藏族和纳西族社会的日常劳作由较为严格的两性分工与合作来完成。从前文的分析中可以看出，当地社会将男性和女性所从事的劳作进行了详细的分工，并以"男主外和女主内"的规则进行实践。那么，"内与外"之间的标准又是如何划分的呢？如果说"内"指的是家内，那么女性为什么在家务之外还要从事农活？如果说"外"指的是家庭的外部，那么藏族男性为什么还要从事捻毛、刺绣、缝纫等工作？"内"与"外"之间的界线究竟在哪里？

据藏族老人的解释，"内"就是家里的事，也就是说，凡是跟家庭内部有关的事情，都是女人的事情，不管是家务、农活，或者是其他的事情，只要是女人能做的都要做；而家庭"以外"的事情是男人的事情，女人不该管，只要做好自己分内的事情就行了。女人最常干的是家里日常简单的活，包括家务和农活；至于一些有一定难度和技术的活则是男人们从事的，包括刺绣、缝纫以及手工艺制作等，这些活计因为可以产生可供交易的产品，所以女性一般很

---

① 《1844年经济学哲学手稿》、《资本论》（第1卷）和《社会分工论》等著作对分工及其结果有较多论述。
② 参见沙吉才《当代中国妇女家庭地位研究》，天津人民出版社1995年版，第234～236页。
③ 参见杜杉杉《社会性别的平等模式——"筷子成双"与拉祜族的两性合一》，赵效牛、刘永青译，云南大学出版社2009年版，第113～124页。

少从事。此外，还有人提到了另外一条标准——"轻"与"重"，认为女人干的都是家里的轻活，而家外和家里的重活都是由男人来承担的，如放牧、做生意、建房、屠宰等。

女性从事的农活为什么被列入了"轻活"的范围？原来人们考虑的还有另外一条标准，即生产活动是否具有危险性。在他们看来，在外部空间活动往往具有危险性，这是女性难以应付的。虽然农活辛苦，但比起建房、屠宰这些需要大量体力的活计来说，还算是比较轻的，并且劳作的场地大多离家不远，因此可以由女性承担。由于女性所从事的劳动被限定在"内"和"轻"的范畴之内，因此技术的学习与传承也仅限于女性能够自由活动的范围内，这样的规定即将女性从专业技术较强的经商和手工艺品制作等领域排除了。值得注意的是，在很多民族中属于典型"女红"的劳作形式，比如刺绣和服装制作等针线活在藏族社会中却是典型的男性工作。其主要原因在于，裁缝是当地社会的职业之一，他们缝纫的产品包括了日常穿着的衣服鞋袜、帐篷袋子以及盛装服饰等。此外，缝缝补补的工作也一般由男性负责。

通过回顾藏族聚居区的土地制度与政治体制可以为更好地理解这些分工标准的形成提供帮助。例如，民主改革前的迪庆藏族聚居区所通行的属卡制度要求每家每户支应寺院和土司等土地所有者的各种劳役，这些必须完成的差役迫使大量男性劳动力不得不离家外出，家庭内的劳作自然落到了女性群体的身上。由于男性大量出家以及因各种原因死亡，这进一步加剧了男性劳动力稀缺的问题，自然也更加强化了女性对家庭内各种劳作的承担比例。再加上藏族群众对两性身体的差别性认识，诸如认为女性污秽与邪恶的观念，致使女性无法进入一些技术含量较高的劳作领域。

在多偶制家庭中，劳动分工除了考虑性别差异之外还加入了男性成员的长幼尊卑这一因素。村里大部分的多偶制家庭几乎都实行类似的分工方式：兄弟共妻家庭中的哥哥在外跑运输或经商，弟弟在家与妻子一起料理农活或负责放牧；姐妹共夫家庭中能够跟随丈夫外出经商或者务工的也一般是姐姐。在当地人看来，"外部"的劳作等级要高于"内部"，因此也应该由长者承担较为重要的工作。相对充沛的劳动力造成了多偶制家庭有别于当地一夫一妻制家庭的分工形式，同时也反映了家庭内部成员的角色与地位差别。

直到今天，藏族农村的劳动分工仍然体现了以妇女为主的特点，虽然导致这种结果的原因已不再大部分归因于男性劳动力的出家，而是归因于新兴的社会经济结构的变迁促使男性大量投入了农业以外的其他行业。这种趋势仍然反映了藏族社会多样化生计模式并存的特征，以及男性以脱离农业生产劳动为荣的文化心理。

与之类似，在纳西族社会中，传统的农业生产活动和家务劳动均由妇女承担,男性大多外出务工,仅在年节、农忙或建房等时段返回家中。老年人逐步脱离主要的生产劳动,但仍会从事一些辅助性的工作。从整体上来看,妇女是地方社会农业生产的主要劳动力,同时她们也通过纺织和家畜、家禽饲养为家庭提供额外的经济收入。

杰华(Tamara Jacka)曾提出过中国农村劳动性别分工的三条标准,即"内"与"外"、"轻"与"重"及"技术"与"非技术",并认为这些二元对立的划分方式已经通过教育补充以及个人生涯的不断复制成为社会模式。[①]这三条标准与笔者曾经调查过的藏族村落情况基本相符。但除此之外,藏族群众的性别分工还存在着一种对身体和空间的象征性认识。可见,藏族群众的性别分工标准的形成是一个渐进式的过程,首先是土地制度和人口性别比例失衡共同造就与强化的"男主外女主内"的分工模式,而后是人们依照这种空间上的认识对分工进行再次划分。例如,女性不适合经商(因为这超出了内部空间的范畴),以及女性不适合从事能够产生利润的劳作,这些认识显然都是对劳动分工进行二次划分的产物。

## 二、以自然分工为主的怒族与独龙族社会

怒族的分工标准则体现了以下特征:男耕女织,如犁地、开垦等有关粮食生产的工作主要由男性承担,而割麻、剥麻、纺织等工作则由女性承担;男外女内,即家外尤其是与对外交往有关的事务主要由男性负责,而煮饭、背水、喂猪、洗衣等家务由女性承担;男重女轻,重体力活由男性承担,女性负责薅锄、推磨等体力强度相对较小的工作;男粗女细,撬石头、打板子、扛大件物品等粗笨活计由男性负责,女性负责照顾老幼、缝补衣服、绣花、打草鞋等精细活;男远女近,男性负责离家相对较远的务工、经商、运粮等活,女性负责家内的粮食晾晒、喂猪等活;男险女夷,凿石放炮、渔猎、械斗等具有风险的事务由男性负责,女性负责施肥、浇水、割草等农事;男难女易,制作家具与农具、建盖房屋等难度较大的活由男性负责,采摘食物等活由女性负责。老年人逐步脱离直接的劳作,主要负责教育后代、传授生产生活技能和传承民族记忆。[②]一首怒族的《婚礼歌》生动反映了男女之间的劳动分工模式:

男:
在吉祥的日子,

---

① 参见 Tamara Jacka. *Women's Work in Rural China*: *Change and Continuity in an Era of Reform*. Cambridge University Press, 1997: 19.

② 参见李绍恩《中国怒族》,宁夏人民出版社 2011 年版,第 36~37 页。

在美好的岁月;
……
在今天的这一天里,
在今夜的这一夜里;
遇到了美丽的姑娘,
见到了漂亮的女子;
……

女:
会唱歌的阿哥哟,
会说话的阿哥哟;
……
阿妹从小长在这地方,
阿妹自幼生在这地方;
……
是我从小织布的场所,
是我自幼纺线的场地;
……

男:
会唱歌的阿妹哟,
会说话的姑娘哟;
……
不知你唱到哪里去了,
不知你说到哪里去了?
……
是我打猎时必经的路,
是我捕蜂时必行的道。
……①

  独龙族社会的分工体系亦相对简单,在生产力水平相对低下的状态中,社会成员尚处于人人平等的劳动状态,社会实践着家族集体占有土地、集体生产、平均分配的原始共产制生产方式;男女老幼共同参与农业和采集活动,妇

---

① 叶世富记录整理:《婚礼歌》,载《华夏地理》1991年第1期。

女主要承担纺织、家务和照顾孩子的活动，同时负责管理家内的粮食，男女在处理劳动生产和家务方面的权利是平等的。由于生产过程是统一的，所有成年人都直接参与物品的生产、分配、流通和消费，意味着每个人都必须依赖群体才算完整，同时暗示着生产者和非生产者之间不存在结构性差异。① 正如尤林所指出的那样，在这样的本土社会中，"分工依性别和年龄而论，但劳动分工没有高度专门化，这种现象说明个人知识的全面和参与社会活动的范围之广"②。随着经济的发展、私有制的出现和大家族制度的崩溃，农业生产技术发展使采集和渔猎活动在整个生计方式比重中逐步下降，个体小家庭作为生产和消费单位得到确立，男女之间的分工逐步产生并加剧。

通过对比可以发现，在性别分工标准的划分问题上，各民族存在着不小的差异。按照传统的人类社会分工理论，即男性从事狩猎、女性从事采集和纺织。藏族社会由于商品交换相对发达，家庭成员所需的衣物已经不再通过自我生产满足，而是大量依赖交换消费；怒族和独龙族在很大程度上还停留在自给自足的阶段，家庭所需的纺织品全部由妇女负责提供。另外，社会生产力发展相对落后的怒族和独龙族在很多方面则还保留着原始共产时期的性别分工特征，分工的具体化还显著地表现在独龙族的主妇分食制和管仓制等方面。但随着社会经济的不断发展和原始共产制的解体，性别分工模式亦发生着相应的变化。其中不容忽视的一点是，尽管妇女在上述不同社会结构中扮演着各种劳动角色，但由于性别制度的存在，她们对家庭和社会经济的贡献往往遭到遮蔽或贬低。

## 小　结

通过对三江并流峡谷不同区域社会聚落、村镇与社会生活方式，不同生计模式中典型的性别分工及其分工体系的划分标准的考察，我们大致可以得出以下结论：在上述 4 个民族中，藏族和纳西族的农业耕作技术发展水平相对较高，但也呈现出分布不均衡的状态。主要使用妇女作为劳动力是藏族和纳西族社会开展农业活动的重要特征，但受到自身劳动能力的限制，劳动的强度与效

---

① 参见（美）托马斯·帕特森《马克思的幽灵——和考古学家会话》，何国强译，社会科学文献出版社 2011 年版，第 182 页。

② （美）罗伯特·C. 尤林：《理解文化》，何国强译，许韶明校，北京大学出版社 2005 年版，第 99 页。

率无法与青壮年男性劳动力相比。因此,这种分工模式在一定程度上限制了当地农业的发展,但多种生计模式并存表明了社会分工是在社会结构中形成的。而在生产力相对落后的怒族和独龙族社会中,社会分工体系尚未完全形成,自然分工仍是主要的形式。可见,上述 4 个民族的传统生计方式和劳动分工中所反映的共同问题是,由自然环境所决定的生计方式在不同的社会文化背景中可能会产生不同的劳动分工形态及不同的性别权利结构。

# 第四章 "肮脏"的妇女：身体认识中的阴阳之别与污洁之异

存在于特定社会与文化中的身体观念确定了人们认识男女两性的基本准则。玛丽·道格拉斯将人的身体视为整个社会的隐喻，强调了身体作为承载社会意义的象征系统的重要性，认为身体是一种可以表示任何具有界线的体系的模型。同时，身体还是一个复杂的结构，不同部位的功能及彼此之间的关系为其他复杂结构提供了象征性的来源。①

## 第一节 差异之源：创世传说中的男女两性角色

很多人类学家认为，性别二元论首先根植于身体的差异，然后意识形态利用了这种体现男性占绝对优势的二分法，将其推广到生活的各个领域和知识的各个部门。② 这种自然主义的身体观往往将男性的身体视为规范／标准／正常，而女性的身体因有异于这种标准，因而是偏离常态和低下的。女性的身体是"麻烦"的，并且因此成为危险的"他者"，在父权制的社会中遭到歧视和扭曲。③ 正如布尔迪厄所言：

> 生殖器官之间的对立体现在神话——仪式的一系列对立中……借助一种原始神话，使两性在性别劳动分工中被分配的位置合法化，并通过生产和生殖的性别分工，使两性在一切社会秩序中，并进而在宇宙秩序中被分配

---

① 参见（英）玛丽·道格拉斯《洁净与危险》，黄剑波、卢忱、柳博赟译，民族出版社 2008 年版，第 143 页。

② 参见（法）伊·巴丹特尔《男女论·前言》，陈伏保、王论跃、阳尚洪译，湖南文艺出版社 1988 年版，第 9 页。

③ 参见（英）克里斯·希林《身体与社会理论》，李康译，北京大学出版社 2010 年版，第 40～61 页。

的位置合法化。①

## 一、猕猴与罗刹女的后代：藏族

在藏族传说中，藏族聚居区原是一片魔女（罗刹女）盘踞的大地，至于藏族群众，乃是猕猴和罗刹女结合繁衍的后代。据说文成公主入藏以后，精通天文术数的她受邀为拉萨城（当时称为逻些）测看风水。文成公主认为，藏地的地形呈现魔女仰卧之状。为镇压魔女，遵照她的"指点"，吐蕃王朝在魔女身体各个关键部位所对应的地方修建了数座寺庙，以使人民免遭恶魔侵扰、安居乐业。文成公主降魔的故事深刻地反映了藏族社会对待女性的态度，而藏族群众笃信的佛教经典中也讲述了女性与生俱来的精神缺陷——不断地受到欺骗、感情易变、不可靠、迟钝、呆滞、虚伪、喜淫欲、低智能及缺乏信心，同时还告诫世间的男性，"在物质世界里，再没有比妻子更坏的人"。②

在藏族传说中，女性被认为是女妖的后代，是邪恶的化身，代表着凶煞、暴躁等不良品性。女人发出的黑巫术特别灵验。女性有鬼怪附体，如果在夜里大喊大叫会招来妖魔使人蒙受灾祸，因此非常不吉利。在藏文中，"妇女"与"下层人"是同一个词。这种魔女观念的形成在很大程度上影响了人们对女性的看法，并使女性群体自身形成了低人一等的主观认识。女性在藏族群众起源传说中所扮演的角色反映了她们在当地文化中所处的地位：传说中的罗刹女和猕猴虽然都为千手观音所化，但两者的性情大相径庭，源于猿猴的父种表现为聪慧敏捷、小心谨慎，而源于罗刹女的母种是专嗜恶业、秉性顽劣。藏族群众喜欢歌颂母亲，是因为她具有生育后代的能力，同时使得其后代可以传承父亲的"神性"。但同时，包括所有母亲在内的女性群体从未因此摆脱"罗刹女"身上妖媚与贪婪的"原罪"。因此，在藏族群众（以男性为主要群体）眼中，女性成为一种矛盾的复合体。

"女人么就是要脏点"这种观点是大多数藏族女性对自我的认识。因为脏，所以在生活中就需要不断地进行净化，并遵守各种禁忌，否则将会给男性和整个家庭带来不利影响，其后果也将影响到女性自身。遵照这种逻辑，女性不断重复并强化着这种认识和行为，社会也按照这样的逻辑不断延续着性别运作的模式，即女子不能随便进入许多社交场合，如射箭、看望危重病人等，也不能杀鸡、羊、猪等牲畜，男子随身携带的护身符、刀等物品也忌讳妇女

---

① （法）皮埃尔·布尔迪厄：《男性统治》，刘晖译，海天出版社2002年版，第20页。
② 参见（印）群沛·诺尔布《西藏的民俗文化》，向红笳译，见王尧《国外藏学研究译文集》（第九辑），西藏人民出版社1992年版，第255～335页。

触摸。

## 二、人祖与天女的后代：纳西族

纳西族东巴经《创世纪》中叙述了人类产生的过程，即人祖崇忍利恩和天女衬红褒白命成婚，生下 3 个儿子，分别成为藏族、纳西族和白族的祖先。在这则传说中，女性祖先是神性的代表，纳西族因此重视对母系祖先和女性神灵的祭祀，其民间最大的节日"祭天"所祭祀的即是神话中的纳西女始祖衬红褒白命的父母亲——天神子劳阿普和地神衬恒阿仔夫妇。而在其民族的创世史诗《崇般图》中，纳西男始祖崇忍利恩正是在女始祖衬红褒白命的帮助下才战胜了天神的种种刁难，可以说，没有女始祖就没有纳西族后代。纳西族崇拜很多女神，关于女神的神话不胜枚举。例如，刀、锄、犁等生产工具是由女神发明的，五谷六畜也是由女神从天上带到人间的，女神教会人们种植谷物、驯养牲畜、获取火种等，占卜使用的 360 种卜书也是女神赐给人间的。此外，纳西神话中还有不少勇猛的女英雄。

纳西族女性在其社会宗教生活中也扮演着重要的角色。在东巴经文中，纳西族最早的巫师"帕"是由女性担任的，她们在部落战争中不仅发挥着沟通人神的媒介作用，同时也充当参谋和军师。

人的再生产是关系到种族延续和氏族、宗族、家庭继嗣的要事，也是社会生产生活中举足轻重的一面。在纳西族社会中，东巴教的影响也突出地体现在人的繁衍这一重大事务中。求子多育，要请东巴举行各种仪式。例如，祭祀掌男性生育力的生殖神"伙"，掌交合、怀孕与传子之神"自"，生育神"仁"，等等。在长期以来处于父系制社会的丽江纳西族中，人们为求父系血统继嗣绵延不绝，举行祭绝后鬼的仪式。而仍处于母系制的永宁纳西族社会，则多祭祀与生育女孩密切相关的女神"巴丁拉木"、"干木"及专司生育的女神"那蹄"，以多女为福，企盼神灵庇佑多生女孩，以延续母系家庭血缘。在特定历史条件下产生的多生多育观念，使纳西族人极度畏惧不育和人丁减少。因此，凡有不育和小孩夭亡等灾祸的人家，都要请东巴或达巴举行镇压或安抚各种破坏侵扰人的生育活动的鬼的仪式，如替拉鬼、亚格鬼、断足趾男鬼"我盘木都"和其瞎眼鬼妻"我美缪木"、会堵塞男女生殖之路的秽鬼等。①

---

① 参见杨福泉《多元文化与纳西社会》，云南人民出版社 1998 年版，第 19～20 页。

### 三、女祖茂英充的后代：怒族

怒族的怒苏支系流传着女性祖先茂英充的故事传说：

> 在很久以前，天上飞来一群蜜蜂，歇在怒江边的腊甲底村。后来，一只蜜蜂与蛇结为夫妻，生下了一个女孩，她的名字叫"茂英充"，"茂"意为天，"充"意为人，合起来即为"从天而降生的人"。茂英充长大以后，又跟老虎、蜂、蛇、麂子、马鹿等结为夫妻，生下的后代发展到今天，分别形成了怒苏的蜂氏族、虎氏族、蛇氏族、麂子氏族、马鹿氏族……①

除了具有神圣崇高地位的女始祖茂英充外，怒族还将一位女神——仙女阿茸视为心目中的英雄，视其为智慧女神。每年农历三月十五的仙女节时，男女老少都要穿上节日盛装，带上准备好的祭祀用品和野炊食品，手捧鲜花，前往村寨附近的溶洞祭祀，并举行聚餐和各种娱乐活动。传说：

> 很久以前，有一位名叫阿茸的怒族少女，她聪慧美丽，看见蜘蛛结网，发明了编织麻布；看见小鸟站在木片上过江，发明了独木舟；……她因此芳名远播，引起许多小伙子的倾慕和追求，可是这些小伙子都觉得自己无法和这位聪明过人的美丽少女匹配，羞于开口。而就在这时，有个残暴的头人却仗着人多势众，要用暴力抢亲，强迫阿茸嫁给他。阿茸因抗婚而逃进神山里的溶洞。恼羞成怒的头人放火烧山，大火燃烧了九天九夜之后，阿茸的身躯化成了洞中的钟乳石，灵魂就此变成了岩神，而在溶洞周围则开满了美丽的杜鹃花……②

此外，怒族民间还有狩猎女神的传说，讲述了一位本领高强的女性通过联姻将其所掌握的狩猎、纺织和饲养家禽等技能传授给人类的故事。③ 这些怒族早期传说中对女性的崇拜体现了女性在当时生产生活中的重要地位，与父权制形成后社会对女性的偏见和误解形成了鲜明的反差。

---

① 何叔涛：《云南民族女性文化丛书·怒族——复苏了的神话》，云南教育出版社1995年版，第2页。
② 同上书，第3页。
③ 同①，第4页。

### 四、男女先祖的后代：独龙族

在独龙族的传说《创世纪》中，男性和女性是同时产生的。据说：

很早以前，地上还没有人，住在"木代"（传说中的天上某处）山上的"格蒙"（天上最大的鬼）曾在石板上用泥巴揉出两个泥人来，一个揉得透些，成为男人；一个揉得不怎么透，下身有些裂开，成为女人。格蒙把这两个泥巴人放在石板上，对他们吹了三次气，两个泥巴人就有了呼吸和生命，从此地上有了人。人慢慢地发展了起来。①

独龙族人的婴儿长到1岁左右，为祈求"南木"保佑婴儿的"卜拉"无恙，父母要请"南木萨"为婴儿做"卜拉鲁"仪式。"南木萨"先摇铃、击鼓和熏烟，叫来自己的"南木"。孩子的父母把作为祭品的酒、小米、兽肉或荞面粑粑等食物每样取一些放在簸箕里，四周插上挂着各色纸条的小树枝（"拉达尔"），很郑重地端给"南木萨"；巫师接过，在孩子的头上绕几圈，再高举起托给他的"南木"，同时不断地祈祷说："今天我们搞'卜拉鲁'，这些东西归你们了，你们抬去天上，让这个娃娃平平安安地长大吧！娃娃的'卜拉'是'格蒙'给的，他的'卜拉'现在又小又嫩，你们不要伤害他，别的'南木'和'卜拉'也不要随便来。让娃娃的身子长得像大树一样粗，他的'卜拉'像石头一样的硬吧！"②

传说的传承是动态的，不同民族保留至今的创世传说中反映了其族群不断变化的性别权利与政治史。上述4个民族的创世传说体现了人们对男女两性身体及其象征权利的基本认识，也体现了不同民族对待女性的基本态度。从传说中体现的内容来看，尽管父权制已经得到普遍的确立，但纳西族和怒族仍具有较强的母系认识，女性在其早期社会中具有较高的地位，在两族社会的血缘观与继嗣制度中保留下来的母系遗存也印证了妇女早期拥有的权利及其对社会所产生的持续影响；独龙族的传说体现了男女两性早期基本平等的地位；藏族的起源传说则带有较为明显的宗教色彩，这则传说中对罗刹女和猕猴的认识与后来宗教权利在其社会中所占据的统治地位不无关联。

---

① 蔡家麒：《藏彝走廊中的独龙族社会历史考察》，民族出版社2008年版，第35页。
② 同上书，第162页。

## 第二节 阴阳之术：性、生育及其控制中的社会性别权利

"男女有别"观念体现了人们对男女两性身体的基本认识，两性身体从诞生的那一刻起就注定了他们不同的生长、发育与消亡过程。污秽与洁净是人们对待身体的一种基本观念。这种观念投射到两性存在生理差异的身体之上，便转化为一种固定的象征——假如不进行洁净与控制，女性的污秽之躯势必将对男性甚至整个社会造成不利的影响。

### 一、出生与发育

藏族人认为，由于女性身体自身的污秽性，生产成为一件不洁的事情，新生儿从娘胎里出来，就裹挟了极重的晦气和污秽，因此对刚生育的婴儿与产妇必须举行专门的洁净洗礼仪式——"旁色"，祛除这种不洁，孩子才能健康长大。据说，"旁色"源于1 000多年前苯教的一种祭神仪式，"旁"意为污浊，"色"意为祛除，这个仪式意在去掉污秽，以保证全家人的平安与健康。孩子出生后，新生儿的家人便会在家门口堆上石子，一般情况下生男孩堆白色石子，生女孩则随便堆任何颜色的石子都可以。孩子出生3天（女孩一般是4天）以后，亲友们带着糌粑、青稞酒、酥油、砖茶以及孩子的衣服、鞋帽等物品前来祝贺。家人便在堆好的石堆旁边点上一堆松柏枝的桑烟，前来祝贺的人都会在香堆上撒上糌粑面和青稞酒后才能进门。这个仪式也具有净化污秽的作用。

经过"旁色"仪式的洗礼，新生儿祛除了从娘胎里带来的污秽与不洁；随着年龄的增长和身体的发育，新的污秽又会产生，但这种新产生的污秽主要集中到了女性的身体上。对于同样存在于男性身上的青春期发育，人们则有不同的看法。一位年长的妇女说：

> 男娃娃些么不咋个（没什么），不像女娃娃，来了月经么脏得很。①

独龙族的孩子生下来之后，男婴满6天便可洗澡、女婴则要7天才能洗澡换穿新衣服。婴儿由家族长或父母取名，取名的时间为男孩满7天、女孩满

---

① 访谈时间：2010年7月。

9天。

女性身体发育的重要信号之一是月经来潮，这标志着女性的生理成熟。藏族女性初潮的时间一般不太固定，存在着较大的个体差异。根据当地医生的介绍以及笔者的访谈，大部分女孩初潮的时间在14～16岁之间，也有更晚的情况。但迟到的经期对女性的生育期限并没有产生较大的影响，在没有实行计划生育政策的时期，女性普遍可以维持着较长的生育期。藏族人认为，女子的经血被认为是极其污秽与危险的东西，男子必须严格避免与之接触。据说经血如果接触到男性的身体，那么男性将会遭遇到"障"的侵袭，发生不幸。因此，女孩们必须小心谨慎地处理与之有关的一切事物。但由于初潮之前的性教育非常缺乏，因此大部分的女孩几乎都是在极度的恐惧与无助中迎来这一人生的重要时刻。40岁的芝玛在年少时曾经经历过这种恐惧，而她13岁的侄女也曾在类似的情况下经历了初潮：

> 小姑娘都不懂这些（有关月经的事情），要等初潮之后问过母亲才知道。去年我侄女来家里玩的时候正好遇着（初潮），她什么都不懂，吓得钻到被子里躲着。我家儿子来告诉我说，姐姐拉血了，要死了。我去看，被子裤子上到处都是（血），才跟她讲了（是怎么回事），给她换了裤子和纸，后来她才慢慢懂了。①

对月经的恐惧与困惑在初潮之后的好几年都会持续存在，与同龄或年龄稍长的同性交流有关身体发育的知识，是女孩们认识身体的主要方式。虽然母亲及其他女性长辈也乐于传授这方面的知识，但代际差距产生的羞涩还是会令内敛的女孩羞于开口。73岁的次姆奶奶也对我讲述了她自己的初潮经历：

> 女娃娃来月经么一般都是发现之后告诉母亲，母亲会教，有些发育晚的（姑娘）周围的伴儿（朋友）会教。我是20岁才来，有点晚了，所以看周围的伴儿咋个（怎么）整（处理）我都会了。②

月经不仅使女孩子感到恐惧，更让她们知道了自己身体会产生"污秽"后果，必须迅速妥当地进行处理。对月经的处理则反映了明显的时代变迁痕迹。68岁的阿宗奶奶也说：

> 我妈妈（现年88岁，因患病无法开口说话）以前告诉我她们那个时候么不兴（会）穿衬裤（内裤），都是一条百褶裙，也穿不起裤子。经期

---

① 访谈时间：2010年8月。
② 访谈时间：2010年8月。

么就是这种了么（意为没有任何的处理方式），有时候拿点水洗洗，我小时候还看见我妈妈脚踝那里有时候会有干掉的血迹，肯定是没处理干净的，顺着脚淌下来了。现在她还经常说穿裤子外面又穿裙子不方便。我自己年轻的时候还不是烂报纸、破布啊这些（东西）都会用，（如果）怕露出来么只有多穿几条裤子。①

75岁的拉姆奶奶描述了一种传统的经期处理方式：

我们以前那哈（时候）哪点（没）有卫生纸，都是用红布缝成布袋，装上灶灰。灶灰好呢，干净，湿了又换，红布沾了也不明显，但是会整（弄）在裤子上，所以我们那几天（经期）都会穿好几条裤子。劳动时候太不方便了，难在（受）得很。②

42岁的拉初大姐也描述了近20年来当地女性在经期使用的各种处理方法：

原来我们用纸，又黑又硬，20世纪90年代后半期才有了卫生巾，现在山区有些人还不是用烂衣服啊这些，而且经期的时候要老是（非常）注意，千万不能漏出来弄在裤子上，不然是很丢脸的事情。③

由于污秽不洁，经期的女性应尽量避免与男性尤其是僧人接触，禁止进入寺庙或其他神圣的地方，否则会被认为是罪孽深重的行为。受月经不洁论的影响，女性的裤子也被认为是晦气的。因此，男性的衣服不能与之晾晒在一起，如果这样做的话，女性的阴气会影响到男性的前途。次姆奶奶说：

男人对妇女这些东西最忌讳了，认为脏得很。所以不能让男呢（人）看见，洗掉的裤子都要晒在隐蔽的地方。要是男人看见就会倒霉，遭厄运。④

男性对于女性月经的厌恶情绪是极其明显的，不仅忌讳触摸，更避讳谈起，假如有人违反这种禁忌，男性还会报以蔑视与嘲讽。前文访谈的芝玛大姐就曾经有过这样的经历：

---

① 访谈时间：2010年8月。
② 访谈时间：2010年8月。
③ 访谈时间：2010年8月。
④ 访谈时间：2010年8月。

  女人的这些东西男人是讨厌的，我爸爸看见我妈的内裤啊这些都会说："呸呸呸，脏死了。"大理过来这里做生意的男人会帮女人买卫生巾，我们藏族男人看见了，笑他们说："你咯是（是不是）给（帮）女人擦屁股改（吗）？"后来那些大理男人也不好意思买了。女的有病么，都是不能说，大部分都是忍着，不好意思说么。①

  对于兄弟共妻家庭的女性来说，这种禁忌更为重要，因为家庭成员中男性数量较多，因此为了避免给男性带来污秽，她们必须更加谨慎地处理与月经有关的一切事物。嫁给两兄弟后育有两个女儿的藏族妇女追玛告诉笔者：

  这些事情老是要（非常）注意呢，我原来刚嫁过来的时候我家妈妈就交代过我，我自己也晓得。现在大姑娘也是到年纪了（已经经历了初潮），我也是教她，要多注意，不然会丢脸呢，很不好。②

  虽然经期带给她们诸多的不便与困扰，但大部分女性对经期的护理并没有特别在意，男性对此更是嗤之以鼻。拉姆奶奶的描述反映了这种状况的普遍性：

  我年轻的时候么干劳动挣工分，哪点（里）管得了，还（不）注意（在意），都是不管，（经期）在田里干活么泡在水里面，老了还是会经常感觉身体不舒服，风湿、妇科（病）这些都有。我听我妈妈说过去走马帮，马帮里面有时候会有女人跟起（着）一起走，如果有外地商人遇着（到）妇女经期会允许她们休息一天，（但是）我们藏族男人对这些都是不理不顾呢。③

  现在，随着观念的改变，认为女性身体及其衣物污秽的根深蒂固的观念也有所松动。笔者在村里普通人家的院子里偶尔也能看到女性的衣裤与男性的衣裤晾晒在一起，甚至包括少量的女性内衣。然而，与大众生活中日渐松动的性别污秽观念相比，直到现在，藏族农村女性的生殖保健情况仍然令人担忧。当地的一位妇女干部这样说道：

  藏族农村妇女的生殖保健意识较差，为节省开支，她们经常使用劣质的卫生用品，有些经济条件较差的家庭妇女还会用破布等其他东西代替卫

---

① 访谈时间：2010 年 8 月。
② 访谈时间：2011 年 2 月。
③ 访谈时间：2010 年 8 月。

生用品。我曾经参与对近年来全县农村妇女健康状况的免费普查，发现大量患有生殖系统疾病（以妇科炎症为主）的妇女，其中大部分是因为卫生条件较差造成的。①

事实的确如此，当地女性处理月经的方式存在着不小的差异，就算是年龄相近的女性，也因家庭环境、经济条件等因素不同致使她们采用不同的处理方式，家庭经济状况较好的女性可以选择各种各样的卫生用品，而家庭经济拮据的女性还不得不继续沿用几十年前落后的处理方式。为了改变当地女性的传统观念，关注自己的身体健康与生殖保健，卓玛和同事多次开展了下乡调研与宣传工作，并亲自帮助山区村落的小卖部联系质优价低的卫生用品进行销售，引导当地女性了解卫生科学，关爱自己的身体。但这些工作确实需要相应的经济支出，因而不可能取得妇女干部所期望的那种快速而明显的成效。

事实上，不同社会与文化对女性的月经和产血的态度存在着较大的差别。虽然月经禁忌广泛存在于世界各地的不同社会中，但仅凭月经禁忌判断妇女地位的方式早已受到了质疑。月经禁忌也并不总是与污秽或是其他负面象征相关联。在有的地方，男性甚至通过模仿女性行经的行为期望缩小两性之间的生理差异。例如，新几内亚北方沃吉欧岛上的男人定期割裂阴茎流出血液的做法，就被认为是这种模仿行为的典型代表。② 对于本书所关注人群中的男性而言，与女性相比，他们并不需要经历类似于月经那样因身体发育而导致的污秽后果，更没有因此形成持续终身的规训和警惕。虽然男性在身体发育过程中也会产生一种新的分泌物，但社会与文化对他们没有进行任何的限制和规定。

## 二、两性活动、人口繁衍与生育控制

性活动是人类社会繁衍生存的基本途径，对于性活动中占主导作用的性别的态度，也反映了地方文化对男女两性主次地位的认识。马林诺夫斯基将性看成一种文化力量。他认为，性之类的问题不能离开它所处的社会制度背景。③ 对于两性配偶数量不均等的多偶制家庭来说，夫妻间的性关系是令人敏感而紧张的话题，他们之间隐秘的性活动不仅对于家庭之外的人隐晦莫测，就算对于家庭成员也是一种"可悟不可言"的微妙关系。

受印度文化的影响，性力崇拜成为藏传佛教密宗的一大特征，这种被称为

---

① 访谈时间：2010年2月。
② 参见（美）R. M. 基辛《文化·社会·个人》，甘华鸣、陈芳、甘黎明译，辽宁人民出版社1988年版，第574页。
③ 参见（英）马林诺夫斯基《原始的性爱·前言》（上）英文版第三版，王启龙、邓小咏译，中国社会出版社2000年版，第2页。

"乐空双运"的男女双修也是密宗的一种独特的修行方式。虽然饱受外界的争议，但这种特殊的修行方式一直延续至今。在当地的寺院中即供奉着不少男女合体的神像和唐卡。在当地很多人家的经堂里，这类造像也并不罕见。但佛像一般都会用哈达、绸缎等包裹，以遮挡其私密部位不为人所窥视。尤其是寡妇和经期的妇女，因为她们身上带有的污秽之气很容易使神灵的神智失散，因此妇女一般是不被允许进入寺院的密宗神殿的。

在这些造像中，大日如来及各种明王、金刚与各自的明妃相拥相抱，民间通常称之为"欢喜佛"。"欢喜佛"种类繁多，在笔者调查的地区最常见的"欢喜佛"要算一面二臂胜乐金刚拥抱明妃金刚亥母的造像。胜乐金刚主尊皮肤为蓝色，有一面二臂三目，左手执金刚铃，右手执金刚杵，双手于胸前交叉相抱，头戴五骷髅冠，胸前悬挂着50颗鲜血人头璎珞装饰，腰围虎皮裙，右脚伸直踏威罗瓦，左脚微屈踏黑夜女神（均为印度密教中的神祇），双手拥抱明妃金刚亥母。明妃一面二臂三目，全身赤裸，头上也戴着五骷髅冠，脖颈上悬挂着50颗鲜血人头，右手执金刚钺刀，左手执持盛满鲜血的天灵盖置于金刚之口，供其饮用，左腿微屈，右腿缠于金刚的腰间。佛教密宗经典认为，女性是供养物，以爱欲供奉那些强暴的神魔，使他们得到感化，削弱他们的斗志，然后把他们引到佛的境界中来，意即佛经上所说的"先以欲勾牵，后令入佛智"。

这种思想认为，宇宙中的万物都是由创造女神的性力产生和繁衍的，性是宇宙间的根本动力，是智慧和力量的集中表现，男女交合、双抱双修才能获得精神解脱和无上福乐。尽管普通信众难以理解密宗双修中繁琐而高深的义理，也无法达到这至高的修行境界，但佛堂供奉的各类造像让人世间习以为常的性行为因此涂上了一层神圣的色彩，也极大地影响着人们对待性活动的态度：在普通人群中表现为对性活动的放任与享受，在知识分子阶层中甚至引发了对性问题的专门研习。尼泊尔宁巴人中存在的松散且形式多样的性关系也证明了性活动在藏族群众看来不仅仅是一种人口再生产的方式，同时也是一种身体和精神的娱乐与享受。①

性关系通常产生于冲动，但对于兄弟共妻家庭而言，丈夫们的性冲动中除了纯粹的生理因素之外，还暗含着一种男性权利的彰显，尤其是作为家长的长子，而其他的兄弟也往往试图通过与妻子之间的性关系体现自己在家庭中的地位。这种男性的"权威"在性活动中经常会体现为男性对两性关系的主导。一位嫁给两兄弟的妇女拉宗告诉笔者：

---

① 参见 Youba Raj Luinter. "Agency, Autonomy and the Shared Sexuality: Gender Relations in Polyandry in Nepal Himalaya". *Nepalese Studies*, 2004, 31 (1): 43-83.

这种事情一般都是男的会来，女的么就自己在房里。哪个（谁）来他们（兄弟）会说好。我自己是不好说。各人不同的嘛，我觉得老大对我好一点吧。他经常会问问我累不累，咯有（有没有）哪点（里）不舒服。不过么老二也好呢。（对于哪个更好些）这个咋个（怎么）说来（呢），不好说。①

访谈的结果表明，在大多数的情况下，女性很少会主动提出性关系的要求，只是充当丈夫意愿的配合者。由于生育知识的匮乏以及对女性感受的忽略，夫妻间的性活动通常不会将女性的特殊时期（经期除外）考虑在内，只要丈夫提出要求，贤淑的妻子必须予以配合，否则将被视为对丈夫不敬。因此，大部分女性在怀孕期间仍然保持与丈夫的性接触，尤其是兄弟共妻家庭的女性。鉴于这种情形，很多女性经历着不情愿的性活动。然而，这种不情愿的性活动却对多偶制家庭的稳定意义重大。（女性）"长时间使男性失望会危及婚姻关系，还可能会危及配偶关系。"② 因此，兄弟共妻婚姻中长期持续的"制度化"的性生活可能会"损害妇女的健康，使得妇女不能正常履行繁衍后代的职责"③。然而，"无论对于个人还是家庭来说，归根到底，一切是以生存斗争的需要为转移的，至于个人的性生活满足与否，则是次要的、附属的"④。在这样的情形下，那些依据一个妇女因享有与多个丈夫进行性生活权利而断言兄弟共妻家庭的女性享有较高地位的论调，就面临着这样的批驳：

这种论调暗示着妇女可以自由选择是否愿意加入一妻多夫家庭，并且说明了男性不愿意选择这种婚姻形态正是其较少被施行的原因之一，因为对于大多数男性而言，其天性都是对其妻子的独自占有。⑤

由于性生活的频繁，如果同时有几个丈夫在家轮流同宿的话，妻子很难知晓孕育的孩子究竟是哪个丈夫的（除非有的丈夫已经长期离家在外），而且其家庭成员对这个问题也并不关注，因为这种关注明显与家庭的团结与和睦意愿背道而驰。但也有部分女性表示她们掌握了一些控制怀孕的技术，比如经期过后的两周比较容易受孕，而经期及其前后则不会受孕。然而，家人的刻意淡化并不会使周围的其他村民减少对孩子生父的好奇心与猜测，人们经常会根据孩子的长相和行为举止猜测孩子的生父究竟是兄弟中的哪一位，甚至在某些不正

---

① 访谈时间：2011年2月。
② （英）德斯蒙德·莫利斯：《裸猿》，何道宽译，复旦大学出版社2010年版，第66页。
③ 张天路、张梅：《中国藏族人口的发展变化》，载《中国藏学》1988年第2期。
④ 宋兆麟：《伙婚与走婚——金沙江奇俗》，云南人民出版社2003年版，第149页。
⑤ Miriam Koktvedgaard Zeitzen. *Polygamy：A Cross-Cultural Analysis*. Berg, 2008：3.

式的公开场合中以玩笑的口吻对当事人进行调侃。例如，人们会说"你们家的大儿子很会做生意啊，跟他爸爸真像"，或者"你家小姑娘的眼睛真漂亮，跟她叔叔长得一模一样"之类的话。

虽然家人刻意回避，还是有不少的孩子通过母亲知道了自己的亲生父亲究竟是谁，就像前文中提到过的女干部卓玛那样。尽管如此，卓玛仍然认为自己的叔叔和亲生父亲并没有什么两样，只是称谓上略有不同而已。同时，卓玛也承认，尽管知道自己的亲生父亲是谁，但她不会在家里公开这样称呼。因为对于那些在自己的亲生父亲加入这个家庭之前生育的姐姐和哥哥们而言，这个家庭的父亲只有一个。假如自己公开对生物性父亲的称呼，那么两个父亲的事实将会对这个家庭的和谐发展极为不利。

这种对生物性父亲的淡化处理方式显然与同样施行一妻多夫制的尼泊尔宁巴人力图知晓孩子亲生父亲的做法截然不同。在宁巴人的一妻多夫家庭中，对孩子父亲的认定主要由妻子完成，"认父"行为也成为妻子策略性地协调多个配偶之间关系的一种政治权利，甚至可以成为对某些在多配偶的性关系中遭受委屈的"丈夫"的一种补偿。妻子通过这一途径将其在婚外关系中所生育的孩子合法化地纳入家庭成员之中，也因此具有一种在家庭中巩固其地位与权利等级的特权。① 另外，在实行走访婚的永宁纳西族中存在着一种"认子"（或"认女"）的习俗，在女方生育的孩子满月的时候，与之建立长期稳定"阿注"② 关系的男子的母亲或姐妹要携带礼品到产妇家中慰问并探视新生儿。女方家还要为此举办一个简单的仪式并宴请宾客。这一仪式的目的在于向邻里公开宣布婴儿的亲生父亲。随着"认子"的出现及大多数人对亲生父亲的明确，当地的阿注异居婚姻逐渐向同居婚姻方向发展。③ 相比较而言，笔者所调查过的一妻多夫家庭中的妻子并不具备类似宁巴人的那种让孩子"认父"的"特权"，其家庭对生物性父亲的淡化处理也特别强调了当地社会中凸显的家长特权及长子权威，这种情形与前文列举的两者形成了较为鲜明的对比。

同宿与性生活是夫妻关系的基本权利，但由于多偶制家庭中配偶数量不均等，这种最为自然的性别关系变得颇为复杂。在一般情况下，兄弟共妻家庭的妻子有义务为所有丈夫提供均等的性生活机会，而姐妹共夫家庭的丈夫也应该尽量与所有的妻子进行数量均等的夫妻生活。

---

① 参见 Youba Raj Luinter. "Agency, Autonomy and the Shared Sexuality: Gender Relations in Polyandry in Nepal Himalaya". *Nepalese Studies*, 2004, 31 (1): 43-83.
② 指男女双方自愿交往的一种初期对偶婚姻形态（参见詹承绪、王承权、李近春等《永宁纳西族的阿注婚姻和母系家庭》，上海人民出版社1980年版，第51～90页）。
③ 参见詹承绪、王承权、李近春等《永宁纳西族的阿注婚姻和母系家庭》，上海人民出版社1980年版，第92～95页。

白雷曼（Berreman）发现，在盛行一妻多夫制婚姻的洁柳萨（Bawar）人中，一个已婚妇女维系其家庭生活的首要事务即是协调性关系。对于一个一妻多夫家庭来说，丈夫与妻子之间性关系的调节对于缓和家庭运转中的矛盾是极其重要的。失衡的性关系将会导致离婚以及家庭潜在的解体危机。① 确如其所言，这种性关系的均衡被认为是多偶制家庭维系婚姻关系与维护家庭稳定的重要因素之一，也是多偶制参与者的义务与责任，尤其是那些兄弟共妻家庭中的妻子和姐妹共夫家庭中的丈夫。70岁的太姆奶奶的经历印证了这种均衡的重要性：

> 这种事情的老（一定）是要注意呢，不然会影响家里的团结，我自己是嫁给两兄弟的，现在两个儿子也是讨了一个媳妇，我会挨（跟）她说要注意这些事情。老是（尽量）不要偏心，不然兄弟会闹意见，家里就搞不好。我年轻的时候对老大有点好，后来他们两兄弟就闹架了，过了好长时间才慢慢好起来。现在媳妇和两个儿子倒是还某（没有）咋个（出现什么问题）。②

敏感的女性对夫妻性生活的感受是深刻的，她们在很大程度上将其视为夫妻之间的一种权利与义务，更是一种性别的"名誉"。不能与配偶进行性生活被认为是莫大的耻辱，不仅牵涉当事人自身，更会给家族带来不利的影响。假如使用莫利斯的相关理论来解释多偶制家庭中存在的性关系矛盾，那么可以为理解上述问题提供很好的帮助。莫利斯认为，性行为具有缔结配偶的功能。在配偶关系形成之后，性行为还将会继续发挥维护和强化这种关系的作用。他同时指出，在某些特定的情况下（比如包办婚姻和反性事宣传等），夫妻可能会面临两种极端的性生活状况：要么对性事持强烈的压抑态度，要么可能会迎来更为强烈的性关系。因此，他认为，这类处于性行为缔结配偶阶段的婚姻通常需要借助外在的社会压力维持夫妻关系，而不是依靠更基本、更可靠的内在结偶机制。假如婚姻的其中一方未能形成生物学意义上的配偶关系，那么强烈的婚外配偶关系就会突然形成，对于一个家庭而言，其危险程度可想而知。③

据此，我们可以对多偶制家庭的性关系做出如下理解：由于配偶关系的不均衡，性关系无法有效地维持和强化配偶关系，因而婚姻参与者必须提升家户利益与荣誉观在个人观念中的地位，并以之作为支撑与维系婚姻与家庭存在的重要精神基础；每对异性婚姻成员之间通过性接触产生生物学意义上的配偶关系，以此尽量避免危及家庭稳定的婚外配偶关系的发生。因此，从家户的整体

---

① 参见 G. Berreman. *Hindus of the Himalayas*. University of California Press，1972：169-173.
② 访谈时间：2011年9月。
③ 参见（英）德斯蒙德·莫利斯《裸猿》，何道宽译，复旦大学出版社2010年版，第80～81页。

利益出发，多偶制家庭中人数唯一的一方（兄弟共妻家庭中的女性和姐妹共夫家庭中的男性）都必须尽可能地按照家庭内部约定满足另一方多个配偶的性要求。

在通常的情况下，轮流同宿可以被简单地理解为"一人一晚"，但在某些特殊的情况下，比如其中某一个或几个配偶长时间离家外出，那么当他或她返回家中时，其他长期在家的成员必须对其进行谦让，以弥补其离家期间所造成的"损失"，以此达到家庭关系的平衡与和睦。然而，这种均衡与调试只是一种理想的愿景，在实践的过程中难免会遇到难以预料的状况。假如这种均衡被打破，那么必然会造成紧张的家庭关系。性关系失衡所导致的家庭矛盾是很常见的。比如，村里一户曾经三兄弟共妻的家庭，就因为夫妻关系不和造成了分家：

> 阿主、阿娃和巨勉三兄弟原来共娶取次为妻。但取次只想跟阿主同房，经常拒绝阿娃，甚至不让巨勉进房间。为此，三兄弟多次吵闹，但问题始终没有得到解决。后来巨勉外出打工，与新认识的姑娘结婚，脱离了这个家庭。阿娃由于身带残疾，只能隐忍不发。取次后来育有两个儿子，但他们都是阿主的孩子。①

在同样实行多偶制婚的摩梭人中，由于夫妻间性生活的不便（主要原因是夫妻间的姑舅表关系使人害羞），很多夫妻年轻时很少有性关系，而是各自热衷于找"安达"②；随着年龄增长，外出找"安达"不便，几兄弟才逐渐将感情集中在妻子身上。然而，有的妻子无法适应多夫的生活，家庭矛盾由此产生。比如，在一户三兄弟共娶一妻的家庭中，由于妻子的不适应，因此最小的兄弟外嫁，剩下的两兄弟也分了家。③

在姐妹共夫的家庭中，共夫的家庭由于只有一个男子，作为妻子的两姐妹一般都会以丈夫为主，因而家庭矛盾没有共妻家庭那样尖锐，但由于夫妻间敏感的关系造成婚姻破裂导致分家的也不乏其例。一位村民告诉笔者：

> 我是家里面唯一的儿子，我有4个姐姐，前面的3个姐姐嫁给了同一个男人，第四个姐姐嫁到了四川甘孜。我姐夫是1950年左右到我家的，他原来是地主家的奴隶，条件太差了，所以到我家上门。他们一共有

---

① 调查时间：2010年7月。
② "安达"为睡觉的朋友。他们一般白天各自在自己的家庭内生产、生活，晚上由女方走访男方，次日天明以后再辞别男方返家，这称为走访婚（参见严汝娴、宋兆麟《永宁纳西族的母系制》，云南人民出版社1983年版，第314～320页）。
③ 参见严汝娴、宋兆麟《永宁纳西族的母系制》，云南人民出版社1983年版，第313～314页。

(生了）4个姑娘，后来我三姐跟他合不来分家重新嫁了个男人，大姐和二姐现在都80多岁了，还在（健在）。这种家庭对待妻子不可能全部平等，会有偏心的，所以才会合不来闹分家。"文革"的时候没有干涉这种家庭，那个时候管不过来。他们结婚的时候没有条件办婚礼，直接就一起生活了。最后还不是散伙了。①

可见，丈夫处理与妻子之间关系的态度直接影响着家庭的稳定与婚姻的持续时间，同时，多个配偶中可能存在的个体差异（如长相、性情等因素）也可能导致姐妹共夫家庭中的丈夫对某个妻子或兄弟共妻家庭中的妻子对某个丈夫有所偏爱，如何克服这种由于生物性本能所导致的负面影响，也是考验多偶制存在与持续的关键因素之一。

与摩梭多偶制家庭有所不同的是，由于尼村社会不存在盛行于摩梭村落的"安达"制度，不协调的夫妻关系无法通过这种广泛"合理"存在的临时性的走访婚制度进行协调，因此，大部分不对等的夫妻关系是通过离家在外的丈夫自己寻找情人或有偿性服务进行调试的，而女性则大多严格遵守既定的夫妻关系，很少僭越这种规则。由此可见，虽然缔结多偶制的男女双方数量不等，但他们的性关系网络却不仅仅集中在家庭内部，并且在多偶制中超越规则的一方以男性为主。多偶制家庭的性生活集中体现了福柯的论断，即"不应把性描述为出于本性与权利对立的一种固执的冲动，这种权利虽竭尽全力想征服性却往往不能完全控制它，而性必然不会屈从于这种权利。相反，性实际是以权利关系来表现的"②。也就是说，性活动是一种产生权利的社会建构，并使通过男女两性的行为与权威所塑造的社会性别关系得以彰显。

### 三、生儿育女

#### （一）怀孕

藏族群众认为，孕育生命是男女性交的产物。人们的肉身源自男精女血（也称为"赤白菩提"），所以长大之后的孩子会与父母的模样类似。这种把孩子视为父母双方的"精髓骨肉"的生命观也广泛存在于跨越印度、西伯利亚和我国其他地区的广阔地带。③ 因此，缔结夫妻的双方在互相选择时各有一套

---

① 访谈时间：2011年2月。
② （法）米歇尔·福柯：《性史》（第一、二卷），张廷琛、林莉、范千红等译，上海科学技术文献出版社1989年版，第101页。
③ 参见杜杉杉《社会性别的平等模式——"筷子成双"与拉祜族的两性合一》，赵效牛、刘永青译，云南大学出版社2008年版，第93页。

外在的评判标准。比如，身材高大、强壮的男性被认为是较为恰当的结婚对象，因为他们"一是身体好，二是具有安全感"；同时，具有高挑身材、面容姣好的女性也受到男性的青睐。

1950年以前，由于藏族聚居区大部分地处边远的高山峡谷之中，妇女的生育条件较为恶劣。天花、鼠疫、流脑、麻疹等传染病传入藏族聚居区后，给当地的人畜发展造成了较大影响。同时，在藏族聚居区还流行一种被称为"布鲁尼病"的特殊疾病，俗称"波浪病"。这种病使男性患者产生不育症、妇女多流产，有的妇女甚至因此终生不孕。这种疾病虽然现在已经绝迹，但假如结婚一年以上妻子还未怀孕，人们通常情况下都认为是女性身体有问题，而不会考虑男方的问题；现代医学逐步普及之后，这种观念有所改变，但在很多偏僻的地区仍然盛行。为了丈夫们的"面子"，一般的家庭都会将不孕的原因归咎于女性，女性们也乐于为丈夫隐瞒事实，以保名声。生育能力在某些社会中甚至构成了男女两性之间的绝对差异，不能生育的女人就不是或不再称得上是一个"女人"了。例如，努尔人中那些不孕的妇女就不得不回到娘家成为一个被视为"男人"的女人。①

不孕女被称为"姆肖"。为祈求生育，她们往往借助宗教神灵的力量以期达成心愿。到寺院烧香祈福是最常见的做法，卜卦也被认为可以找出不孕的原因。距离笔者调查的德钦尼村不远的神山半山腰上有一处被视为山神阳具的石刻，不会生育的妇女可以到那里祈求神灵赐子。这种男性生殖崇拜在藏族聚居区的其他地方也存在。例如，西藏察瓦龙地区的山上常有堆砌的石头，石头四周刻有藏文经典，象征着卡瓦格博的女儿，专供妇女烧香祈福②；在甘南地区的卓尼、临潭等县的村落③，甚至还有专门为不孕妇女举行的求子仪式④。虽然生育之苦位列佛教的八苦之首，但不孕的妇女却将不能生育当作人生最大的苦楚。通过生殖崇拜的方式，她们虔诚地祈祷神力为生育赐予有效的力量，以完成自己的性别义务与家庭使命。由于当地还存在其他解决后嗣的方式，因此妇女的不孕有可能会导致婚姻关系的解体，但一般不会成为直接的决定因素。

怀孕，是一件令孕妇极其高兴和期盼已久的大事，但对于家人来说影响甚微，因为这是一件顺其自然、水到渠成的事情，无须特殊的庆贺。此外，到处宣传怀孕的消息对孕妇及其家人来说也并不是值得称赞的行为，因为这样做是"不懂得害羞"的表现。男性对孕妇腹中胎儿的生长无能为力，他们只能通过

---

① 参见（英）克里斯·希林《身体与社会理论》，李康译，北京大学出版社2010年版，第52页。
② 参见杨毓骧《伯舒拉岭雪线下的民族》，云南大学出版社2000年版，第77页。
③ 参见散人《甘南生殖崇拜点滴》，载《西藏艺术研究》1999年第1期。
④ 参见马达学《青海民俗与巫傩文化考释》，载《青海民族研究》1999年第1期。

祈愿盼望新生婴儿获得健康。

孕妇对怀孕的知晓，首先来自于停经，以及呕吐、嗜睡、腰酸、体力下降等身体反应。这些知识一般由母亲传授给女儿，或者在女性群体中互相传播。已经有过生育或怀孕经历的女性往往会在特定的场合聊起自己的经验，未孕者可以从中知晓一二。但也有不少的女性对怀孕的反应知之甚少，甚至在小腹开始隆起之后，才意识到自己身体发生的巨大变化。新婚的夫妻一般都希望尽快生育孩子，只要能够供养得起，在计划生育政策实施以前，孩子的数量并不是他们考虑的主要问题，但一般的多偶制家庭通常都会有两个以上的孩子。

按照传统方法算出的预产期与现代医学的算法极其相似，认为正常的怀孕时间应该是38周，虽然掌握具体计算方法的人并不算多，但很多产妇都表示她们家人请人帮忙计算的时间与在医院分娩的时间相差无几。除此之外，当地人还认为，他们能够识别子宫内胎儿的性别，而且胎儿的性别还会在某一特定的时候发生变化。一个5岁女孩的母亲追玛告诉笔者，她怀孕的时候确实出现过孕育男孩的征兆，比如她看到自己嘴边长出了胡须，身体也似乎较为健硕，这些迹象都表明她怀的是个男孩。然而，一次明显的子宫出血事件表明，胎儿的性别已经发生了变化，果不其然，分娩时她生的是女儿。人们普遍认为，胎儿性别的变化与孕妇在怀胎期间接触到的一些邪恶事物有关，比如接触到被人下过咒语的物品，或者孕妇曾经与道德败坏的妇女发生过争吵。

因为担心招致家人的注意，让自己显得"不知道害羞"，也害怕自己怀孕的事情遭人妒忌而暗中下咒，不少妇女在怀孕初期会尽量掩饰自己身体的变化情况。具体做法包括穿较为宽大的衣服、减少与家人近距离接触等。但大多数人并不会因为怀孕立即停止夫妻间的性活动，尤其是在兄弟共妻的家庭中。假如不是特殊的原因，比如丈夫长期外出，或是自身疾病所致，怀孕对于身体正常的已婚妇女来说是一件习以为常的事情。

孕妇的胎教是极其重要的。为了胎儿的健康，藏族孕妇必须避免接触污秽、邪恶的东西。遇到打架吵嘴的场面要回避，不能观望；也最好不要到别人家中串门和闲聊，以免看到不该看的东西，或多生事端；假如碰到疲劳的人和牲畜或者远道而来的客人（俗称乏人乏马）也要尽量回避。对孕妇的饮食也有专门的禁忌，尤其不能随便吃别人给的东西。这些东西被尼村当地人叫作"都巴"，是"逆心"（不顺心的）之物，可能遭到过不怀好意的"素朴"。如果吃了这些来路不明的东西，可能会对胎儿不利。怒族孕妇则忌讳吃到已经怀孕的动物。

独龙族孕妇则严禁触摸奇形怪状的树木或是石头，不能东张西望，以免看到不该看的事物，导致生下不正常的孩子。孕妇要忌讳从男子的弓弩、箭包、砍刀等工具上跨过，更不能用手触摸，否则男子今后会打不到猎物；更要忌口，不能喝坛中不流动的水、不吃水獭肉、不吃猪尾巴和熊肉等。①

怒族妇女在分娩前夕，丈夫要砍好松明子、柴火，酿好酒，准备好鸡蛋、蜂蜜、糖、油、粮食等物品，避免离家远行，以免妻子分娩时无法得到照顾。独龙族家庭在产妇分娩之前要把房屋内外所有物件上的绳结打开，把罩在锅、盆、碗上的所有盖子揭开，否则他们认为孩子降生时会喘不过气。家人从外面背回的猪草、粮食、柴火等要立即取出，摆放整齐，否则可能会引起难产。②

无论在哪个民族的社会中，已经怀孕的妇女都会得到家人的关心和帮助，并得以适当减轻劳动负担，但不会完全停止劳作，需要注意的是不能背负过重的东西。很多妇女会一直劳作到分娩的前一天，甚至是当天。生在田间地头的婴儿屡见不鲜，甚至还有在母亲转山途中出生的婴儿。

## （二）生产

藏族孕妇临产的时期被称为临产月，在产期到来之前，家人必须收拾出一处整洁的地方供临产妇分娩。产室不能安排在家人平时居住的房屋内部。由于当地人认为产妇生产时流出的污物和血渍是污秽不洁的，生产的血污也必须立即清除，因此产室一般设在房屋一层的畜厩或仓库中。类似的做法在藏族聚居区各地都很常见。③ 即将临盆的妇女由家中的女性长辈陪同待产，并由有经验的中老年妇女负责接生，这些帮助产妇生产的人被称为"诺人"。在新式住院分娩法传入迪庆藏族聚居区以前，这种分娩方式是每个产妇生育后代的唯一选择。

在临时设置的产房内，产妇被安置在铺了大量干净的干草的地上，静静等待着胎儿的出世。《四部医典》的唐卡中曾经描画过孕妇分娩的场面，画面中显示的孕妇是以俯卧的方式娩出婴儿的④，但平躺分娩的方式仍然是最为常见的。由于女性自身的"污秽"属性，生产不仅会产生污秽，而且是一件忌讳谈起的事情，假如消息散布开来，产妇可能会因为羞怯而导致难产（"诺噶"）。75 岁的布称奶奶告诉笔者：

我们藏族人要生娃娃的那几天是哪个（谁）都不说（告诉），对邻居也不说，说了怕不好。人家问（怎么没见到）都说是（产妇）不在家或者说身体不好。以前都是在家里的牛圈里垫上干草，在那里生会干净点，

---

① 参见杨将领《中国独龙族》，宁夏人民出版社2012年版，第92页。
② 同上书，第92页。
③ 参见赤烈曲扎《西藏风土志》，西藏人民出版社1982年版，第174～176页。
④ 参见德司·桑杰嘉错《四部医典系列挂图全集》，强巴赤列、王镭译，西藏人民出版社1988年版，第3页。

血（污）这些也好处理点。自己整不来（处理不了）么就要请人（帮忙），但是一般也是请家里的（女性长辈）亲戚，别的人家还是忌讳的，不爱管这些。（娃娃）生下来后就挨（把）大人（和）娃娃一起移到卧室里面（去）。①

分娩过程中流出体外的血水，全部被铺设的干草包裹吸附。顺利娩出的婴儿由接生的妇女用手接住，将刀或剪刀简单过一下火，达到消毒的效果，用来剪断脐带。新生的婴儿用棉布包裹，与自己的母亲一起被移到卧房中，产房中受到"污染"的地方必须被迅速地清理干净。

独龙族的习俗与之类似，人们认为产妇身上的血不洁净，会影响男子狩猎，并可能冲散家里的福气；还因为室内有弓箭，被冲着之后，弓箭便打不到野兽。因此，产妇只能到家外的粮仓里分娩。姑娘出嫁后不能在娘家生小孩，否则认为会导致子女不兴旺。如果发生这种情况，女方就需要送酒和半头猪给男方作为补偿。②等孩子生下剪断脐带，洗过澡之后才能和产妇一起回家。婴儿的胎盘要由婆婆收好，深埋在不会受到雨淋的岩洞里或房屋下。因为人们认为胎盘是婴儿的一部分，不能随意丢弃，更不能让猪、狗等动物吃掉；假如被雨淋到，那么婴儿的肚脐会潮湿，进而影响孩子的健康，会导致一辈子肚子疼。③

怒族孕妇的生产一般由附近有接生经验和技能的妇女帮忙完成。生产一般在家里完成，帮忙的妇女先烧好水、关好门，防止男性进入。兰坪一带的怒族人家往往在孕妇分娩时于自家门口插上一根锄棒长短的木棍，上面横着嵌上一块巴掌大小的木片，以示外人勿入。④小孩生下来后用锋利的刀子割断脐带，扎好肚脐，用温水给婴儿洗澡；然后，把胎盘埋入房屋附近的地里，据说这样做可以让出生的儿女无论走到哪里都会眷恋出生的土地，倘若处理不善让狗或其他动物吃掉的话，孩子长大后一生都不会成器。⑤

孕妇顺利生产使一家人沉浸在喜悦的氛围当中。假如遇到难产，产妇将经历痛苦的生死考验，婴儿是否能够娩出，完全依靠个人的运气，旁人毫无办法，难产也使不少产妇失去了年轻的生命。藏族传统观念认为，女人生孩子是顺其自然的事情，死于难产的女人被认为是前辈子造孽的结果；妻子死了，丈

---

① 访谈时间：2011 年 9 月。
② 参见《云南省贡山县第四区独龙族社会经济调查总结报告》，见《民族问题五种丛书》云南省编写组、《中国少数民族社会历史调查资料丛刊》修订编辑委员会《独龙族社会历史调查》（二），民族出版社 2009 年版，第 25 页。
③ 参见杨将领《中国独龙族》，宁夏人民出版社 2012 年版，第 92～93 页。
④ 同上书，第 122 页。
⑤ 参见云南民族事务委员会《怒族文化大观》，云南民族出版社 1999 年版，第 71 页。

夫可以再娶，孩子没有了，再娶的妻子也可以再生。根据研究报告，在德钦县2000—2003年死亡的12例孕产妇中，除1例是乡村教师外，其他都是文盲。其中家庭人均月收入在100元以下者占总数的91.67%，且死者全部居住在山区。其中有11例生产在家内进行，且有10例为直接产科死亡（包括出血、感染等）。① 直到2009年，仅德钦县奔子栏镇就有26名新生儿死亡，而全镇一年出生的人口也只有48人。②

怒族妇女如遇难产，首先要举行祭鬼仪式，然后让产妇将熊的生殖器拿在手里助产；或是在高处拴上一根带子，把带子套在产妇的腋下，使身体斜坐，让一个有经验的助产婆用双手慢慢朝其腹部向下按摩，使胎儿滑出。假如这些办法都无济于事，则只能用火焚烧辣椒，使产妇受到刺激打喷嚏，同时使婴儿挣脱出来。在怒族聚居的碧江县一区九村下属的自然村落甲加村，由于生活贫困和天灾疾病等原因，历史上人口繁殖很慢。从1946年到1957年，这个村子共出生新生儿19人，其中死亡17人，8年中净增人口仅2人，出生人口死亡率高达90%。又根据对村里17个已婚妇女的了解，她们曾经先后生育子女46人，但在3岁以下死亡的即有17人，孩子死亡率等于出生人口的36.83%。人口自然增长的缓慢，使当地劳动力的补充受到较大的限制。③ 孩子一般是产妇自己接生或者由接生婆和丈夫帮助生产。多半是跪着生，在高处拴两根绳子，用于牵拉辅助用力。婴儿的脐带用剪刀或磁瓦片割断。新生儿不擦油不洗澡，直到产妇有奶时方开始喂食。婴儿多死于脐风，有的产妇因难产而死，但数目不详。④

独龙族的孩子死亡率也较高。20世纪80年代的调查数据显示，在独龙江24户人家中，曾生育217名婴儿，其中死亡人数达99人，占出生人口总数的45%；15岁以下的未成年死者有89人，占死亡人口总数的90%。⑤ 例如，熊当村的克伦（女）和迪曾王朋（男）巫师夫妇曾经生育过10个孩子，其中的6个生下不久即死亡，另外有2个年纪稍大点因病死亡，最后成活的孩子仅有2个；龙元一队的墨波夫妇曾经生育过15个孩子，但先后死去的孩子多达12个，成年的仅有3个；先久当地区齐当村的永东廷夫妇曾生育过9个孩子，死

---

① 参见余英《德钦县农村2000—2003年孕产妇死亡检测情况报告》，载《中国实用乡村医生杂志》2004年第11期。
② 数据来源于奔子栏镇政府2009年计划生育统计资料。
③ 参见《碧江县一区九村怒族社会调查》，见《民族问题五种丛书》云南省编辑委员会、《中国少数民族社会历史调查资料丛刊》修订编辑委员会《怒族社会历史调查》，民族出版社2009年版，第19～20页。
④ 参见《怒江区文教卫生情况》，见云南省编辑组、《中国少数民族社会历史调查资料丛刊》修订编辑委员会《中央访问团第二分团云南民族情况汇集》（上），民族出版社2009年版，第23页。
⑤ 参见蔡家麒《藏彝走廊中的独龙族社会历史考察》，民族出版社2008年版，第94～96页。

亡的有 4 个，其中 1 个 1 岁的孩子和 1 个 3 岁的孩子是在大人外出劳动时死于家中的火灾；先久当地区学初村的苏切尔贝夫妇曾生育过 12 个孩子，其中长女还未出嫁即在过江时因溜索扯断不幸落入江中，长男则在出生一周后死去，其他还有一男一女胎死腹中；迪朗村的迪朗先久松夫妇曾经生育 13 个孩子，在死亡的 8 个孩子中除了 1 个女孩是在 4 岁时死于疾病之外，其余夭折的婴儿全部都死于满月之前。①

在藏族妇女干部卓玛看来，传统的生育与"污秽"观念对藏族女性的身体健康确实造成了很大的负面影响。传统的藏族农村女性平时忙于劳作，根本无暇顾及自己的身体健康，并且受到传统观念的影响，认为与女性有关的生育和生殖事物都是不洁的，因而即使身体不舒服也会自己隐忍。她的母亲就因为忙于劳作，一生生育的 10 个子女中最后只存活了 5 个。传统的观念认为，女性生产是污秽的，因此必须到猪圈、牛棚等圈养牲口的地方生产，卓玛自己就是母亲在猪圈劳作时生产的。母亲告诉她，她出生时滑落到母亲的裤裆里，后来母亲用围裙将她包裹起来，把剪刀放在火塘上过了一下剪断了脐带。后来观念慢慢改变，她的弟弟和妹妹就没有生在牲口圈里，而是出生在家中相对干燥和卫生的杂物间里。女性生产之后的休养和保健视家庭情况各有不同。经济条件稍好一些的人家一般会让产妇休养 1 个月，并适当进食鸡汤等营养品进行滋补，但缺乏劳动力的人家，产妇一般只能休息 3 天就必须下床劳作。② 对于那些在生产过程中沾染到血污的衣物，必须及时进行清洗，以免沾染到家内的其他事物从而带来厄运。同时，产妇因为身沾污秽，也不能进入厨房，因为那里有火神和灶神，要是玷污了这两位神灵，那么家户将遭受前所未有的灾难；至于神圣的经堂和其他宗教场所，更是绝对不能踏入的禁地。

随着医疗卫生条件的改善，越来越多的妇女告别了在家中分娩的时代，选择了住院分娩的方式。1950 年以后，我国政府在农村地区大量培训助产士，从而有效地改善了妇女的生育健康，降低了母婴死亡率。20 世纪 60 年代以来，农村地区开始建设医疗卫生基础设施，但仍有大量的妇女用传统方式"冒险生产"。近年来，为提高产妇的住院分娩率，国家实施了母婴援助计划，为符合条件的产妇免费提供住院帮助，并根据情况给予适当的补贴和奖励。一位藏族产妇告诉笔者：

> 我的娃娃是在医院生的，我自己先交了 2 000（元）的押金，后来人家（医院）补助退给我 1 700 多（元），自己只出了 200 多（元）。现在

---

① 参见蔡家麒《藏彝走廊中的独龙族社会历史考察》，民族出版社 2008 年版，第 78～79 页。
② 访谈时间：2010 年 2 月。

医院生的娃娃每个都有奖,男娃娃奖励50元,女娃娃么奖励100元,打预防针这些人家都会打电话来通知我们呢。①

其实,早在母婴计划推广之前,即有不少当地妇女开始接受新的生产方式,选择到医院生产。一位36岁的妇女顶着当时的"家庭压力",坚持住院分娩:

现在去医院生么好,安全,国家还给补偿(补贴)一些,我生我儿子的时候是自己去医院(儿子今年11岁),那哈(个时候)哪个(谁)会给你一分钱,都是自己出。但是我还是坚持要去,娃娃他爸爸也同意了。那个时候么大多数人都是在家里生呢。②

虽然政府极力推广,但由于传统观念根深蒂固,再加上交通不便,仍有不少的产妇选择在家生产。一位村里的妇女干部告诉笔者:

靠近镇上的这些地方(的产妇)大部分还是会去医院生的,山上的几个小队(村民小组)的人(产妇)就不一定了,人家不愿意下来。像现在给钱(补贴)还好点,不然你(用)车子开起(着)克(去)拉,人家都还不一定下来呢,不给钱还要花钱哪个(谁)愿意来,都是自己搞。③

由于当地妇女平时从事大量的劳作,身体健康,顺产率很高,需要进行剖宫产的产妇数量较少,所以当地的医院也没有配备可以实施剖宫产的医生和设备,如果遇到难产,产妇必须被送到80多公里以外的香格里拉县才能得到处理。对于初次生产的产妇而言,虽然顺产需要经历比剖宫产更多的痛苦,但对生育第二个孩子极为有利,因此不少妇女宁愿忍受这种痛苦。一位正在住院的产妇告诉笔者:

我们这里大部分(产妇)都是顺产,疼么疼点,剖宫产中间要隔三年,么不方便(生育)。④

在当地医院已经工作10余年的妇产科医生曲珍也说:

---

① 访谈时间:2010年8月。
② 访谈时间:2010年8月。
③ 访谈时间:2010年8月。
④ 访谈时间:2010年8月。

> 我们这里一般都是顺产，剖宫产的少，一般都好生呢，剖宫产的要送到中甸，这里不敢整（做手术）。几乎人人都是顺产呢。①

与在家生产一样，医院分娩同样也存在风险，对于因生产失去生命的产妇，人们的看法仍然遵循着无常的生命观。家住医院附近的村民拉初大姐告诉笔者：

> 现在我们这里的妇女大部分都在医院（镇卫生院）里生（小孩），以前的人胆子大啊，敢在家里生。不过（在医院生）也有出事的。我有个朋友跟我同岁（35 岁），去年在县城医院剖（宫产）的，生下个娃娃，（产妇）第二天就高血压不在了（去世了）。我们藏族人（认为）人死了就不想再提了，所以就像这种（情况）就算了，不然么要找医院的麻烦呢。②

在畜厩中生产的习俗曾被看作原始和野蛮的象征，同时也代表着女性地位的低下，但也有当地人对此持反对意见。藏族干部嘉措对笔者说，闹革命的时候村里有个人对工作队的人说土司和富人虐待穷人，导致他出生在牛圈里。在场的人听见都笑了，在那个年代里，大家哪个（谁）不是出生在牛圈里，贵族家的人也不例外。③ 看来，妇女在畜厩里面生产并不完全是特定历史阶段阶级压迫的产物，而是由当地社会文化中根深蒂固的性别制度所造成的。

### （三）产后

刚刚经历了生育之苦的产妇身体极其虚弱，家人必须对其进行悉心照料，以帮助其尽快恢复体力。藏族家庭为孕妇特别准备的营养品包括精心熬制的鸡汤和酿制的米酒以及酥油酒等，但对于平时人们认为极度补身的药材如冬虫夏草和松茸等一般不会提供给孕妇服食，因为这些药材被认为略微含有毒性，对产妇的身体不利，更会影响其哺乳的质量。此外，生产之后的女性一般要休息 1 个月，大部分时间躺在床上，不能洗头，更不能洗澡；为防止风寒，要把头包起来，等孩子满月之后才能洗。曾经生育过 8 个孩子的卓姆奶奶的讲述则反映了这种传统的产后护理方式：

> 生了娃娃么一般要休息一个多月，都是睡起（着），洗澡是不得（不

---

① 访谈时间：2010 年 8 月。
② 访谈时间：2010 年 8 月。
③ 访谈时间：2010 年 8 月。

行），头都不（能）洗，要包起（来），一个多月以后才洗。①

　　尽管有家人的悉心关照，但由于生产时的卫生与医疗条件较为简陋，加上平时疏于防治，许多生育过的妇女落下了难愈的病根。在现代医疗技术与设施进入当地以前，虽然传统的藏医学中已经包含妇科诊疗方面的内容，但能够有机会接受治疗的女性极为有限。由于卫生条件恶劣，生育通常伴随着不同程度的疾病与危险甚至是死亡。一位生育过两个孩子的妇女说：

　　　　我儿子是顺产，缝针太疼了，现在里面都还有一坨肉，硬的，（有时候）会发炎，难过（难受）得很，原来没有洁尔阴这些（药水洗液），都是去医院要点药水洗洗。遇着（到）经期会过敏，而且出血量太大了，血块老是（非常）多。我们农村妇女生了小娃娃（以后）妇科病太多了，到医院看过几次都看不好，而且也很不好意思去看。②

　　虽然生育带来的身心伤害不小，但很多妇女产后休养的时间很短，最长的也不过1个月，有的人甚至更短；就算是在这期间，她们还要做一些力所能及的家务。1个月之后，她们将恢复每天的正常劳作。在这方面，兄弟共妻家庭的优势再次显现出来。一位主妇回忆起自己生育3个孩子的经历时这样说道：

　　　　我生3个娃娃都是在家，那久（段时间）么阿主（她的大儿子）他爸爸和他叔叔（她的两个丈夫）都回来，家里面还请医生过来，老人（丈夫的父母）也帮起（着）忙。所以我还是享福的，差不多休息了一两个月才开始做活，别人都羡慕我呢。③

　　可见，兄弟共妻家庭所能提供的充沛劳动力也为主妇生育后的休养提供了必要条件，同时，丈夫及其家人对产妇的尽心照顾也是一种协调夫妻及家庭关系的重要手段。由于此时产妇的身体极其虚弱，这种关爱不仅显示了家人对产妇的照顾，同时还可以通过这一途径安抚其心理，达到稳定家庭关系的目的。

　　在碧江县，直到20世纪50年代，妇女在孕期及产前都没有一定的休息和营养补充，有钱的人家在妇女孕期准备一只羊。产后杀羊，将羊血煮得半生半熟的给产妇吃。羊肉也煮食，当羊肉吃完时，产妇就要下床做家务或者上山劳动。经济条件有限的人家的产妇最多吃两只半大鸡。婴儿在哺乳期就随母亲背

---

① 访谈时间：2010年8月。
② 访谈时间：2010年8月。
③ 访谈时间：2010年8月。

在身上一起上山劳动。① 在贡山地区，由于产妇产前产后无休息和营养可言，最多补充一点鸡蛋，至多休息两三天，因此患妇科病的妇女不少。不少妇女产后得了乳腺炎，一般是上草药，也有因此而死亡的。婴儿也没有营养品，死于脐风者约占40%，哺乳期一般为1~2岁，甚至更长。②

## 四、生育对妇女地位的影响

生育不仅对已婚女性而言意义重大，对整个家庭而言也是至关重要的大事。在藏族社会的大部分地区，由于父系与母系继嗣制度并行，加之通过其他方式也能解决子嗣的问题，女性在家庭中的地位并不完全依赖其生育能力（虽然能够生养子嗣，尤其是男性后代能够为女性带来积极的家庭影响力），关键还在于"德行"，即其"主内"的能力。因此，传统的藏族女性并不像被曾经缠住双足的汉族妇女那样遭到禁锢，而是依靠其自身的道德约束，"自愿"地留在家中。

与汉族和其他很多民族期望得到男性后代有所不同的是，藏族人对于后代的性别期望普遍表现得不太敏感，也许是出于对佛教的虔诚信仰，他们对杀婴和故意流产等做法也是持反对意见的。由于招赘上门也可以解决家族的后嗣延续问题，因此在高生育率和高死亡率笼罩的时代，人们对后代的渴求是那样的强烈，以至于对性别的偏好随之降低到了次要的地位。

在出生之前对胎儿进行性别检测的做法在藏族群众中并不盛行。虽然传统观念认为胎儿的性别可以改变，但随着现代医学的普及，这种认识也在逐渐发生着变化。此外，由于前往医院交通不便且费用较高，使得大部分人也不会考虑去医院，并且由于胎儿不符合期望中的性别就进行流产和杀婴的做法也与人们的宗教信仰背道而驰。他们甚至对汉族人极度偏爱男性后代的现象颇有微词。一位只生育了一个孩子的藏族妇女对笔者说：

> 我们家是只有一个儿子，我家儿子3岁多的时候婆婆还给我办了准生证。我忙着开饭店就没生，现在婆婆不在了，也没人带，不可能生了。我家老公说如果是儿子就生，姑娘就不生了。其实我更喜欢姑娘。在我们这里做生意的那些四川人啊，生了姑娘会送人，这个是身上掉下来的肉啊，我倒是舍不得。③

---

① 参见《怒江区文教卫生情况》，见云南省编辑组、《中国少数民族社会历史调查资料丛刊》修订编辑委员会《中央访问团第二分团云南民族情况汇集》（上），民族出版社2009年版，第23页。
② 同上书，第24~25页。
③ 访谈时间：2010年9月。

矛盾的是，尽管人们口头上表示对性别取向并无偏爱，但藏族社会仍然普遍地存在着一种对男性后代的偏好现象。但也有人认为，藏族群众对男孩的偏好与以汉族为典型的其他民族的"重男轻女"观念具有本质上的不同，这种偏好并不是对女性后代的厌弃，而是对藏族社会失衡的男女性别比例调和的期望，以及对藏族男性人口较高死亡率的一种补偿。当地的一位妇女干部告诉笔者：

> 我们藏族人生娃娃老是（很）不讲究生男生女，当家的只要是老大就可以，不管男女，不过么我觉得男人还是喜欢儿子多点，姑娘也不会老是（非常）不喜欢。①

虽然人们口头宣称生男生女都一样，只要是老大都能当家，但对男性后代的期盼与喜悦之情仍然溢于言表。生育男孩不仅对于母亲而言是一件光荣的事情，对于父亲而言意义更为重大。在一些仅有男性参加的聚会中，生育男孩的父亲们可以被安排在上席，而只生育过女孩的爸爸们只能屈就于下席。就算是喝酒，在有男孩的父亲们只需饮1杯酒的情况下，只有女孩的父亲们则必须饮3杯酒。因为理由很简单，男孩可以为父亲代饮2杯，而女孩的父亲必须自己承担。当地人对饮酒活动的差别性对待只不过是人们对渴求男性后嗣的一种平常体现。笔者发现，在当地的多偶制家庭中，连续生育2个女孩的家庭并不少见，那么这些家庭的妇女也会受到类似的困扰吗？调查结果说明，这种情形同样是存在的。因此，对大多数的家庭来说，父亲最大的期望还是能够得到男性后嗣。

尽管不是决定性的，但不能生育、流产或婴儿夭折等生育问题都对女性具有不利的影响。38岁的只玛嫁给两兄弟后曾经怀孕过2次，但2个孩子都在不满1周岁的时候不幸夭折了。② 这件事情让她和家人都痛苦不堪。她的婆婆这样说：

> 流产老是（是很）可惜，么咋个整（怎么办），还不是不（没）有办法。平时家里老是（一般）不提，提了大家也不舒服，想着还会有就好了。③

在某些特殊的情况下，由于妻子不能生育或者认为妻子不合格，也可以另娶；妻子如果愿意，同样可以一起生活在家中，因为家庭不能绝后。这种情况

---

① 访谈时间：2010年2月。
② 访谈时间：2010年8月。
③ 访谈时间：2010年9月。

在同样施行多偶婚制的印度和尼泊尔极为常见,一妻多夫的家庭往往因此成为多夫多妻的群婚制家庭。但尼村很多存在这一困扰的家庭选择了另外一种方式——私生子,以此解决子嗣的问题。虽然现在公开的私生子已经绝迹,但隐秘性质的私生子现象已经出现了。一些常年在外经商的男人在外地发展了婚外关系,甚至成家生子,但原因不一定是自己的妻子不能生育。不管是过去还是现在,面对丈夫的婚外性关系,大部分的妻子选择了隐忍。在她们看来,这是男人在外面的自由,自己无权干涉,更不会想到因此提出离婚。但是,也有例外。5年前卓玛就是因为丈夫的婚外性关系离婚的,现在的她已经重新组建了家庭,原来的丈夫也已经与另一妇女结婚,虽然大家同住一村会时常碰面,但她对自己的选择并不后悔。

纳西族由于重视母系血统,移民融入藏族聚居区后也通行双系继嗣制度,因此生育对妇女地位不具有决定性的作用。在父权得到确立的怒族和独龙族社会中,生育对妇女地位的影响是较为显著的。怒族妇女如果婚后不生育,或者不能生育男性后代,丈夫都有理由再娶一个妻子。而在盛行妻姊妹婚并且重视劳动力数量的独龙族社会中,生育对妇女地位的决定性作用则更为明显。在极端父权控制的"帕措"与"戈巴"组织社会中,女性在社会中的地位也由其所生孩子的性别决定。当男子的妻子不能生育或生育不出男孩时,"戈巴"会议可以安排男子再娶,妻子及其家族成员不能对此存有异议。丧偶的妇女也由"戈巴"会议决定由哪位男子续娶或接收其家产。假如出现男女私奔并生育有男孩,那么妇女所在的"戈巴"一定会出面尽力找回私生子,将其视为本部落的成员。由于出自同一父系"骨系",同一部落的男女禁止通婚,违反者将会遭到驱逐、流落他乡。尽管"戈巴"之间械斗不断,但出于对人口生育的重视,一般还是不会杀害妇女,但抢夺漂亮女性的现象十分突出。不少女子为求自保,大多出家为尼,以此逃避被抢逼婚的命运。[①]

### 五、避孕、流产与杀婴

在计划生育政策实施之前,对于新婚的夫妻来说,避孕几乎是不用考虑的,夫妻之间,尤其是丈夫有同宿需要的时候,妻子必须予以配合;假如怀孕,那么孩子就会顺其自然地生下来。因此,虽然藏族群众并没有类似汉族文化那样"多子多福"的生育观,但由于对生育采取了顺其自然的态度,因此女性的怀孕与生育次数都普遍较多。

戈尔斯坦和辛西亚1985—1988年在西藏牧区的调查结果显示,帕拉牧区

---

① 参见范河川《父系原始文化的活化石——山岩戈巴》,四川大学出版社2000年版,第30~31页。

经产妇女 40～49 岁年龄段平均生育数为 5.9 个，50～59 岁年龄段平均生育数达 6.8 个；娘热村农区经产妇女 40～49 岁年龄段平均生育数为 3.4 个，50 岁以上年龄段平均生育数多达 6 个。① 综合来看，民主改革前藏族妇女多育的原因主要有两个，一是在自然生育模式下容易导致多育；二是生育年限持续时间长，其生育行为甚至可一直持续到 55 岁，而且生育高峰也宽于其他民族，从 20～45 岁均有较高的生育水平。② 然而，由于自然条件的恶劣及医疗卫生条件的限制，藏族聚居区的人口死亡率却一直居高不下。有数据显示，仅在民主改革前的 100 多年间，藏族人口较过去减少了 3/5。③ 与此同时，由于受到生存条件的限制，对人口增长的控制手段也一直存在着。据记载，藏族很早就掌握了使用药物控制生育的技术④，但在民间并不十分通行。为了避免生育过多的人口而增加生活的压力，有的家庭会安排子女晚婚，以达到控制人口的目的；而已婚夫妇则通过按性别分开休息的方式或尽量减少同房的次数，以达到避孕的效果。次姆奶奶向笔者谈过从前人们对生育子女的痛苦与矛盾：

> 以前不晓得避孕这些啊，都是有了就生，我们那哈（那个时候）生七八个、10 多个的人多得很，一般生下来的娃娃死掉（夭折）的很多，生 10 个么怕要死掉四五个。我有个舅母生了 10 个，实在养不起了。（听她说）有一次她怀孕了还没生就找了个人，喊人家等她生下来不管是男是女都拿克（去）丢在金沙江里。（但是）等孩子生下来（以后）睁着圆圆的眼睛看着她，她又心软了，说好的人也来了，她又舍不得丢了，后来么（孩子）还不是长大了。⑤

45 岁的拉初大姐也向笔者说起她奶奶从前的亲身经历：

> 我奶奶以前也是生的娃娃太多，养不起了。她讲，有一次家里的小牛死了，她就说，小牛不要死就好了，刚生的这个（孩子）死掉就好了，不能干活还要吃饭。⑥

此外，由于哺乳期的女性月经受阻，因此通过延长给婴儿哺乳的时间也可以巧妙地达到避孕的效果，有的妇女为了不怀孕，甚至给孩子喂奶长达好几

---

① 参见（美）戈尔斯坦、辛西亚·M.比尔《中国在西藏自治区实行的节育政策——神话与现实》，海森译，载《世界民族》1993 年第 3 期。
② 参见杨书章《西藏妇女的生育水平与生育模式》，载《中国藏学》1993 年第 1 期。
③ 参见谢成范《西藏的医疗卫生事业和高原病研究的成就》，载《中国藏学》1991 年第 2 期。
④ 参见方铁《南方古代少数民族婚育习俗面面观》，载《民族艺术研究》1999 年第 1 期。
⑤ 访谈时间：2010 年 8 月。
⑥ 访谈时间：2010 年 9 月。

年。在计划生育手术施行之前,通过各种方式达到的避孕效果控制了人口的出生率,确保了当地人的生活品质,因此也对其婚姻和家庭的稳定发展起到了积极的作用。除了过多人口造成的生育压力之外,藏传佛教的生死观无疑也对藏族群众的生育观念产生重要的影响。在佛教宣称的"人生八苦"中,出生即为八苦之首,由此还形成了对于生育的诸多消极认识:

> 生育即是烦恼;养儿育女是莫大的累赘;独生子长大了宰牛杀羊,女儿长大了踩踏虫蚁,都要伤生造孽。把生殖或不生殖视为前世注定,自作孽、自受果,或前世冤孽,由不得自己。还认为即使无儿无女,家产尽数捐献给寺院,正好为来世积福积德,与其拖儿带女无尽烦恼,莫如多念佛经,既受人尊敬,自己也来世幸福,还使父母死后少受苦。①

受到这些因素的影响,人们对生育的控制一直在矛盾中进行。随着计划生育政策的实施及当地社会经济的发展,自然生育现象得到了更好的控制。近年来,很多年轻的夫妻并不急于生育,而是采取了一些有计划的节育方式。一位年轻的女报道人在刚结婚3个月的时候,有一次和笔者谈起了生育的事情。她表示自己和丈夫因为两地分居而且工作较忙,暂时还未考虑生育的事情,家人也没有催促。在与笔者一同外出的路上,她就曾悄悄购买过避孕的药具。

自然流产的情况虽然不算普遍,但数量也不少。妇女的流产被认为是一件再正常不过的事情。虽然造成流产的原因很多,但大部分情况下责任都会落到孕妇的身上。流产之后的妇女大部分得不到很好的关照和休息,加上流产造成的心理打击,她们会感受到其他人难以体会的痛苦。追玛大姐曾经流产过两次,直到现在也没有孩子,这件事让她伤透了心:

> 流产么家里人老是(一般)都不会重视,都认为掉了还会有的。但是,也有些人以后就不会有了,有了就掉,老是(一直)怀不上了。②

新婚不久就怀孕的旺姆也曾经经历过流产的痛苦:

> 我有一次流产的时候还在地里干活,感觉裤子全部湿透了,全身发冷。之后感觉有个东西掉了出来。后来就什么都不知道了,昏了多久都记不得(不知道)。后来是其他来地里的人看见才喊我们家的(人)给背回去。回克(去)也某(没)咋个(怎么)休息,第二天又开始干活了。③

---

① 穆赤·云登嘉措:《藏传佛教信众宗教经济负担的历史与现状》,载《西藏研究》2002年第1期。
② 访谈时间:2010年7月。
③ 访谈时间:2010年8月。

反复流产让不少妇女伤心不已，为了尽快地再次怀孕，当地甚至流传一些特殊的求子方法。从事妇女工作多年的阿追大姐告诉笔者：

> 流产么现在倒是不多了，以前还是多呢。如果流的次数多的人么，生娃娃的时候就要找不有（没有）流产过的人的娃娃穿过的衣裳来（给自己的娃娃）穿，这样才好。①

对于流产的原因，妇女们有这样的看法：

> 流产么还是有的，有些人是忙起（着）做活不注意，有些人么是身体不好，我表妹去年还不是流产的了。流了么还是会给她休息一段时间，不过么不可能给她（像生小孩那样）休息一个月，营养的东西么还是给她吃的。②

从本书关注的 4 个民族来看，刻意的流产与杀婴现象在过去是存在的，但并不普遍，现在更为少见。计划生育政策实施后，作为生育控制手段的流产出现了，女性的身体也随之成为检验国家政策落实程度的对象。为了确保男性的劳动力不受影响，节育手术大多施于女性身上。根据当地计生部门和卫生院提供的数据，在 2009 年奔子栏全镇实施的节育手术中，男性为 23 例，女性为 41 例，此外还有因计划外怀孕实施的人工流产和引产 11 例。③ 总之，在整个生育过程中，女性需要经历复杂的心理感受，同时还需要承受巨大的压力与痛苦，但家人和社会能够给予她们的关爱极其有限。

## 第三节　转生安魂：生命的消逝与身体的处理方式

死亡代表着生命和身体的消逝，丧葬仪式与禁忌体现了不同民族对待生命与生死的观念以及对男女两性身体的不同认识，同时还折射出一定的社会性别权利与政治结构。

---

① 访谈时间：2010 年 8 月。
② 访谈时间：2010 年 9 月。
③ 数据来源于奔子栏镇政府 2009 年计划生育统计资料。

## 一、无常轮回的藏族多元丧葬仪轨

藏族群众笃信的藏传佛教对生命的独到见解，对信众的生死观产生了决定性的影响——"佛教把生和死看成一体，死亡只是另一期生命的开始。死亡是反映生命整体意义的一面镜子。"① 在佛教的观念体系中，生死即是无常，无常即是苦。认为生死在一个人的生命中不间断地轮回，因此死亡并不是生命的结束，而是生命的另一种形态的开始，也就是来世。因此，人的肉体会因死亡而分离，但灵魂不会因为分离而消失，不能成佛的众生于是遵循着前生所做的善恶之"业"的后果，进入六道轮回。

为了在来世获得"善报"，今生就必须实践"善行"。莲花生大师在《中阴救度经》中对生命存在的意义提出过警示。②《中阴救度经》中罗列了藏传佛教中各种繁杂的致祭仪轨，这些仪轨无一不在向信众传递着生命永恒与轮回的生死观，引导着人们在平静与喜乐之中进入来生的世界。这种没有终点的生命观将人们对死亡的恐惧降到了最低点，也为肉体的消逝找到了最佳的解释之道。笔者曾与当地的村民多次谈起过死亡的话题，他们的回答让我感受到信仰对其生死观念所产生的巨大影响。

按照六道轮回规则，人们便被套在一圈又一圈的生死循环之内，不可逃遁出离。正如莲花生大师的训令所言，今生的"行善"是进入往生极乐世界的必经之路。"行善"的首要任务是遵从自己的个人职责，信守诺言及乐善好施；并且不断地投身于宗教，拜佛明理，以期逃出六道轮回之苦。这种"个人职责"即包括了对性别制度的遵从以及对性别职责的履行。对女性而言，承认自身的"污秽性"，并严格恪守作为女性的信念，用自己一生的努力和行善来获得来生的好运，几乎成为她们对生命和身体根深蒂固的认识。藏传佛教通过各种途径、多种形式对"六道轮回"学说进行宣传，使得这一不易被理解的深奥宗教义理成为藏族聚居区几乎人人皆知的大众佛学知识。③

藏传佛教信仰贯串着整个丧葬仪式的始终。因为多样、独特及复杂性等特征，丧葬被认为是藏族人最有特色的民俗之一。在这种信仰中，人体被认为由土（地）、水、火、风四大元素组成，死亡正意味着这四大元素的分离，肉体从此不能承载灵魂，灵魂因此必须进入往生之路。因为灵魂可以"不生不灭"，因此死亡的人也可以再次转世投胎，进入下一个生命的轮回。死者的亲

---

① （美）索甲仁波切：《西藏生死之书——藏传佛教生死观》，郑振煌译，中国社会科学出版社1999年版，第18页。
② 参见莲花生《西藏度亡经》，徐进夫译，宗教文化出版社1995年版，第8页。
③ 参见尕藏加《藏区宗教文化生态》，社会科学文献出版社2010年版，第18页。

人和朋友的善行可以帮助其转生，具体方式包括向僧侣供奉物品、向乞讨者和需要帮助的人进行布施和捐赠等。

尼村藏族群众的丧葬仪轨与藏族聚居区其他地方大致类似，但唯独没有天葬葬俗。村里人告诉笔者，尼村没有天葬不是因为他们不想为死去的亲人执行这种可以让灵魂直接升入极乐世界的丧葬仪轨，而是因为尼村位于没有秃鹫栖息的谷深之处，因而无法行使天葬。但再往北一些的地区，逝去的亲人是可以进行天葬的。

死者的丧葬方式及丧葬时间主要由喇嘛及历算师来决定。选择的依据一般包括死者生前的愿望、属相、年龄及其家庭成员的属相和更多的信息。土葬是当地最为常见的，对年老而逝者和中青年人同样适用，但关键在于死者是否有子嗣。那些没有后代的死者，他们的尸体将会被抛入江水中，实行水葬。2010年8月的一天，正在村里调查的笔者突然得知一个惊人的消息：有两位女性在同一天去世了，一位是年过七旬的老奶奶，一位是不满40岁的久病妇女。去世的老奶奶享年73岁，去世当天的早上还在离家不远的地方割猪草，但身体不适多日的她很快感到头晕目眩，随后自己慢慢地走路回家休息，可她才躺下没多久就去世了。对于她的死亡，村民们认为是一种"正常"的生命消逝过程，因为她年事已高，并且并不是死于一些"非正常"（如自杀、他杀、暴病等）的原因，因此家人为她选择了土葬。逝于同一天的39岁妇女拉木，则被安排了另外一种丧葬形式——水葬，因为她属于因为意外或病患等原因"非正常"死亡的中青年人，并且没有后嗣。她的家人告诉笔者：

> 去年她老公病死在四川那边，死的时候她都不在。姑娘么从2岁多就病，一直病，去年也死掉了。她妈妈也是去年死掉，（因为）接连受着打击。她也是一直病起（着），中甸、大理、昆明都去看过了（也没用），（像）她这种（情况）就要水葬了。①

实行土葬者，家人会在家门口用白色的石灰画上两条白线，与家门等宽，并在有坑的地方或是岔路口，用白色的线条隔断。这是引导亡灵往生之路，亡者将顺着这条路前往往生的地方，与生者永不相见。土葬的仪轨则包括喇嘛的超度、净身、入棺、停棺、出殡、入土等环节。死者入殓使用的棺材必须是在死者死亡现场制作而成。这种被称为"神仙房屋"的棺材有异于常见的"前大后小"的阶梯状棺木，是一种四面宽度均为45厘米左右、高90厘米左右的四柱八梁的长方体棺柜，外面描画彩绘或雕刻各种吉祥图样。入殓的死者尸体

---

① 访谈时间：2010年8月。

也要经过特殊的"姿势"处理——尸体将被放置为双手交叉于胸前、双膝并拢的姿态，全身用绳子捆住，呈现未出生时尚在母体中的"胎儿"形态，然后被放入特制的白布口袋内，再置入棺中。这样的姿态预示着其生命将进入下一个轮回。为使死者顺利转生，在抬棺送葬的途中，必须要保持死者背前面后的倒退路线，这样才能与其退出此世进入来世的方向相一致。

水葬在江边的水葬场举行。根据类似于土葬死者的处理方式，送葬队伍将已经净身和入殓棺柜的尸体抬到江边，由水葬师开棺取尸，分解成块，再抛入江中的漩涡处。整个过程伴随着念诵经文的超度过程，然后在分解尸体的地方插上经幡旗。假如死者死于非命，那么尸体将面朝上方，尸身则由一块大石头拴住，使尸体沉入水中为鱼所食。这样的做法被认为可以帮助死者的灵魂顺利转生。

家中如有老人去世，直系亲属49天内不能梳头、不能穿新衣服，也不能唱歌、不能跳舞，不参加任何娱乐活动。为死者戴孝，也有不同方式。一般的守孝人49天之内不戴帽子、不理发、不穿新衣、不参与娱乐活动，妇女不更换头饰。在家除做法事外，每天还应举行向死者送食的烧施仪式。为父母或上师戴孝，孝期一般为一年，戴孝人一年内不穿新装，更不能参加与佛教无关的娱乐活动。二次葬一般在土葬之后的3～5年间进行，已经埋入坟茔的死者遗骨将被重新取出，再次举行诵经超度仪式，然后将尸骨火化，撒入江中或带到神圣的雪山地带抛撒，以助死者转生。除去常见的土葬之外，也有一些人会在生前自己选择丧葬方式，家人必须遵从其意愿。24岁的那姆向笔者描述了嫁给两兄弟的奶奶的去世与葬礼的过程：

> 我奶奶去世的那天只有我在她的身边，我害怕得要命，但某得（没有）办法，大人些（们）都出去了，只有我在家。奶奶那时候已经病了一段时间了。说是病，也不知道是什么病，也没去医院检查过，因为她本人不愿意去，所以就一直在家躺着。那时我的两个爷爷（奶奶的两个丈夫）已经都不在（去世）了，她就和我们一家在一起过。那天早上我还给她送了酥油茶和饼子，她吃了一点。没多长时间我就听见她在叫我了。她说，那姆，你赶紧过来。她喊我的声音已经没有力气了。我跑到床边，看见她的脸色在变，我吓哭了。我那个时候才11岁啊。我一边哭一边叫她："奶奶，奶奶。"但她已经回答不出来了，只是嘴里哼哼着什么，眼睛不知道在看什么地方。我拉住她的手，慢慢地她没有声音了。我才赶紧去找我爸爸妈妈回来。水葬是奶奶在（生前）的时候自己定的，因为我奶奶特别爱干净。她说水葬最干净，但是不要宰（分割尸体）了。她很

瘦，葬礼那天我们就直接放（入水中）了。①

少女那姆的经历反映了一个未成年的孩子对死亡的恐惧与认识，同时也反映了当地人对丧葬方式选择的包容性及新的理解。在这里，水葬已经突破了原先对其"不祥"与"非正常"的负面界定，成为某些死者的自愿选择，葬礼的仪轨也可以依照死者的遗愿进行适度的调整。

除去土葬与水葬之外，尼村还存在着少量的树葬。这种葬式常见于夭折的婴幼儿和未成年人，也有部分经由占卜之后认为"不愿入土，也不愿入水"的死者选择这种丧葬形式。树葬的死者也需要经过净身，并放入前文介绍的长方体棺柜中，放置在森林中选中的一处树杈上，让尸体自然风干。若是幼童，则只是将尸体放入白布袋中，置于林中的树杈之上。37 岁的曲珍曾经历过两个孩子的夭折，现在他们的尸体都放置在树林里。然而，树葬并不是人们处理夭折孩童的唯一方式。42 岁的阿初大姐的表妹也刚刚经历了丧子之痛，但表妹家夭折的孩子采取了另外一种处理方式：

> 我家有个表妹去年怀孕，在我们这里打 B 超，打不出有什么问题。后来到中甸打了（B 超）说是营养不良，她怀孕老是（经常）吃不起（下）东西，小娃娃么生下来就不行了。后来又转到昆明去养了 20 多天，么也就是吸氧，想想也某得（没有）意思么又拉回来，过了几天不给娃娃吸氧么一哈（一会儿）就不在的（夭折）了。像这种娃娃早早不在（夭折）的情况么，如果还想生（孩子）的话么，就不能挨（把）他（她）埋在家里或者附近，要找个比家（屋子的位置）高的地方埋起（来）才行。②

目前，树葬在我国已不多见，尼村一带是藏族聚居区少数几个存有树葬的地方之一。随着孩子死亡率的大幅度降低，树葬是各种丧葬形式中数量锐减的一种。并且，随后出现的对夭折孩子所进行的土葬行为，表现出当地人对土葬有异于藏族聚居区其他地方的理解与实践，并反映了当地族群往来与文化变迁的风貌。

尼村一带，火葬一般仅适用于僧人和尼姑；而塔葬，则只是极少数的活佛和高僧大德才能享有的特殊丧葬形式。无论哪种形式的葬礼，亲密的亲属都不会到葬礼的现场，因为担心死者会挂念亲人，不能及时转生；尤其是女人，绝对不能到天葬台的附近，因为女人身上的晦气据说会影响死者的灵魂投生转

---

① 访谈时间：2011 年 1 月。
② 访谈时间：2010 年 8 月。

世,对整个葬礼造成不良的影响。

与出生礼一样,葬礼同样会带给人们不洁的污秽之气,因此必须进行净化和清除。当葬礼结束后,参加葬礼的人返回家中,进门前必须将双手洗净才能进屋;葬礼上使用过的各种物品及礼品也要煨桑净化。在为逝去的亲人寻求转生之路的过程中,男女之间的性别差异得到了最大限度的削弱,取而代之的决定因素集中在死者的年龄及死亡方式上。在尼村往北可以实行天葬的地区,对尸体进行处理的性别等级观念仍然存在,天葬台有上中下之分,上台供喇嘛使用,中台供男性俗家使用,下台供妇女使用。①

对于已经死去的人,人们必须有所避讳。这种避讳尤其发生在死者亲属在场的场合。首先是不能再称呼死者的名字,必须用其他方式表述。假如死者是有子女的老人,那么可以某某的爸爸、妈妈或爷爷、奶奶称呼,故意称呼死者名字的做法被认为是对死者亲属蓄意的侮辱和挑衅,其家人会视之为莫大的耻辱,绝不善罢甘休。假如附近还有与死者同名的人,在称呼时也要多加注意,尤其要在其家人面前避讳。此外,与死者有关的声像物品也要避讳观看,如照片和画像等。

对死者的避讳,源于人们对生命轮回和转生的认识。不断提及死者的名字和生前的事情,被认为是会影响死者转生投胎的无益之举。假如死者听到了,那么他将难以摆脱前世的困扰,无法顺利进入往生的世界。例如,一位报道人的父亲已经去世很多年了,但她从未在笔者面前提过她逝世的父亲,笔者也不能直接向她提起,否则将是对逝者和她本人的一种不尊重。甚至对于亲人之外不知名的死者的尸体,也必须慎重对待,否则将会遭到上天的惩罚。那姆就曾经向笔者讲述了自己村子里发生的一件怪事:

> 听说身上有钱的人死了(以后)掉到水里衣服裤子帽子都不会被(水)冲走冲烂。我们下面(村里)就(有人)捞到一个身上(带)有10多万(元钱的人),捞到的人原来说要好好安葬这个人,但是他把钱用光之后没有兑现承诺就把人抛到江里,结果抛了3次人都不走(没有冲走)。他请活佛算了(卦),(活佛)说(这)是(因为)他没有兑现承诺,结果他生了一场病用掉了七八万(元钱)还不(没有)好,最后还是买了一副棺木把人安葬了(他的病)才慢慢好了。②

对于死去的人,年幼的孩子最好避免直视,否则也可能出现不好的情况:

---

① 参见张传富《云南藏族人口》,中国统计出版社1994年版,第11页。
② 访谈时间:2011年1月。

小孩不能看死人的，不然就不会说话了。我们那里有个温泉可以治病，小孩如果放到水里他会害怕，他开口叫爸爸妈妈的时候一定要答应，他的病就会好，不然他就不会说话了。我们村有个小孩就是这样的。①

对死者的避讳行为并不存在性别差异，因为人们认为死者已经摆脱了前世的身体进入往生，而已经转世的灵魂将会成为男性还是女性的身体已经完全无从知晓。

## 二、转生回魂的纳西族葬俗

中甸三坝一带的纳西族在人临死前要把米（男性9粒、女性7粒）、少量茶叶、银子等物放入死者口中。死者断气时，家人用吹牛角号或放火枪的方式向全村人报丧，每户村民须盛一碗饭，上面放上一个鸡蛋送至死者家祭奠。死者由子女负责清洗，并在全身涂上酥油，穿上新衣（富者穿绸缎、贫者穿布衣），然后用白色毯子覆盖。之后杀一只鸡放于死者灵前（男性放公鸡、女性放母鸡），点燃一盏油灯伴灵。之后请东巴为其念经，追述死者身世和经历，超度其升入极乐世界。一首《送葬歌》这样唱道：

你离开了可爱的家乡，
就要到别的地方，
别的地方再美，
也不如自己的家乡。
你到了别的地方，
回头望一望自己的家乡。
家乡山上的松柏青青，
家乡山上的石头都是黄金。
你去到新的地方，
记住你出生的家乡，
地像斑斓的虎皮一张，
房屋像美丽的金碗倒放。
愿你的生命像竹子一样，
来年再在这里生长，
永不离开自己的家乡，

---

① 访谈时间：2011年2月。

时时保佑自己的乡亲。①

纳西族的葬式主要是土葬和火葬，依照死者遗言进行选择。送葬时选择几件死者生前使用过的生产、生活用具（男性为斧头、砍刀、弓弩、烟斗等，女性为镰刀、碗、梳子等）和一些稻谷等粮食放在篮子内，土葬时撒在坟堆四周，火葬时撒在火葬场上。葬礼过后第二天，家人携带鸡和香烛纸钱到坟墓祭祀，并给死者添土超度，之后家人外出躲避3天，好让死者"回魂"。葬礼过后的第二年10—11月间需要给死者举办3天3夜的超度活动，届时需替死者准备马匹（男性9匹、女性7匹），其中一匹不骑人，留给死者，亲属则向这匹马叩拜。在活动场地中央，用稻草模仿死者的样子扎个草人，穿上衣服，旁边放置死者生前的用具，待东巴念经超度完毕之后焚烧草人。在超度活动举办期间，死者直系亲友须杀猪宰羊宴请宾客，花销不小。② 目前，巴塘白松乡纳西族的丧葬习俗已基本上与藏族相同，葬式除土葬外，还有水葬。③

### 三、性别差异分明的怒族葬俗

怒族的生命观较为朴素，认为人的生命由神决定，自身能做的唯有祭祀神灵。怒族社会早期盛行火葬，后逐步转变为土葬，考古人员曾发现过怒族地区遗留的火葬场。④ 怒族的坟地没有固定地方，一般距离村庄和房屋不远，因支系不同，葬俗存在差异。比较常见的是木棺葬，男性为直身仰卧状葬，女性则为屈肢侧葬。如果是夫妻合葬，则妇女须面向男子屈肢，体现妇女屈从于丈夫的家庭地位关系。死者放入木棺埋入土中后，一般要在坟丘后立一根木杆，上面挂上死者生前使用过的随身挎包，内装其生前的日常用品。男子的日常用品一般为箭包、烟斗等，女子的日常用品则是纺织工具，供死者到阴间继续使用，完成各自的性别使命。

按照怒族的葬俗，成年男性死亡，都要使用竹号报丧，送葬时也要使用竹号驱鬼送魂。听到竹号声的村民都会停止手上的活计到死者家中吊唁参加葬礼。使用竹号的只数和吹奏的次数与死者的性别和社会地位相关。对男性而言，未婚者去世，丧葬中单管独鸣；已婚而无子女者去世，双管齐鸣；已婚并

---

① 张信、杨多尔、多比茸：《送葬歌》，载《华夏地理》1985年第4期。
② 参见《中甸、维西纳西族婚丧习俗》，见《民族问题五种丛书》云南省编辑委员会、《中国少数民族社会历史调查资料丛刊》修订编辑委员会《纳西族社会历史调查》（一），民族出版社2009年版，第57页。
③ 参见《白松乡纳西族社会历史调查报告》，见中国人民政治协商会议甘孜藏族自治州委员会《甘孜州文史资料》（第十八辑），2000年。
④ 参见云南民族事务委员会编《怒族文化大观》，云南民族出版社1999年版，第16页。

有子女者去世，三管齐鸣。如遇巫师和头人去世，管数和吹奏次数更多。但妇女和儿童死亡时均不吹奏竹号。人们对此的解释是，妇女和儿童的亡魂有过世的父兄长辈迎接，无须再为她们的灵魂驱鬼开路。怒族的传统宗教观念还认为，男性的灵魂有9个，女性的灵魂只有7个；男性的九魂会升到九重天，女性的七魂却会下到七层地。因而，在出殡时男尸要绕房9圈，女尸只要绕7圈；在下葬时，巫师要为男性死者动9锄土，而为女尸只需动7锄土。①

## 四、仪式从简的独龙族葬俗

独龙族的葬俗主要有水葬、火葬和土葬三种形式，其中以土葬为主。火葬和水葬则适用于传染病患者，方法是将死者与其住屋一起点火烧掉或将尸体抛在独龙江里。成年人死后屈肢侧葬于家族墓地，孩子死后埋于屋后，凶死之人丢入江中。独龙族没有固定的坟地，也没有夫妻共葬的习俗。今年的坟墓，次年又和平地一样开种。独龙族没有祖先崇拜习俗，人死后不久便被遗忘，也没有戴孝习俗。

独龙族土葬的一般仪轨是：人死后停放在其平时睡的地方，一昼夜内出殡。死者双手抱一只鸡或握一个鸡蛋，尸体用麻布包裹。棺木为呈箱状的长方体，也有用竹篾棺的情况。葬式为屈肢侧身，按照不同性别侧于不同方向：女性身体侧向西方，表示归于西方；男性身体侧向东方，表示归于东方。其时家族成员及远方亲友都要来送礼，如送粮食、酒、肉之类，放在尸体头部前方的小筐子里等待随葬。家族成员及亲友会帮忙处理丧事。人死的当晚，屋内生火通宵不灭，以防止"鬼"来啃噬尸体，且有一个人在屋外大喊，意为"人骨鬼吃不下，鬼会全死的"。第二天清晨（太阳即将升起时），由一个有经验的人到屋外去看坟地（以最先能看到太阳为好），坟地一般距离房屋5米左右。然后大家动手挖坑，坟坑为长方形，深度为1米多。按照习俗，死者的棺木不能从房屋大门抬出，必须从住房内部撬开地板，从地板下面抬出。这样做被认为可以避免家中继续出现死人的情况。

墓地一般选在半坡地带，前面是开阔地，墓地挖成长方形，然后放入棺木。也有的根据尸体的大小，将木板铺于墓穴之内，四边再插入木板，将尸体屈肢放入棺内，盖上木板。尸体下葬要由亲人动手填土，没有坟堆。自其下葬之日起，要连续在坟前点10天火，并砍一根竹子折为两半，一半插入坟上，一半插入屋内，以防"鬼"的侵袭。参与埋葬活动者，事后都要到河边洗脚以防止"鬼"附身。随葬品具有鲜明的性别特征，假如死者为男性，就要将

---

① 参见何叔涛《云南民族女性文化丛书·怒族——复苏了的神话》，云南教育出版社1995年版，第16页。

其生前使用的弓弩之类的工具作为陪葬，女性的陪葬物则是其生前每天使用的纺织工具。埋葬时由老人在墓前默念咒语、挥刀驱鬼、划定坟圈，然后才平土。

死者埋葬之日，全家族成员停止劳动，否则认为山上会滚石或死人。第二天即照常生产。第三天便由死者的家属带领村人到自家仓房中取粮食做酒（若自家不够，则由亲人帮忙支出），约七八天即可以做成。酒做成后，便请家族成员及亲友、巫师来食用，如有条件，还要杀猪宴请众人。家族成员及其亲友也会送一点礼物，大家共食。酒从下午开始喝，一直到喝完为止，有粮食的人家做的酒比较多，可以喝两三天。喝酒时，要分一份给死者，同时村中的老人也会另外做些食物送来。在巫师念经后，这些酒与食物一起埋葬在坟墓里，此后家人便不再祭祀。①

回顾上述 4 个民族的个人生命历程，从中不难发现"男女有别"的身体观念贯串着每个人生命的始终，并体现了鲜明的性别差异。两性的身体从出生开始即被打上不同的符号标记，并被区别对待，这种差别在身体的第二性征发育成熟之后达到顶峰。依照与生俱来"污秽不洁"的性别特质与文化象征，女性在社会生活中开始受到种种限制，并须遵守种种禁忌，而男性却不受性别规范的约束。对女性身体的禁忌在生命消逝时开始逐步衰退，但仍然存在，直至尸体处理完毕。同时，多偶制家庭成员在这一方面没有明显的特殊性，他们与其他社会成员一样，恪守着相同的生命礼仪，但其身体承载着不同的生命意义。

## 第四节 休闲时空中的社会性别权利

### 一、身处信仰等级中的藏族妇女

作为一个全民信仰佛教的民族，对宗教虔诚的奉献以及精神生活的修行，是藏族群众共同的祈愿与诉求。朝圣是对宗教与信仰精神追求的集中体现。受到"内外"认识与"污洁"标准判断的影响，性别化的空间观与身体观也充分体现在神圣空间的宗教信仰活动中。尼村藏族群众的宗教信仰活动种类多样，按照空间范围可以大致分为三种类型，即家中的煨桑与诵经，转经、转山

---

① 参见《云南省贡山县第四区独龙族社会经济调查总结报告》，见《民族问题五种丛书》云南省编写组、《中国少数民族社会历史调查资料丛刊》修订编辑委员会《独龙族社会历史调查》（二），民族出版社 2009 年版，第 25 页。

与朝觐，祭山与朝佛。三者举行仪式的地点不同、方式不同，所具有的影响力也存在差异，对男女两性也存在不同的性别规范。

## （一）煨桑与诵经

煨桑被当地人称为"桑萨"，这是每个家庭每天清晨必须进行的一种敬神仪式，起源于藏族聚居区古老的苯教。据说莲花生大师进藏传法时，在山南桑耶那地方遇到苯教的教徒向他煨桑致敬，因此将其纳入藏传佛教教法。当地人认为，熏燃煨桑，通过袅袅上升天际的桑烟可以沟通神与人之间的信息，因此在藏族聚居区广为流传。[①] 此外，煨桑举行的场所不一定局限在家中，神山、寺院、玛尼堆等供奉神灵的场所也可以举行煨桑。

家里的煨桑仪式一般由老人和长辈负责，对煨桑者的性别没有严格的限定和要求。时间一般在每天清晨天刚亮的时候，地点都在家中屋顶平台的白塔处。这个白塔实际上是个焚烧炉，通过在炉膛内燃烧特定种类的植物、食品甚至药品或矿物，使其产生的桑烟从侧面设置的烟囱排出，达到沟通人神的目的，烟囱设置的方向一律朝向尼村西南方向的卡瓦格博神山。

尼村藏族群众煨桑的常见材料主要是松柏枝，以及三种燃烧的引子，即生米、小麦以及一种被当地人称为"都滇木鲁"的橘黄色万寿菊花。引子在使用之前必须晒干、碾碎，混合在一起备用。未煨桑的时候先点燃松柏枝，然后逐步将引子撒入其中，使得产生更多的桑烟。不过，引子的配方也不一定局限于以上三种材料，经济条件好一些的家庭也时常将酥油、青稞、青稞酒、芝麻等较为昂贵的材料加入其中，以提升引子的品质，产生更多的桑烟。煨桑者在仪式过程中需要念经祈福，希望以此达成心愿。下面记录的即是一段当地人经常使用的祈愿经文，其中表达了人们最为平常的美好心愿：

嗡嘛呢叭咪吽（藏传佛教六字真言），
松吉拉交松青（佛祖吉祥如意），
取拉交松青（你也吉祥如意），
喇嘛交松青（喇嘛们也吉祥如意），
格待交松青（高僧们也吉祥如意），
姆青卡瓦格博拉交松青（神圣的卡瓦格博也吉祥如意），
帕玛直来苏如古（希望我能报答父母的养育之恩），
利朗角如古（希望事事顺利）。

---

[①] 参见白玉芬《藏族风俗文化》，西藏人民出版社2007年版，第49页。

森呐其真呢其日如古（希望心想事成）。①

煨桑过后，还需要给家里的经堂供奉净水，祈愿新开始的一天平安顺利。净水使用专用的净水杯（与跳古）盛放，水是一般家中的自来水或井水。日落之时，需要把净水倒掉，点燃供桌上的酥油灯（曲姆），预示着一天即将结束。净水杯和酥油灯的数量都是单数，常见的为1、3、5、7等，点灯则使用专用的菜子油。

诵经一般都在家里的经堂进行。经堂是每户人家必须布置的一个神圣空间，一般设在家中房屋的顶层。这样的安排既符合人们对神、人、畜三界的空间认识，也符合神圣与世俗、洁净与污秽的空间理念。经堂是人们寄托信仰的空间，同时也是集中彰显家庭财富的地方。一些富裕人家的经堂装饰精美，富丽堂皇。经堂的格局大多类似：靠墙定做的藏式佛龛中央供奉着释迦牟尼像，旁边放置着班禅大师的照片，部分人家的经堂内还悬挂着唐卡。佛龛下方的供桌上，各种贡品、黄铜打制的酥油灯和净水碗一字排开，摆放整齐。经堂的布置需要大量的资金，不少人家的经堂甚至花费达一二十万元。

在家里诵经的主要是老年人和特邀上门做法事的僧人。诵经的时间是不固定的，只要诵经者愿意，都可以到经堂诵经。各种经书、经卷和经板也都存放于经堂之中。除此之外，经堂是个寂静而神圣的场所，房门紧闭。经堂对女性的禁忌是存在的，尤其是月经期和刚刚生产完的女性由于身上污秽不洁，是绝对不能进入经堂的；否则，将会玷污神灵，甚至招致厄运。

## （二）转经、转山与朝觐

人们在家户空间以外进行的宗教仪式与实践活动主要包括三种，即转经、转山和朝觐。转经，当地人称之为"估让估"，是藏族群众围绕特定路线所进行的行走与祈祷活动。转经可以某个实体的寺院、经堂、白塔等宗教建筑为中心，也可以围绕以某个宗教建筑为中心的相对宽广的地区，甚至围绕范围更广的神山圣地进行。散布在村落中的数座白塔和玛尼堆为老年人提供方便的转经之地，村中常设的公共经堂则为聚集于此的老年人营造一个信仰的圣殿。

村中的佛塔殿是村民转经的主要场所之一，这座始建于清代的转经堂因为保留了珍贵的宗教壁画而成为云南省认定的重点文物保护单位。转经的首要规则是必须按照顺时针的方向进行，其次是必须完成完整的圆圈，否则就是不圆满的；依照转圈的范围大小不等，可分为内圈、中圈与外圈。这种仪式实际上体现的是佛教密宗义理所包含的理想宇宙观——坛城。理想的转圈数仍然是单

---

① 笔者记录，感谢次里卓玛的翻译与校对。

数，如 3、5、9 甚至更多，受到这种数字文化的影响，周一与周三、初一与初五等也被视为吉日，适合前往朝圣。

在当地人看来，转经并不需要特别的准备，也没有性别和年龄的限制，只需要带着虔诚的心和纯净的信念前往即可。转经体现了身体对信仰强烈的依附与承诺，转山和朝觐也一样，诚心和毅力远比其他形式更为重要。这三种信仰实践通常被人们用来表达坚定的信仰与持久的信念，也因此成为延续与传承其信仰的重要途径之一。距离尼村几个小时车程之外就是位列藏族聚居区八大神山之首的卡瓦格博神山，这里每年吸引的转山者多达数十万人次，尤其是在卡瓦格博的本命年羊年，朝圣者更多。就在笔者开展调查的 2011 年，卡瓦格博又吸引了更多的朝圣者，因为人们听闻在甘肃舟曲泥石流和青海玉树地震中幸存的人群中大部分都曾经朝圣过卡瓦格博，朝圣的人数因此与日俱增。转经、转山与朝觐在藏族群众心中的重要性可见一斑。埃克瓦（Ekvall）就指出了这种通常被外国旅游者所忽略的转经活动的重要性。①

同时，藏族群众的转经活动还体现了鲜明的性别特征。马克里（Makley）在对藏族群众信仰实践的研究中发现，转经是一种性别化的空间行为。在寺院作为藏族聚居区中心的重建过程中，转经发挥了至关重要的作用。通过对汉藏边缘甘肃南部藏族聚居区拉扑楞寺宗教复兴过程中社会性别问题的研究，马克里发现，在当代的拉扑楞寺，作为主要的转经者和家务劳动者，妇女承担了在强烈的同化过程中支撑藏族社会核心的双重重负。② 笔者的调查印证了马克里的判断：尼村转经的人群中大部分是女性，尤以老年妇女居多。就算是在身背婴儿哄其入睡时，老年人也不会停下转经的脚步。村里年过九旬的次央奶奶每天白天的大部分时间都在围绕佛塔殿转经，尽管她的腰佝偻到了极致，身子几乎向前倾斜到了 90 度，手拄拐杖，步履蹒跚，但她仍在坚持。村里每年相约前往卡瓦格博转山的妇女众多，不少人甚至到过拉萨和印度朝圣。

（三）祭山与朝佛

如果说家内的煨桑与诵经对女性造成了一定的约束，那么转经、转山与朝觐则给她们提供了信仰追求与精神寄托的足够空间。不过，在当地人看来，每年最为重要的宗教活动还是重要节日的神山祭祀与寺院朝佛，但是这两项活动对女性都有严格的限制。

---

① 参见 Robert Ekvall. *Religious Observances in Tibet：Patterns and Function.* University of Chicago Press，1964：253.

② 参见 Charlene E. Makley. "Gendered Boundaries in Motion：Space and Identity on the Sion-Tibetan Frontier". *American Ehnologist*，2003，30（4）：597-619.

神山，当地人称为"日哒"，农历每月十五以及新年等节日都是当地人朝拜的日子。在尼村周围一共有两座神山。一座神山为金刚神山（日尼贡卡），是当地人主要的神山崇拜对象，法力最大，但严禁女性登顶朝拜。据说这种禁忌来自于这座男性神山的一段失败的婚姻经历。① 另一座神山叫海尔兹姆，男女都可登顶参拜。

传说日尼贡卡的前妻是龙王的女儿巴拉甘宗，她的到来为干旱的神山带来了108处泉眼，从此居住在此地的人民五谷丰登，安居乐业。婚后夫妻恩爱，并育有1个女儿，但显赫的功勋也让这位美丽的妇人日渐骄傲，甚至想动摇丈夫在家庭中的权威，这让日尼贡卡忍无可忍。这对积怨已久的夫妇终于爆发了一场激烈的冲突。巴拉甘宗放出了一头黄牛，堵在山脚下的金沙江中，江水顿时改变流向，冲向丈夫庇护的村庄；为了阻止灾难的发生，日尼贡卡则派出了一匹绿马挡在江水的西面。受到两次阻挡的江水虽然形成了一个巨大的拐弯，却没有冲毁村庄，依然向东流去。神山的权威保住了，村庄也得救了，但这对夫妇不得不离婚。离异之后的巴拉甘宗嫁给了另外一位爱慕她的男子，因为这个男子可以接受她提出的任何条件。他们后来居住在距离此地不远的一处美丽的地方，那里现在已被世人广泛知晓，并被开发为著名的旅游风景区。

离婚之后的日尼贡卡终日郁郁寡欢，并发誓从此不见任何女子，因此定下了女性不能祭拜神山的规矩，而地质奇观金沙江大拐弯也成为警戒女子骄奢、不守妇道的见证。这座神山的祭拜禁忌尤其针对那些已婚妇女，而对年纪较小的女孩规定不那么严格。笔者曾问过很多女性，她们大多表示在自己小的时候曾经上去过，但结婚以后就绝对不能这么做了。对于当地女性可以登山祭拜神山的行为，迪庆藏族聚居区其他地方的女性表示羡慕和不可理解。2011年春节期间从佛山乡到尼村亲戚家串门的村民追玛告诉笔者：

> 他们这里的女人可以上去（神山），简直是太奇怪了，女人么咋个（怎么）可以上神山？在我们那边女人是肯定不能上神山的，女人只能在家里烧香祭拜，绝对不能上山。我们那里的神山叫作纳农边松，是三兄弟在一起（意为神山由三座大的山峰组成），灵验得很，周边好远的人都来祭拜，要是女人上去么还了得。②

笔者对居住在香格里拉县及其近郊村落的调查结果也表明，那里的女性同样被禁止进入神山的领地。对于这种禁令，尼村当地的女性自己又是如何看待的呢？

---

① 这个传说的多个版本略有不同，本书仅选取了其中一种。
② 访谈时间：2011年2月。

卓玛（80岁）：女人不准上克（去）么，其实也不是因为哪样（什么），就是说女人有点不干净。

拉姆（68岁）：不准上去么是因为女人有点脏，对神山不好。

布称（73岁）：这种么咋个（怎么）说，也就是说女人身上不干净，所以不能上（去）。这些地方是神圣的，所以不能克（去），克（去）了对自己对家人都不好。

追姆（51岁）：（女人）不能上克（去）也不咋个（怎么），在家烧香也一样，只要尽到心也是一样的，爬山我们也老是爬不起（动）。①

老年女性的看法生动体现了当地社会的传统性别观念。女性污秽不洁的理念早已深入人心、根深蒂固，这种观念甚至迫使女性产生了一种自我安慰与逃避的心理。随着寺院朝佛活动的兴盛，类似的认识被继续延伸到信仰活动更为集中的寺院佛堂中。通过藏族群众对性别和仪式空间特有的认识，寺院被构建为一个神圣的权力之地，这一过程同时也巩固了作为寺院及其神圣阶层或者喇嘛的供养者的普通信徒的仪式效力。② 虽然共同为信仰付诸精神与实践，但男女两性对命运的诉求截然不同。马克里发现，一种空间化的性别分工将女性与作为"内部"事务的家务相联系，将男性与作为"外部"受尊敬的宗教仪式与政治事务相联系。这种分工成为一种广泛合理的对宗教命运的诉求，可以称之为"性别因果对立"（sexual-karmic polarity）。③

女性的身体和形象还具有低下与可耻的象征含义，寺院对女性的禁忌广泛存在于藏族聚居区各地，其中又以格鲁派最为严格。甘孜地区理塘县的长青春科耳寺（又名理塘寺）规定，在其所管辖的范围内，凡是无力偿还寺院债务的男人，要被穿上女人衣服、戴上高帽子，额头上烙上"榨"字印，并撵出理塘。由于其头上有印记，因此凡是在寺庙的辖区之内都不能居住。④ 迪庆藏族聚居区格鲁派各寺院都严禁妇女进入密宗殿堂和护法神殿内磕头，焚香也仅限于门外。这种禁忌仍然来自女性身体污秽论，认为这种不洁会降低护法神的威力。尽管如此，女性仍然在寺院的外围充当一种恰当的供养者的角色，她们乐此不疲地焚香、祈福、转经、朝拜，并向寺院敬献功德。女性对宗教禁忌的尊崇强化了当地的社会性别制度与权利结构，并通过显著的女性化与老年化的

---

① 调查时间：2011年2月。

② 参见 Charlene E. Makley. "Gendered Boundaries in Motion: Space and Identity on the Sion-Tibetan Frontier". *American Ehnologist*, 2003, 30 (4): 597 – 619.

③ 同上。

④ 参见《理塘县长青春科耳寺调查》，见四川省编写组《四川省甘孜州藏族社会历史调查》，四川省社会科学院出版社1985年版，第298页。

模式进一步对后代及其他家庭成员施加影响。

## 二、纳西族社会中的"殉情"习俗与"女鬼"传统

殉情是纳西族社会20世纪50年代以前相沿甚久的重大社会问题,丽江因此曾被称为"世界殉情之都"和"亚洲自杀王国"。在那以前,常有一对乃至七八对情侣一起殉情的惨剧发生。正如杨福泉先生指出的那样,殉情在世界各地各民族中都存在,但没有哪一个地方、哪一个民族像纳西族这样惨烈和严重,并成为一种历史性的社会风尚,产生系统性的有关殉情的宗教仪式和经书,产生凄艳哀婉的各种殉情文学作品,在民间形成各种有关殉情的神秘信仰、禁忌习俗等。殉情不仅成为纳西族历史上严重的社会问题,也成为一种蕴含多种复杂因素的特殊文化现象。①

殉情并非纳西族社会的原生产物,而是在清代实施"改土归流"以后逐渐产生的社会现象与问题,并同时对纳西族的宗教信仰产生了直接影响。殉情使东巴教的鬼魂崇拜中多了一项重要内容——情死鬼和风鬼。在洛克所著的《纳西——英语百科辞典》下卷中即收录了57个有名有姓的殉情鬼。其中,最重要的是殉情鬼首领游祖阿主和构土西公,前者是女性,后者是男性,他们即是一对情侣。他们统领着所有的殉情鬼,是殉情者所向往的爱之乐土"雾路游翠郭"(汉语多译为"玉龙第三国")的主人。相传这一对殉情鬼首领用优美动人的歌声和口弦声呼唤着一切在爱情婚姻上遭遇不幸的青年男女去往他们的乐园,与他们生活在一起。此外,东巴教中还有五方的殉情鬼首领,她们无一例外都是女性。在东巴教中,与殉情有关的还有一类鬼,称为风鬼或风流鬼、风骚鬼。这种鬼共有7个,也全部为女性。此外,还有专门迷惑人去殉情的7个女性精灵,总称为"本恩胆美突使固",又称为"麻登",相传她们与北斗七星有关。②

除原生的东巴教和后来传入的藏传佛教信仰外,纳西族民间还普遍存在着以巫文化为主要形式的民间信仰。其中一种被称为养"毒鬼"和养"搓铺鬼"的巫术信仰同样将矛头指向了女性。在这种类似于"养蛊"的解释体系中,某些特定的家庭和个人被当地社会指称为豢养有"毒鬼"和"搓铺鬼"。"养鬼"的行为不仅会在一定时期内持续存在,并且还能够进行代际传承。这些"养鬼者"同样以妇女居多,以母女相传的方式代代沿袭,没有女儿者甚至还会变通性地传承给儿媳。与普通巫术的技能传承方式相比,"养鬼"不是一种

---

① 参见杨福泉《政治制度变迁与纳西族的殉情》,载《中南民族大学学报》(人文社会科学版) 2005年第5期。

② 参见杨福泉《多元文化与纳西社会》,云南人民出版社1998年版,第24~25页。

传授式的传承，而是一种在无形中的遗传和感染式的传染。有些地方的纳西族还有养"豹鬼虎鬼"的迷信。据洛克的调查，所谓"豹鬼虎鬼"都是指雌性鬼，人们认为只有妇女才有这种鬼。①

在当地人看来，由于无法控制的遗传与感染性本质，"养鬼者"对周围的人，甚至对牲畜的危害都是致命性的。因此，一些地方又把这种"毒鬼"和"搓铺鬼"分为两类：一类专门害人，一类专门害牲畜。有伤口的人最容易受到这两种鬼的伤害；同理，母牲畜生产的时候，母畜和幼畜也最容易受到这些鬼的袭击，使之感染疾病而死亡。在部分村寨中，人们认为辣椒可以用来抵抗这些"鬼"传染式的侵袭，因此在人的身体出现伤口或是在妇女生产等容易受到伤害的特定时段使用焚烧的辣椒进行抵抗。由于"毒鬼"和"搓铺鬼"存在极大的危害性和传染性，当地社会对"养鬼者"都避之不及。为祛除其危害，民间盛行着由祭司东巴和巫师桑尼、桑帕主持的驱赶镇压仪式。

在丽江一带，被认为"养鬼"的家庭在每个村寨都有，他们无一例外地被当地社会排除在联姻的选择范围之外，不少类似家庭的子女因为无法成婚被迫双双殉情。

殉情者通过对身体的自杀式毁灭，幻想进入理想中的爱之乐土。殉情现象的大量存在以及对"玉龙第三国"的向往，体现了纳西族社会对婚姻和爱情自由的追求以及身处其中受害者的一种反抗性极端心理；而人们将各种殉情鬼和风鬼大多塑造为女性形象的特征，则体现了纳西族女性在"改土归流"这一历史变迁进程中社会地位急剧下降及不得不以死抗争的悲剧性后果。殉情习俗的蔓延使妇女成为包办婚姻的牺牲品，而"养鬼"习俗的女性化与妖魔化则将纳西族妇女共同推向了社会的对立面，不仅降低了妇女的社会地位，甚至褫夺了她们应有的权利，这种情形的产生与纳西族社会中重视母系的传统大相径庭。直至20世纪60年代前后，"养鬼"的习俗仍然盛行于纳西族地区，但因此选择殉情的男女已较之前大为减少。在年青一代看来，"养鬼"之说已逐渐成为逝去时代的产物，妇女从中所受到的戕害也在逐步减退。

### 三、独龙族社会的妇女文面习俗

妇女文面曾是独龙族传递给外界社会的主要民俗符号之一。光绪年间，巡视独龙江的夏瑚曾这样记述独龙族的文面习俗：

> 先俅民年三十以上者，尚全文面，其年在二十以下者，渐有破此陋习不文面者……上江女子头面鼻梁两颧上下唇均刺花纹，取青草汁和锅烟揉

---

① 参见杨福泉《多元文化与纳西社会》，云南人民出版社1998年版，第47~48页。

擦入皮肉成黑色，洗之不去；下江女子文面，只鼻尖刺一圈，下唇刺二三路不等。①

看到女性在自己的面颊上刺上这样的花纹，夏瑚觉得颇为不妥，因此"召集甲长、伙头，宣布以后取消此种陋习"，并警告说"文面者剥其皮，与人文面者砍其首"。民国政府也曾下令禁止妇女文面，对文面者施行罚款，因此人们开始逐步放弃文面。但察瓦龙土司警告当地人说，"你们的妇女要画脸，男子不要剪发，否则不是独龙族人了，就同傈僳族人和怒族人一样了"②。对于独龙族妇女文面的起源，一种解释认为来自他们的近邻怒族，察瓦龙土司统治独龙江之后，就将文面作为独龙族区别于其他族群的识别符号，因此妇女都文面了。③ 为保护自身安全，文面习俗在独龙江地区一直延续到20世纪50年代前后。也有人认为，土司和蓄奴主强掳独龙女为奴或许也曾有过，但由此断定这便是独龙女文面的缘由缺乏足够的历史依据。④

独龙江各地区文面的方法基本相似。文面时先用木炭或锅灰在脸部描好文饰形状，刺文者一手持竹针，一手拿拍针棒轻轻刺入，每刺一针即将血水擦拭干净，然后敷上用锅灰拌成的"墨汁"，几天后创口结痂脱落，即留下永远也擦洗不掉的青黑色花纹。⑤ 文面并不是每个妇女都会的技术，一般几个寨子才有一个人会，附近需要文面者都会来找此人。技术掌握者不会以此为职业，但文面者会送给操作者少量报酬作为答谢。

无论从哪个方面来看，独龙族妇女文面的习俗不仅是一种简单的民俗事象，更是三江流域族群阶序中弱势群体的无奈之举。⑥ 身处社会结构中较低层级的女性如若不依照统治阶层的要求行事，则极易成为族群冲突中的牺牲品和贸易交换中的商品。与妇女相比，独龙族男性并不需要专门改变自己的身体形貌，而是将土司敕令的族群"符号任务"交给了身处弱势的妇女群体。

---

① 转引自尹明德《云南北界勘察记·卷三附·调查报告》，成文出版有限公司1974年版，第182页。

② 转引自李金明《独龙族文化大观》，云南民族出版社1999年版，第62页。

③ 参见杨将领《独龙族的社会组织和社会形态》，见政协怒江州委员会文史资料委员会编《怒江文史资料选辑》（第27辑），德宏民族出版社1999年版，第40页。

④ 参见沈醒狮《独龙族文面习俗现状调查》，载《安徽师范大学学报》（人文社会科学版）2005年第2期。

⑤ 参见杨将领《中国独龙族》，宁夏人民出版社2012年版，第96页。

⑥ 详见本书第六章中第一节内容。

## 小　结

　　相同的事象会有着截然不同的解释，不同民族对身体的认识深刻反映了当地社会文化对性别与身体所进行的再次建构，其象征意涵清晰可见：创世传说并不是一个空泛的想象符号，它不仅传达着人们对待男女两性的基本态度，并且成为社会对男女两性身体"洁净与污秽"认识的基础。社会对女性身体的污秽观念伴随着女性生命的始终，女性身体及其分泌物对男性的"威胁"折射出社会对女性身体的误解与蔑视。从两性活动到整个生育过程，女性能够主动把握的空间极其有限。藏族多偶制家庭的女性则将身体作为协调夫妻关系的重要媒介，因而性活动成为这种特殊家庭中关键的内部调配机制之一；当这种机制出现波动或失灵时，其婚姻的稳定性即将受到严重影响，甚至导致家庭的破裂。因此，这种特殊婚姻形态（即多偶制，尤其是兄弟共妻）的延续，在很大程度上是依靠婚姻成员极大的奉献与隐忍来实现的。在这种世代延续的隐忍与奉献的心理机制中，社会对女性身体的认识以及女性对自我身体"污秽"的认同共同扮演了重要的作用，他们合力推动了女性对自我的认识以及对命运的顺从，使得女性群体成为各种婚姻形态不断延续的重要媒介。

# 第五章 "低下"的妇女：性别政治的代际传递、更替与嬗变

"每一个社会或民族都有自己文化传承的内容与方式，文化传承既是某一个社会或民族的群体行为，也是该社会或民族的个体行为，某一社会或民族的文化就是通过这种群体或个体的行为而得到代际的传承。"① 同样，每个社会对于男女两性的性别期待都有差异，存在于家庭、社会与学校中的不同教育方式塑造着人们所期望的性别模式。

## 第一节 "天赐之权"：传统社会中的性别政治传递机制

### 一、命名礼：性别政治传递的开端

每个社会对个人理想性格的塑造从婴儿期即开始了。为了这一共同的目标，社会成员都会努力以濡化的方式将婴儿逐步塑造成为理想成年人的性格。这正如本尼迪克特所指出的那样，个体生活历史首先是适应由他的社区代代相传下来的生活模式和标准。②

藏族新生儿的命名一般在孩子出生三四天后进行，由家中的成年男性（一般是家长）前往寺院告知活佛孩子出生的时间，一般都可以得到一个带有宗教意味的名字，活佛同时还会赐予孩子一个戴于颈上的吉祥结。这个吉祥结会一直陪伴着孩子成长，有些人长大之后会取下来，但有些人几十年甚至到死的时候都不会取下。此外，还要给孩子定制一只银手镯，按照男左女右的方式进行佩戴。也有的家庭选择自己给孩子取名，或者请村里的长者为孩子命名。

---

① 滕星：《族群、文化与教育》，民族出版社2002年版，第7页。
② 参见（美）露丝·本尼迪克特《文化模式》，何锡章、黄欢译，华夏出版社1987年版，第2页。

这些名字与活佛所取的名字相比表现出另外一种寓意，如达瓦（月亮、星期一）、米玛（星期二）、拉巴（星期三）、普布（星期四）、巴桑（星期五）、边巴（星期六）、尼玛（太阳、星期日）、梅朵（花）、白玛（莲花）。不管命名是来自活佛还是来自村里的长者或是家长，由于没有姓氏，当地人重名的现象相当普遍。此外，新生儿的命名没有私生子、养子、亲生子的区别，只要是自己妻子生育的孩子，都是自己的孩子，只要条件允许，都会举行同样的仪式，并为新生儿求请名字。按照出现频率的高低顺序，尼村藏族男子最常使用的 10 个姓名分别是尼玛、培初、农布、品初、定主、鲁茸、次里、扎史、都吉和索朗，女子最常使用的 10 个姓名是卓玛、拉姆、取次、永宗、只玛、追姆、达瓦、次姆、布称和曲珍。尽管人们没有表现出强烈的生育男性后代的愿望，但不少人家仍常常以孩子的命名表达希望结束生育女孩的愿望，如以"仓决"或"仓"（"断绝"之意）给女孩命名。①

纳西族人的一生几乎都与东巴教密切相关，这首先突出地表现在几个重要的生命阶段上。婴儿出生前后，必须请东巴进行保胎、驱鬼与除秽、祭祀生命神，举行为婴儿取名、产妇洗头、见天日、拜太阳等仪式。取名是关系到人一生命运的重大事情，必须在东巴教教义的范围内选取，如依"巴格图"（纳西族的阴阳五行说）方位命名。②

怒族的新生儿祝福与命名活动同样体现了鲜明的男女差异。孩子出生 3 天后，丈夫便会请人带上酒和肉到亲戚长辈家送礼告知，得知消息的亲友就会委托自家的妇女背上粮食、糖、鸡蛋等礼物结伴到产妇家探望，所有探望者仅限妇女和小孩，成年男性不得参加。男孩的名字前面一般都冠以"腊"，如"腊佳"、"腊华"等；而女孩的名字前则普遍冠以"亚"，如"亚娜"、"亚莎"等。这种命名法来源于怒族历史上的氏族图腾和亚血缘婚制。在怒苏语中，"腊"和"亚"分别意为"虎"和"鸡"，这是怒族最古老的图腾和两个相互通婚的氏族名称。由于外婚制尚未形成，加上通婚范围狭小，族内婚和非等辈婚大量存在，为使这种婚姻制度趋于合理，人们采取了用氏族图腾为男女命名的方式。尽管这类古老的婚姻形态已经逐步消亡，但命名的方法完整保留了下来。③

独龙族的新生儿要满 7 天才能洗第一次澡，男孩满 6 天、女孩满 7 天后才能穿新衣服。新生儿的命名由家族长或父母负责，男孩要满 7 天、女孩要满

---

① 参见嘎·达哇才仁《藏族人名文化》，载《西藏大学学报》1996 年第 2 期。
② 参见杨福泉《原始生命神与生命观》，云南人民出版社 1995 年版。
③ 参见何叔涛《云南民族女性文化丛书·怒族——复苏了的神话》，云南教育出版社 1995 年版，第 6～7 页。

9 天后才能取名。由于独龙族没有姓氏，命名按照特定习惯取定，大多排行冠以地方名称。例如，"芒邦加肯"，意为芒邦加那个地方的老大，老二称"芒邦加丁"。女孩的命名也一样，大女儿称"芒邦加乃"，二女儿称"芒邦加拟"。外人对一个家庭成员的称呼方式折射出独龙族社会绝对的父权家长制特征。假如"芒邦加丁"（老二）是某家的家长，则外人就称呼他的儿孙为芒邦家老二家的大儿子或芒邦家老二家的二孙子，而不能直接称呼其本人的名字。由于人们的姓名是由地名、家族名称和排行连接在一起组成的，假如搬到其他地方居住，其子孙仍然沿用原来的地名。因此，即使发生多次迁徙的情况，从未相识的人只要相互介绍之后就可以知道双方是否有亲戚关系。① 独龙族的名字还以家族名称（即地名）加祖父名、父母名，加本人爱称及排行构成本人的名字，其中男子必须冠父亲的名称。例如，女性名白丽·丁板·嫡木·顶·阿克洽·嫡（意即地名、祖父名、母名、父名、爱称、本人排行），男姓名孔当木·顶·阿克洽·松旺（意即家族名、父名、爱称、本人名）。独龙族尚未形成以父系名称为主的父子连名制，男子的名称只涉及 1～10 的排行，即朋、井、奎、今、顶、批、筒、莱、托木、顶那。②

## 二、成年礼与继嗣仪式：性别政治观念的养成与规训

成年礼（rite of puberty），又被称为"成丁礼"或"成人礼"等，是一定社会中的个人由幼年步入成年的人生礼仪；是指为达到性成熟或法定成年期的少年举行的一种仪式，以此确认其为成年，接纳其为社会的正式成员，或一种宗教团体的成员。③ 这一仪式广泛存在于古今中外不同区域的族群中。④ 综合来看，各族群的成年礼虽然形式多样，但一般都具有以下特征：限定仪式举行的年龄，仪式以"成人"为主题，且特征明显，并具有普适性；仪式举行的方式包括教导型、考验型、标志型等类型。⑤

### （一）以女性为主的藏族成年礼

尼村藏族群众的成年礼除具有上述特征之外，还具有自身的特点：第一，

---

① 参见《民族问题五种丛书》云南省编写组、《中国少数民族社会历史调查资料丛刊》修订编辑委员会《独龙族社会历史调查》（二），民族出版社 2009 年版，第 7 页。
② 参见《贡山县四区三村孔当、丙当、学哇当独龙族社会经济调查》，见《民族问题五种丛书》云南省编辑委员会、《中国少数民族社会历史调查资料丛刊》修订编辑委员会、《独龙族社会历史调查》（一），民族出版社 2009 年版，第 42 页。
③ 参见覃光广等《文化学辞典》，中央民族学院出版社 1988 年版，第 318 页。
④ 参见吴晓蓉《仪式中的教育——摩梭人成年礼的教育人类学分析》（博士学位论文），西南师范大学 2003 年，第 47 页。
⑤ 同上书，第 48～52 页。

成年礼主要在女孩群体中举行，为男孩举行的情况较少。第二，举行成年礼的时间一般为9岁、11岁或13岁，这些单数年龄被认为是吉利的，尤其13岁对藏族人的成长来说更具有临界点的重要意义。① 但具体什么时候举行仪式，则由孩子的家庭经济状况决定。第三，与摩梭人等族群中程序繁复的仪式②相比，藏族群众的成年礼仪式相对较为简单，一般仅包括换装、祈福和聚餐几个环节。女孩的成年礼大多由母亲向家长提出，家长同意之后由母亲负责操办。从整体上来说，多偶制家庭，尤其是兄弟共妻家庭的子女，由于家庭经济状况普遍较为优越，因此举行成年礼的时间相对较早；另外，由于其家庭亲属关系比普通家庭相对复杂，也促使他们更早地接触社会、踏入成年的人生历程。

举行成年礼的女孩在仪式当天清早换上全套藏装服饰，然后在父母和亲友的陪同下前往寺庙烧香祈福，家人还会在家中举行聚餐活动，邀请亲朋好友参加，庆祝孩子从此步入成年，具备了恋爱和结婚的资格。藏族聚居区有的地方还会在女孩成年礼时举行一种类似无配偶单独成婚的"戴天头"仪式。女孩在这个仪式中被象征性地嫁给"天"，从而为其自由恋爱提供合法身份，就算是婚前生儿育女也可以得到社会的认可。③ 在尼村藏族群众的成年礼中，换装由于具有较强的社会性别塑造、族群认同与角色认同等教育功能，因此成为当地成年礼的主要组成部分。繁杂昂贵的服饰对其家庭经济能力而言是一个考验，因此在当地人看来，有能力的家庭才能让孩子早点成年。

尼村藏族群众为何仅主要为女孩举行成年礼？朱迪丝·布朗（Judith K. Brown）的研究发现，女性的成年礼一般存在于婚后从妻居的社会及女性在经济生活中发挥较大作用的社会中。④ 此外，这些专门为女性举行的成年礼大多寓意着婚姻和生育的到来，还包含着对今后家庭生活的祈愿。⑤ 经过成年礼，女孩的心理发生了极大的变化，同时为生理上的发育做好了准备。举行过成年礼的女孩将会首先迎来月经初潮，之后开始学习穿内衣和裹胸，逐步进入恋爱和婚姻的人生阶段。

---

① 参见林继富《人生转折的临界点——母题数字"十三"与藏族成年礼》，载《青海民族研究》2004年第1期。

② 参见吴晓蓉《仪式中的教育——摩梭人成年礼的教育人类学分析》（博士学位论文），西南师范大学2003年，第52～57页。

③ 参见洲塔、王云《从婚俗文化看社会转型过程中藏族生育文化的变迁——以青海卓仓藏族为例》，载《兰州大学学报》（社会科学版）2010年第2期。

④ 参见 Judith K. Brown. "A Cross-cultural Study of Female Initiation Rites". *American Anthropologist*, 1963, 65 (4): 837-853.

⑤ 参见金少萍《云南少数民族女子成年礼探微》，载《思想战线》1999年第2期。

（二）换装差别化的纳西族成年礼

纳西族一直保留有成人礼俗，男子以穿裤、女子以穿裙作为标志，俗称"穿裤子礼"或"穿裙子礼"。例如，在盐源、木里一带的纳西族人看来，孩子长到13岁即意味着长大成人，可以参加劳动和社会活动了。而土司和贵族家庭的孩子则将举行成年礼的时间提前到了9岁。成年礼一般在每年的初一举行。除夕之夜，13岁的男女少年按性别分别在两个不同的家庭聚会，饮酒喝茶，一直待到天明。初一早晨鸡鸣之后，仪式便开始举行。男孩子的仪式在家中的"男柱"旁举行，男孩两脚分立于粮袋和猪膘之上，穿上裤子、短襟衣服，扎上腰带，然后戴上帽子，手持象征武器的长杵。女孩的仪式与之类似，举行的地点是家中的"女柱"旁。女孩两脚仍分踩粮袋和猪膘，但手中不拿武器，而是手握纺轮、梭子等纺织工具。由老年妇女为其穿上上衣、裙子，扎上腰带。纳西族的这一成人礼源于本族古老的民俗文化，但这一习俗中已明显受藏族民俗文化的影响。行穿裤（裙）礼的时间要先请喇嘛、达巴占卜，行礼时也要请喇嘛、达巴念经。① 其中行成人礼请达巴占卜、念经是纳西族原有的礼俗，请喇嘛占卜、念经则既与藏族宗教影响有关，也与木里一带藏族成人礼的影响有关。

（三）贯穿独龙族人一生的"木索哇"与"苏拉乔"仪式

独龙族妇女一生中有3个时期要请"南木萨"为她们举行祭鬼保命的仪式，即"木索哇"仪式。第一次在婴孩时期举行；第二次在出嫁后首次回娘家的时候举行，目的是为了防止夫家氏族的鬼缠住她，来到娘家氏族害人；第三次在其年老时举行，多数是经过占卜认为自己寿命不长了才举行，所祭祀的是人们认为最大的鬼"格蒙"和"木佩朋"，祈求它们不要随便地杀吃自己的"卜拉"，让自己的"卜拉"平平安安地活长一些。祭祀的时候，选择一两根小竹子，将其表面削成树花花，称作"新息尔"，再把祭物如鸡、荞面粑粑等用绳子拴吊在"新息尔"上祭供起来。

与之类似，男性也有同样的祈求仪式"苏拉乔"。祭祀的对象是对男人们生命威胁最大的"苏拉卜拉"。这种仪式不一定要由"南木萨"支持，有经验的老年男性、懂得祭祀仪规的人、会念祈祷的人也可以主持。与妇女一生只举行3次"木索哇"仪式的最大不同是，"苏拉乔"仪式可以经常举行。这反映了独龙族社会以男子为中心的父系特征。据说这两种仪式的形成源于一个

---

① 参见严汝娴、宋兆麟、刘尧汉《四川省盐源木里两县纳日人社会调查》，见《四川省纳西族社会历史调查》，四川省社会科学院出版社1987年版，第193～194页。

传说：

远古时代，大地上没有人烟，只有一个从树木里蹦出的人，叫作辛丹嘎普。后来，天神格蒙把女儿木美姬下嫁给辛丹嘎普。两人婚后，很奇怪的事情发生了，生出的孩子要么是蜜蜂、蝙蝠、燕子，要么是石头和树木。夫妇俩很纳闷，木美姬就让孩子蝙蝠到天上外公格蒙家里去占卜，看看是怎么回事？蝙蝠到了外公格蒙家，按照临行前母亲的嘱咐，用黑乎乎的猪屎捏成自己的模样挂在火塘上，自己则挂在外公的屋檐底下偷听。果然，蝙蝠听见外公对着自己的模型说：我的孙子蝙蝠呀，乖乖！你们要想变成人，要用白白的鸡和羊，用黑黑的猪，祭祀天和"索拉"，男人要做"索拉乔"，女人要做"木索哇"。原来，辛丹嘎普和木美姬生下蝙蝠、石头等，都是天神格蒙搞的鬼，为的是要吃到人间女婿和女儿供奉的祭品，只有先祭祀、供奉他，人间才能生儿育女。后来，木美姬怀孕时，举行"木索哇"仪式就生了女孩，举行"苏拉乔"仪式就生了男孩。①

## 三、涉世之初：形态各异的社会性别教育

### （一）藏族社会的茶会

藏族人认为举行过成年礼的女孩和男孩已经具备成年人的心理，可以自由恋爱，而且父母一般都不会严格干涉其交往的对象。从以前的记录来看，藏族青年男女在婚前享有较为宽松的性自由，一起吟唱情卦是他们恋爱交友的主要方式之一。情卦，藏语称为"仪姆"，是一种以宗教占卜仪式相结合的猜调歌，同时也是藏族青年男女互相表达爱慕和友谊的传统风俗歌，在迪庆藏族聚居区广泛流传，青年男女往往借此相互传达和猜测爱情心理活动。例如，中甸尼西地区的藏族青年男女还借助情歌与异性交往，十三四岁的男女举行过穿裤仪式（即成年仪式）后，就有了与异性交往的自由，情侣们低声吟唱情歌，直至第二天凌晨才分手。② 此外，茶会也是青年男女婚前较为隆重的社交场合。茶会其实就是歌会，由一村的青年邀请另一村的青年前往赴会。由约定的当天傍晚开始进行，主要内容为对歌，青年们可以借助对歌相互了解和传达爱情、娱乐助兴等，茶会的时间可以一直延续至第二天拂晓。

这种活动类似于尼泊尔宁巴人的 Chaya（意为唱歌和跳舞）活动。在

---

① 杨将领：《中国独龙族》，宁夏人民出版社2012年版，第132～133页。
② 参见迪庆藏族自治州地方志编纂委员会《迪庆藏族自治州志》（下），云南民族出版社2003年版，第1270页。

Chaya 中，青年男女可以自由交往，甚至可以发生性关系。父母们并不干涉和禁止这些婚前性行为，因为当地社会将其视为青年人学习性知识的重要途径，年轻人可以借此寻找自己心仪的终身伴侣，当地高比率的自由恋爱婚姻也大多形成于此。① 在牧场上，"钻帐篷"的男女交往方式较为常见。青年男女可以自由恋爱并发生性关系，并且这种关系不会受到限制和指责。男孩子会尽情地追求自己喜欢的女孩，假如两情相悦，恋爱关系随之产生。如果一方不愿意，可以当面拒绝，性情爽朗的少女甚至可以用各种方式惩罚那些试图接近自己的"不受欢迎者"。

由于环境的宽松，人们似乎并不会因为生理成熟便急于结婚，只有贵族世家偶有例外，同时结婚也不是他们满足性生活唯一的方法。② 虽然茶会和"钻帐篷"等活动在当地人的成年及恋爱生活中扮演着重要的角色，但这些行为都曾经被汉人统治者视为需要教化且必须改革的"夷俗"，并专门利用属卡、土官和商会的"三行"地方组织编联保甲，制定《团约》和《乡规》，对此予以禁止。③ 此后，由于环境受限，自由恋爱明显受到了抑制，父母包办的婚姻不得不充当主要的婚姻缔结形式。

近年来，类似的活动已经被各村之间的锅庄大赛等娱乐活动替代。锅庄舞会也是男女青年互相结识的好机会，通过锅庄结缘的男女不少。在锅庄舞会中，男女青年都会尽情地展现自己的舞姿与气质，当地人认为在公开场合跳舞唱歌是自信的表现，害羞和怯懦将会遭到别人的嘲笑。虽然婚前生育的现象已经大大减少，但人们对自由恋爱的向往并没有大的改变，只是在形式上发生了些许变化。现在，人们已经逐渐将婚前生育视为一种"可耻"的行为，不少婚前怀孕的少女的家人甚至以此要求得到相应的赔偿。为了让自家少惹麻烦，家长们都会教育子女不要"乱来"，随意发生的性关系得到了有效的控制。当然，减少婚前生育也得益于生育与避孕技术不断普及所提供的便利条件。

### （二）怒族社会的"哦呅"

怒族早期的家庭教育主要在火塘边进行，通过口耳相传的方式对未成年人进行早期的道德品质教育。随着年龄的增长，少男少女便可以开始自由交往，

---

① 参见 Youba Raj Luinter. "Agency, Autonomy and the Shared Sexuality: Gender Relations in Polyandry in Nepal Himalaya". *Nepalese Studies*, 2004, 31（1）: 43 – 83.

② 参见李有义《今日的西藏》，知识书店 1951 年版，第 128 页。

③ 相关禁令包括"男女不准私约、相换什物、咬骗言语等弊，犯罚银三两，责一百；夜晚背水，不准唱曲，犯者按名罚银一两，有子弟游手同行者，查出罚银一两，男女各责一百；男女不准约过七月马日姑，犯者罚银三两；男女不准私约朝山，犯者罚银五两，责二百"（参见王恒杰《迪庆藏族社会史》，中国藏学出版社 1995 年版，第 256～257 页）。

学习社会赋予的性别规范。按照传统习惯，怒族青年男女婚前的性关系是比较自由而不受社会干涉的，1950年以前不少村寨中还有公房存在。① 交往场所公房被称为"哦吆"，意为"村里供寄宿的房子"，这种场所曾经遍布怒族大大小小的村寨中。"哦吆"有的是父母为子女建盖但尚未居住的新房，有的是主人远行或去世后闲置的空房，还有的是孤男寡女的居所。各家各户10多岁的少男少女便可离开父母到"哦吆"中寄宿，一起学习弹奏"达比亚"（一种四弦琵琶），学跳民族舞蹈。另外，男孩学习制弩制箭，女孩则学习捻麻绕线。"哦吆"除了作为教授传统民俗和生产技艺的场所外，还是情窦初开的少男少女重要的社交场所。不少情侣在这里结缘，甚至私订终身。他们夜间相拥就寝，清晨才依依不舍地离去。这种情侣被当地人称为"加尤"，意为"睡伴"。学会恋爱是每个人成长中的重要经历，没有"加尤"将会遭到别人的耻笑。"加尤"想要缔结为真正的夫妻却不是容易的事，随着父权制的确立和父母包办婚姻在怒族社会中的盛行，"哦吆"逐渐成为远去的记忆。

初入社会的情侣们可以浓情蜜意，但如果已婚男女发生婚外性关系的话，则会受到社会舆论的斥责和村寨习惯法的制裁。平日里男女两性关系封锁较严，未婚女子有私生子的情况极少。在传统伦理观念的束缚下，大多能严守贞操，极少有越轨行为和未婚先孕者。② 在1950年以前，如果发生类似的事件，通常是奸夫要赔偿9元"半开"给奸妇之夫，而奸妇也必须以料珠一串或贝饰一串（均为妇女的装饰品）赔偿给奸夫的妻子，以示"遮羞"和道歉。③

### （三）在未成年人陪伴下成长的独龙族孩子

独龙族没有文字，每天火塘边的生活即是濡化的重要场合。此时，传统教育的主要内容大部分是通过故事、传说等口耳相传的方式进行的。独龙族的孩子在幼年的时候大多由年龄相对较大的孩子照看，据说这种传统来自于其族群的创世纪传说。传说人刚刚出现在大地上的时候是和鬼混住在一起的，人的孩子由鬼的大孩子照看，而鬼的孩子则由人的大孩子照看。④

这种独龙族社会中存在的具有雇用性质的帮人照看小孩的活动被称为

---

① 参见《碧江县一区九村怒族社会调查》，见《民族问题五种丛书》云南省编辑委员会、《中国少数民族社会历史调查资料丛刊》修订编辑委员会《怒族社会历史调查》，民族出版社2009年版，第34页。

② 参见何叔涛《云南民族女性文化丛书·怒族——复苏了的神话》，云南教育出版社1995年版，第7～8页。

③ 参见《碧江县一区九村怒族社会调查》，见《民族问题五种丛书》云南省编辑委员会、《中国少数民族社会历史调查资料丛刊》修订编辑委员会《怒族社会历史调查》，民族出版社2009年版，第36～37页。

④ 参见蔡家麒《藏彝走廊中的独龙族社会历史考察》，民族出版社2008年版，第35页。

"肖拉娃"，即请人照顾小孩之意。雇主一般是生活相对宽裕但缺乏照顾婴儿的劳动力的人家，雇用对象一般为亲属及其朋友的子女，以10岁能照顾小孩为限，其中以女孩较多。期限一般为1年，个别也有两年的。"肖拉娃"的劳动报酬一般除了主人提供的伙食及一年1套麻布衣服或1套麻布毯子外，假如其照顾的是男孩，则期满回家时可以得到1口大铁锅、1床麻布毯子以及一两背（两三斗）粮食；假如照顾的是女孩，则只能得到1口小铁锅，余者相同。对于这种差别，当地人的解释是男孩子比女孩子更难照顾，或者认为男孩子将来要继承家业，而女孩子则迟早要出嫁，不能为家庭创造财富。照顾小孩者在雇主家一般不受歧视打骂，因此很少有限期未满中途逃跑的情况，据说假如出现这种情况则不能得到任何报酬。假如受雇人在雇主家死亡，习惯上雇主要送给死者的亲属铁三脚、铁锅、小猪等作为补偿，如果是主人虐待致死的，则要赔偿1头黄牛作为命金；假如发生因照顾不周导致小孩死亡的情况，受雇人家也要赔偿给雇主1头黄牛作为补偿，有的人家因无力赔偿甚至被迫将照顾孩子的女孩嫁给主人家做小妻。在1957年调查的贡山县四区9个家族中，正在帮人照顾小孩的一共有6人，1男5女，其中姻亲关系者4人，朋友关系者2人。①

  本节展示了家庭教育和社区教育在不同文化背景的社会中对个人早期成长所发挥的重要濡化作用。家庭是个人成长的起点，存在于命名礼、成年礼和生命的祭祀仪式中的共性体现了不同民族对男女两性不同的性别期待。初入社会的群体活动则教会人们如何认识自我、结交异性，为今后的婚姻生活和漫漫人生之路做好充分准备。独龙族社会中普遍存在的"肖拉娃"现象体现了其社会生产中成年人劳动力的稀缺，因此妇女不得不将照料孩子的工作委托给能够胜任这一职责的未成年人，但同时也从另一方面反映了独龙族妇女并没有因为生育而被过多地限制在照料孩子的工作中，她们仍然与其他妇女甚至是男性劳动力一样参与社会劳动。

---

  ① 参见《贡山县四区四村独龙族原始共产制残余调查》，见《民族问题五种丛书》云南省编辑委员会、《中国少数民族社会历史调查资料丛刊》修订编辑委员会《独龙族社会历史调查》（一），民族出版社2009年版，第66～67页。

## 第二节 "神授之权":来自宗教信仰的性别政治与权利

### 一、藏族社会政教合一时代性别政治等级的形成

从 10 世纪后期藏传佛教后弘期以来,藏族传统社会从总体上看可谓是一个宗教性社会,集中表现为三种标志性特征:一是宗教成为整个民族及社会的基本凝聚力,二是宗教寺院组织成为最基本的社会组织之一,三是政治上形成了政教合一格局。① 因此,在此后的藏族社会中,宗教成为整个社会的一种主导性力量,不仅支配着人们的行为方式,也支配着人们的思想观念,甚至成为藏族群众生活方式的一部分。宗教信仰成为人们生活的主要支撑力量。②

由于历史上长期存在政教合一社会制度,在藏族聚居区"改土归流"以前,儿童若想学习文化,必须入喇嘛寺为僧。③ 从教育体制、教学内容、教学方法、学位制度等方面来看,藏传佛教的寺院教育不仅具有鲜明的特色,而且历史悠久、影响颇深,在藏族教育史上占有重要的地位——"寺院即是学校,喇嘛就是教师,佛教经典就是教材。"④ 因此,作为当地仅有的文化、教育、出版机构,在家庭和社区之外,传统藏族社会的正规教育机构莫过于寺院。寺院不仅向受众传授各类宗教知识与仪轨,更充当着为当地社会培养社会精英的重要角色。因此,曾有人这样说:"喇嘛寺为一地之宗教重心,固已,特其职能绝不限于宗教。易词言之,可谓民财教建之组织,具体而微;管教养卫之权能,无一不备。"⑤

即便如此,男女两性经由此途径所能获得的社会认可度与相应地位也存在着较大的差异:通过寺院中的修习,男性可以凭借其佛学修为逐级晋升,成为在宗教领域有所作为的高僧大德,甚至还能参与当地的政治事务,获得世俗权利;与之相比,女性所能获得的回报与地位却相对有限,她们在宗教领域的修为无法比肩男性,而政治体系更是将女性排除在外。可以说,政教合一时代的

---

① 参见石硕《西藏文明东向发展史》,四川人民出版社 1994 年版,第 499~501 页。
② 参见石硕《〈格萨尔〉与康巴文化精神》,载《西藏研究》2004 年第 4 期。
③ 参见王恒杰《迪庆藏族社会史》,中国藏学出版社 1995 年版,第 192 页。
④ 周润年:《藏传佛教五大教派寺院教育综述》,载《西藏大学学报》2007 年第 3 期。
⑤ 张正明:《甘孜藏区社会形态的初步考察》,见四川省编写组《四川省甘孜州藏族社会历史调查》,四川省社会科学院出版社 1985 年版,第 42 页。

宗教教育在一定程度上固化了当地社会的性别制度，并进一步推动了"男尊女卑"的社会性别阶层的形成。

（一）男性的修习之所与权利之源

苯教是藏族的原生宗教，但佛教从印度传入吐蕃后，在与苯教的较量中巧妙地将原属苯教的一些神灵鬼怪的概念纳入佛教范畴，并逐渐形成了特色鲜明的藏传佛教体系。藏传佛教体系中教派众多，主要的派别有宁玛派、噶举派、萨迦派、格鲁派等。

长青春科耳寺是甘孜地区南部最大的格鲁派（俗称"黄教"）寺院之一，因地处理塘又名理塘寺。该寺建筑雄伟，规模宏大，"凌霄耸汉、瓦盖皆饰以黄金，内塑诸佛玉像，百宝镂嵌，幢幡宝盖，辉煌巨丽。供奉万岁宝座，金花玉盏。……傍环大小寺院数十座，一望重楼叠阁……寺内挂单喇嘛2 845众，未挂单喇嘛计2 000余众"，有僧房428座，1 300多间，素有"康南黄教圣地"之称。①

回顾历史，理塘寺与各时期的地方政府与中央政权均保持着密切的交往与联系。作为康巴地区的第一座黄教寺庙，理塘寺是在明朝万历年间由第三世达赖喇嘛主持由苯教（俗称"黑教"）的邦根寺改宗扩建而成的，后来还成为七世达赖幼年时期的出家处所，与西藏地方政府的关系较为密切。该寺不仅得到过蒙古法王的经济支持，还获得了当时丽江木氏土司的捐助，因此在400年中从一座百人小寺发展成为经济实力雄厚、机构庞大、雄踞一方的政教合一组织，势力范围遍及康南5县。②

清康熙至雍正年间，由于朝廷连续对西藏用兵，理塘成为进军官道。为满足军需，清廷加强了对理塘的控制，并加大了对理塘寺的支持，每年都向该寺喇嘛发放"衣单银五百两零九钱四分，口粮青稞一千五百七十石三斗六升六合二勺，麦六十六石八斗二升五合六勺，牛四百五十四头，酥油八百七十八斤"。直至清末赵尔丰"改土归流"之后方告停止。③

民国十五年（1926年），当时的西康屯垦使、四川军阀刘成勋曾委任当时该寺的"传号"（行政僧官）娃仁错为理塘、巴塘、乡城、稻城和雅江5县的"五路团总"，实行法令，统帅地方武装。西康省建省前后，刘文辉进一步加强了与理塘寺的联系，于民国二十九年（1940年）委任二世香根活佛为省临

---

① 参见《理塘县长青春科耳寺调查》，见四川省编写组《四川省甘孜州藏族社会历史调查》，四川省社会科学院出版社1985年版，第283页。
② 同上。
③ 同①，第290页。

时参议会议员；民国三十一年（1942年）又委任其为西康佛教整理委员会副主任委员及雅（江）、理（塘）、乡（城）、稻（城）、巴（塘）、义（敦）、得（荣）、白（玉）、瞻（化）9县佛教宣化师；民国三十二年（1943年）又在该寺正式建立调解委员会，审理当地民事诉讼案件。理塘寺作为政教合一地方统治者的地位得到进一步巩固与加强。①

在迪庆藏族聚居区，作为最早传入的佛教教派噶玛噶举派（俗称"白教"）的活佛曾经得到过明朝政府的肯定，为此获封"大宝法王"。该教派在丽江木氏土司统治迪庆期间获得了空前的繁荣，其中还有高僧受邀成为木氏的"帝师"。②15世纪初，藏传佛教格鲁派兴起，且发展迅速。在激烈的教派斗争中，格鲁派投向了日后即将控制迪庆藏族聚居区的蒙古和硕特部，并在与噶玛噶举派的斗争中获得胜利，继而掌握了整个迪庆藏族聚居区的宗教大权。由五世达赖与和硕特部组成的藏蒙联军相继没收了德钦三大寺（即德钦寺、红坡寺与东竹林寺）的财产，并将原噶玛噶举派僧人解散，将寺院改宗格鲁派。白教的衰落与黄教的兴起深刻改变了德钦的宗教格局，也承袭了藏传佛教后弘期寺院僧团与世俗权利相互交织的发展特征。③

根据民国二十八年（1939年）西康省政府的统计数据，当时西康省的19个县有330余座藏传佛教寺庙，喇嘛共计4万余人。④直到1954年，西康省共有喇嘛寺350余座，喇嘛约5万人，占藏族人口总数的11%强。⑤1957年的统计数据显示，当时昌都地区共有寺院576座，僧尼人数达36 546人，其中以黄教寺院为主。⑥

距离笔者多次调查的迪庆州德钦县尼村不远的东竹林寺，既是康巴地区著名的佛教寺院，也是尼村男性出家修行的主要去处。这座著名的格鲁派寺院始建于清康熙六年（1667年）。它的建成，完成了五世达赖喇嘛和康熙皇帝要在康区上部和下部分别修建显宗和密宗十三寺的愿望，因此由五世达赖喇嘛在1670年亲自赐名为"噶丹东竹林寺"，意为诸事完成，了却心愿。世事变迁，

---

① 参见《理塘县长青春科耳寺调查》，见四川省编写组《四川省甘孜州藏族社会历史调查》，四川省社会科学院出版社1985年版，第290～291页。

② 参见赵心愚《略论丽江木氏土司与噶玛噶举派的关系》，载《思想战线》2001年第6期。

③ 参见尕藏加《雪域的宗教：宗教与文明传承 宗派与教法仪轨》（上册），宗教文化出版社2003年版，第262页。

④ 参见《西康省各县寺庙喇嘛教数目调查表》，见张保见《民国时期青藏高原经济地理研究》，四川大学出版社2011年版，第8页。

⑤ 参见杨静仁、李子杰、邓锐龄《关于西康省藏族自治区基本情况的报告》，见四川省编写组《四川省甘孜州藏族社会历史调查》，四川省社会科学院出版社1985年版，第2页。

⑥ 参见《昌都地区社会历史调查资料》，见西藏社会历史调查资料丛刊编辑组、《中国少数民族社会历史调查资料丛刊》修订编辑委员会《藏族社会历史调查》（四），民族出版社2009年版，第20页。

这座寺院的命运也几经沉浮。1985 年,东竹林寺被迁移到现在的新址重建,新兴的寺院盖起了高达 5 层楼的大殿,分布在寺院周围的僧人住房超过了 100 所。从山顶的公路上望去,层层屋檐围绕着金碧辉煌的佛殿,俨然一座小型的市镇。其规模虽然远比不上拉卜楞寺、塔尔寺等藏族聚居区大寺,但"高原城镇"① 的作用仍然凸显。到 2008 年,寺里有扎通、鲁主、噶达、巴卡和设孜 5 位活佛,僧人超过 700 人。曾经多次陪笔者一同前往寺院的村民拉姆说:

> 东竹林寺旁边的房子都是寺里和尚的,每个人有一幢,都是家里出钱给他们盖的,有些条件差的是几个人一幢。我们藏族人觉得家里有人出家学经是非常骄傲的事情,所以都会尽全力支持。②

能够接受宗教教育的僧人是深受当地人们敬仰的。在当地人看来,男孩子能进入寺院学习,不仅是一家人的荣耀,其本身也能成为当地社会所敬重的对象。出于对宗教的敬仰,无论家人还是其他村民对待僧人都必须认真和敬重,否则将会被视为对神明的大不敬,并将由此遭到上天的惩罚和谴责。村民卓玛说,对于自己出家的弟弟,家人都为他提供了尽可能的关照。

> 我家弟弟在家的时候就爱干净,洗衣服时他的(衣服)要单独洗,他住的房间是单独(的)一个,衣服洗干净要叠得很整齐。③

在镇上的信用社和邮局等公共服务场所,只要看到身披绛红色袈裟的僧人,无论男女老幼,都会很乐意地为他们提供帮助,如照顾那些无法流利阅读和书写汉语的僧人。信用社的工作人员告诉笔者:

> 只要看到僧人,都要帮他们填单子啊,整这些,他们(当中的)好些(人)不会写汉字,看见的人都要帮他们呢。④

从本质上说,藏族群众对僧人的尊敬及其对与僧人有关的场所和事物的洁净观念其实是其文化传统中"神圣的洁净与世俗的污秽"观念的具体体现。对于信仰佛教的藏族群众而言,僧尼作为宗教职业者一心事佛,因而是洁净的,受到整个社会的尊敬。⑤ 不过,当地人对僧人的称呼显然受到了汉文化的影响,常用的称呼是"和尚"或"僧人",而并非人们熟悉的"喇嘛",这种

---

① 尕藏加:《藏区宗教文化生态》,社会科学文献出版社 2010 年版,第 75~80 页。
② 访谈时间:2011 年 2 月。
③ 访谈时间:2011 年 2 月。
④ 访谈时间:2011 年 1 月。
⑤ 参见刘志扬《乡土西藏文化传统的选择与重构》,民族出版社 2006 年版,第 265~269 页。

称呼方式明显有异于藏族聚居区的大部分地区。

在政教合一的时代,作为藏族聚居区专门的官方教育机构,寺院可以为僧人提供宝贵的教育机会(修习),传承民族文化;同时,僧人还能通过接受教育不断提升自己在宗教界的地位,并借此进入政界,实现世俗权利,从此改变自己的命运,这种情形类似于中国科举时代的"学而优则仕"。在西藏的噶厦政府中和迪庆地方的"吹云会议"①制度中,僧官与俗官共同参与当地政权的政治制度得到了充分的体现。尼村一带藏族群众对格鲁派的推崇在清代中期曾达到顶峰,因为这里出现过一位达赖喇嘛的转世灵童候选人,尽管他在金瓶掣签中未能被选中,但仍然与另外一位落选的候选人一起作为达赖喇嘛"语"和"意"的化身享受"措钦活佛"的供养,这位活佛后来因为拉萨气候寒冷而返回故乡,噶厦政府为其在当地专门修建的宫殿因此成为享誉康巴地区的一个信仰中心。②

出家为僧为男性提升自我修为和社会地位提供了必要的途径与人才筛选机制,同时也对社会发展尤其是人口增长产生了极大的影响。盛行于藏族聚居区的佛教信仰与大量男性出家为僧在很大程度上导致了历史上藏族人口增长缓慢。自佛教在藏族聚居区获得统治地位以来,寺院僧团在藏族社会中的重要地位日益凸显,政教合一的社会制度促使大量的男性出家为僧,其中又以格鲁派的兴盛对人口增长的影响最甚。由于格鲁派禁止教徒娶妻生子和参加生产劳动,并提倡僧人常住寺院,导致大量育龄妇女无法婚配和生育,人口增长速度缓慢。20世纪40年代西康地区的调查数据显示,出家僧人占男性总人口的1/3以上③,西藏和平解放时期的统计数据也估计僧侣占人口总数的1/4④。在甘孜南部的理塘,平均每家都有2～3个喇嘛,个别的家庭甚至达到4～5个。⑤ 因此,有学者认为,黄教寺院集团与黄教戒律互相影响,抑制了藏族人口的增长,造成了劳动力的不足,甚至是土地荒芜和经济衰败,延缓了社会的发展。⑥

然而,黄教对僧侣婚育的控制并不是绝对的,不少上层僧人仍然与他人存在性关系,甚至娶妻生子。1959年的调查资料显示,当时甘孜地区著名的大

---

① "吹"指代表宗教权利的寺院,"云"指代表世俗权利的土司贵族和地方官员(参见王恒杰《迪庆藏族社会史》,中国藏学出版社1995年版,第142～143页)。
② 参见李燕兰《茶马古道要地奔子栏》,云南民族出版社2008年版,第4页。
③ 参见吴文晖、朱鉴华《西康人口问题》,载《边政公论》1944年第2期。
④ 参见牙含章《西藏历史的新篇章》,四川民族出版社1979年版,第159页。
⑤ 参见《理塘县长青春科耳寺调查》,见四川省编写组《四川省甘孜州藏族社会历史调查》,四川省社会科学院出版社1985年版,第289页。
⑥ 参见措姆《略论黄教对藏族地区生产及人口的影响》,载《西藏研究》1986年第4期。

金寺中就存在上层喇嘛与其他僧人之间的同性性行为，甚至还有外出强奸妇女数十人的现象。该寺的大活佛亚基即在其私庙中公开娶妻并生有儿子。而寺内四大更巴之一的昂翁拿布，则因为另一喇嘛鸡奸了与他经常发生同性关系的小扎巴，而派人将该喇嘛杀死。①

在笔者调查的迪庆州德钦县，确实有一些女性与僧人结为夫妻。这种婚姻的发生一般有两种情况：一是允许僧人结婚的教派的活佛所缔结的婚姻；二是由于特殊原因中断僧侣生涯组建的婚姻，但后来又恢复僧人身份的。第一种情况在当地主要为宁玛派的活佛所组建的家庭。距离尼村不远的水边寺旁就居住着主持该寺的活佛一家，他被远在甘孜的一所寺院寻找、认定为活佛的时候早已结婚生子，但还是放下家人去了甘孜的寺院。后来身体不适，他返回故里，重修了水边寺，并在寺边盖起了一所新居供全家人居住，他的妻子一直陪伴在其身边。他每天同样要操持家务，照看田地，教育子女。东竹林寺的活佛也有过类似的经历，他从小被认定为上代活佛的转世灵童而被迎入寺中，但突发的"文革"迫使所有僧人还俗回家务农，他也和其他普通人一样组建了家庭，并育有两个女儿和一个儿子。宗教政策得到落实之后，他的儿子也剃度出家，后来去往印度，至今未归。而村里另外一位到印度学经的僧人不仅组建了家庭，甚至还将他的印度籍妻子和儿子一起带回村里生活。

嫁给活佛的女性一般与活佛一起生活在寺院附近，除了可以获得相对较高的社会地位之外，所需遵守的性别规范与当地其他女性并无二致。但其子女能够因为父亲特殊的身份和地位而享受一般人难以得到的机会和特殊待遇。在当地人看来，世上最幸福的人就是活佛的儿子，因为他们若是经商则大家都要礼让光顾，若是从事其他的工作也会得到相应的关照。可见，当地的社会性别制度是极其严格的，无论是必须忍受压抑的性别关系的多偶制家庭，还是当地普遍的一夫一妻制家庭，甚至是那些嫁给活佛的女性，都必须遵照社会约定俗成的性别规范。在当地人眼中，僧人还被认为是最能彰显男性气概的人。他们信守誓言，并具备极强的自我节制力与淡泊的品格，这些因素最能诠释当地社会所推崇的"尚武"的男性理念。僧人还俗被认为是件不光彩的事情，因为这种行为代表着对信仰的背叛，不仅本人将丧失威信，其家人也会因而抬不起头来。

寺院是男性重要的知识传承场所和社会权利之源，同时也是政教合一时代的地区中心，享受尊荣的社会地位。例如，甘孜县的大金寺即规定往来的路人路过寺院时不准骑马乘轿，凡骑马乘轿至寺门前者，必须下马下轿，否则会立

---

① 参见《甘孜县大金寺调查》，见四川省编写组《四川省甘孜州藏族社会历史调查》，四川省社会科学院出版社1985年版，第313页。

即受到斥责。① 此外，寺院还针对女性制定了种种禁忌与规范。例如，甘孜县的大金寺禁止妇女入寺，凡14岁以上的女性一律严禁进入寺院，凡有事到寺院，只能在门外等候。② 民国时期考察康藏的任乃强曾在甘孜发现了一种特殊身份的女性——"活鬼"。据说，"活鬼"乃是鬼魂依附于人的身体形成的，但仅限于女性。若是娶了这种女子为妻，妻子便会在夜晚离魂魅人，假如不能得手，则会谋害丈夫。因此，当地的男性都很怕娶到这样的"活鬼"。但奇怪的是，任先生居然发现被称为"活鬼"的女性与在寺庙的喇嘛同居。此外，"活鬼"不能直接称呼，如果这样叫了，她便会恐惧地投水自杀。③ 此外，被认定为"活鬼"的女性会遭到社会的歧视。1944年理塘妇女泽仁拉姆就因为被当地寺院认定为"活鬼"而遭到驱逐，她四处流浪乞讨，生活极其悲惨。④

　　回顾当地历史，僧人缔结的婚姻一般出于两种前提：一是自身的生理与人口再生产需要，因此通过对教义的变通或以修行需要⑤为由娶妻；二是通过教义限制其他僧众娶妻，以确保教义的完整性。为了实现上述目的，不得不对某些女性附加特性，上文论及的"活鬼"即是典型。

### （二）解脱：女性的遁世之处

　　从佛教在吐蕃历史上的发展情况来看，女性出家人出现在8世纪，也就是佛教传入吐蕃100余年之后，最早步入佛门的女性大多数是吐蕃王室或贵族妇女，如赞普赤松德赞的王妃益西措杰和卓萨绛曲杰等。⑥ 虽然藏族群众笃信佛教、尊重僧尼，但与男子相比，能够遁入空门潜心佛学的女子相对较少。

　　距离东竹林寺不远的地方，有一座云南省境内唯一的藏传佛教尼姑寺——书松觉母衮。史载这座寺院创建于乾隆三十六年（1771年），毁于"文革"时期，1985年在已经移建的东竹林寺原址上得以重建。根据当时东竹林寺寺主扎塘活佛的建议，新建成的尼姑寺被赐名为"塔巴林"，意为"解脱寺"。因此，与东竹林寺一样，这座尼姑寺也是格鲁派的寺院。与东竹林寺相比，塔巴寺的出家人——尼姑人数较少，全寺仅有130多人，她们来自云南、四川和西藏。除去民主改革以前入寺的20余人外，其余的尼姑都是最近几十年出家

---

　　① 参见《甘孜县大金寺调查》，见四川省编写组《四川省甘孜州藏族社会历史调查》，四川省社会科学院出版社1985年版，第313页。
　　② 同上。
　　③ 参见任乃强《民国川边游踪之"西康札记"》，中国藏学出版社2010年版，第52页。
　　④ 参见《理塘县长青春科耳寺调查》，见四川省编写组《四川省甘孜州藏族社会历史调查》，四川省社会科学院出版社1985年版，第295页。
　　⑤ 参见第四章讨论"性力崇拜"问题的相关内容。
　　⑥ 参见德吉卓玛《藏传佛教出家女性研究》，社会科学文献出版社2003年版，第41～48页。

的。她们在堪布（主持）的主持下，跟随 2 名格干青布（大老师）进行学习，寺中还有 1 名格规（执法尼）维持纪律。

尼姑，藏语称"觉姆"。迪庆藏族聚居区的尼姑主要分两类：一类为住寺尼姑，剃发，穿无袖上衣，有学位等级，最高学位可达"格西"，如东竹林寺尼姑；另一类是居家尼姑，剃发，学经修行，不结婚，无学位等级。居家尼姑在家庭中有较高地位，她们中的大多数人还掌握着家庭经济的支配权。迪庆藏族聚居区的尼姑活动范围较小，除每日诵读经文、拜佛做功课外，还参加生产劳动，但不参加社会活动，不举办宗教法会，不做其他社会福利工作，也不到群众家念经。① 尼姑的学习大致可分为五个阶段：出家 3 年以内的为初级；3 年以上到担任职务之前为中级；从开始担任职务到担任"翁则"（领经师）职务的阶段为中上级；从"翁则"到"格规"（执法尼）的阶段为高级；从"翁则"到"格规"职务卸任之后被称为"敢松"，是寺中的最高级别。尼姑的日常着装为深红色的袈裟，剪去长发，仅留一寸长，与男性僧人基本相同。

藏族聚居区为什么有那么多的人愿意出家？在藏族学者尕藏加看来，藏族聚居区僧尼大量出家的动机大多出于以下三类：一为自觉自愿的，二为家庭包办的，三为有学习目的的。② 但藏族聚居区女性出家者的人数与男性相比为何如此悬殊？有学者认为，这是女子在佛教上没有地位的表现。因为按照佛教的理论，女子与男子不能相提并论，阿尼只有沙弥戒，而没有比丘戒，因此在成佛的大道上，她们就比男子低了一级。据此，藏族女子的出家之风并不盛行。③

在出家的女尼中，除去少数潜心佛学的女性之外，还有不少女尼是为了脱离人世的"苦海"而遁入空门的。在这里，她们可以不用再遵从俗世对女性的种种束缚与要求，不必承担繁重的家务和劳动，而将自己的身心沉浸于佛学义理之中，渴望来生的救赎。因此，有研究发现，在生活劳动更为艰辛的牧区，女性的出家比例要大大高于农区。④ 在父系制度盛行的三岩地区，女尼的人数竟达 700 余人，由于女子在当地被视为"被弃之物"，因此削发为尼。这些女尼中的富裕者依靠父母生活，贫困者入寺苦修，甚至还可以生子，名曰"天赐行"。⑤

---

① 参见闵江海《迪庆藏族自治州民族志》，迪庆藏族自治州民族宗教事务委员会 2001 年，第 63 页。
② 参见尕藏加《藏区宗教文化生态》，社会科学文献出版社 2010 年版，第 96 页。
③ 参见柳陞祺《西藏的寺与僧（1940 年代）》，中国藏学出版社 2010 年版，第 50 页。
④ 参见郎维伟、张朴、尚云川《四川甘孜州藏传佛教尼姑现状浅析》，载《西藏研究》，2002 年第 2 期。
⑤ 参见刘赞廷《民国武城县志》，见《中国地方志集成·西藏府县志辑》，巴蜀书社 1995 年版，第 152 页。

除了入寺修行，女性还可以选择在家修行，以改变自己嫁人为妻的命运。在家修行的尼姑终身不嫁，与家人一同居住，平时参加少量劳动，其余时间诵经学佛或外出参加佛事活动，甚至还可以参加商贸活动。笔者在调查中发现了不少在家修行的尼姑，而且以兄弟共妻家庭比较突出。其中的主要原因在于兄弟共妻可以有效地集中男性劳动力，家庭的经济状况为女性出家提供了基本的条件。

45岁的卓玛30岁时出家为尼，因为当时家里决定让两个弟弟安乌平措和益西共同娶邻村的斯那拉姆为妻，组建兄弟共妻家庭。考虑到家里的劳动力相对充足，卓玛向父母提出了出家修行的想法，得到了同意。卓玛20岁时曾嫁到邻村的一户兄弟共妻家庭，但由于婚后一直没有生育，加上年纪较小的丈夫因为外出打工结识了一个年轻女孩而脱离了家庭自立门户，家庭矛盾丛生，最终导致其离婚返回娘家。现在两个弟弟和弟媳把家业操持得红红火火，她自己也能安心学经，还能帮助弟媳做些力所能及的家务。家里已经商量决定，她老年之后的生活则由将来继承家业的侄子负责。①

与同样出家的男性相比，人们对出家女性所抱有的宗教期望并不高。一位老年妇女告诉笔者：

我们这里的尼姑不多，老（年纪较大的）尼姑么（也）有一个，去印度10多年了，某（没）见回来过。旁边这家有个年轻的，她是在家修行，还开了个商店呢。她的东西老是（一般）不贵，周围的人都爱去她那买东西。她家爸爸就是在家修行，后来么她也出家，她家爸爸就说不用上去（到书松尼姑庵）了，就在家里面得了。②

僧尼在社会上都拥有高于俗人的地位，受到尊重，但仍然存在着显著的性别差异。虽然政教合一时代已经过去，寺院的教育功能也日渐淡化，但僧人仍然在普通信众心中拥有重要的地位。女子在宗教地位上的弱势，不仅表现在出家人数与宗教级别上，还反映在信众对其的认可程度上。当地民众经常开展诵经祈愿活动，但很少邀请女尼到家诵经，即使她们获得邀请，酬劳也远低于男性僧人，因此尼姑庵的经济状况要比当地的寺庙困难得多。

通过上文的分析可以看出，同样是出家修行，对男性而言是成就功名的

---

① 调查时间：2010年8月。
② 访谈时间：2010年9月。

"光荣之举",对于女性则只能是脱离苦海的"遁世之为"。甚至连最早遁入空门成为莲花生大师的空行母的吐蕃王妃益西措嘉也曾这样说道:"不管怎么干,我都不会幸福;因为我是女人,所以要遵奉佛法很难,甚至难以为生!"① 她甚至认为:"妇女无论如何修持,总须转身为男子,始得成佛。"② 尽管如此,出家仍是不少女性认为"解脱"今生今世之"苦"的唯一途径,最近几十年出家女尼人数的迅速增多即是这种思想的生动体现。藏族社会对于两性的宗教期待差别如此之大,深刻地反映了其中所固有的性别等级观念。

## 二、深受佛教传统影响的纳西族社会

元末,藏传佛教经川西传入纳西族地区。明代中叶以后,随着木氏土司势力的北进,纳西族地区与藏传佛教之间的关系日渐密切。15世纪时,噶玛噶举派红帽系二世活佛喀觉旺布的得意弟子曲贝益西的一名徒弟支梅巴即被木氏土司奉为"帝师"。在藏传佛教各教派之间激烈的斗争中,由于木氏土司审时度势,善于处理与各派之间的关系,藏传佛教在丽江、维西等纳西族地区得到了较快发展。从区域分布上看,丽江、维西等地的纳西族主要信仰噶玛噶举派(白教),而永宁地区的纳西族则由于地缘关系以信仰格鲁派(黄教)为主。

在丽江等地,由于佛教和道教在明代先后传入,人们的信仰呈现了多元化特点;但在永宁地区藏传佛教占据着绝对的统治地位。无论哪一教派的寺庙和喇嘛都处于当地土司的统辖之下。喇嘛教与土司实行政教合一,寺庙的最高行政领导——堪布通常由土司的次子或兄弟世袭。堪布设有衙门,有权审理案件。此外,寺庙还拥有很多土地和山林,向百姓收租放债,摊派各种宗教负担和劳役。在该地区,凡是有两个儿子的家庭必须有一人出家当喇嘛,有3个儿子的就要有两个儿子当喇嘛,有的家庭竟有喇嘛四五人之多,因此永宁中心区的喇嘛人数占到了纳西族男性总数的1/3。③

由于喇嘛在社会上和家庭中享有高贵优越的地位,处处受到尊崇。他们入藏学习回来后,更是身价倍增,即便是其父母和长辈也是对其恭敬有加。因此,男子都以当喇嘛为荣。喇嘛们平时在家设经堂念经,有重大的宗教活动时才到寺院参加,生活由其家庭负担。喇嘛的经堂不能随便进入,所使用的法器和食宿用具都是专用的,别人不能随意触碰。喇嘛中的上层教徒完全脱离劳动

---

① 转引自房建昌《藏传佛教女尼考》,载《中央民族学院学报》1988年第4期。
② 转引自任乃强《西康图经·民俗篇》,见《亚洲民族考古丛刊》(第四辑),南天书局1987年版,第137页。
③ 参见詹承绪、王承权、李近春等《永宁纳西族的阿注婚姻和母系家庭》,上海人民出版社1980年版,第286页。

生产，专门依靠从事宗教活动维持生活，凡是入藏学习的喇嘛都规定不能从事耕地和收获农作物等劳动。

除此之外，喇嘛还凭借着他们较高的社会地位和丰厚的财力以及常年不事生产的有利条件，到处与妇女建立阿注（夏）关系。尽管喇嘛不能结婚，但喇嘛教徒与当地妇女偶居成为一项合法的权利。每年进藏学习的喇嘛必须在出发前的五月初八日，集中在开坪乡的"日月潭"（又名"日月和"）搭帐篷露营。在这天夜里，每个喇嘛都要与自己的女阿夏在帐篷里过夜，没有阿夏的喇嘛即使花钱也要找一个少女过夜，据说不这样做的话就不能顺利到达拉萨或取得更高的学位。因此，喇嘛们把与女阿夏偶居露宿看作一项必须履行的宗教义务。① 喇嘛教徒既可任意与女子结交阿注，甚至还可以娶妻纳妾。不少喇嘛凭借其社会地位和手中掌握的商品货币，利用不事生产的便利，到处同女子建立阿注关系。② 从这一视角看来，喇嘛教在很大程度上助长了当地"阿注婚"的习俗。

在汉传佛教势力较为集中的丽江中心地区，有相当一部分人自愿组成某一寺庙的信女，她们当中有的是官绅富人家的太太，有的是中产阶级家的妇女，有的是寡妇或因没有生养儿女丈夫又讨了妾室的妇女。她们被称为"近事女"或"优婆夷"，俗称"嬷嬷"，雅号又称"善女人"，她们形成了丽江特定历史时期中一个独特的社会团体。这些妇女在某个特定的寺庙皈依受戒，每逢佛诞或其他佛教节日，就各自到自己皈依的寺庙里吃斋念佛，时间长短不等。她们当中有的人只字不识，但经过苦学苦念能背诵好几种佛经。这些妇女虽然没有剃度出家，但对佛教信仰很虔诚，每次寺庙里办会念经，所需劳动力和费用多半由她们轮流凑齐和承担。有必要外出化缘劝募时，她们也会积极奔走出力。例如，民国年间丽江金山寺毁于火灾，寺院的正修和尚发愿要另建一寺，得到该寺信女的大力支持，她们分头到各地去募捐，两三年后即建起了一座规模不小的正觉寺。丽江东林寺皈依佛门的"善女人"也曾经达100余人。

在清代至民国年间出现这一特定的纳西族信佛妇女团体，除了受佛教的影响之外，还与当时纳西族妇女受到种种封建礼教的束缚、心灵受到较大压抑的社会氛围有着密切关联。当时在丽江，"由于刀兵、瘟疫等灾祸相继而来，鳏、寡、孤、独的悲剧相应增多。男人出路多，可以到处去闯。女人呢，除了自怨'前世不修，今生不幸'而外，没有什么可想。在这种情况下，'为来生修福'的门道也更多了。有宣传道教、要吃长斋的；也有似儒非儒、似释非

---

① 参见詹承绪、王承权、李近春等《永宁纳西族的阿注婚姻和母系家庭》，上海人民出版社1980年版，第286~287页。

② 参见《宁蒗县纳西族社会及家庭形态调查》，云南人民出版社1988年版，第286页。

释，强调静坐的；更有宣扬童女修行、'功果'特大、福寿无穷的。于是，才十七八岁的少女，也有要求来生的幸福而敢于今生苦修苦炼的"。她们或由于父母不和睦，因家庭纠纷受到较大的刺激；或由于未婚夫少年夭折，自己被说成是生辰八字太硬，克死了未婚夫；也有因未婚夫夭亡而甘愿为之守节吃斋念佛，以求来世再与他续缘的。①

### 三、信仰万物有灵的怒族和独龙族社会

怒族早期信奉万物有灵的原始宗教，奉行自然崇拜，崇拜山神、水神、树神、石神等自然神灵，此外还存在图腾崇拜、祖先崇拜和鬼神崇拜。每遇到病痛、婚丧嫁娶、采集、耕种、械斗等，都要由巫师主持仪式，杀牲祭鬼。人们的生产生活、政治军事无不与原始宗教密切相关，巫师则是其中重要的权力掌控者，有的巫师同时还是氏族或村社的头人，但他们还没有完全脱离生产劳动。

各地对从事各种宗教活动的巫师的称谓有异。兰坪、泸水一带称其为"德西"、"务谷苏"，原碧江一带称其为"米亚楼"或"禹谷苏"，福贡的怒族称其为"尼玛"、"达施"，贡山北部一带则称其为"南木沙"。巫师不仅从事占卜和驱鬼活动，还兼巫医，替人驱鬼治病。各地的巫师在主持仪式时已经出现一定程度的分工。如"德西"和"尼玛"被认为能够用肉眼识别作祟之人、畜的各种鬼灵，也能看见冥界的一切，因此他们能替病人到阴间把被扣留的魂魄招纳回来。与之不同的是，"务谷苏"和"达施"则精通各种咒语，通过卜卦提示作祟之人、畜的各种鬼灵，并根据需要主持祭祀家鬼、山鬼、野鬼和"外族鬼"。在上述两类巫师中，前者的社会影响大于后者，其收得报酬也相对较高。② 怒族社会对妇女参与宗教活动设置了多种禁忌，如妇女不能参加祭祀氏族神灵的活动，也不能参与祭祀龙树和山神的活动，更不能讨论氏族和村寨的公共事务。

尽管神力对妇女存在着诸多排斥，但当自身的权益受到侵犯时，妇女还必须借助神力证明自己的清白。例如，怒族社会的习惯法"神判"中，有一项是对涉及不正当男女关系的判决。相传清代有位傈僳族姑娘嫁给怒族的一名男子，因为她长相出众，且能歌善舞，因此引起一些嫉妒者的反感，诬陷她与其他男子有不正当行为。为证明自己的清白，她要求使用"沸水捞石"的方法进行判决。由于她能够从沸腾的水中捞出石头且双手未被烫伤，因此被判决无辜，而诬陷者则被判赔偿1头黄牛、1口铁锅，还杀了1头猪招待所有主持仪

---

① 参见赵银棠《旧社会的丽江纳西族妇女》，载《玉龙山》1985年第4期。
② 参见云南民族事务委员会《怒族文化大观》，云南民族出版社1999年版，第35页。

式的人员。①

独龙族信仰万物有灵，认为一切生老病死均是由鬼神安排的，一切天灾人祸都有一种超自然的力量在起作用。原始宗教中的鬼种类繁多，几乎所有的自然物都有鬼的存在，这些鬼被总称为"木卜朗"。此外，在独龙族人的认识中，鬼不仅有性别之分，还存在着能生育子女的"夫妻鬼"。例如，江西鬼，独龙语称"玉米底包"，即位于独龙江之西，属女性；江东鬼，独龙语称"南里勒米都几"，即位于独龙江之东，属男性；太阳鬼，独龙语称"南星勒马都几"，即太阳升起方向的鬼，属女性；太阴鬼，即月亮升起方向的鬼，属男性。

独龙族的巫师有两种，分别为"龙萨"和"南萨"。龙萨一般由父传子，极少数传给女儿。他们主要负责替病人杀牲驱鬼，少数还替人治病。龙萨根据病人的病情，要求以猪、鸡或黄牛作为祭品。驱鬼的家庭要付给龙萨一定的报酬，如1把砍刀、1个铁三脚架或背索等，但不送酒肉或货币。龙萨驱鬼时身着巫师服饰，头戴虎牙和兽皮制成的帽子，腰挎长刀和挎包，忌讳女性参与。驱鬼时供桌上要摆放酒肉和祭品，但切忌由妇女摆设，更不能使用妇女经期所酿制的水酒（认为有污物、不洁净），只有由男子摆放的贡品、酿的酒才洁净，鬼才会食用。假如病人的病情恶化或即将死亡，就不得不使用剽牛的方式来祭祀大鬼。没有牛的家庭即使借债或出卖子女也必须买一头黄牛来祭祀鬼神。剽牛是龙萨主持的一种祭祀仪式，需要刺杀整头黄牛，除用来祭祀大鬼之外，也在年节时举行。由于黄牛价格昂贵，在当地凡是能拿出黄牛进行祭祀的家庭在社会上都具有一定的地位。独龙族人因此以剽牛为荣，不少家庭将牛头悬挂于房屋的柱子之上以显示其家庭的富有。

与"龙萨"相比，第二种巫师"南萨"不进行杀牲祭鬼的活动，而是采用魔法师似的治疗方法为病人治病。南萨不实行家庭继承制度，一般在氏族内部选择继承人，每个氏族都有自己的南萨。南萨一般由男性担任，也有极少数由女性担任。南萨为病人治病只收取微薄的礼物，没有特殊的社会权利，但享有很高的社会威望，是氏族保护神的象征。②

独龙族信仰的鬼神达十几种，遍布人们生活的周围，主要有山鬼、树鬼、水鬼、地鬼、年神、河边鬼、野鬼、虹神、山神和天神等。祭祀鬼神有特定的仪式，有的可以自行祭祀，但大多数由巫师负责。祭鬼时需要以牲畜、酒作为祭品。给病人看病祭鬼时还要杀几头猪，制酒要花费粮食，加上送给巫师的礼品，耗费极大。例如，村民东根·婻生病后请来巫师祭鬼，家里先后杀了3头

---

① 参见史富相《架科怒族史料》，载《怒族研究》2006年第2期。
② 参见杨毓骧《伯舒拉岭雪线下的民族》，云南大学出版社2000年版，第129～130页。

猪、10 只鸡，用了 10 瓶酒、3 件衣服、9 背包谷荞子，做了 1 箩粑粑，其中除部分供大家食用外，大部分都送给了巫师。独龙族社会中的巫师还未成为专门的职业，巫师平时仍然参加劳动，但其家庭生活水平大多超过一般人家。有的巫师同时还是头人，因此在社会上享有很高的威信。为确保神力，祭祀鬼神时有不少需要遵守的禁忌。例如，在祭祀山神时禁止女子靠近祭品站立，必须站在男子之后，因为山神尤其洁净，女子身上的污秽之气会惹怒山神。①

在达布杰斯齐看来，"性别是说明名望与边界的一种话语，且与维护二者的权利与意愿相关"②。布迪厄尔也认为："在象征及使用的意义上，传承知识都是为了加强经济地位，巩固政治权利。"③ 上述不同民族的宗教信仰赋予了男女两性不同的性别权利和政治地位，尤其是在政教合一的藏族和纳西族社会中。在西方宗教传入之前的怒族和独龙族社会中，原始宗教也对男女两性不同的政治地位进行了严格的界定与区分。

## 第三节 制度化学校教育时代的性别政治建构与发展

今天，学校教育系统已经成为大多数社会中第一位的社会化机构。④ 对曾经深受佛教影响的藏族和纳西族社会，以及曾经广泛信仰原始宗教而后局部信仰天主教和基督教等西方宗教的怒族和独龙族社会而言，随着学校教育在当地的发展与普及，教育活动不仅帮助当地社会构建一种全新的知识体系，同时也运用一种全新的社会化模式影响着当地的性别制度，并在一定程度上对原来根深蒂固的社会性别等级观念产生了引导与消解作用。

### 一、封建帝制时代的学堂教育

最早进入三江并流峡谷的制度化学校可以追溯到元代开始建立的儒学孔庙。"时任云南平章政事的赛典赤·瞻思丁及其子大力提倡儒学，云南诸郡邑

---

① 参见《云南省贡山县第四区独龙族社会经济调查总结报告》，见《民族问题五种丛书》云南省编写组、《中国少数民族社会历史调查资料丛刊》修订编辑委员会《独龙族社会历史调查》（二），民族出版社 2009 年版，第 27 页。
② 转引自〔美〕罗伯特·C. 尤林《陈年老窖：法国西南葡萄酒业合作社的民族志》，何国强、魏乐平译，云南大学出版社 2012 年版，第 217 页。
③ 同上书，第 15 页。
④ 参见哈经雄、滕星《民族教育学通论》，教育科学出版社 2001 年版，第 413 页。

遍立庙学,选文学之士为教官,于是文风大兴。"① 元至元六年(1269年),中书省制定学制并颁布实行令:"诸路官府子弟均须入学。"明代由于"世代忠诚"朝廷的木氏土司崇尚汉文化,因此大量聘请中原内地的文人学子到丽江向其子弟教授汉文化,并专门建立了玉嵩书院和万卷楼。

然而,土司的推崇和朝廷的敕令并不意味着儒学教育可以因此在民间得到广泛且深入的发展。直至清康熙年间,孔子的第66代孙孔兴询到丽江担任通判官职的时候,他看到的情形仍然是当地既没有为公众设立从事儒学教育的学堂,也没有孔庙。于是,在他的大力倡议下,丽江府设置了儒学署,安置教授、训导各1名,负责掌管全府境内的学务和学署的教学事宜。10年以后,又在通判樊经的主持下创办了玉河书院,平民入学的机会开始逐渐增多。到光绪年间,纳西族的入学教育已经有了相当的发展规模和水平,全境内开设了雪山、玉河和天鸡3个书院,另外还有31个遍及城乡的义学馆。② 不过,这些广泛发展的儒学学署中并没有女性的身影,无论是教师还是学生都是男性。

除了官府兴办的学署,民间的私塾也是当时重要的教育机构。在这个由村民集资或由富裕家族出资兴办的教育空间中,女性终于得到了有限的教育机会。

## 二、现代学校教育的兴起

光绪年间,随着戊戌变法席卷全国,举办新式学堂的社会风气也传到了三江并流峡谷的边地社会。光绪三十一年(1905年)清廷正式废除科举,兴办学校。在丽江,当时的县令张嘉壁与当地举士合作,在原有的3个书院和30多个义学的基础上创办了纳西族地区第一座新式学堂——丽江高等小学堂。1906年,丽江知府彭继之主持创办了丽江府中学堂,这也是云南省继昆华和大理之后创办的第三个中学堂,因此称之为省立第三中学。

与以往官府的学署和私塾不同的是,新学堂的学生接受的是新式教育。他们学习物理、化学、动物、植物、矿业、史地、音乐、图画等课程,并受到新文化运动和"五四运动"思潮的影响,大力提倡科学与民主的思想,反对旧的思想道德观念,提倡改良风俗、破除迷信,主张男女平等。

甘孜地区的学校教育始于光绪三十三年(1907年),时值赵尔丰在康定设立川边学务总局,延聘吴嘉谟为学务总办。宣统三年(1911年),设学区域北

---

① (明)宋濂等撰:《元史·赛典赤·瞻思丁传》,中华书局1976年版,第3063~3067页。
② 参见杨福泉《多元文化与纳西社会》,云南人民出版社1998年版,第84~88页。

至邓柯、南至得荣、东至康定、西至金沙江以西。①

清末民初以前，整个迪庆藏族聚居区基本上没有现代意义上的学校教育。经堂和寺院是唯一可以传授正规文化和知识体系的场所，但受众者仅限于僧人，且绝大多数是男性。极少数的富裕人家和土司贵族家庭的子女，则可以在家中接受专门的文化教育。成书于光绪年间的《新修中甸志书稿本》中记载：当地自改土归流之后设置文学，文风才稍有起色。

晚清民国时期，一些可以教授汉文和藏文的私塾逐步开始在藏族聚居区兴办起来，这类私塾的办学形式灵活多样，学费可用多种形式进行支付。有学生家长合办聘请先生的，有头人或富裕家庭独聘先生在家教授的，有收徒做工并教授文字的，更为普遍的是利用早晚空余时间向识字人请教（一般学藏文）的，寺庙则有一个师傅教授一两个徒弟诵经、识字的制度。当地一位生于1905年的老人曾回忆过自己在私塾的学习经历：

> 民国三年（1914年）起，曾在本村旧衙门读过3年汉文私塾，老师是石英土司王庆兰②家的师爷赵某（赵棠之父），学生有10多人（多半是汉籍子弟）。在此期间，其宗人姚玉林也曾在奔子栏教过书。到民国二十四年（1935年）前后也办过三四年塾堂，教师是赵棠，学生有10多人。③

除汉文私塾以外，迪庆德钦一带在20世纪50年代前也开办过纯粹的藏文私塾，学生们半工半读，半天做木器陶工、半天学藏文。而政府兴办的学校虽然自民国八年（1919年）前后就开始出现，但由于办学经费来源于群众摊派，入学也是强制性的，因此遭到当地居民的反对，加上经费缺乏、时局混乱，因此学校时办时停。20世纪50年代前后，分散于德钦境内的10多所私塾后来逐步调整为公办小学。④

1919年，维西县曾经对县域内的学校状况进行了调查，调查显示当时在奔子栏官方开办的国民小学有教员1人、生徒21人、毕业生徒11人，年度支出经费41元6角6仙。教员的人数和支出的经费额度与另外一所官办小学完全一致。⑤ 在中甸县，民国二十五年（1936年）秋开始设立省立小学，共有

---

① 参见《甘孜藏族自治州概况》编写组《四川甘孜藏族自治州概况》，民族出版社2009年版，第298页。
② 石英应为"石义"，王庆兰应为"王庆澜"，笔者校注。
③ 转引自巴桑衍叠《德钦旧制教育》，见中国人民政治协商会议云南省德钦县委员会文史资料委员会编《德钦县文史资料》（第一辑），第138～139页。
④ 同上。
⑤ 参见屈之春等辑《云南维西县地志全编》（维西县1921年印抄本），云南省图书馆藏。

学生 181 名。① 这些有限的资料中没有记录学生中是否有女性，以及教学的具体情况和师生关系。不过，这些学校大多没有专门的固定的校舍，一般都就地开办于当地的会馆、庙宇等宗教场所中。教育制度不规范，加上时断时续，教育收效甚微。

在怒江地区，直至清末，经兼办怒俅两江事宜夏瑚的再三请求，清廷才批准于 1910 年在贡山的茨开和菖蒲桶开办 2 所汉语学堂，其目的是要开化夷民，使边夷人民逐步学会汉语、掌握初等文化等，以巩固边防，此为怒族地区学校教育之始。②

民国元年到民国二十五年（1912—1936 年）间，政府在当地设立过不少新式学校，如汉语学校和省立小学。国民政府实施的"土民教育"（1931 年）和"苗民教育"（1923 年）计划实施后，学校教育在当地得到了初步的发展。其目的是"推广土民教育，唤醒土民之觉悟和素质，增强国防力量"。1936 年省立碧江小学招收了 4 名女生，开创了怒族女性接受学校教育的新历史；同年，贡山、福贡两县开办的小学达到了 18 所，不少女性走进了政府开办的学堂。然而，随着 1937 年抗日战争的爆发，政府收缩了教育投入，教育经费枯竭，不少学校被迫先后关闭。同时，由于学校管理不够完善，教育成效甚微。

根据当时碧江县人民政府教育科科长彭维祺的调查，这些学校给当地培养的人才"只不过六七人"。由于文化差异巨大，加上政府强迫怒族和傈僳族等子弟上学，他们只能雇别人家的小孩去顶替。由于上学者极不稳定，因此他们只好今年雇这家，明年雇那家。但"能持续就读三五年的十中无一"。同时，雇去上学的小孩，战战兢兢，好像上战场一般。傈僳族和怒族家庭宁愿一年掏 30 元钱雇人顶名，也不愿把自己的子女送去读书。1950 年，福贡首任县长李世荣曾在全县各民族代表座谈会上说：

> 在旧政府时期，曾办过汉语学校、简易师范、省立小学，但完全失败，傈僳、怒苏（怒族）把受教育和对国民党服兵役一样看待。30 多年只培养出 7 个人。其中一两人稍可做事，其余都赶不上内地四年级学生的程度。这就是解放前福贡的教育史。③

在独龙江，1910 年贡山的茨开和菖蒲桶建起了两所学校，每校各有学生

---

① 参见云南省中甸县地方志编纂委员会《中甸县志》，云南民族出版社 1997 年版，第 15、118 页。

② 参见（清）夏瑚《怒俅边隘详情》，见方国瑜主编《云南史料丛刊》（第十二卷），云南大学出版社 1998 年版，第 158 页。

③ 转引自《怒江区概况》，见云南省编辑组、《中国少数民族社会历史调查资料丛刊》修订编辑委员会《中央访问团第二分团云南民族情况汇集》（上），民族出版社 2009 年版，第 22 页。

10余名，但这些学生多为内地迁居的客籍户子弟，当地的少数民族即使家境较好者也很少有送子女入学的。民国时期，政府先后在独龙江的邻近地区开办过4所学校，招收学生290余名。但在独龙族人聚居的河谷地带则从未设立过学校。直到1950年，独龙族人中只有2人在内地受过教育，初识文字。①

可见，制度化学校虽然于晚清民国时期进入了三江并流峡谷，但由于时局不稳、管理不善、推行不广、教育制度不规范等原因，政府所推行的学校教育对当地社会发展所发挥的作用极其有限，甚至还产生了一定的负面影响，使民众对学校教育的理解产生了认识上的偏差，在一定程度上阻碍了学校教育的推行与深入。

### 三、现代学校教育的发展与变迁

1950年以后，在党和政府的大力扶持和关怀下，学校教育逐步在三江并流地区发展起来。

云南迪庆藏族聚居区最早的学前教育是1951年德钦升平镇人民小学所设置的第一个幼稚班，当时有学生52人。1960年，德钦县正式成立幼儿园，当年招收1个班，有教师2人。1981年，奔子栏乡完小开始招收幼儿班，到1989年，全县共有幼儿班23个。② 1951年，奔子栏建立了省立小学。③ 1959年德钦全县和平协商民主改革基本完成之后，全县每个乡（行政村）都有了小学，学校达37所，学生3 177人，教职工104人。④ 德钦县的中学教育开始于1958年创立的县初级民族中学。奔子栏完小于1969年开办附设初中班，1976年在当地开办了第一所普通初级中学，称为德钦县第四中学，1987年改称为奔子栏中学，其间曾短暂开办过高中班。⑤

在甘孜地区，1955年全州有小学103所，招生人数为2 166人；中学仅有1所，当年毕业生人数为59人；中等专业学校1所，招生人数为38人。文盲占当时农牧民人口的90%以上。全州各县建有文化馆9个，公共图书馆1座，有线广播站1个。⑥ 到1998年，甘孜州有小学1 227所，在校生81 384人，适龄儿童入学率达到了82.27%；建有普通高校1所，在校生1 487人；中等专业学校8所，在校生3 830人；普通中学38所，在校生13 274人；职业中学3

---

① 参见林木《独龙族教育简况》，载《民族教育研究》1991年第2期。
② 参见德钦县志编纂委员会《德钦县志》，云南民族出版社1997年版，第258页。
③ 同上书，第260页。
④ 同②，第261页。
⑤ 同②，第265～266页。
⑥ 参见中共甘孜州党史研究室《甘孜藏族自治州民主改革史》，四川民族出版社2000年版，第129页。

所，在校生469人。全州10个县79个乡（镇）实现了普及初等教育。① 2006年，甘孜州有普通高校1所，在校生6 667人；中等专业学校2所，在校生1 588人；普通中学43所，在校生31 534人；职业中学3所，在校生844人；小学877所，在校生100 110人。②

在怒江地区，于1949年10月下乡的工作队一边进行政策宣传，一边和各族绅士商量恢复学校。先后在第一区的普罗、俄罗、罕古图、色碟等4村，在第二区的老母登、亚各、架弩、俄科罗、南安甲、阿打等6村，在第三区的寄秀果、俄充、理悟底、察拉答、勒墨咱卡等5村，在第四区的俄戛、托拖、挂利登、亮塔等4村，以及碧兔区的甘本、又岩等2村分设初级小学1所，知子罗设立完小1所，全县共有学校22所，学生600余名。③ 到1950年，福贡县保送了3个学生到内地升学，同时还委派了本地教师2人到昆明学习。上帕完小有学生86人，教员4人。吃粮由学校拨给；学校没有公杂费，需要时到人民政府去领。上学的学生吃住都在学校里，除了自己背柴，盐巴和菜由县里供给。④ 到1998年，怒江州有各级各类学校1 250所，在校学生79 150人，适龄儿童入学率达到了93.76%。

在独龙江地区，最早开办的学校始于1951年。到1984年，独龙族聚居的地区已建立小学20所，贡山县城还建起以独龙族、怒族为主的民族初中班和民族寄宿小学。此后，当地每年都从独龙族学生中招收品学兼优者，集中到县一中重点培养，部分优秀学生还可以到昆明、北京等内地高等学府深造。⑤

云南省在边境沿线的中小学生中实施免除"杂费、课本费、文具费"的"三免费"教育政策之后，独龙江的学校教育有了较快发展，入学率从1999年的89.7%提高到2003年的98.1%，巩固率从1999年的90.5%提高到2003年的97%。⑥

根据当地的义务教育政策，迪庆藏族聚居区所有农村户口的孩子入读义务教育阶段的学校免收学费、课本费，每月还可以获得初中180元、小学160元的现金补贴，这笔费用按每学期5个月、全年10个月发放，新学期开始时一

---

① 参见中共甘孜州党史研究室《甘孜藏族自治州民主改革史》，四川民族出版社2000年版，第129页。

② 参见甘孜州统计局《甘孜州统计年鉴（2007）》，见根旺《民主改革与四川藏族地区社会文化变迁研究》，民族出版社2008年版，第74页。

③ 参见《怒江区文教卫生情况》，见云南省编辑组、《中国少数民族社会历史调查资料丛刊》修订编辑委员会《中央访问团第二分团云南民族情况汇集》（上），民族出版社2009年版，第21页。

④ 同上书，第22页。

⑤ 参见林木《独龙族教育简况》，载《民族教育研究》1991年第2期。

⑥ 参见奔厦·泽米《独龙族基础教育需跨越式发展》，载《云南师范大学学报》（哲学社会科学版）2004年第5期。

次性发放。有了这笔现金补助，失学辍学的孩子大幅度减少。不少拥有一位国家公职人员的家庭，为了使孩子享受到这一优厚待遇，主动放弃了孩子的城镇户口，转落了农村户口。各种保障性措施的实施极大地节约了家庭的教育投资，有效动员了当地家长送适龄儿童入学的积极性，学生的辍学现象已较为少见。①

尼村村民接受教育程度的整体状况反映了文盲人口在总人口中所占的比例仍然较高，超过70%的人仅接受过小学教育，并且在文盲人口中女性的数量要明显多于男性，文盲人口占女性人口总数的近40%。在进入小学教育阶段之后，女性和男性之间的差距出现了逐步缩小的趋势，这种变化显示了当地人在教育投资方面并不存在明显的性别倾向性，尤其是在高中及其以上的受教育阶段的人口数量也显著表明了女性已经从最近几十年来的教育发展中受益。此外，在目前的文盲人口中，青壮年及义务教育阶段的适龄入学者所占的比例并不高，表明当地人口整体受教育状况已经得到了明显改善。

尼村中小学在校生情况记录显示，当地男孩和女孩的入学率几乎是相等的。笔者所搜集到的案例也没有反映人们在教育投资与期望方面存在明显的性别差异。最近3年中，当地唯一的一例辍学案例也是由于学生因病残疾无法坚持继续上学。女孩可以和男孩一样持续不断地接受教育，甚至进入高等教育领域。在当地一般家庭中，只要孩子具备上学的能力，家人都必须尽力地支持。

> 村民尼玛家的新房已经建了2年，但原本计划修建3层的房子仅完成了1层，由于院墙的阻挡，从外面路过的人时常会认为这里是一处遭到废弃无人居住的院落，高高耸立的龙骨木料已经被风雨侵蚀出斑斑印迹。但这所房子完成的时间还遥遥无期，目前全家老小仅居住在第一层的2个房间内。房子迟迟不能完工的直接原因是家中一个儿子一个女儿都在县城读高中，每年不小的花费占据了这个家庭大部分的经济收入，建房的事情只能暂时搁置下来。②

从这个角度来看，多偶制家庭的优势再次凸显：充足的劳动力为家庭创造了多样化的收入渠道，相对富裕的家庭条件也为多偶制家庭的子女接受长期的教育奠定了基本的经济基础。根据当地的实际情况，子女接受教育的大笔花销主要发生在初中以后。以当地人的平均结婚年龄计算，此时家长的年龄大部分接近40岁，正是事业发展的黄金时期，家庭所拥有的多个劳动力所创造的价值也会充分体现出来。笔者的实地调查显示，2009年全镇（包括尼村在内共5

---

① 调查时间：2011年2月。
② 调查时间：2010年7月。

个村）户籍所显示的76名在校高中学生中，有53名来自尼村，其中包括了25名女生，这些高中生中有18人来自兄弟共妻家庭。

37岁的阿七和35岁的弟弟那楚共娶一妻，育有16岁的长女鲁茸取次和15岁的次女次里拉姆。现在长女上初三、次女上初二，都在离家较远的县城上学，通常只有假期才返回家中。家里每个月需要给两个女儿各准备500元的生活费，再加上一些零散的开支，全年共计约15 000元，但他们家并不觉得这是一笔沉重的负担。因为阿七目前从事的木碗手工艺制作每月可收入约3 000元，弟弟那楚搞短途汽车运输每月也有不低于2 500元的收入，家庭年收入超过6万元。妻子和母亲操持家务，家里除生活开销之外供两个女儿读书还绰绰有余。①

阿七家的情况在当地的兄弟共妻家庭中较为常见，因此这类家庭的孩子往往可以拥有相对优越的生活条件和受教育机会。相比而言，缺乏男性劳动力的姐妹共夫家庭以及一夫一妻家庭的情况就要相对艰难一些。

今年20岁的追姆出生于一个姐妹共夫家庭，她的大妈妈长期生病，家里只有爸爸和小妈妈操持家业，家庭经济状况较为艰难。追姆还有一个比自己小2岁的弟弟。由于经济状况的限制和劳动力的缺乏，追姆和弟弟都只念到小学毕业就回家务农了，尽管当时她的学习成绩一直十分优秀。②

与之相比，一夫一妻制家庭的孩子则要面临更高的辍学风险，只要家庭出现重大变故，如父母离异、患病、失去劳动能力或死亡，孩子一般都不得不选择中断学业。不过，初中毕业能升入高中的孩子毕竟是少数，其中藏文中学对学生和家长的吸引力要大大高于县城的普通中学。因为在这里学生不仅可以接受系统的藏文训练，还可以享受高考加分的特殊政策，成绩优异者甚至可以被保送到中央民族大学、西南民族大学等名牌院校就读。因此，报考藏文中学的考分近几年来一路攀升，甚至已经高过县城和州府的重点中学好几十分，当地人追逐考分的风气也正在悄然形成。

## 四、现代学校教育的期望与收益

自从正规的学校教育体系在当地逐步建立以来，作为学校教育活动组成部

---

① 调查时间：2010年8月。
② 调查时间：2011年2月。

分的课程和教材也全部使用了全国统编的版本，教师的教学方法与学校的管理制度也并没有充分考虑各地的文化差异与学生的接受能力。因此，主要面向汉族学生的统编教材的内容未必适合其他民族学生的心理和文化背景，而教材所蕴含的知识系统、价值系统也难免由于语言的障碍，或者是历史人文背景的差异难以对少数民族学生发挥应有的教育成效。① 因为这些原因，少数民族地区的学生在接受学校教育时往往难以获得较好的学业成绩。近年来，少数民族文化教育逐步受到各级政府的重视，藏文教育也在迪庆州的各级教育机构开展起来。截至2009年，不仅当地的小学开设了藏文课程，而且政府机关的工作人员也安排了专人每周定期学习藏文，多元文化的教育理念开始逐步进入普通的学校教育领域中。

如果说出家为僧是政教合一时代当地男性提高自身社会地位最为有效的途径的话，那么现代学校教育则颠覆了传统社会对性别及社会等级的划分，为受教育者提供了平等接受文化知识、提升自我修养以及向上层社会流动的通道，并使教育活动从原来地方社会的文化传承方式转变为一种超地方的"国家事业"②，而受教育程度及丰富的人生经历所产生的地位与权利资本也成为当地人获取职业和社会地位的基础。如果说分配时代的教育体制带给受教育者的是难能可贵的就业机会的话，那么现在必须通过竞争激烈的上岗考试才能得到国家公务员或事业单位的就业机会则更加体现了平等的教育观与人才观。藏族聚居区机关单位优越的福利待遇刺激着家长和学生为了获得国家公职而不断参加竞争激烈的上岗考试。在笔者采访过的当地在校大学生中，毕业之后的理想就业途径也大部分集中在上述领域。

学以致用是当地人对教育目的最直观的理解。对大多数家长和学生而言，不断接受教育的主要目的在于将来能够得到一份体面的工作，以获得相应的收入和社会地位，成为家庭经济的贡献者和家庭荣誉的创造者。无论男女，只要能够成为富裕且受人尊敬的人，在当地社会中都被视为成功者。虽然不少开展商贸活动的家庭希望子女可以继承祖业，但能够成为国家公职人员仍然是大多数人的向往。假如学生无力继续学业，那么家长也会尊重子女自己的选择，让其从事自己力所能及的职业，如经商、手工业、运输业或者其他可以获取收入的正当工作，并会尽力提供支持。

近年来，三江并流峡谷各族考入大学的人数在逐步增加，由于不少民办高校的在读学生情况没有记录，因此本书对这一问题的分析也不够完整。当地人对教育的重视已经体现在当地较为繁荣的经济和发达的社会文化中，如当地经

---

① 参见哈经雄、滕星《民族教育学通论》，教育科学出版社2001年版，第171页。
② 参见王铭铭《教育空间的现代性与民间观念》，载《社会学研究》1999年第6期。

济的发展在藏族聚居区已广为人知，广泛普及的教育也使当地出现了不少民族干部和知识分子。据统计，自20世纪50年代学校教育在当地普及以来，德钦县尼村通过接受教育途径成为国家公职人员的人数已经接近200人，当中还有几位曾经在州级各部委担任过领导干部。其中，从土司家的奴隶身份转变为州级女干部的央宗尤为引人注目。生于1929年的央宗18岁时被卖到地主家抵债，23岁时跟随民族工作队到丽江民族干部培训班学习，后来又进入云南民族学院深造，并于1957年加入了中国共产党；1963年，她开始担任德钦县妇联主任，后来又先后担任过县人大常委和州民政局局长等职务，退休后回到老家。①

可见，现代学校教育已经初步消除了当地人接受教育的社会性别差异。通过接受现代国民教育，不少女性已经突破了"男主外、女主内"的空间限定范畴，成为有知识的人，可以在各级政府部门中担任职务甚至要职。然而，与其他通过妇女解放道路走进"新社会"的女性一样，她们仍然不得不继续遵守包括在公共领域和私人领域中传统文化对女性的限制。

## 小　结

无论是濡化还是教化，都是每个社会重要的再生产方式，也是个体获得符合社会规范的个人身份的必经之途。恶劣的自然条件使得三江并流峡谷区域文化教育发展落后，造成人口素质较低；过度稀疏的人口分布使得区域内极其缺乏劳动力，有限的劳动力集中在自然条件相对较好的局部区域内，以横断山脉三江流域的河谷地带为主。

在本书所考察的4个民族中，性别政治的代际传递问题呈现了极其鲜明的阶段性，同时也透视了不同社会对男女两性截然不同的性别期待。家庭与社区是个人社会性别形成与塑造的重要场所，通过着装、游戏、劳动与道德教育等方式不断强化"男主外、女主内"的劳动分工形式以及"男高女低"的社会等级结构，并通过宗教教育的形式在社会中进一步地巩固与强化。以国家意志为转移的制度化学校教育通过其规范化的内容、形式、手段与成效，在一定程度上打破了当地传统文化对社会性别的内外空间区隔与培养期待。男女两性学习与模仿的对象范围产生了扩大的趋势，学习对象出现多元化现象，传统的家庭观与婚姻观因此受到冲击，加上法制观念的普及，传统性别权利与政治格局的存在与延续正在受到更加严重的威胁与挑战。

---

① 调查时间：2010年7月。

# 第六章 双重边缘地带的社会文化场域：外来话语注入与新女性的崛起

正如本书第一章中所回顾的那样，三江并流地区地处极边，大部分地区气候高寒、交通险阻，长期被外界视为鞭长莫及的遐荒之地。由于山河阻隔所造成的相对独立状态和生产方式上的优劣互补，山川和平坝结构的社区形成相对自给自足的封闭系统，从而使之在历史上长期处于部落林立、土司遍野、互不统属、极端分散的"小国寡民"状态中。然而，历代中央王朝和各方势力从未停止过对这片区域的试探，生活在诸峡谷中的各个民族也在互有差异的历史进程中接受着不同文化的裹挟与冲击。正是在这样的社会场域中，身处其中的男女两性亦经历并构筑着不同的性别权利文化。

## 第一节 内地与边疆："化外之地"的地缘政治与族群阶序

### 一、中央王朝的权力进程

尽管金沙江和澜沧江流域早在秦汉之际即与内地中央政权发生联系，但由于隋唐时期中原政权与吐蕃之间旷日持久的拉锯战，使得此一区域时而近唐时而附蕃，直至元初全国统一，才因其旧制，设置土司。明朝沿袭元制，没有大的变化。明末，青海蒙古和硕特部南征康区，由于时值明亡清兴，朝廷无暇顾及，直至清雍正五年（1727年），清廷打败和硕特部，才将整个康区纳入朝廷，并将昌都地区及金沙江以东地区各土司划归四川管辖，朝廷在此地的统治始得巩固和深入。在位置更为偏僻的怒江和独龙江流域，土司则成为朝廷的主要代理与政策执行者。

雍正五年（1727年），维西康普纳西族女千总禾娘率其统辖的澜沧江、怒江、独龙江流域的傈僳族、怒族、独龙族等属民归附清朝。2007年，在维西县康普乡寿国寺发现了一幅反映这一历史事件的壁画。经初步考证，该壁画绘于清乾隆年间，其内容生动反映了禾娘率属民内附的场景和对藏传佛教的信仰，真实印证了这一重要史实。①

历史勾勒出三江并流峡谷曾经风云变幻的政属变迁历程：这里曾经为吐蕃政权和南诏所统治，但在随后的大理国时期，其控制地区即北止于丽江北部，不再拥有迪庆藏族聚居区的实际管辖权，对于怒江和独龙江等地区更是望尘莫及。方国瑜先生这样写道："故自南诏后，么些之境大理不能有，吐蕃未能至，宋亦弃其地，成瓯脱之疆，经三百五十年之久。"②

历代中央王朝对这片区域的控制与统治在很大程度上是通过以土司群体为主的代理人实现的。由于交通阻隔，朝廷及其代理者政治权利的延展始终是有限的，因此更多地表现为具有一定臣属象征意义的经济剥削。③ 可以说三江并流地区位处"双重"的边缘地带，一是对于传统中央政权来说其处于远离中心的边缘，二是对于以汉文化为中心的主流社会来说其属于主流文化之外的"他者"。由于鞭长莫及，历代朝廷大多实行"因其俗而柔其人"与"僧俗并用、军民通摄，土官治土民"的羁縻政策，任用当地的酋长头人施以统治。④

尽管历代王朝不断推进其政治权利的深入，但三江并流诸峡谷与外界的接触是一个漫长的过程。正如中央政权在当地缓慢的渗透过程一样，当地人在不断与外界的接触过程中亦经历着不断的影响与冲击。

## 二、三江并流诸峡谷的区域政治与族群阶序

唐代吐蕃势力崛起，藏族逐步成为分布在青藏高原东南缘的金沙江和澜沧江流域广大地区的主要族群。明代木氏土司势力北进西扩之后，纳西族的分布区域也从原先的滇西北地区扩展到了川、滇、藏交界的金沙江、澜沧江及其支流无量河和雅砻江流域的广大区域，并且成为控制这片区域的主要统治力量。在怒江流域，随着明代以后傈僳族的大量迁入，怒族逐渐成为被其统治的民族，不仅被迫纳贡，甚至被俘虏或买卖成为奴隶。⑤ 与北迁进入藏族聚居区的

---

① 参见李钢《"女千总内附"壁画的发现与初步研究》，载《中国藏学》2012年第2期。
② 方国瑜：《方国瑜文集》（第四辑），云南教育出版社2001年版，第60页。
③ 参见高志英《藏彝走廊西部边缘民族关系与民族文化变迁研究》，民族出版社2009年版，第208页。
④ 参见李国强《清末以来康区行政区划的演变》，见中国人民政治协商会议甘孜藏族自治州委员会《甘孜州文史资料》（第十六辑），1998年，第123页。
⑤ 参见《怒族社会概况》，见《民族问题五种丛书》云南省编辑委员会、《中国少数民族社会历史调查资料丛刊》修订编辑委员会《怒族社会历史调查》，民族出版社2009年版，第5页。

纳西族相似的是，东来的傈僳族给怒族社会带来了相对先进的生产方式，并通过推动其社会生产力的发展促使原先长期存在的氏族公社转变为家族公社，个体家庭因而得以在私有制的不断发展中逐步形成。从怒族的生活习俗、饮食起居和建筑服饰等方面可以看出，傈僳族对怒族社会的影响是多方面的，不论是物质生活还是精神生活。

清代以后，随着木氏土司势力的日渐衰落，三江地区的区域政治发生了剧烈变化。一是随着朝廷势力的逐步渗透和汉族人口的日渐增多，统治者对当地民众信仰的限制和取缔以及随之发生的盘剥、欺凌事件，导致了当地少数民族与汉族及其官员的矛盾，并直接引发了以维西恒乍绷起义为代表的族群冲突；同时，在怒江和独龙江流域以东和以北的地区，由于地缘上的接近，以察瓦龙藏族土司为代表的藏族地方势力也逐渐将其触角延伸到这一地区。①

察瓦龙领主对独龙江和怒江北部的统属关系始于清初，当时统治该地区的康普女土司禾娘因丈夫和儿子早死，遂将这一区域送给察瓦龙喇嘛寺作为丈夫和儿子的超度粮钱。据说，女土司并不是心甘情愿地将两江送给喇嘛寺的。当时，她的儿子病了，请喇嘛来看，答应病治好后将两江地区的税收送给寺院作为香火费，但不幸的是儿子不治而亡。喇嘛解释说这是天上要她的儿子，他的命只有这么长，女土司不服，喇嘛便将"楚巴"（藏袍）挂在天上遮住太阳，女土司畏惧其神力，才将两江送给了察瓦龙喇嘛寺。②

自此，察瓦龙土司每年都要两次派人到这里收取"超度粮钱"。一次在6月，主要是放债，即将盐巴摊派给各户，也就是强迫购买，规定秋后以黄连、贝母和皮革等山货支付；第二次在10月，一方面收纳贡税，另一方面收回6月放出的债务。土司委派的收税官对当地人过于残暴，人民反抗激烈，尽管爆发过多次反抗斗争，察瓦龙土司对当地的统治仍然持续到1950年。③夏瑚曾这样记述察瓦龙土司对独龙族地区的残酷统治：

> 擦（同"察"）瓦龙千总，亦每年遣人收受钱粮一次，所收系茵布、毛革、篾籤之类。……惟擦瓦龙除收钱粮外，土弁家丁，坐守喇卡塌等处，按卖沙盐、毛布等项货物，值一售什；该等到境，货物则勒派百姓背负，吃食则勒派百姓供应，否则鞭挞随之；所押货价，及期不偿，则利上

---

① 参见高志英《藏彝走廊西部边缘民族关系与民族文化变迁研究》，民族出版社2009年版，第145～182页。
② 参见《云南省贡山县第四区独龙族社会经济调查总结报告》，见《民族问题五种丛书》云南省编写组、《中国少数民族社会历史调查资料丛刊》修订编辑委员会《独龙族社会历史调查》（二），民族出版社2009年版，第17页。
③ 同上书，第16～19页。

加利。觅得麝香、黄连等项货物偿给，则又值什折一，终年盘剥，务令其斗粟尺布，无所余存。曲民之于擦蛮，有畏若虎狼，敬如祖宗之概，而擦蛮之视曲民，直奴隶犬马不若也。①

独龙族有杀牛祭鬼的习俗，但当地民众没有饲养黄牛的习惯，也不用牛犁地，黄牛数量较为稀少，因此察瓦龙土司巧妙地利用了这一矛盾关系，制定了以奴隶交换黄牛的贸易模式，令独龙族用人口交换黄牛，并将这些交换得来的人口充当自己的奴隶，以至于出现以下惨绝人寰的情形：

强悍者每将懦弱者一家大小捉交擦蛮，以偿牛价，或杀其强壮，捉其弱小以偿，此等事无岁无之、无月无之，尤为各江第一惨状。此则曲江要隘、风土人情、民生疾苦之实在情形也。②

在区域势力相对弱小的怒族和独龙族中，独龙族的位序更次一等。道光年间《云南通志稿》中有："俅人，近知务耕织，常为怒人雇工。"③ 这表明不少与怒族接触较多的独龙族人已经成为其雇用的劳力。面对异族统治势力的欺凌和压迫，身处弱势地位的怒俅族群曾经一度把解脱的希望寄托在朝廷身上，并且在雍正八年（1730年）翻山越岭、长途跋涉到康普界上贡黄蜡、鹿皮、麻布等，求纳为民，力求借助外部力量改变区域内部的权利关系。云贵总督鄂尔泰奏准，将怒俅地方111村寨归由康普女千总禾娘管辖。④ 光绪三十四年（1908年），清政府第一次派员到独龙江流域勘察，官员夏瑚带领随从途经贡山来到独龙江，同当地察瓦龙土司的代理人谈判，给当地每个头人发放委任状。此外，夏瑚还提出了10条建议：

建设官长，以资分治；添兵驻防，以资保卫；撤退土司，以苏民困；剿抚吉匪，以除民害；筹费设学，以广教育；治平道路，以通商旅；广招开垦，以实边地；设关守隘，以清界限；改政赋税，以裕经费；扶置喇嘛，以顺舆情。⑤

---

① （清）夏瑚：《怒俅边隘详情》，见方国瑜主编《云南史料丛刊》（第十二卷），云南大学出版社2001年版，第150页。
② 同上。
③ （清·道光）《云南通志稿》（刻本），云南省图书馆藏。
④ 参见维西傈僳族自治县志编纂委员会《维西傈僳族自治县志》，云南民族出版社1999年版，第12页。
⑤ （清）夏瑚：《怒俅边隘详情》，见方国瑜主编《云南史料丛刊》（第十二卷），云南大学出版社2001年版，第154~162页。

然而，随着夏氏的迅速离职，独龙江一带的面貌与其巡视之前并无二致。直至整个民国时期，沉重的赋税和各项征派，始终是怒江边区人民最沉重的负担。民国十九年（1930年），尹明德深入滇西北地区勘察时，"所遇夷民，面皆菜色，衣不蔽体"，在层层压榨下，怒江地区各族人民大多"每至夏秋，大半以竹笋、野菜花充食"①。

### 三、地域政治层级结构中的弱势群体

从区域内的族群阶序关系来看，自古交往密切且自我认同源于同一祖先的怒族和独龙族无疑处于较低的政治等级中。在20世纪30年代以前，独龙江南部的地区属于纳西族土司的治理之下，而北部的独龙族则受到西藏察瓦龙地区藏族的管辖。居住在这一区域内的怒族与独龙族，在北部与藏族毗邻，在东部则与汉族和纳西族接壤，族群之间的关系除了政治上的管辖与被管辖，主要表现为贸易与交换。在复杂的权力交织关系中，怒族时常通过微弱和松散的联盟进行抵御，而独龙族在这方面表现出来的能力更为弱小。毫无疑问，这两个民族在很多方面都受到藏族和纳西族的影响。除了支付税收、劳役和契约债务以外，独龙族与藏族的关系还包括固定的交换，牛群和奴隶之间的交换则是其中的重要组成部分。

奴隶通常是社会的边缘人群，包括孤儿、强盗、战俘或债务人，以及触犯习惯法者，如在同一家族内通婚、偷盗、放蛊作祟者等。从亲属制度方面来看，用来交换牛群的奴隶通常是孤儿和在父系社会中较为典型的私生子。牛群是人们主要的贸易货物，有时也涉及人的贩卖，而被贩卖者通常是妇女和儿童。例如，孟库地方的布利布亚田乔恩曾娶同父异母两姐妹为妻，在他病死之后，姐姐患了麻风病即将死亡，丈夫家族的布利布亚代景松就同其妻子家族的族长商议，认为姐姐自身的灵魂已经被恶鬼吃掉了，恶鬼的魂灵附在了她身上，对族人不利，打算将她卖给察瓦龙土司，换回牛来杀了吃，她的妹妹也能因此吃上一顿牛肉。起先，女方家族的族长不同意，但代景松谎称带其到龙元地方为人家照看小孩，待三人一起到达目的地之后，就将姐姐卖给了当地人，身价是两条大牛和两个"拉哇礌礌"。再如，在龙元地区，一个经常偷盗他人财物的妇女经全家族人的同意被卖给察瓦龙土司为奴。②

此外，妇女和儿童还经常受到"达布"（土匪）的劫掠。这些土匪多数来自缅甸境内的拉打阁和云南境内的福贡与贡山一带，他们携带砍刀、弓弩等武器，到处杀掠，砍死男子，抢走妇孺，将她们连同孩子一起押送到察瓦龙一带

---

① 参见尹明德《云南北界勘察记·卷三附·调查报告》，成文出版有限公司1974年版，第182页。
② 参见蔡家麒《藏彝走廊中的独龙族社会历史考察》，民族出版社2008年版，第102～103页。

变卖为奴。为此，不少独龙族人无家可归，大多数人不论白天黑夜都心神惶惶，不断逃迁。① 除了被迫沦为贸易交换的物品和土匪劫掠的对象外，妇女还通常成为抵债的工具。例如，碧江县怒族人扑阿慈因家里欠积谷无力偿还，被迫将次女卖给当地富商张文彬为使女，得到半开② 30 元，其中 15 元用来赔偿积谷，15 元自用。一年后，女儿被张家人带至鹤庆，后来因无法忍受虐待而跑回家中，时值当地解放，听说新政府不允许养丫头，张家因此未将其追回。扑阿慈虽然同意此女回家了，但因手续不清无法将其嫁出。③

除此之外，藏族商人和纳西族土司的中介人所销售的盐也是当时重要的权利工具。在当地人看来，盐是与香料同等贵重的必需品，对于怒族和独龙族来说，这种稀有的食品不仅可以体现当权者对属民的控制，更能给其带来丰厚的利润。

从上述分析中可以看出，存在于藏族、纳西族和怒族、独龙族之间的族群关系不仅仅表现为控制与隶属的政治关系，而且还表现为密切的商品联系。在这种交换体系中，妇女和儿童被迫沦为交换的商品，这种境遇更加剧了他们在所属的父权社会中的从属地位。因此，当首批西方传教士进入这一地区试图吸引并招募皈依者的时候，他们不仅仅需要从宗教信仰方面说服当地的民众，更重要的是要以实际行动来破除束缚在人们身上的两道枷锁，包括保护他们的人身安全以及为他们偿还各种债务。因此，债务关系成为当地族群间依附关系的核心。④

正如帕特森等指出的那样："当亲属秩序的社区被卷入朝贡国家或交换关系时，抑或成功地摆脱朝贡或交换关系时，他们的不同发展轨迹才清晰可辨。"⑤ 当察瓦龙土司势力进入怒江和独龙江流域时，父权制已经在两族社会中确立了主导地位，因此，伴随着地域族群阶序的建构，在独龙族对黄牛这一财富象征的追求过程中，以妇女为主的弱势群体不幸地沦为地缘政治与身份象征的牺牲品。由于对黄牛的贪恋和追求，独龙族原有的以亲属关系为基础形成的血缘社区被深深地卷入不等价的交换关系与朝贡关系中。

---

① 参见蔡家麒《藏彝走廊中的独龙族社会历史考察》，民族出版社 2008 年版，第 59 页。
② "半开"为民国时期云南社会流通的主要货币形式。
③ 参见《碧江县调查汇集》，见云南省编辑组、《中国少数民族社会历史调查资料丛刊》修订编辑委员会《中央访问团第二分团云南民族情况汇集》（上），民族出版社 2009 年版，第 55 页。
④ 参见（法）施帝恩《19—20 世纪滇西北盐、牛及奴隶的交换与政治》，尼玛扎西、彭文斌、刘源译，见罗布江村主编《康藏研究新思路：文化、历史与经济发展》，民族出版社 2008 年版，第 108～115 页。
⑤ （美）参见托马斯·帕特森：《马克思的幽灵——和考古学家会话》，何国强译，社会科学文献出版社 2011 年版，第 192 页。

# 第二节 元代以降的外来话语权利注入与社会性别格局重构

元代以降，中央王朝为维护自身统治，加大了对包括西藏地区在内的西南少数民族地方势力的控制，采取了武力征讨、政治分化、扶持宗教、羁縻统治、赐封土司等多种方式，使那些曾经鞭长莫及的"化外之地"被真正纳入国家的统辖范围。期间，以儒学文化和封建礼教为代表的主流话语对当地性别政治格局的影响尤为深远，而始于清末的西方帝国主义侵略和以基督教为代表的宗教传播进程则给三江并流峡谷的社会文化和性别制度带来了前所未有的变化与冲击。

### 一、"兴学易俗"：元明两朝儒学文化的传入及其对边地社会文化的影响

在云南，1253年忽必烈平定大理之后，于1273年任命人赛典赤·瞻思丁为云南平章政事。赛典赤到任后，随即开展了一系列的改革，尤其重视对边地社会生产习俗方面的变革。《元史》中载：

> 云南俗无礼仪，男女往往自相配偶，亲死则火之，不为丧葬。……子弟不知读书。赛典赤教之跪拜之节，婚姻行媒，……创建孔子庙明伦堂，购经史，授学田，由是文风稍兴。①

明代，云南儒学的规模和数量都得到了空前的发展，儒学对云南的影响为历代之最。明代儒学在云南的迅速发展不仅得益于朝廷的重视推广，更是当时大量汉族移民涌入的必然结果。当时云南省30多个府、州、县都曾相继建立过儒学和社学，在军队驻扎的卫所开办学校，教育戍边的官兵子弟，甚至还积极吸收少数民族子弟赴南京国子监学习。据统计，明洪武二十三年（1390年）入读的云南土官子弟就多达69人。②

尽管政府重视儒家文化教育，大力推崇孔孟之道，但元明两代对云南少数

---

① （明）宋濂等撰：《元史·赛典赤·瞻思丁传》，中华书局1976年版，第3065页。
② 参见罗海麟《开启心智的金钥匙——云南民族教育》，云南教育出版社2000年版，第147～148页。

民族地区实行的政策仍是顺俗施政，要求从本俗以行职权，对蛮夷土官，不改其俗。① 元代李京在《云南志略》中有以下记载：

> （纳西）善战善猎，挟短刀，以碑碌为饰。少不如意，鸣钲鼓相仇杀，两家妇人中间和解之，乃罢。妇人批毡皂衣跣足，凤鬟高髻。女子剪发齐眉，以毛绳为裙，裸霜不以为耻。既嫁易之，淫乱无禁忌。②

这段文字反映了元代纳西族社会的几个重要特征：当时妇女在社会上享有相当的地位，在婚姻和性关系方面较为自由。明景泰年间的《云南图经志书》说："白人有姓氏，少年子弟，号曰妙子，暮游行，或吹芦笙，或作歌曲，声韵之中皆寄情意，情通私偶，然后成婚。"说明当时的白族由于与汉族大量接触，已经"汉僰同风"，婚俗和家庭生活也多与汉人社会类似。而在靠近藏族聚居区的维西，直至清代，当地的纳西族人仍然保留着与元代类似的婚俗风貌：

> 娶以牛羊为聘，头目家并用马，均至十数……闲则歌男女相悦之词曰"阿含子"，词悉比体，音商以哀，彼此唱和，往往奔合于山涧深林中……卧无衾茵，夜则攒薪置火，各携席蒿，袒裸环睡，反侧而烘其腹背，虽盛夏亦然。富能备衾、枕、氍、褥之类，而亦置火于侧，露其上身烘之。③

分布在维西、中甸等地的藏族群众亦保留着原有的婚俗和多偶婚的传统，清道光《云南通志稿》转引《皇朝职贡图》说，古宗"婚礼以银或牛，无拘数目，娶日亲戚会饮，吹芦笙为乐。无床褥，环火而眠"。其婚俗：

> 兄弟三四人共妻，一妻由兄及弟，指各有块，入房则系之门以为志，不萦不争，共生子三四人，仍共妻，至六七人始二妻。或欲独妻，则群谓之不友，而女家不许。故土官头目，家非不裕亦共妻。兄弟之子女即互配。华人通其妻亦莫之问，下此更可知也。④

上述民族民俗保持情况表明，元明两朝所实施的兴学政策主旨是改变边地社会"落后"的风俗习惯和生产生活方式，但由于"顺俗施政"的民族政策，

---

① 参见（明）宋濂等撰：《元史·仁宗本纪》，中华书局 1976 年版，第 577～597 页。
② （元）李京：《云南志略》，见方国瑜主编《云南史料丛刊》（第三卷），云南大学出版社 1998 年版，第 130 页。
③ （清）余庆远：《维西见闻录》，见于希贤、沙露茵选注《云南古代游记选》，云南人民出版社 1988 年版，第 121～122 页。
④ 同上书，第 123 页。

学校教育对"变俗"所产生的影响在不同的地区和民族中存在不小的差异。教育目标与教育成效之间的差距体现了教育施行过程的复杂性,同时也反映了一个不容忽视的问题,即儒家传统教育对女性受教育者的忽视。由于女性与男性同样是社会生活的实践者,忽略对其中任何一方的施教势必会对其成效和结果产生影响。

## 二、"施政变俗":清代的改土归流与边地社会文化变迁

### (一)改土归流的区域政治作用

三江并流峡谷尽管自汉代以来即被认为是中央王朝的领地,但其真正融入国家政权的统治体系还是清代改土归流实施之后的事情,并主要通过设置流官和分封作为统治代理人的土司的形式推进。

清雍正年间,中央政府开始在西南少数民族地区实行大规模的改土归流政策,逐步废除当地的土司制度,设置府、厅、州县,委派流官治理当地。自此,汉文化逐渐在当地进入高速发展时期。改革伊始,中央政府即以当时满汉的生活方式和儒家文化的伦理道德观衡量当地少数民族的社会生活,遵循"以夏制夷"的基本方针,强制性地在当地实行移风易俗的政策。

在四川藏族聚居区,自公元9世纪中期吐蕃王朝灭亡之后,与青藏高原的纷乱割据局面类似,这里的数个农牧部落迅速陷入分裂割据状态中。元代,随着藏族聚居区与朝廷隶属关系的逐步确定,中央政府在四川藏族聚居区对上层僧人和地方首领授以封号和世袭官职,自此,由朝廷正式册封的土司开始统治这片区域。明代延续了元代的政策,多封多建,不仅认可前朝所封的土司,还册封了一批新的土司,将四川藏族聚居区的大部分纳入到朝廷的羁縻管辖之下。清代为加强管理与控制,于雍正年间开始在川西地区积极推行改土归流政策,在未实行这一政策的地区除沿袭明朝的土司制度以外,又册封了一批新的土司。当时,统治今甘孜藏族聚居区的土司主要有理塘宣慰司和巴塘宣慰司。

光绪年间,乡城发生动乱,赵尔丰带领众多清军历时数月才使动乱得以平息。接着,赵尔丰颁布条款,宣布实施改土归流。赵尔丰诛杀巴塘土司,将理塘土司逐往西藏,摧毁土司制度,设置县治,委派知事,在村落选举头人管理。为促进经济发展,政府调查荒地,鼓励垦殖;兴修水利,引进作物;传授制茶、割漆技术,发展副业;选派藏族子弟到成都学习制革技术,加工畜产品,提高附加值;开展救济,解决疾苦;派遣医士,接种牛痘;创办学校,免费招生,发展教育,改变观念;清理土地,丈量面积,根据肥瘠程度,分为

上、中、下三等，缴纳数量不等的粮赋。① 在近代教育的传播作用下，人们的观念开始发生变化，当地人开始放弃固步自封的观念，接受新知识。

> 乡民自与赵尔丰对抗数月之久，结果虽不免于败后之惨伤，当经此一役，其对于战争之智识，及其所得经验，均为平时所不能有，而启后日以果敢、牺牲之决心。故西康人民，惟定乡保守观念薄弱，亦因于几次战斗以后，对于人与人之关系，能有一种事实上之了解，而不愿闭关自守。②

1911 年清朝统治崩溃之后，康区出现了短暂的统治真空，统帅乏人，秩序混乱。乡城人数年积怨伺机爆发，他们以抗粮为名，赶走官吏，进攻理塘等地，夺取枪支弹药。他们对外团结协助，肆行抢掠；对内力求自保，抵制侵扰，并由此形成土头政治。凭借先进的武器装备，乡城几乎全民皆兵，专门靠战争和抢劫为生的"乡城娃"闻名于康区。他们骚扰康区和滇西北，横行 20 余年……社会混乱，经济萧条，商旅裹足，入藏道路被迫北移。直到 1939 年西康建省之时，社会才逐步得以安定。③

从整个康巴藏族聚居区来看，最早实施改土归流的是乡城和稻城。但此两地在改革过程中所发生的政局变动恰恰反映了朝廷在对地方政权的统治调控过程中所产生的一系列实际问题。当传统的统治组织被摧毁、新的体制尚在建设中，假如朝廷政权的统治有力，则地方政权尚能够控制基层社会；反之，则难以约束，隐患重重。

（二）改土归流对地方文化的影响

经过元、明、清三朝的持续推进，儒学教育得到了较为广泛的实施，边地的社会文化发生了极大的变化。清乾隆《丽江府志略》中记载：

> 礼也者，天之经也，地之义也，民之行也，以别幽明，和上下非，是族也不在祀典，盖极功崇德，使民知神奸无邪匿也。吁！化民成俗之意微也。丽江地接西域，信佛尚鬼，佩弩悬刀，夷风靡靡，冠婚丧祭，向于礼教无闻焉。改流以来，熏蒸王化，寖以变矣。夫移风，使风流而令行者，长吏之责……有礼，则纲维立；纲维立，则廉耻励；廉耻励，则风俗醇；风俗醇，则言坊行表，食时用礼。④

---

① 参见秦和平《乡城、稻城土头统治的由来及其嬗变》，见罗布江村主编《康藏研究新思路：文化、历史与经济发展》，民族出版社 2008 年版，第 118～120 页。
② 同上书，第 120 页。
③ 同①，第 136～139 页。
④ 丽江县县志编委会办公室：《丽江府志略》，丽江县县志编委会办公室 1991 年翻印。

在"以夏变夷"思想的指导下，到任的流官们不遗余力地推行儒家教育，兴办儒学，灌输儒家的伦理道德体系和思想专制政策。按照此种标准，各种书籍中凡是有"离经叛道"、"颠倒是非"的言语者一律加以禁毁，"不得只字流传，以贻人心风俗之害"。

显然，政府大力提倡的程朱理学和纲常名教与边地社会原有的社会文化背景背道而驰，其中产生的各种矛盾、摩擦甚至是震荡冲击也就可想而知了。赵尔丰在改土归流地区强迫藏族学生改用汉姓，强迫藏族群众子弟入学，造成当地人认为入学读书类似一种徭役，甚至出钱雇人顶替；赵尔丰还规定政府文告一律限用汉文，藏族群众诉讼要使用汉语，并且强迫人们接受汉族的"礼仪"和"教化"等。

除了礼教教育，官府重点改革的是当地的婚丧嫁娶习俗。光绪三十二年（1906年），丽江知府彭继之在维西、中甸两厅张贴告示训育当地民众。官文中说，当地人民都是朝廷的赤子，本系纯良百姓，只因不读汉书、不懂汉礼，不知不觉以身犯重罪。为不使人们再犯重罪，他把人们要学要做的事情一件一件地写在告示上，让民众和喇嘛们必须仔细看清楚并记住。其中第六件事情（全文共有事情12件）即是关于兄弟共妻风俗的。知府认为，这是当地人民不读汉书、不懂伦理、不知廉耻的缘故。在他看来，一夫多妻乃正常，但从未听闻过一个妇人有几个丈夫的情况，因此规劝人们以后不要再行兄弟共妻。若能听他的话，改变这个风俗，就变成了"人"；若不改变，虽身披"人皮"，但还是"禽兽"；并且再三叮嘱，"万不要把我这些苦口良言当作过耳风"。① 此外，曾经治理西康大有作为的赵尔丰也曾在宣统元年（1909年）公开演讲，号召边民放弃兄弟共妻：

> 今者德格改流，汝等归汉官管理，粮税已为汝等减征，差徭已为汝等裁革，甚望汝等发达。惟汝等户口太少，究厥由来，半由好为喇嘛，半由弟兄共娶一妻之故。以后须学汉人，无论弟兄多寡，一人各娶一妻。②

同样，在改土归流之后的昌都贡县，赵尔丰也对当地人"不符汉礼"的多偶制婚俗提出了类似的训育："男婚女嫁须凭父母之命，媒妁之言为主，并应一夫一妇，不得一男子而娶数妇人，尤不得以一妇人而嫁弟兄数人。"③ 民

---

① 参见《署丽江知府彭继之告示》，参见李汝春主编《维西史志资料·唐至清代有关维西史料辑录》，维西傈僳族自治县志编委会办公室1992年编印，第326～332页。
② 转引自任乃强《西康图经·民俗篇》，见《亚洲民族考古丛刊》（第四辑），南天书局1987年版，第126页。
③ 转引自刘赞廷《民国贡县志》，见《中国地方志集成·西藏府县志辑》，巴蜀书社1995年版，第115页。

国初年，曾任职阿墩子盐务委员的王沛霖也曾撰文谴责这种"不道德"的婚姻形式："婚不正名，弟兄同妻，一妇数夫，伦常乖舛，礼仪大失"，认为这种情形的存在"是在身任教育者之责，亟修其教而易其俗也"。① 与之类似，在英属殖民地锡兰（斯里兰卡），政府也曾在1859年公布的13号法令中规定婚姻必须履行法定手续，宣布多偶婚与公共政策相抵触，并希望用法律手段阻止复合婚盟。②

嘉庆二十五年（1820年），丽江知府王厚庆在改革婚丧习俗方面采取了种种措施。史载："王厚庆，山东寿光人，进士。平易近人……时丽江虽渐染华风，而男女衣服，冠婚丧祭，未尽从汉礼。公为力劝戒禁革，风俗丕变。"③ 除了要改变在汉族官员看来十分鄙陋的传统服饰外，人们的婚姻习俗也被要求"从汉礼"。乾隆时期《丽江府志略》中记载纳西族的婚俗"今渐从汉礼"。据说，时任丽江知府的朱廷襄是苏北人。他努力提倡改良风俗，要求人们的服装以苏北模式为标准，如果遇到有新娘出嫁，他的太太会亲自到新娘家中帮助梳妆打扮，另外还贴补费用定做汉族服饰，并劝说当地人以后不要再制作传统的旧式服饰，而婚礼则完全按照汉族的"六礼"进行。④

光绪十三年（1887年），丽江知府黄金衔制定了《治丽箴言》，其中包括了很多压制妇女的条例，如"《治丽箴言》第四条，载妇女烧香。劝为父夫者，宜约束妻女，勿嬉游寺庙也，违者，照例笞其夫男四十"。其中，还命令禁止妇女参与元宵节：

> 附禁两条：一禁妇女观灯，以免是非而肃闺闱也。查丽俗每年元旦后至元宵止，民间办花灯庆岁，太平景象，原为盛事，惟是妇女之无耻者，每结对成群，随往观玩。男女溷集，深夜弗归。遂因此多生是非……礼：妇女夜行，须以烛，无烛则止。今郊井之中，竟深夜游行，殊玷闺训。亟宜严禁。嗣后凡遇灯节，妇女只许在自家门内观望，不许随灯游玩，以至男女溷集无别，违者究治其父夫不贷。⑤

按照这种改革思路，当地原先普遍存在的男子入赘、子女从母姓等与汉族父权制社会及其相应的男尊女卑传统礼教相违背的习俗皆被视为"大逆不

---

① 王沛霖：《滇边要路略》，见徐丽华主编《中国少数民族古籍集成》（汉文版）（第八十五册），四川民族出版社2002年版，第389页。
② 参见 H. R. H. Prince Peter. "The Polyandry of Ceylon and South India". *Man in India*, 1951 (1).
③ （光绪）《丽江府志稿·名宦志》（稿本），云南省图书馆藏。
④ 参见丽江县政协文史资料委员会编《丽江文史资料》（第一辑），见杨福泉《多元文化与纳西社会》，云南人民出版社1998年版，第106页。
⑤ 转引自杨福泉《多元文化与纳西社会》，云南人民出版社1998年版，第132～133页。

道"、"违背伦常"的行为，官府开始严禁纳西族、白族中的男子上门入赘和夫从妻姓的习俗，认为"夫从妻姓，耻哉，鄙哉！""女不嫁人，奇哉怪哉！""嫁子招赘，斯事更奇，自绝其嗣，竟不自知。"又如：

> 郡属鹤（庆）剑（川）二州，暨丽邑九河吴烈等里，有陋俗焉：无子以婿为子，及虽有子，反赘于人，而留女招婿以为子。婿遂灭本姓，从妻姓，或将妻姓加于本姓之上。覥然安之，弗知其悖也。夫为子孙者，姓受于亲，今以妻故，遂灭之，而谓他人父。是弃亲也。甚矣。其不孝也。闻之鬼不歆其类。以婿为子，非我族类矣，是自绝其嗣也，绝嗣亦不孝也。既为君子，而与吾女配焉，是兄妹而非夫妇也。斯俗也，无一是也。盍亟革之。律裁乞养异姓子以乱宗族者。杖六十。若以子与异姓人为嗣者罪同。①

至于"兄亡纳嫂"的转房婚习俗则更被视为"灭天理人伦"的行为。清光绪年间，丽江制定了"兄亡纳嫂为妻者，绞立决；知情者杖八十"的严峻刑法。直到1929年任乃强先生以视察员身份对西康各县进行考察时，对于当地男子可以易姓嫁于妇女的入赘习俗仍然延续的情形，他为此撰文并设置标题为"康人陋习"。②

此外，程朱理学所提倡的封建礼教，以及在此基础上形成的包办婚姻和旌表节烈观念也进入了三江地区，社会开始强调妇女的贞洁观，重男轻女思想也开始形成。光绪年间成稿的《丽江府志》中亦专门辟出了"烈女"的部分。任乃强先生也曾对其在视察西康途中了解到的一位与汉人未婚先孕但因遭到父母反对遂削发为尼的女性大加赞扬，说她"诚烈女也"。③

根据多方面的考察和研究，殉情成为纳西族社会中的一种普遍现象正是出现于1723年丽江改土归流之后，同时，也直接助长了纳西族的殉情悲剧。《续云南通志稿》中载：

> 滚岩之俗多出自丽江府属的夷民，原因：未婚男女，野合有素，情隆胶漆，伉俪无缘，分袂难已，即私盟合葬，各新冠服，登悬崖之巅，尽日唱酬，饱餐酒已，则雍容就死，携手连襟，同滚岩下，至粉身碎骨，肝脑涂地，固所愿也。④

---

① （清）黄金衔：《治丽箴言》，参见杨福泉《多元文化与纳西社会》，云南人民出版社1998年版，第133～134页。
② 参见任乃强《民国川边游踪之"西康札记"》，中国藏学出版社2010年版，第4页。
③ 同上书，第53页。
④ 王文韶：《续云南通志稿》，文海出版社1966年版。

殉情现象尤其集中地发生在经济较为发达的丽江坝区农村,且女性殉情者的人数要远远多于男性。① 在距离此地稍远的永宁地区,由于当时朝廷实行的是澜沧江、怒江、伊洛瓦底江"江外宜土不宜流,江内宜流不宜土"的政策,因此当地的母系制和"阿注"婚俗得以一直延续下来。而在纳西族人口相对较少的木里和盐源等地,也没有殉情习俗的存在。一条金沙江因此将同一个族群划分为两个截然不同的婚恋观念群体:在东部的永宁地区,母系制和"阿注"婚俗得以延续,俄亚的多偶制婚俗也未受影响;而其西部的丽江则悲剧性地成为"世界殉情之都"。

在中央政权和封建礼教思想的巨大冲击下,父权制在改土归流之后的大部分地区得到了不断的巩固和加强,妇女的社会地位不断下降。例如,纳西族妇女丧失了财产继承权,女性不再被视为家庭继承的人选,重男轻女的生育观念在纳西社会开始蔓延开来,这种情况在经济较为发达的坝区尤其盛行。纳西族女作家赵银棠这样描述道:

  古话说,不孝有三,无后为大。生女不生男的,照样不算有了后嗣。旧社会丽江纳西族的家庭主妇们,如果自己生的都是女孩,没有一个男孩,就还要替丈夫张罗纳妾生子等事。尤其惨痛的是,原先儿女都有了,日子过得很不错了,而一旦恶病流行,儿女夭折,或是男孩都死去,活下来的都是女孩。那么,传宗接代要紧,丈夫仍要讨小陪嗣。女子没有继承权,也不兴招婿入赘,就又造成家庭间的种种悲剧与麻烦。②

在靠近汉地的藏族聚居区,丧葬成为世俗文化变迁的重要组成部分。在藏族聚居区的很多地方,土葬经常用来掩埋身患恶性传染病的人或是罪恶深重的罪犯,不立墓碑,以示惩处。《西藏苯教》中有:

  在某些地区,土葬又视为一种低贱的葬俗而受到贬低,如西藏山南地区,人们视土葬为一种最坏的葬俗。土葬的对象一般是患有恶性传染病的人,如麻风、梅毒、炭疽病患者,以及夏季死亡的人。在当地人看来,对他们实行土葬,一来是为了防止恶病流传;二来怕违犯"夏季公约",得罪神灵。山南地区土葬的阶层是贫困人家。③

虽然土葬在藏族聚居区的广大地区并不盛行,但在靠近汉地的云南藏族聚

---

 ① 参见杨福泉《政治制度变迁与纳西族的殉情》,载《中南民族大学学报》(人文社会科学版)2005年第5期。
 ② 赵银棠:《旧社会的丽江纳西族妇女》,载《玉龙山》(第七辑)1985年第4期。
 ③ 察仓·尕藏才旦:《西藏苯教》,四川人民出版社2006年版,第273页。

居区受到了人们的推崇。在笔者多次调查的德钦奔子栏一带,约有1/3的死者选择土葬。在当地,水葬的选择表现出很强的灵活性,不仅适用于身患疾病或意外死亡的中青年人,甚至无疾而终的高寿老人也可以选择这种被认为是"洁净"的丧葬仪式。

在传统的藏族社会中,由于宗教信仰的变更带来了种类繁多的丧葬仪式。就笔者所关注的迪庆藏族聚居区而言,土葬的再次复兴与清代以降国家权力从政治经济中心向边疆地区的扩散密不可分,并且彰显了国家权力在移风易俗中的强大力量。清人余庆远在《维西见闻录》中记述道:"人死无棺,生无服,延喇嘛卜其死之日,或案之乔木食鸟,或投之水食鱼,或焚与火,骨弃不收。"① 可见,当时土葬的情况并不多见。然而,随着国家政权对云南的改土归流,天葬和水葬受到禁止,汉族传统土葬形式得到硬性推行。② 同治元年(1862 年)九月十一日,丽江军民府正堂兼中甸抚彝府贴出了一张告示,规劝属地藏族群众改行土葬。③ 为推行土葬新政,统治者利用当地的属卡、土官和商会等地方组织,在其规劝与勒令的双重作用之下,人们开始慢慢接受了这种有别于他们传统的土葬形式,并在地处汉藏边地的德钦奔子栏一带扎下根来。

土葬的增多及对水葬方式的不同理解反映了奔子栏一带藏族文化传统、国家话语以及族群互动的多重交融。藏族以往的很多丧葬形式如天葬、水葬、火葬等,由于尸身已经消亡,因此无法留下可供亲人吊唁的遗迹,甚至是土葬也不会立明显的墓碑,因此藏族人基本上没有扫墓的习惯。而当地藏族群众自清代逐步接受土葬之后,受到汉文化的影响,不仅定期吊唁亲人,甚至还出现了每年清明节扫墓的习俗。尽管如此,藏族群众对传统信仰并没有完全舍弃,他们在土葬之后为死者施行二次葬,其实正是对传统水葬习俗的一种重复与回归,"两种葬式的并存与叠加,体现了地处汉藏文化边缘的奔子栏藏族多种文化现象重叠的多元文化特征"。④

### (三) 改土归流之后的族群关系与族际互动

综合来看,直至清末民初,除了受到前文所述的中央政权不断推进的汉化政策影响外,三江并流诸峡谷区域的族群互动关系体现了以下三大特征。

(1) 藏化,主要发生在与藏族接触较为紧密的纳西族和怒族群体中。纳

---

① (清)余庆远:《维西见闻录》,见于希贤、沙露茵选注《云南古代游记选》,云南人民出版社1988 年版,第 123 页。
② 参见杨福泉《纳西族文化史论》,云南大学出版社 2006 年版,第 366 页。
③ 参见王恒杰《迪庆藏族社会史》,中国藏学出版社 1995 年版,第 252~253 页。
④ 参见李志农、李红春《藏传佛教信仰与儒家文化互动下的"二次葬"习俗——以云南省迪庆州德钦县奔子栏藏族村为例》,载《西南边疆民族研究》(第 7 辑)。

西族先民很早就已活动在金沙江上游地区和雅砻江下游地区,尽管这些地区在吐蕃王朝武力扩张之前与西藏高原上的藏族先民分布地区并不相接,但两族分布区域之间应早就存在不少往来通道。吐蕃自7世纪崛起于青藏高原之后,"尽收羊同、党项及诸羌之地,东与凉、松、茂、巂等州相接,南至婆罗门,而又攻陷龟兹、疏勒等四镇,北抵突厥,地方万余里,自汉魏以来,西戎之盛,未之有也"①。正如范文澜先生所言:"原来寂寞无所闻见的中国广大西部,因强有力的吐蕃的出现,变得有声有色了。这是吐蕃历史的大进步时期,也是中国西部居民开始参加历史活动的时期。"②

由于纳西族、藏族很早就毗邻而居甚至交错杂居,经济上有密切联系,相互之间的影响不可避免。正如本书前面各章节中所提及的那样,明代以后北迁进入藏族聚居区的纳西族受藏族的影响很深,不仅是在生活习俗、饮食起居方面,甚至在血缘继嗣、土地制度、婚配嫁娶等方面也深受藏族的影响。1948年成稿的《德钦设治局社会调查报告》说:"目前在藏族聚居区中会说么些话的人,我们相信是藏人与么些两宗族的混血后裔。"③藏族学者王晓松在考察了川、滇、藏交界地区后发现,进入藏族聚居区的纳西族移民"一般经过三代以后,开始慢慢融合于当地藏族,"其中"甚至不少人认为自己就是藏族人"。④

藏化的怒族主要集中在曾经受察瓦龙土司统治的贡山一带。由于长期的隶属关系和藏传佛教信仰,这些怒族在生活方式和宗教信仰上已经基本与藏族一致。

(2)纳西化,主要发生在受到纳西族统治的藏族群体中。木氏土司崛起后,从15世纪中期开始北向扩张,并大规模地向藏族聚居区移民,同时与藏族宗教势力保持密切联系,虽然其目的主要在于巩固统治,但客观上也使纳西族文化传入藏族聚居区,并推动了两族之间的文化交流。正如本书前文所论述的那样,纳西族移民将相对先进的生产工具、农业生产技术和采矿技术等带入藏族聚居区,对当地的藏族社会的生产生活产生了一定的影响。清人余庆远这样记述道:

> 古宗,即吐蕃旧民也。有二种,皆无姓氏,近城及其宗、喇普,明木

---

① 《旧唐书·吐蕃传》,中华书局1975年版,第5224页。
② 范文澜:《中国通史简编》(第二册),人民出版社1965年版,第490页。
③ 黄举安:《德钦设治局社会调查报告》,德钦县志编纂委员会《德钦县志·附录》,云南民族出版社1997年版,第369页。
④ 王晓松:《浅说〈姜岭大战之部〉的"姜"》,见《云南藏学研究论文集》,云南民族出版社1995年版。

氏屠未尽者，散处于么些之间，谓之么些古宗。奔子栏、阿墩子者，谓之臭古宗。语言虽同，习俗性情迥别。①

可见，尽管当时木氏土司势力已经在藏族聚居区失去绝对统治地位，但明代以来陆续迁入的纳西族人仍然对藏族社会产生着持续不断的影响。方国瑜先生亦曾指出："么些文化输至吐蕃者有之（如食品、礼节，多习自么些也）。"② 20 世纪 30 年代游历川、滇、藏的洛克也曾发现：

> 住在察卡洛（即盐井）地区及周围的纳西族人称为姜波（Hjanga-bod），意即藏式纳西族人；而那些住在云南境内的纳西族人则被称为姜嘉（Hjanga-rgya），意即汉式纳西族人。据戈里（Pere-Core）神父说，再北面还有藏式纳西族人。③

（3）较多保留原初文化的怒族和独龙族。直至清代，由于地处偏远，怒族和独龙族还保留着较为浓厚的本族传统。清光绪年间《丽江府志》中载：

> 怒人居怒江边，与澜沧江相近，男女十岁后，文面刺龙凤花纹，……男子发用绳束，高七八寸，妇人结麻布于腰，采黄连为生，茹毛饮血，好食虫、鼠。其最远者名曰怒子。④

其中，独龙族由于族群势力更为弱小，因此保留本族传统更多。道光年间《云南通志稿》中记载：

> 俅人，居澜沧江大雪山外，系鹤庆、丽江西域外野夷。其居处结草为庐，或以树皮覆之。男子批发，着麻布短衣裤，跣足。妇女缀铜环，衣亦麻布。……更有居山岩中者，衣木叶，茹毛饮血。宛然太古之民。俅人与怒人接壤，畏之不敢越界。⑤

## 三、西方帝国主义势力入侵与边地社会宗教信仰巨变

如前所述，政府尽管对当时在族群阶序中显得弱小的"俅人"和"怒子"

---

① （清）余庆远：《维西见闻录》，见于希贤、沙露茵选注《云南古代游记选》，云南人民出版社 1988 年版，第 122～123 页。
② 方国瑜：《么些民族考》，见中山文化教育馆研究部民族问题研究室编《民族学研究集刊》，国家图书馆出版社 2010 年版。
③ J. F. 洛克：《中国西南古纳西王国》，刘宗岳等译，云南美术出版社 1999 年版，第 223 页。
④ （清·光绪）《丽江府志稿》（稿本），云南省图书馆藏。
⑤ （清·道光）《云南通志稿》（刻本），云南省图书馆藏。

心存怜悯，也开始尝试通过政治干预扭转当地失衡的族群关系，但真正使中央政权重视这片极其边远的地域还是源自以英法为首的帝国主义对中国西南边疆安全所造成的日趋严峻的威胁。

### （一）西方帝国主义势力的入侵与边地人民的反抗斗争

地缘政治是人类社会群体之间基于地理环境所形成的一种特定政治关系，它并不局限于人类社会内部，而深深地扎根于人类活动依赖的地理环境之中，是人类政治与地理环境相互作用的产物。① 1884 年中法战争后的云南，围绕着地缘政治的目标，晚清政府和后来的军阀势力与西方列强（主要是英法两国）展开了控制与反控制、遏制与反遏制，既有对抗又有合作、既有合作竞争又有非合作竞争的地缘政治角逐。

怒江和独龙江毗邻边境的地理位置决定了其必然卷入各国势力的争夺。19 世纪末期大英帝国凭借强大的军事实力，在世界各地建立殖民地，在其确立对缅甸的控制权之后，即把目光投向了夹居在缅甸、印度和西藏之间的战略要地怒江和独龙江流域。1869 年，英国地理学家柯柏年到怒江探险，随即提出"要修通从印度经怒江至重庆的铁路，以便从当地攫取农产品及许多富源"②。法国亦不甘落后，1885 年，法国吞并安南（越南），乘机将其势力延伸到毗邻的云南边境，并计划将铁路网伸入云南、广西、广东，使铁路成为"印度支那的两个地区同中国的连接线"。③ 1895 年，英军少校戴维斯到中国调查滇西北，提出"（云南）是应引起英国人更多注意的中国的一个省。第一，它有几百英里与我们的印度帝国边境东部接壤；第二，如果印度与扬子江通过铁路相联结，这条铁路无疑得通过云南，而且这个省的东南部边界与法国殖民地接壤，其西北角紧接西藏。这些都足以立刻引起人们对云南政治和商业的兴趣"，同时指出"不了解欧洲人的中国人认为他们比我们优越，最初他们肯定不会好好合作，一旦他们认识到你占上风，你会发现他们是最听话的人"。④

面对英法帝国主义的狼子野心，当时的中央政府并非没有察觉。邮传部尚书徐世昌即指出："夫英于中国，所觊觎素在西藏，所营度原在长江。彼其心未尝不欲滇越速成，得利用滇蜀路程，兼浸入金沙江流域，因而左拊西藏肩

---

① 参见陆俊元《论地缘政治的本质》，载《国际关系学院学报》2006 年第 4 期。
② 转引自《独龙族简史》编写组《独龙族简史》，云南人民出版社 1986 年版，第 33 页。
③ 参见李开义、殷晓俊《彼岸的目光——晚清法国外交官方苏雅在云南》，云南教育出版社 2002 年版，第 236 页。
④ （英）H. R. 戴维斯：《云南：联结印度和扬子江的链环——19 世纪一个英国人眼中的云南社会状况及民族风情》，李安泰、和少英、邓立木等译，云南教育出版社 2001 年版，第 4～63 页。

背，而右握长江上游上键。"① 与之相比，法国由于控制了滇越铁路和出海口，并依仗不平等条约体系和势力范围划分，在云南拥有绝对的影响力。

英军于1886年占领江心坡，1909年占领片马。英军的入侵遭到了片马各族人民的反抗。人们在古浪寨组成了100多人的队伍，对入侵者进行了伏击。他们凭借熟悉地形的优势，机智灵活地将敌人打得晕头转向，但由于寡不敌众，大雪封山，最终不得不撤出古浪，转入山林。消息传到内地，全国舆论沸腾，声讨英帝国主义的罪行，怒江一带的各族民众又自发组织起400多人的队伍，用弓弩、刀剑和少量枪支武器与敌军浴血奋战。在当地人民的激烈反抗和国民的舆论压力之下，英军于1911年3月被迫撤出了片马、古浪一带。

尽管西方帝国主义势力对三江地区的入侵使当地民众饱受战火之苦，但边地社会的各族群在这一危急时刻增强了对统一民族国家的认同感，并且这种认同在不断地与外族入侵者抗争的过程中加以确认。这种现代民族国家层面上的认同，正是以这一区域各族群之间文化彼此较为接近作为基础的。②

（二）天主教和基督教其他教派的传入及其对边地社会的影响

伴随着西方帝国主义势力各种军事活动的展开，随之而来的宗教势力的侵入也是三江并流峡谷族群社会、经济和文化等方面发生急剧变化的重要因素。

**1. 天主教的传播与三起重要教案始末**

甘孜一带是康巴藏族聚居区的核心，藏传佛教在当地的影响较为深远，但法国天主教会仍将这里作为传教的发展区域。1856年，西藏教区正式成立。1861年，《北京条约》的签订为天主教会进入藏族聚居区传教提供了有力保障。1864年，由于在西藏的传教活动屡屡受挫，法国公使馆放弃了在拉萨设立教堂的计划，教会总部转设康定，将西藏教区改名为西康教区。之后，法国传教士先后在巴塘购置田地，建盖了3座天主教堂。1871年，由于巴塘教会顾司铎纵容其属下仆人将冷卡石藏族群众殴打致伤，事后却不追究肇事者的责任，激起当地民众不满。1873年10月，巴塘民众群起而攻之，事件进而波及巴塘所属的盐井和莽里等地，建在当地的两座教堂亦被焚毁，各教堂司铎和教士仓皇逃往康定。1881年，巴塘天主教会司铎梅玉林秘密潜往盐井，在核桃坪露宿时，被当地喇嘛联合三岩藏族群众偷袭，他随从被打死。1887年以后，教会与民众的矛盾进一步尖锐化，反洋教斗争进入新的高潮，焚毁教堂、驱逐

---

① 转引自宓汝成《中国近代铁路史资料（1863—1911）》（第三册），中华书局1984年版，第1112～1113页。

② 参见高志英《藏彝走廊西部边缘民族关系与民族文化变迁研究》，民族出版社2009年版，第278页。

教士的活动此起彼伏。但在清政府的庇佑和镇压下，藏传佛教喇嘛与民众的反抗斗争终告失败。①

在迪庆藏族聚居区，于西藏传教受挫的法国传教士由昌都转到巴塘，之后沿金沙江而下，经盐井进入滇西北，从1862年开始先后在维西、德钦等地建立教堂。1882年，察瓦龙一带的藏族民众前往德钦天主教堂示威，法籍神甫外出躲避，教堂被毁。法国驻蒙自领事府随即照会云贵总督要求赔偿。1895年，教堂修复，财物也由神甫领回，此即德钦教案。在察瓦龙，天主教的传入也引发了喇嘛寺的强烈不满，双方发生激烈冲突，传教士被迫逃回德钦避难。②

在怒江北部的贡山，1898年前后即有传教士开始试探性地进行传教活动，随后在靠近德钦的白汉洛村建盖了1座教堂。西藏贡格喇嘛闻讯后，派出几百人的藏族群众武装，从察瓦龙进入丙中洛，驱逐传教士，但遭到传教士武装组织的当地信徒的反击。1902年，传教士任安守请求丽江府派出官兵对其传教活动进行保护。1905年，因任安守欲在丙中洛重丁村修建教堂，遭到普化寺喇嘛的强烈反对，其强派民工的行为也激起了民众的强烈不满。普化寺管事库乐指挥200余人包围白汉洛教堂，将其烧毁。任安守只身逃出，先后多次前往维西抗议廷守李学诗治民不力，后又到昆明通过法国领事馆向云贵总督锡良提出抗议，要求赔偿白银30万两，并镇压群众。云贵总督令丽江府查办，委派夏瑚为阿墩子弹压委员，处理教案。夏氏将李学诗斩首处决，将哨官杨玉林撤职。清廷则册封任安守为三品道台，赔偿白银5万两，其中由贡山僧俗负责赔偿3 000两，同时派兵进入丙中洛，抓捕首领9人，杀死喇嘛二三十人，并将喇嘛寺在茶腊、青那桶等地的田产转赔给天主教堂。之后，白汉洛教堂得以重建，任安守还在茶腊、青那桶等地建起了新的教堂。

虽然位处云南，但滇西北维西、德钦和贡山的教会向来隶属西康教区，与以省会昆明为中心的云南教区素无隶属关系。根据20世纪50年代初的统计数据，当时上述3县共有教徒1 881人，其中贡山县978人、德钦县603人、维西县300人；共建有教堂17座，其中贡山县8座、德钦县4座、维西县5座。③

如果说三起典型教案的发生所反映的是天主教在其传播过程中与地方政治和宗教势力之间的较量与博弈的话，那么其后续者基督教其他教派的传入则更

---

① 参见《甘孜藏族自治州概况》编写组《四川甘孜藏族自治州概况》，民族出版社2009年版，第57～58页。

② 参见高志英《藏彝走廊西部边缘民族关系与民族文化变迁研究》，民族出版社2009年版，第231～232页。

③ 参见云南省社会科学院宗教研究所《云南宗教史》，云南人民出版社1999年版，第292、413页。

多地体现为对受众世俗生活及其文化心理的改变。因此，除了日益增强的汉文化的注入之外，随着西方宗教的逐步渗透，滇西北的怒族和独龙族还出现了"基督教化"。

**2. 基督教的传播与信众世俗生活的变化**

与天主教传播过程中屡屡受挫相比，基督教其他教派的发展较为迅速，从1913—1949年，到怒江传教的外国基督教徒达100余人。例如，在怒族聚居的碧江县一区九村，1926年基督教传入之后得到了很大的发展；到1957年，全村169户688名村民中信仰基督教的达到了126户，占全村居民总户的74.56%，信仰基督教的有444人，占全村总人口的66.4%。① 非基督徒都是信仰原始宗教者。但由于受到基督教的影响，当地原始宗教者的主要宗教活动——杀牲祭鬼的习俗仪式大量减少了。

基督教传入怒族聚居的碧江地区后，对当地人民的生活产生了重大影响，其教规有10项，包括不饮酒、不吸烟、不赌钱、不杀人、不买卖婚姻、不骗人、不偷人、不信鬼、讲究清洁卫生、实行一夫一妻制。教徒们必须遵守这些教规，否则会被开除教籍。那些不信教的人都嗜酒如命，经常把全年生产还不够一年吃的粮食用于煮酒，使得缺粮的情况更为严重；酒醉之后又吵闹滋事。信教者则因为粮食不会耗费于煮酒方面，因而粮食较为充裕，生活条件也相对优越。此外，由于教徒不吸烟，因此也可以节省一笔花销。此外，基督教对人们生活最大的影响莫过于婚姻。非教徒结婚，男方需要付给女方若干头牛作为彩礼。有的人家因为无力支付，只能赊欠或者向旁人借来交给女方，日后亦无力赔偿者只好让其子孙继续赔偿，因此导致生活贫困。而教徒只要男性年满20岁、女性年满18岁即可结婚，由教士做介绍人，只要双方愿意，即可在教堂中举行婚礼，男方无须向女方支付彩礼。

按照传统，非教徒结婚后如果双方感情不和可以离婚。若是男方提出离婚，结婚时男方付给女方的财物可不退还；若是女方提出离婚，则女方必须加倍退还结婚时男方付给的财物。因此，在离婚过程中往往发生较多争执。教徒若结婚则不许离婚，不能互相抛弃。只有结婚的自由，没有离婚的自由。由于信教的关系，教徒改变了沿袭已久的买卖式婚姻传统，也杜绝了离婚和纳妾的行为。基督教传入之前，人们生了病往往采取杀鸡杀牛祭鬼的方式予以驱除，有的人家甚至将家产变卖精光，病人仍不见好转。而教徒主要依靠祈祷的方式，辅以吃药，免除了祭鬼的巨大花销；由于教徒讲究卫生，疾病也大为减

---

① 参见《碧江县一区九村怒族社会调查》，见《民族问题五种丛书》云南省编辑委员会、《中国少数民族社会历史调查资料丛刊》修订编辑委员会《怒族社会历史调查》，民族出版社2009年版，第19～20页。

少。此前，由于生活穷苦，当地时有抢人或杀人的事发生；基督教传入后由于教规不允许杀人、抢人和饮酒，则在一定程度上改善了当地的经济状况和不良民风。①

西方教会进入滇西北，在传教手法上十分灵活，采取了不少为当地群众所接受的传教方法。其中，最行之有效的莫过于传教士深入少数民族群众，学习其语言，了解其民俗民情，适应当地的各种习惯，按群众喜闻乐见的方式传教，将传教方式民族化和地方化。② 基督教的传入对怒族和独龙族信众世俗生活的冲击和影响主要体现在以下方面：

（1）对传统婚姻制度和缔结方式的影响。天主教的传入"替代式"地与信众的原生信仰和喇嘛教的复合体进行了整合，同时较为完整地保留了原有的信仰结构和部分内容；另一方面遵循传统习俗，基本上未触及其原有的社会结构及制度基础，教徒的生活方式也未发生较大改变，而且不排斥传统歌舞等文化活动。因此，不同的宗教信仰原则上不成为天主教徒择偶的障碍。③ 而面对怒族和独龙族社会所盛行的父母包办婚姻，基督教则要求教徒的婚姻由教会做主，不经过教会认可的婚姻即为非法。此外，由于基督教禁止教徒与非教徒之间通婚，打破了怒族和独龙族原有的通婚集团，加之提倡自由恋爱，教会因此对信众的婚姻恋爱活动开始产生明显的牵制作用。随着本族教会人员的出现，原来信仰原始宗教的怒族和独龙族中因此出现了脱离劳动生产的专职神职人员，他们成为社会中的一个特殊阶层而在生活资料上依附于其他社会成员，也成为控制本族婚姻与性别政治的新群体。

（2）对原始宗教信仰的影响。怒族和独龙族原来主要信仰万物有灵的原始宗教，人们相信人间的一切皆由上天安排，依靠巫师施行巫术协调人与自然、人与人之间的复杂关系。大量开展的杀牲祭鬼等祭祀活动不仅耗费了有限的物质资源，更使人们陷入落后与穷困的生活状态。与之相比，基督教教义则引导人们平等相处、互相帮助，树立了一种全新且积极的信仰和生活观念。

（3）社会风气的影响。基督教传入怒族和独龙族地区后，信教者开始遵照不饮酒、不吸烟、不赌钱、不杀人、不买卖婚姻、不骗人、不偷人、不信鬼、讲究清洁卫生、实行一夫一妻制等教规，开始了全新的生活方式。

（4）对文教事业的控制。基督各派教会在云南少数民族地区主要采取两方面的传教政策：一为世俗化（secularization），即通过开办学校、医院等公

---

① 参见《怒江区宗教概况》，见云南省编辑组、《中国少数民族社会历史调查资料丛刊》修订编辑委员会《中央访问团第二分团云南民族情况汇集》（上），民族出版社2009年版，第27～29页。

② 参见陈昭星《天主教、基督教在我国西南民族地区传播的原因》，载《民族研究》1992年第4期。

③ 参见何林《多元宗教背景下的少数民族婚姻——以云南贡山怒族为例》，载《云南民族大学学报》（哲学社会科学版）2009年第6期。

共事业机构吸引教徒；二为本土化（localization），即通过传教士学习使用当地的语言，穿着当地的民族服饰，甚至将基督教的神灵与当地的本土信仰进行嫁接转换，以一种当地人较能接受的方式传教。通过有意识地制定与调整传教策略，创制推广少数民族文字以及开办中小学、特殊专门学校或机构及培训班，基督教各派在云南少数民族地区的传播较为迅速，对当地的社会文化变迁产生了极大的影响，而开展教育活动则是其传教策略中最为重要的组成部分。

对信众中的妇女群体而言，她们幸运地凭借教会的势力暂时摆脱了包办婚姻的桎梏和在买卖婚姻中被动的地位。教会对原始宗教和祭祀仪式的控制减轻了家庭的额外开支，也使更多的妇女免于充当抵债的对象，妇女甚至在教会倡导的一夫一妻制婚姻的理想形态中提升了自我价值与家庭地位，部分人接受了一定的教育，但教会对通婚圈的控制也对怒族和独龙族的通婚对象与范围产生了极大的限制。

回顾天主教与基督教其他教派在三江并流峡谷的传播历程，不难发现，作为一种与当地文化迥然相异的外来话语，西方宗教的传入给当地社会带来了巨大的冲击与影响，尽管这些目的明确的传教活动不可避免地带有其自身的功利性与局限性，但身处其中的妇女群体从中所受益处亦显而易见。可以说，以基督教为代表的西方宗教从根本上冲击了怒族和独龙族社会中业已确立的性别阶级与政治制度。尽管信教对于妇女摆脱从前被动的从属（甚至成为商品）地位的作用无疑是显著的，但教会本质上所关注的并非妇女的权益问题，因此无力从本质上改变社会结构，也就无法为妇女带来性别权利与政治的根本性保障。

## 第三节 边疆社会的新女性

清末民国时期，由于英国、法国等西方帝国主义国家不断对三江并流区域的试探和入侵，以及西方宗教势力的有力渗透，地方政府开始对这一区域的防务与经营加以重视。在这样的社会变迁背景下，殖边队的开进和殖边公署的建立加强了当时中央政府对怒江流域的管辖与控制，调整了矛盾丛生的民族关系和社会结构，沟通了当地民众与外界之间的联系，并给当地妇女的发展带来了新的契机。

### 一、时局造人：民国前期的殖边经营与抗日战争时期的边地妇女

1912年，云南陆军第二师师长兼迤西国民军总司令李根源报请云南都督蔡锷批准，成立"怒俅殖边队"进驻怒江，不久之后又在兰坪营盘街设立

"怒俅殖边总局"。①与此同时，民国政府还在怒江流域设置行政机构，加强对当地的行政管辖。从1912年开始，殖边队先后设置了知子罗、上帕、菖蒲桶3个殖边公署，后又将六库、老窝、登埂、卯照、鲁掌5个土司属地合并为鲁掌行政公署。

甘孜一带虽无怒江流域那样紧迫的边境防务压力，但开发经营亦是大势所趋。民国元年（1912年），北洋军阀政府裁撤原来的道制，以府、州、厅直隶省；民国二年（1913年）又"废省改道"，以道统县，将四川划为七道。民国十六年（1927年）刘文辉接管西康特别行政区；民国二十八年（1939年）建立西康省，省会为康定。

由于地域的隔绝，三江并流地区的物资主要依靠外界输入。1920年前后，国民政府在当地设立行政机构后，逐步有汉商客户进入。在怒江地区，碧江县第一任行政委员董廷芳带来汉商2人，一为刘子明、一为刘选卿，都是董氏的同乡鹤庆人。他们官商合资，在知子罗设立了"天宝号"商户，主要经营酒和布匹。除此之外，还有不少民家人（白族）也进入当地经商，他们多成为当地的富裕之家。在独龙江地区，陶云逵的《俅江纪程》中载"俅子所需之铁、盐、饰物及牛，均仰外方输入，俅子需要外助为是之多，势必有土产以为交易。土产即俅江一带所产之药品，如贝母、黄连、麝香及皮货、黄蜡等"②。又见：

> （碧江老姆登）有市场，每年七月互市以此。怒、俅各种及澜、潞两江东西岸之人，并丽、鹤、剑、浪、中、维、云龙之山货商人会集于此……交易之货为麻布、漆油、黄连、冬虫夏草、贝母、木耳、香菌、白生、青皮、麻线、鹿茸、麝香、熊胆、蟒胆、虎豹皮骨之类。③

由于物资极度匮乏，独龙族不得不以上述特产作为交换品折价交换铁刀、铁锅等当地无法生产的生活必需品，而猪和牛则演变为中间媒介，成为物物交换活动中的实际计价单位，充当货币。此后，白银和半开银元进入当地，汉商通过货币手段以低价向当地人收购各种山货特产，然后运入内地高价销售。如汉商以半开3枚（折合1两白银）便可购买贝母1斤或黄连2斤，运到内地后便可获利10倍。藏族商人收购黄连、贝母则主要以食盐作为交换手段，1筒

---

① 参见《独龙族简史》编写组《独龙族简史》，云南人民出版社1986年版，第39页。
② 陶云逵：《几个云南土族的现代地理分布及其人口之估计》，见《国立中央研究院》历史语言研究所集刊》（第7册），商务印书馆1928年版，第426～432页。
③ 李根源：《滇西兵要界务图注》，见方国瑜主编《云南史料丛刊》（第十卷），云南大学出版社2001年版，第802页。

盐便可换得黄连 1 斤。① 由于交通困难、交换不易，不少人不但要在集市上交换自己所需的物品，还要受人委托代为捎带交换，还有人将换来的东西再转换给独龙江下游的人。② 从整体上看，这种严重失衡的不等价交换虽然还未发展到商品性交换的程度，但日积月累逐渐形成了固定的交换标准，加剧了当地人民生活的贫困程度和对外界物资的依赖性。直到 1930 年，民国政府内政部、外交部派遣滇缅界务调查小组第一组调查员杨斌铨和王继先到独龙江流域调查。他们所见独龙族人：

> 心理倾向中国，日用饮食起居器具，皆赖汉人供给。所出山货药材，亦皆售之汉人。其婚嫁丧葬嗜烟酒等，与傈僳同。饮食耕种住房，亦无不同也。在俅江上游，男女不穿衣。男子腰部围以多数竹篾细圈，用麻布宽六七寸、长二三尺，由前而后，若骑马直跨下部。女子用麻布二方，上下横直围挂胸部及下部，系以骨珠。……现俅民年三十以上者，尚全文面，其年在二十以下者，渐有破此陋习不文面者。员等曾召集甲长、火头，宣布以后取消此种陋习。俅民男女不留发辫，惟蓄短发至额际。男子有穿耳着裙者。③

贸易，是在制度化的地位之外妇女参与分配的第二个基础。④ 由于史料的缺乏，我们无法详细得知妇女在怒江和独龙江流域交换活动中所扮演的角色及其参与的程度。放眼整个藏族聚居区，商业活动也似乎并不为大多数人所青睐，女性能够参与商贸活动者也极其有限。⑤ 有学者认为，这种消极的心态主要是藏族群众笃信的藏传佛教伦理道德与商业活动所必需的世俗功利主义之间所产生的矛盾："包括商人在内的藏族信众的来世观念重于现世观念，这是藏传佛教伦理道德对他们产生深刻影响的具体表现"，"实际上，这是宗教与经济之间固有的不可调和的矛盾使然；同时，又是藏传佛教在藏族地区的社会中

---

① 参见《贡山县四区三村孔当、丙当、学哇当独龙族社会经济调查》，见《民族问题五种丛书》云南省编辑委员会、《中国少数民族社会历史调查资料丛刊》修订编辑委员会《独龙族社会历史调查》（一），民族出版社 2009 年版，第 23 页。
② 参见《云南省贡山县第四区独龙族社会经济调查总结报告》，见《民族问题五种丛书》云南省编写组、《中国少数民族社会历史调查资料丛刊》修订编辑委员会《独龙族社会历史调查》（二），民族出版社 2009 年版，第 13 页。
③ 转引自尹明德《云南北界勘察记·卷三附·调查报告》，成文出版有限公司 1974 年版，第 182 页。
④ 参见 Ernestine Friedl. *Women and Men: An Anthropologist's View*. Holt, Rinehart and Winston, 1975: 63.
⑤ 参见 Nancy E. Levine. *The Dynamics of Polyandry: Kinship, Domesticity, and Population on the Tibetan Border*. University of Chicago Press, 1988: 232.

占据重要地位的具体表现"。①按此逻辑，藏族的传统文化与观念确实对妇女从事商业活动设置了重重障碍。尽管藏族社会对妇女经商的行为并不推崇，但女性在藏族聚居区的商贸活动中却真正发挥过重要的作用。历史资料显示，清代迪庆地区的商贸活动中曾有不少妇女参与其中。清康熙年间，杜昌丁看到当地"贸易皆由女子负载……"②，清乾隆时期居于迪庆的余庆远则记述其地"交易皆与妇人议，妇人辨物高下不爽。持数珠，会计极捷。西吴、秦人为商于其地，皆租妇执贸易"③。

在更加靠近内地的丽江一带，纳西族妇女在经济活动中所发挥的重要作用早已广为人知，她们负责操持家里的一切经济活动，饲养猪、羊、鸡等家畜家禽，纺织麻布，酿酒，磨面，到集市上出售产品。在城镇上开设铺面和地摊经商者也以妇女居多。顾彼得曾这样描述丽江纳西妇女的商业技能：

> 她们学会各种复杂的商业事务，成为经商者，即土地和交换的经纪人、店主和商贩。……在丽江，如果没有妇女的参与和协助，你是不会买到什么东西的。男人一点也不知道他们的家所开的店里货物的详情，不知道应该卖什么价。如果有人想租房和买田地，那他必须去找那些知道行情的妇女经纪人。房屋和土地的主人如果没有这些妇女以行内人的身份给他提建议，他们是不会直接与买主和房客谈生意的。如果你想要换钱，你必须去找那些有着玫瑰红面颊的姑娘——"派金美"。④

在丽江及其周围的地区，曾普遍流传着这样一句民谚："娶个丽江婆，终身不用愁；娶个丽江婆，赛过一头骡。"这生动反映了纳西族妇女能干、勤劳和操持家庭事务的能力，从中也体现了她们在社会生活尤其是经济事务方面所扮演的重要角色。抗日战争时期，因滇缅公路被切断，滇西北成为中印之间的交通孔道，商业贸易曾一度兴盛，纳西妇女仍然在社会活动中扮演着重要的角色：

> ……就是在这样变动极大的形势之下，丽江妇女中涌现出一大批神通广大、发财致富的女商贩。她们虽然只字不识，但敢闯敢干，左右逢源。有的简直成为丽江金融界的操纵者。发放贷款、重利盘剥的人找她们，买

---

① 尕藏加：《藏区宗教文化生态》，社会科学文献出版社2010年版，第99页。
② （清）杜昌丁：《藏行记程》，见吴丰培辑《川藏游踪汇编》，四川民族出版社1985年版。
③ （清）余庆远：《维西见闻录》，见于希贤、沙露茵选注《云南古代游记选》，云南人民出版社1988年版，第123页。
④ （俄）顾彼得：《被遗忘的王国》，李茂春译，云南人民出版社1991年版，第96页。

空卖空、投机取巧的人找她们，特殊经营、寻找门径的大商贩也找她们。①

可见，民国时期随着国民政府对三江并流地区建制的逐步完善和统治的步步深入，三江流域各族与外界的交往和接触也在逐步增多，妇女也因此拥有了新的发展契机。

## 二、他者赋权：国家法制保障下的婚姻关系与社会性别权益

1949 年 9 月，中国人民政治协商会议通过了具有临时宪法性质的《中国人民政治协商会议共同纲领》，其中明确规定了废除束缚和压迫妇女的封建制度，规定"妇女在政治、经济、文化教育、家庭、社会生活等方面均享有与男子平等的权利，实行男女婚姻自由"。1950 年 4 月 13 日，中央人民政府委员会第七次会议审议并通过了《中华人民共和国婚姻法》（简称《婚姻法》）；同年 4 月 30 日，中央人民政府颁布政令，《中华人民共和国婚姻法》从 1950 年 5 月 1 日起公布执行。自其公布之日起，所有以前各解放区颁布的有关婚姻问题的一切暂行条例和法令均予废止。各级政府通过各种渠道，深入基层，宣传法律精神，号召人们实行一夫一妻的法定婚姻制度。遵照中央和中共云南省委的决定，为尊重少数民族的风俗习惯，在边疆少数民族地区和内地少数民族杂居区暂不开展《婚姻法》的宣传。少数民族间发生的婚姻问题，若当事人提出要求的，则尊重民族习惯，以协商的方式进行处理。②

当时颁布的《婚姻法》宣布废除"封建婚姻"和"购买婚姻"，将婚姻自由作为一项基本国策确定下来，同时还规定了成年人离婚及再婚的权利。《婚姻法》的实施不仅意味着妇女地位的提高，其核心内容还表现出国家与社会之间的密切联系。截至 1956 年年底，云南省的边疆民族地区基本上废除了封建地主和封建领主的土地所有制及各种封建特权，全省基本完成了以土地改革为中心的民主改革。③ 民主改革消除了阶级分化，并在很大程度上缩小了贫富差距，为以前极度贫困的农民和奴隶群体提供了组建家庭的基本条件。

民主改革和《婚姻法》的实施使妇女拥有了选举权和被选举权，使其能够在社会上担任不同的职务。事实上，甘孜州妇女参加社会活动早在红军过草地的时候就开始了。民国二十五年（1936 年）红军路过甘孜州的道孚、新龙

---

① 赵银棠：《旧社会的丽江纳西族妇女》，载《玉龙山》（第七辑）1985 年第 4 期。
② 参见云南省妇女运动史编纂委员会《云南妇女运动史（1949—1995）》，云南人民出版社 1999 年版，第 26～32 页。
③ 同上书，第 82～83 页。

等地时，帮助当地建立了县妇女委员会。但红军撤离后妇女委员会的活动即告终止。民国三十一年（1942年）西康省成立妇女委员会筹委会；次年，妇女委员会在康定正式成立。1952年11月，西康藏族自治区第二届各族各界代表会议在康定召开，正式成立自治区民主妇女联合会。妇女们开始积极参与各种社会活动，并在各个领域发挥了重要作用。①

甘孜藏族自治州自1959年完成民主改革后，政府提倡和鼓励人们履行婚姻登记手续。1982年7月1日，州人民代表大会颁布《甘孜州施行〈中华人民共和国婚姻法〉的补充规定》，规定州内各少数民族必须执行《婚姻法》，"结婚、离婚必须履行法律手续"，并根据本州的实际情况，提出了补充规定。例如，"禁止一夫多妻、一妻多夫"，"禁止包办、买卖婚姻和借婚姻索取身价费、陪嫁费及其他财务"，"顶替、转房的婚姻关系是违反婚姻自由、自主原则的，应予禁止"，"禁止直系血亲和三代以内的旁系血亲结婚"，"禁止利用宗教、家支或其他形式干涉婚姻自由等"。全州各地广泛宣传和执行补充规定，将婚姻纳入法制的轨道。②

《婚姻法》的颁布与实施对藏族社会最大的冲击莫过于对等级内婚制度的削弱与瓦解。虽然新的社会制度消除了原有的阶级差异，但传统的血缘外婚制还是顽强地保留了下来。根据国家法律对一夫一妻制度的宣传与要求，更多的人开始选择法定的婚姻制度，但由于当地特殊的社会文化背景，多偶制并没有迅速消亡，而是在一定范围内继续存在。

在1958年之后的"大跃进"时期，广大妇女广泛投入到集体农业生产中。当时提出"破除迷信，突出常规，做到白昼能延长、黑夜当白天、与时间赛跑"等脱离实际的口号，这些难以实现的目标在一定程度上助长了浮夸风和"共产风"的发展，妇女和儿童的身心健康受到损害，各种封建婚姻残余思想重新抬头。③在藏族社会中，家长对家庭经济的控制程度大大降低，家庭的劳动分工变得简单明了，核心家庭的数量迅速增多。

"文革"期间，云南省的农村封建婚姻恶习抬头，各种婚姻纠纷案件数量剧增。1966年6月，云南省妇女联合会联合各民族自治州政府，根据《中华人民共和国婚姻法》的基本精神，结合当地各民族的特殊情况，制定《婚姻法》的补充条例。④在迪庆藏族聚居区，妇女逐步成为国家与藏族传统男权社

---

① 参见根旺《民主改革与四川藏族地区社会文化变迁研究》，民族出版社2008年版，第38~39页。

② 同上书，第35~36页。

③ 参见云南省妇女运动史编纂委员会《云南妇女运动史（1949—1995）》，云南人民出版社1999年版，第104~112页。

④ 同上书，第137页。

会话语交锋的焦点，通过引导女性的维权意识，妇女联合会代表国家话语在改变传统婚姻与家庭关系方面发挥了重要作用。迪庆州人民代表大会常务委员会也先后通过了一系列的决议，其中包括《关于执行〈婚姻法〉一夫一妻制，坚决废除一夫多妻和一妻多夫婚姻的关系》。①

1958—1978 年，国家通过改变社会性别空间区隔制度，极大地变革了藏族聚居区的社会结构与政治制度，包括允许妇女进入从前明令禁止的宗教场所、担任地方官员以及大量参与社会公共政治事务等。部分敢于反叛传统的妇女受到赞扬，其中的一些人成为令人羡慕的党员，甚至被提拔为干部。她们还被鼓励揭发各种男女不平等的做法，甚至包括公开指出僧人的不恰当行为，这些做法在从前的传统社会中都是难以想象的。

到 1985 年，甘孜州的妇女职工人数增加到 23 189 人，占职工总数的 29.3%，涌现出一大批女劳动模范、女生产能手、"三八红旗集体"和"三八红旗手"。与此同时，妇女干部的人数也不断增加：1953 年时全州有女干部 694 人，占干部总数的 38.9%；1982 年增加到 9 390 人，占干部总数的 32.3%。其中，少数民族干部 4 076 人，占女干部人数的近一半。②

### 三、自我赋权：教育普及带来的妇女群体素质与社会地位的提升

社会的变迁赋予了妇女平等受教育的权利，也改变了她们原来被规定的人生历程。

出生在巴塘的藏族妇女祥秋曲珍 1953 年随回家探亲的长兄到北京求学，后经长兄工作单位的保荐以旁听生身份进入中央民族学院附中学习，一年后转为正式学生。1959 年高中毕业后她考入北京农业大学农学专业学习，1964 年大学毕业后分配回甘孜州农科所工作。"文革"结束之后，农科所的科研工作逐步恢复，她先后参与了"甘孜州主要农作物品种资源普查"、"青稞新品种选育"和"青稞高产栽培技术研究"等课题，在从事科研工作的同时还从事管理岗位的工作。1983 年晋升为农艺师，1988 年晋升为高级农艺师。她曾先后被评为省、州级的"三八红旗手"与劳动模范，1994 年还获国务院批准享受政府特殊津贴，担任过巴塘县政协第六届和第七届的副主席。回顾自己的成长经历，她将成绩归功于党的领导与关心培养，归功于研究所前辈的成绩积淀

---

① 参见云南省地方志编纂委员会《云南省志·卷六十一·民族志》，云南人民出版社 2002 年版，第 514 页。

② 参见根旺《民主改革与四川藏族地区社会文化变迁研究》，民族出版社 2008 年版，第 39 页。

与引领，归功于其他同志的共同努力。①

1963年出生在云南德钦羊拉乡一户普通农民家庭的藏族女高音歌唱家宗庸卓玛被外国朋友誉为"藏族金嗓子"。她1974年被选入德钦县文工队，1978年被选入云南代表队赴北京参加全国民族民间唱法会演后调到云南省歌舞团任独唱演员，1979年考入上海音乐学院声乐系民族班并师从我国著名声乐教育家王品素教授，1983年以优异成绩毕业后回到云南省歌舞团担任独唱演员至今。1985年在第一届全国民族声乐大赛中夺得第一名并获得最高奖"金凤奖"，1998年被文化部评为"文化部优秀专家"；曾当选为第七届、第八届、第九届全国人民代表，任云南省音乐家协会副主席；代表作有《梅里雪山的女儿》、《故乡的哈达》、《德钦情歌》等，还曾为《红河谷》、《宝莲灯》等电影演唱主题歌及插曲，并多次出访国外演出。②

亚娜于1945年出生在当时怒江州碧江县老姆登村一个普通的怒族农民家庭。1954年进入省立碧罗完小上学，小学毕业后先后被保送至昆明师范学校和中央民族学院继续深造；1968年大学毕业后回到怒江，先后当过6年小学教师和8年播音员。从1983年开始，亚娜曾经连任三届怒江傈僳族自治州副州长、州政府党组成员，成为一名成功踏上政治舞台的妇女干部；期间，她还兼任云南省少数民族语言文字工作指导委员会副主任、怒江州民族语言文学工作委员会主任、怒江州武装委员会副主任、怒江州地方志编纂委员会副主任、怒江州妇女儿童工作委员会主任等职务。1988年，她当选为全国人大代表；1995年她出席第四届世界妇女大会；她是怒江州第四届、第五届、第八届人大代表，云南省第八届人民代表大会代表；1998年调入云南省政协工作，任省政协第八届委员、省政协科教文卫委员会副主任；她还担任《怒族研究》编委会主任和云南省民族学会怒族学专业委员会会长。③

1963年出生于福贡县匹河怒族乡老姆登村的杨金卫是怒族历史上第一位在北京工作的女教师。她1975年进入云南省文艺学校学习舞蹈，1979年毕业之后在云南省歌舞团任舞蹈演员；1984年调入云南省文艺学校舞蹈科任教；1987年进入北京舞蹈学院民间舞系学习，1991年毕业获得学士学位。之后她到北京市朝阳区青少年活动中心任教，期间，她编排的《阿细跳月》、《银铃》、《山娃》等作品在北京市少年宫舞蹈比赛和北京市中小学学生舞蹈比赛中分获一、二、三等奖。1997年，她进入北京舞蹈学院附中中国民间舞蹈教

---

① 参见祥秋曲珍《回顾我的成长历程》，见中国人民政治协商会议甘孜藏族自治州委员会《甘孜州文史资料》（第十六辑），1998年，第29～33页。
② 参见《走出香格里拉——访藏族女高音歌唱家宗庸卓玛》，载《云岭歌声》2000年第1期。
③ 参见李绍恩《中国怒族》，宁夏人民出版社2011年版，第249～250页。

研室工作，并多次获得"园丁奖"等优秀教师荣誉奖励。

独龙族名为白利阿娜的白丽珍是独龙族历史上第一位进入政界并担任国家机关要职的女性。她1940年出生在贡山县独龙江乡的白利村，1953年被保送进入当时的碧江县民族学习班学习，1954年进入云南民族学院民族干部培训班学习，毕业后先后在碧江县民族工作队、州人民法院等部门工作。1958年，她被调往贡山县独龙江乡党委工作，先后担任区委委员、妇联主任以及贡山县妇联副主任等职务；1963年被选为共青团中央候补委员；1965年调到州团委工作，担任州团委副书记；1973年以后在中共怒江州委工作，曾先后担任中共怒江州委常委、州委副书记等职务；1982年进入怒江州政协工作，任州政协常委。她不仅是一位出色的政界人士，同时也是一位作诗、歌唱的能手。[①]

出生于1962年的罗荣芬则是独龙族第一位女作家。她于1981年考入中央民族学院汉语言文学系学习，毕业时获文学学士学位，之后便进入云南省社会科学院民族学研究所工作。1985—1995年她在《民族学与现代化》（现《民族学》）杂志担任编辑，之后多次前往怒江和独龙江开展田野调查工作，并参与编写《独龙族文化大观》等著作。业余时间，她爱好写作，2009年曾参加《民族文学》杂志社举办的全国少数民族作家"祖国颂"创作研讨班，并加入了中国作家协会，是其中第一位独龙族作家会员。代表作有1995年出版的《自然怀抱中的文面女》。2009年出版的田野考察笔记《我的故乡河》、散文《歌从三江并流来》获得庆祝中华人民共和国成立60周年"祖国颂"有奖征文优秀奖。此外，还有《日全蚀》、《嫁女》等多篇小说发表于《芳草》、《边疆文学》等文学刊物上。[②]

上述妇女的成功并非孤立的个案。据统计，在亚娜的故乡老姆登村，全村168户怒族家庭中，在外工作的职业女性就有43人，占整个怒族城镇就业女性的1/7。其中6人在政府部门供职，职位最高的亚娜曾当选为全国人大代表，任自治州副州长；4人在文艺团体工作，其中有著名的舞蹈教员杨金卫；5人在医疗卫生部门工作，其中有省级医院的主治医师；12人当教师，2人当法官；其余14人分别在邮电、交通、商业部门工作。43位职业女性中具有中专以上文化程度的有95.3%。[③] 截至1998年，在独龙江地区有45名女性大中专毕业生，虽然只占独龙族妇女总数的1.76%，但与过去相比已经是不小的进步了。[④]

---

[①] 参见杨将领《中国独龙族》，宁夏人民出版社2012年版，第170页。
[②] 同上。
[③] 参见蔡维琰《社会文化变迁中怒族女性的人格主体》，载《思想战线》2000年第4期。
[④] 参见高雅楠《女性学视野下的云南贡山族际通婚圈的成因分析》，载《红河学院学报》2009年第1期。

毫无疑问，上文所列举的三江并流地区各族女性都是凭借接受学校教育的途径改变自己的人生道路的。无论是成为农业科技专家的祥秋曲珍、步入政坛的亚娜和白丽珍、成就舞台人生的宗庸卓玛、教书育人的杨金卫，还是从事社会科学研究并用才智书写人生的罗荣芬，她们的经历都是从前本民族女性难以想象的，她们毕生从事的职业开启了本民族女性新的人生道路，也预示了一个新的社会性别时代的到来。

## 第四节　影响、卷入与自觉：全球化时代的性别权利与政治变迁

伴随着中国农村经济制度的巨大变革和对外开放政策的实施，现代化和全球化的浪潮也逐步席卷了昔日的边疆化外之地。受益于广播、电视、通信等的迅速普及和交通状况的极大改善，各民族之间突破了以往的隔离状态，族际交往日益增多。三江并流峡谷的生态环境、生产方式、经济形态、社会环境在现代化浪潮的冲击下发生了变革，与之相伴相生的社会性别制度亦发生着巨大的变化。

### 一、土地制度变迁与家庭经济结构重整

家庭联产承包责任制在中国农村的实施、巩固和完善引发了农村社会制度的急剧变革。1983年10月，中共中央、国务院发出《关于实行政社分开建立乡政府的通知》。经过集体化时期之后，土地被重新分配到农民手中，生产积极性的调动促使农作物的产量和农民的收入都得到了前所未有的增长。农业科技的发展与普及不仅提高了农作物的产量，并且极大地节省了人力，中国农村的经济结构逐渐从单一向多元化转变。

中国农村社会的转型集中表现为以下两个方面：从以家庭为中心、按血缘关系划分的差序格局向现代社会分层结构转变，从封闭、半封闭的社会向流动开放的社会转变。[①] 在从前边远的三江并流峡谷，社会经济体制的变革与传统生计方式的变迁也极大地改变着当地社会的家庭生计结构，便利的市场经济条件逐渐削弱了从事不同生计方式的家庭成员之间在生活上的相互依赖性，个体在经济活动中的主体性地位日趋凸显。

---

① 参见葛志华《为中国"三农"求解：转型中的农村社会》，江苏人民出版社2004年版，第5页。

伴随着日常生活对土地依赖性的降低，人们对农业的重视程度已大不如前。有些家庭甚至已经将土地转租给他人耕种，主要劳动力转而从事收入更高的运输业或服务业。总之，对于曾经极大地依赖农业生产生活的人们而言，土地的决定性意义已经从实际的生活保障转变为一种资源与财产的象征。土地的多寡已经不能完全成为决定一个家庭富裕程度与社会地位的首要标准，取而代之的是那些"有本事"的家庭成员的数量和社会地位。例如，在政府中担任要职的官员，收入稳定的医生、教师，以及那些可以每年给家庭创造几万元收入的货车司机和饭店老板。因此，完全依靠农业生产和土地制度对人们的婚姻和家庭问题做出判断的方式已经不能完全适用。

这些个体发展思潮的兴起对于认识其家庭的各个方面均产生了重要的影响。但新兴的个人利益正在对这种传统的家庭关系与情感模式形成威胁，广泛普及的学校教育也在挑战着当地社会中的代际权利关系结构，父母在家庭中不再拥有完全绝对的权威，子女在婚姻、教育、职业、交友等活动上也已经获得了相当的自主权。年青一代通过接受教育、媒介和广泛的交际所获得的个人能力已经在经济创收等各个方面显现了强大的活力，这种能力同时进一步巩固了他们在家庭中的个体意识。对于那些一直深受"内外"空间区隔限制的妇女而言，这种变化所带来的影响不仅挑战着她们原有的生活状态与情感世界，同时也对其家庭成员之间的关系产生着深远的影响。也就是说，个人的生活体验已经成为研究家庭生活的新重心。

## 二、突破性别制度藩篱的妇女

对于那些曾经被极大地限制于内部空间中的妇女而言，除了学校教育的普及和医疗保健条件的急速改善之外，最有意义的变化可能就是不断扩展的市场及技术传播给她们的生活所带来的改变。在市场经济多元化与经济发展高速化的社会变迁背景中，妇女无疑拥有了更多从事社会生产劳动尤其是获得社会收益的机会。

由于男性平时大部分时间离家外出，农业和种植技术的革新首先使得那些"主内"的妇女从中受益。家庭联产承包责任制实施之后，在农村经济生产活动中成功实现专业化并得到政府认可的专业户成为农村经济发展中的一支重要力量，她们也因此成为那些"先富起来的人"，并对同一地区的其他家庭发挥着重要的引领与示范作用。在迪庆藏族聚居区，以妇女为主的农村专业户在1980年以后迅速增加。据统计，全州以妇女为主的农村专业户、重点户由1984年的4 702户发展到1990年的5 000多户。妇女们还积极参加各种实用技术培训班，仅1990年一年，全州就举办了地膜、营养、定向包谷栽培、食品加工制作等实用技术培训班136期，参加的妇女达5 282人。中甸县中心镇、大中甸乡的妇女破除当地不种蔬菜的习惯，自 1986 年以后，每年 6 月上旬至 10 月底上市的蔬菜每天超过万斤，其中 70% 以上是由妇女为主的蔬菜专业户、重点户提供的。①

经济作物的成功种植增加了家庭的农业收入，蓬勃发展的市场经济也给妇女的"庭院经济"打开了直接的销路。妇女在家庭中由此脱离了"不挣钱"的经济窘境，她们创造经济价值的能力增强了，妇女家庭地位也上升了。年近 50 岁的兄弟共妻家庭主妇次拉姆告诉笔者，她自己也出生于一个兄弟共妻家庭。母亲年轻的时候每天只能操持家务或者下地干活，手中能够自己支配的钱寥寥无几，开支几乎都要等着外出的丈夫回来才能决定，即使拿到了钱也不能随便花销，必须同丈夫商量；一年到头没有一件新衣服，也不能买自己喜欢的东西。现在自己虽然也是在家操持家务和务农，但家里种植的果树和饲养的土鸡每年都能带来几千元的收入，虽然其中大部分还是用于补贴家用，但至少自己有了独立的收入来源，不用再完全依靠外出赚钱的丈夫，平时遇到自己喜欢的东西也可以适当买一些。用她自己的话来说就是"自己有钱么好多了，不然老是（总是）花他们男人的钱么不好整（办）"。她还骄傲地告诉笔者，自己现在也像城里人一样用上了护肤品，甚至在节庆时还能用手头的化妆品简单化个妆，此外还能给儿子和女儿购买一些学习需要的参考书和学习用品。②

改革开放以来，迪庆藏族妇女摒弃世俗观念，积极投身商贸活动。藏族妇女经商早已不是新鲜事，她们主要从事贩卖水果以及经营饭店、服装店等生意。在德钦尼村，36 岁的阿追大姐经营饭店已经接近 10 年了，曾经念过初中的她对做菜颇有心得，流利的汉语和开朗的个性也为她做生意提供了便利条件。她的饭店所在原是丈夫家祖上的一片宅基地，后来建盖为两层的商住楼，一层经营饭店，二层是自用的房间和 3 间客房。然而，为了从事自己喜欢的工作，阿追也曾付出过不小的努力：

> 这里的新房子盖好后，我家爸爸（丈夫的父亲）本来打算租出去给别人开（饭店），因为我家妈妈（丈夫的母亲）不在了，爸爸身体不好，我家老公又在单位上（里）上班，家里没有人。但是我想自己开，我也喜欢炒菜。我就提出来了。我家爸爸考虑了哈（一下）就说给我开试试。我才开了不到 3 个月生意就好得很了。后来就一直是我在开了。刚开的那几个月我天天在想要咋个（怎么）炒菜才会好吃，菜谱都到书店买了好

---

① 参见余志伟、孙桂琴《妇女是发展商品经济的一支重要力量——迪庆藏族妇女在发展商品经济中的地位和作用初探》，见《云南藏学研究论文集》（第二集），云南民族出版社 1997 年版，第 379～386 页。

② 调查时间：2011 年 2 月。

几本来看呢。①

对于经营，她也有自己的心得体会：

> 开店么最主要是要讲诚信，导游来要回扣，我都不给，（我们）藏族人本来（是）好的，（但是）中甸那边的（导游）现在都（开始）变坏了，会要回扣。你像（比如）房间50块（一间），他们会跟客人要150、180元，江鱼80元（一斤），他们会给客人要160元，他喊我跟客人说价钱，我说"我不说，你自己去收"。有一次客人点了3个菜，他（居然）跟人家要了500多块。他（导游）比我赚的还多，反正我是看不下去了。②

兴隆的生意使阿追的饭店每年可以给家里带来近3万元的收入，虽然还是比不上在政府机关工作的丈夫，但她的创收能力已经不容小觑，独立的创收能力使她在家里的开支问题上也有了自己的独立支配空间：

> 我们家开（支）钱这些事情大部分是我说了算。我家老公的工资么一般就是攒起（着）不用，有大事的时候才用，平时就用我饭店这里找（赚）的钱。一般开钱的事情他也不问，他也懒得管这些事情，除非是大项的开支。自己赚钱么我可以说话，那些不找钱的（女性）么就只能是靠着男人，她们么就没得我这点（种）自由了。③

作为一位成功的女性经营者，阿追的想法代表了当地不少妇女的从商体会。根据笔者的统计，尼村当地从事商业活动的女性已经有上百人，除去上述的行业之外，还有不少人在尝试进入一些从前鲜有女性从事的行业，如专业的服饰和手工艺品制作。继承父业从事藏装制作的卓玛即是其中的一位。卓玛的父亲原是来自大理的汉族人。1940年前后，出生于裁缝家庭的他从藏族人那里学会了藏装制作的手艺之后在尼村定居下来，逐渐成为当地有名的藏装手工艺者。藏装制作原是专属男性的工作，但卓玛家只有两个女儿，没有儿子，从小耳濡目染的卓玛也非常喜爱这一行业，并逐渐跟随父亲学习缝纫技术。10多年前父亲去世后，卓玛全面继承了父亲的事业，现在已经成为当地有名的藏装手工艺者。但后继者的问题同样困扰着她，因为两个女儿都已经外出学习，

---

① 访谈时间：2011年8月。
② 访谈时间：2011年8月。
③ 访谈时间：2011年8月。

而且也无心从事这一行当。①

## 三、新兴的社会性别制度与妇女面临的新困惑

伴随着乡村经济社会的巨大变迁，虽然人们的基本生活方式仍然在延续着空间等级制度与性别身体定式，但已经出现了部分的松动与宽容。在藏族村落中，以家内的生活空间为例，原有的以炉灶为中心将男女划分在两边的入座格局在发生着变化，不少人家使用的液化气灶改变了厨房内部的空间格局，部分家庭购置的新式沙发也不再强调男女分开及对立的入座方式。作为私人空间的独立卧室的出现开始尊重夫妻的隐私。在新修建的藏房中，大部分的家庭都将各层内部的房间进行了分割，安装了木质墙体和房门，甚至加设了门锁。卧室成为更加私密的空间，夫妻可以同宿一室，老人和孩子也有自己各自的房间；独立的空间为夫妻间的交流提供了私人的空间，也为他们创造了更多单独相处的机会。一位老年主妇说：

> 以前我们年轻的时候哪点像现在，两口子一天到晚讲不上几句话，外人面前和家里老人面前都不好意思讲。现在么好多了，有些话可以在（房间）里面讲，也不消（用）憋起（着）了。②

在看待两性身体的问题上，社会也开始逐步考虑到女性的利益并给予适当的包容。笔者在一次调查完毕返回住所的时候，正好碰到邻居家的大姐在晾晒已经洗好的全家人的衣服。她边晾衣服边说："现在么好了，我们（妇女）的这些裤子啊、衣服啊（主要指内衣裤）还可以拿到太阳底下晒晒，以前么肯定是不可以的。太阳晒过会好点，穿起来也舒服点。"虽然丈夫允许她这样晾晒衣服，但也不是绝对的无拘无束，晾晒内衣等女性衣物还是要考虑老年人和客人的感受，必要的时候也要有所避讳。曾经对笔者描述过男性对女性物品极度厌恶场景的只玛大姐也说：

> 现在么（女性的）内裤这些（内衣物品）还可以拿到太阳底下晒晒，以前都是要藏起（来）的。妇科这些有问题么也可以去医院看看，以前的人大部分都是忍起（着），时间长了么越来越重，现在么比以前好多了。③

---

① 调查时间：2010 年 7 月。
② 访谈时间：2011 年 2 月。
③ 访谈时间：2011 年 1 月。

这些新生活方式和空间观念的变化极大地挑战着原有的社会性别制度。首先，家庭内的日常生活空间越来越趋向于按照使用功能而并非像过去那样完全依照性别进行区隔，对隐秘关系的尊重在一定程度上也推动了夫妻之间的交流与融合，有利于婚姻关系的持久和稳定；其次，对女性身体禁忌和污秽观念的松动则体现了人们日渐开放和包容的思想观念，同时也促进了妇女地位的上升；最后，以前极度森严的宗教空间也开始逐步向妇女开放，尽管她们仍然不能获得与男性平等的宗教地位。

中国农村的经济制度变革究竟给男女两性带来了怎样的变化？妇女能否从中受益？对此，乐观者认为："中国农村的父权制关系并没有消亡，但已经被削弱了，很可能将继续被削弱。"① 但与此同时，不少西方学者也曾得出过较为悲观的结论：性别等级将在家庭生产中得以再生产，妇女的个人经济贡献将成为在家庭中看不见的部分。在家庭生产责任制下，家户和家长地位的加强将会威胁中国妇女的发展，家庭即是迫使妇女处于从属地位的地方②，甚至认为以家庭为基础的生产责任制的确立意味着女性将被限制于男权控制下的独立劳作中③，因此威胁到妇女的发展。韩敏在安徽农村的调查结果是乐观的，她得出了家庭生产责任制的实施对农村妇女是有利的结论。其理由是，一方面，妇女在副业和棉花生产中的重要性提高了，并且由于农业机械化的普及，她们能从事更多的农业劳动而在过去只有男性才能从事农业劳动；另一方面，以妇女为节点的姻亲关系在获得贷款和劳动力方面重要性的提高，促使了妇女在农业和财务决策方面的能力都有所提高。④

在实行联产承包责任制之后的藏族村落尼村，尽管新兴的运输业将女性排除在外，但蓬勃发展的饮食服务业和葡萄种植业离不开妇女的贡献。在当地村民经营的几十家餐馆和饭店中，妇女是最主要的劳动力提供者，除去部分收获环节，葡萄的种植也几乎全部由女性主持。在通常情况下，一个家庭不可能同时经营运输业与饮食服务业，因为这两个行业都需要较大的资本投入和较多的劳动力，但葡萄的种植十分普遍。因此，在那些主要以葡萄种植和饮食服务业为主要收入的家庭中，妇女对经济的贡献得到了突出的体现。一位经营饭店的

---

① （加）宝森：《中国妇女与农村发展——云南禄村六十年的变迁》，胡玉坤译，江苏人民出版社2005年版，第21～22页。
② 参见韩敏《回应革命与改革：皖北李村的社会变迁与延续》，陆益龙、徐新玉译，江苏人民出版社2007年版，第267页。
③ 参见 Marlyn Dalsimer and Laurie Nisonoff. "The Implications of the New Agricultural and One-Child Family Policies for Rural Chinese Women". *Feminist Studies*, 1987, 13（3）: 583 - 607.
④ 参见韩敏《回应革命与改革：皖北李村的社会变迁与延续》，陆益龙、徐新玉译，江苏人民出版社2007年版，第267页。

妇女说：

> 以前他们男人老是（总是）说我们女人不挣钱，只是在家干些家务，现在我也挣钱了。我的饭店一年要赚 2 万多元，还有葡萄（的收入）也有好几千元，这哈（现在）他们哪还敢说我们不挣钱呢？①

妇女劳动价值的提升虽然没有改变婚姻支付中传统的"甲路卡达"方式，但男性在家庭中为女性的投资已经开始大大增加，不少妇女得到了丈夫购买的手机、照相机、高档服饰等物品，甚至还能得到丈夫额外的消费资助，如休闲娱乐和旅游。不过，对于那些家庭条件较差的妇女而言，她们的状况并不乐观。由于无力投资上述新兴的生计途径，传统的农业和牧业仍然是其家庭主要的生计来源，家里的收成一般只够自用，能够转换为货币的极其有限，家庭的生活仍然仅能以确保温饱为前提，然后才能考虑其他。

藏族谚语"小孩的脚磨起茧子（放牧），女人的手磨起茧子（做活），男人的屁股磨起茧子（坐着喝茶）"生动描绘了传统社会中两性区隔的分工模式。藏族社会的空间观以生计方式为基础，并受到宗教信仰的强烈影响。随着社会的发展与变迁，内外空间之间的界线正在模糊和缩小，女性向外部空间的拓展不仅受到了原有传统观念的限制，同时也影响了她们原有的性别角色与责任，两性共同参与的中间地带正在形成和发展。在原来"男尊女卑、重男轻女"的传统汉族社会中已经发展出"男女平等，女性和男性享有同等发展机会和权利"的现代性别规范。② 在性别分工制度模式化的藏族社会中，性别角色也在发生着革命性的转换：社会生产的高度社会化和家务劳动的日益社会化进一步打破了"男主外、女主内"的传统性别分工模式，大批妇女参加了社会劳动。尽管以男性为主的汽车运输业在家庭的收入来源中充当着首屈一指的重要角色，但紧随其后的饮食服务业也是在女性劳动力极强的支撑下得以运转的。

商业活动的繁荣激发了人们对家庭发展目的现实化与功利化的一贯追求，在人力资源匮乏的情况下，允许女性进入原先被禁止的领域并不意味着男性从根本上转变了对传统性别分工模式和对女性身体的认识。传统的观念仍然存在，只是暂时隐退于为了追求共同利益而忙碌的家庭生计中。这正如当地一位男性商人所言：

> 现在么是发展经济需要，加上社会也开放了，不然么女人咋个（怎

---

① 访谈时间：2010 年 8 月。
② 参见沙吉才《中国妇女地位研究》，中国人口出版社 1998 年版，第 37 页。

么）能干这些？又不是男人些（们）都死绝了。①

尽管如此，通过从事与市场接轨的经济活动，妇女不仅得以将劳动价值转变为货币形式，同时还打破了传统的内外区隔的分工模式，获得了与男性共同劳动的机会与空间。原先各自单独负责的劳动领域中出现了更多需要共同合作的空间。例如，那些从不进入厨房和打理家务的男性，现在也不得不在自家经营的饭店中忙碌着招呼客人、洗碗洗菜，甚至打扫卫生；而在那些经营商店的家庭中，当妻子因故外出时，丈夫也有可能要触碰那些对他来说"污秽不堪"的妇女用品，因为它们此时已经成为带有经济利益的商品。

商业活动拓展了妇女的活动空间，增强了她们创造经济价值的能力，同时也提高了她们的家庭地位和社会地位。笔者在调查中发现，经商的藏族女性在处理与亲戚朋友和邻居之间的关系中非常活跃。与此同时，广泛的商业活动也冲击着原有的"男主外、女主内"的分工模式，并对涉入其中的妇女的婚姻和家庭产生了一定的负面影响，有的家庭甚至也因此解体。

> 已经离婚10多年的格桑和次里原是同村人，婚后育有一男一女。儿子4岁的时候，次里在村里开了一家小卖部，做起了生意。一开始，次里的生意不算忙，家里的家务也还能兼顾，一家人多了一条收入的途径，生活水平也因此提高。随着生意的扩大，次里照顾家庭的时间越来越少，婆媳关系急剧恶化，最后不得不以离婚而收场。②

除了离婚，当地还有不少人认为那些从事商业活动的妇女为了扩展生意，卷入了与其他男性的不恰当关系中，这些绯闻到处传播，对其家人产生了不利的影响。一位老年妇女说：

> 这些做生意的（女性）一天到晚在外面，接触的人复杂，跟什么人都打交道，嘻嘻哈哈的，看着是不像样子。有些人还不是跟外面的男人晓不得（不知道）搞些什么，人家（村里人）说得难听得很。③

看来，这些进入外部空间的女性因为违背了原有的社会性别规范而受到舆论的质疑和批判，而那些踏入政坛的女性则更加成为传统观念的焦点。正如笔者所访问过的一位曾经担任过村委会副主任的藏族女性的经历所反映的那样，作为当地任职时间最长的一位女干部，她的经历体现了从政女性在当地社会中

---

① 访谈时间：2011年2月。
② 访谈时间：2010年8月。
③ 访谈时间：2011年2月。

所具有的地位，同时也体现了其中的无奈与辛酸。对此，她曾坦言道：

> 我在村子里面工作 10 多年了，一直都是勤勤恳恳的，大家也都承认。为了工作我放弃了多少（事情），在我前面的只玛大姐还不是一样。不过我们女人搞这些（从政）是比不得（上）男人的，你看每次提干都不会有我们。我天天在外面跑，家里的人还不是意见大。现在的这些（女干部）么好多了，家里也会体谅得多些。①

正如上文中所列举的个案那样，虽然已经有一些当地妇女冲破性别空间区隔的藩篱进入了原本不属于她们的领域，施展身手，并在商业活动和政治领域中获得了相应的权利与地位，但毕竟人数很少，并且大部分仍在其中处于从属地位。由于乡村工业在当地尚未得到真正意义上的发展，因此妇女无法获得大规模从事公共劳动的机会，在这些踏入外部空间的妇女中也少有离开当地到外地打工或赚钱的案例。

与那些受到争议但仍然留在当地的藏族妇女相比，在曾经极度封闭的怒江地区，妇女也开始尝试进入商业领域。据统计，怒江州怒族妇女开办的百货经销店已达 78 家。承办食品加工厂、种植养殖基地、旅店服务业等的怒族女性专业户正在崛起。有的怒族女性已经将经商范围扩展到了缅甸。② 然而，与此同时，与外界日益密切的交往则产生了一个更为严重的社会问题——妇女外流。

在怒族聚居的贡山县捧当乡，近几年外流的妇女已经超过 100 人，她们的年龄在 14～22 岁，没有一个完成初中学业，大多数人都是小学毕业或是文盲。由于当地社会仍然为男子所控制，妇女在家庭里没有财产继承权和话语权，社会地位低微，家庭在教育投资倾向上存在明显的重男轻女现象，女性接受教育的机会明显少于男性，加上早婚和包办婚姻的盛行，不少妇女在成年之后选择了离家出走的抗争方式。③ 据统计，在 1990—2000 年的 10 年间，去往山东、浙江、江苏、江西、安徽、广东、福建、河南、河北、湖南以及东北三省的怒族女性从 52 人增加到了 327 人。④ 怒族妇女的大量外流不仅对当地的通婚圈、婚配比例、性别结构等产生了不小的影响，而且冲击着原有的社会性别制度。因此，妇女的大量外流，尤其是在婚姻方面向远距离、异域异族通婚

---

① 访谈时间：2011 年 1 月。
② 参见蔡维琰《社会文化变迁中怒族女性的人格主体》，载《思想战线》2000 年第 4 期。
③ 参见李勤《少数民族妇女外流对当地社会的影响——以云南贡山县为例》，载《云南民族大学学报》（哲学社会科学版）2005 年第 4 期。
④ 参见杨筑慧《西南少数民族妇女外流与传统社会文化》，载《中央民族大学学报》（哲学社会科学版）2006 年第 2 期。

的流动，在体现她们的能动性之时，必然也会使流出地的社会文化特别是婚姻习俗方面发生一定程度的变迁，而婚姻家庭的变迁则又会引发社会结构的变动。①

上面所讨论的 4 个民族的妇女在当地社会中所获得的彰显自我的发展机会无疑是社会变革、经济发展与教育普及等因素共同作用的结果。广泛接受的初等教育为她们提供了进入社会公共空间所必备的个人素养与文化知识，相对宽松和开放的社会环境则为她们踏入这些原先将女性拒之门外的领域营造了有益的氛围，得以彰显的个人才干和经济独立性增强了妇女的自我意识和自主性。可以说，这些现象都在展现了当地妇女群体新的发展趋势，也体现了当地社会性别制度的动态变化。

从中国农村社会的整体上看，伴随着农村基本生计模式的非农化所导致的劳动分工方式的变迁，夫妻之间也从以男性制约为主向夫妻协商甚至是男方让渡权利的方向发展；同时，男女合力的劳动趋势促进了当地由姻亲网和血亲网共同建构的关系网络在日常生活中所发挥的作用。然而，在非农化程度较高的社会中，从中获利更多的是男性而非女性，农村妇女家庭地位的提高更多的是以家庭内总体利益的削减和上代（包括女性上代）地位的下移为实现途径的，并且男性在其中获利更多。就男性总体而言，他们为女性家庭地位的提高而付出的代价是较小的。② 尽管有部分女性作为家庭发展多种生计方式所缺劳动的补充进入了市场，但她们的活动空间却集中于家庭周围的本地社区，其经济活动仍然在很大程度上受制于作为家长的男性。同时，在男女两性的交际网络中，男性的交往对象已经更多地向超越血缘和地缘的友缘和业缘关系方向拓展，而女性的交往对象仍然被较强地限制于血缘和地缘网络之中。

## 小　结

本章用动态的视角检视和分析了社会变迁对藏族传统婚姻制度的影响与冲击，探讨了身处其中的男女两性个体在社会变迁背景下的反应及能动状态。三江并流峡谷纷繁复杂的社会进程史及其卷入中央政权和全球化的进程表明，随

---

① 参见杨筑慧《妇女外流与西南民族婚姻习俗的变迁》，载《云南民族大学学报》（哲学社会科学版）2009 年第 6 期。
② 参见王金玲《非农化与农村妇女家庭地位变迁的性别考察——以浙江省为例》，载《浙江社会科学》1997 年第 2 期。

着现代化进程的推进，在相同的社会形态和大体相似的生产方式下，各族群间的交往日益密切，相互之间的影响与融合不可避免。在民族间自然同化的过程中，各民族原有的社会文化结构都可能因文化互渗产生变异与趋同。农村经济社会的急剧变革对三江并流峡谷社会的传统性别制度形成了巨大的威胁与有力挑战：一是以国家权力为代表的外在力量的干扰，二是由社会变革和商品经济的迅速发展所引发的个人权益的增强和家族利益的衰微，三是由日渐开放的社会环境和发达的传媒所导致的文化碰撞以及对原有社会性别制度的冲击。在这三大外力的共同作用下，传统的社会性别制度正在发生着两种相互矛盾的变化：一方面是固化的传统内外区隔的性别分工模式限制了妇女从事新兴生计方式的机遇，加剧了农业女性化的社会现象，使女性在家庭的收入贡献中处于不利的地位；另一方面是快速发展的农村经济对劳动力的需求促使部分妇女冲破原有制度的藩篱，从而开拓属于自己的价值空间。

# 结论 妇女何在？性别权利与政治问题的遮蔽和再现

研究社会性别权利与政治的学者们经常面临着这样一种困境，即如何恰当地处理两性生活的地域模式与整体态势之间的区别与联系。中国地域辽阔，各民族生活环境类型多样，存在着显著的地区差异。在本书所关注的三江并流峡谷，这种多样性表现得更加丰富和显著。然而就整体而言，作为一个整体的三江并流峡谷不可否认地呈现了某些共性。例如，高山峡谷的自然环境，垂直分布的气候特征，脆弱的生态基础与恶劣的生产条件，地广人稀的人口分布，长期并存延续的母系与父系继嗣制度，多种类型的婚姻形态，历史上不同程度地向统治者租赁田地并义务缴纳赋税和提供劳役的土地制度，民众对藏传佛教的笃信和曾经广泛存在的政教合一统治制度，以及本书特别关注的以多元化的婚姻形态为主要外在表现形式的社会性别与政治问题，等等。这些共性无疑为诠释生活在这片区域的4个主要民族的社会性别权利与政治的整体态势提供了必要的前提，尤其是当我们将研究视野聚焦于某一特定的时空范围，以抽丝剥茧的方式细致分析某一族群社会生活的真实情景时。

本书所关注的三江并流峡谷是青藏高原东南方向的延伸地带，同时也是世界上生物多样性与文化多样性分布最为集中的区域之一。从生态环境与分布于此的4个主要民族的生计方式上看，三江并流峡谷正好兼有广泛分布于我国地域中的高山峡谷、草原牧场和河谷农田等地理地貌以及频繁往来的族群交流和族际贸易等特征，并且位处多种文化的交界地带。因此，在这里开展性别权利与政治问题研究的优势是双重的：首先，三江并流峡谷的生态环境多样性和文化特征具有较强的典型性与代表性；其次，与汉族大量分布的中原地区相比，生活在文化边缘地带的不同民族为了维系传统生产生活方式与文化必须形成更加强大的族群与村落凝聚力，这种凝聚力的存在使他们成为研究者眼中较为显著的观察对象。

本书的研究聚焦于三江并流峡谷社会中不同类型的家庭，通过对构建当地社会性别制度基础的亲属制度、土地制度、家庭关系、劳动分工、权利空间、身体意识及文化传承机制等因素的剖析，解构当地的社会性别权利结构和妇女在其中所扮演的角色及其所处的地位。本书所采取的基本分析框架与思维方式吸纳了广泛凸显于当地社会本土文化中的二元对立（dichotomous）观念，如"男与女"、"阴与阳"、"内与外"、"轻与重"、"污与洁"等，以此作为对当地社会性别权利与政治问题的基本分析范畴，但这种二元对立观其实只是存在于当地人思想意识中的一种理想状态。因此，本书的这种运用并不意味着实际状况中事实双方的绝对分野与对立；相反，借助这种大致的分类观，我们不仅可以从中看出当地人对待社会性别所特有的基本意识与态度，更可以从中发现存在于二元对立观念之间的中间地带以及两者之间密不可分的契合关系。

## 第一节　能动、系统与象征：对社会性别权利与政治问题的再认识

本书关注不同社会结构下多种婚姻形态中妇女群体，对认识人类社会中的性别权利问题提供了一种新颖且有效的视角：一妻多夫型多偶制的存在与延续首先驳斥了对妇女在人类社会的跨文化视野中普遍处于屈从地位的机械化认识，并将存在于一夫一妻制家庭中的单一线性化权利关系拓展到多偶制家庭中的多元环状关系网之中，就后者而言，不均衡的配偶数量突破了单一的性别模式，存在的多个权利中心展现了更为丰富和多样化的社会性别权利关系与结构形态。

作为一种带有明显批判性质的反思性理论，社会性别理论在妇女研究领域的引入拓展了以往单一指向生理性别的思考空间，丰富了对男女两性社会属性的认识，同时也对研究者提出了更高的实践性要求。在这一宗旨的指引下，本书受帕森斯"社会行动观"及"社会系统论"理论的启示，搭建了一个用于解析研究对象的行动体系框架，通过对共同构成社会行动系统的文化系统、社会系统、人格系统和行为有机体系统4个子系统的解构及对各子系统之间所存在的层级递进和递减的能量提供与调节控制功能的解析，拓展了以往研究中对性别权利问题的婚姻形式局限性，用全新的民族志资料分析了妇女在不同婚姻制度中所扮演的角色及其地位。

首先，在本书各章所展现和描绘的不同婚姻形态家庭的生活中，妇女作为社会行动主体一直在积极建构和实践着相应的社会性别角色，她们竭尽所能地贡献自己的智能，并在其中积极争取应得的地位与权利。这些妇女为本书的研究和撰写提供了充实且丰富的素材，但同时也在其行动的实践过程中显露出这种能动的局限性。正如书中所讨论的那样，性别区隔的空间观念极大地限制了

女性的思考与实践范畴，当男性和女性同时在场或者谈论一些超出妇女所属社会空间的问题时，这种能动性即表现出明显的弱化趋势。这种情形的存在再次表明了个人与社会之间无法切断的密切联系。因此，虽然藏族兄弟共妻家庭中的主妇在其家庭中扮演着重要角色，甚至享有一夫一妻和一夫多妻家庭的主妇所无法比拟的地位与权威，但她们仍然生活在一个彰显父系权威的社会中，家庭的特殊性不可能完全替代其所处社会的共同性。也就是说，妇女的能动性仍然极大地被局限在社会赋予她们的空间与领域中，其他被牢固置身于父系权威制度之下的妇女群体更是如此。

其次，社会性别权利与政治问题的系统性在不同社会结构与类型的家庭中得到了集中体现。从中不难看出，妇女地位的屈从并不像不少女权主义者所认为的那样仅仅取决于其所处的经济状况，而且涉及身体所扮演的实际角色及其在实践和行动中所具有的地位和权利。本书的研究在这一方面提供了一个整体性的思考维度，证明了不同社会中的婚姻形态是一种系统性的综合产物，它的产生、存在与延续符合了当地社会的经济、文化以及精神的发展需求。通过系统分析，证明了婚姻形态在当地社会与文化体系中存在的合理性，也发掘了以多偶制为代表的多元婚姻形态不断延续与存在的部分动因。

最后，不容忽视的是存在于不同民族社会中强大有力的宗教信仰与社会性别象征为多元婚姻的存在和延续提供了源源不断的文化支撑。例如，藏族社会中广泛且虔诚的藏传佛教信仰贯串着每个人生命的始终，并通过"男女有别"和"女性污秽"等观念渗透到认识两性的基本观念中。那些身处失衡的社会性别关系中的妻子或丈夫不得不将自己的身体转化为协调家庭内部关系的有效媒介，同时也在积极运用宗教信仰所倡导的宽容与忍让的心理机制维系着他们理想化的婚姻生活；而那些与同性之间存在竞争性关系的配偶则在道德与信仰的双重规训下以"友爱谦让"的心理模式努力调试着家庭内部矛盾的性别关系。而在已经确立绝对父系权威的怒族和独龙族社会中，女性不仅必须屈从于传统的男权制度，甚至还在信仰与社会变迁过程中沦为弱势群体。

# 第二节　社会性别权利与妇女地位研究：从静态量化分析转向动态现实生活

如何深入地理解与评价某一社会中的社会性别制度与妇女地位，是积极探寻一种（甚至是一套）能够"放之四海而皆准"的量化分析标准，还是转入对研究对象细致入微的日常生活的探查？本书的研究在后一种趋向上做出了积极的尝试。对于社会性别权利与政治问题而言，三江并流峡谷多种独特性并存的显著特征要求笔者必须跳出以往的研究范式，以寻求更加合理且细致的解释途径。

对历史的回顾是必须且必要的，让我们重新返回本书开始之初所指出的以往对性别权利与政治问题的两种不同倾向上，要么偏重男性，要么仅从妇女的角度分析问题，进而较为轻易地得出男性已经确立的绝对霸权和妇女普遍处于屈从地位的认识。笔者认为，这两种判断的存在，实为对妇女普遍屈从地位观的跨文化延伸，以及对以藏族多偶制为代表的罕见婚姻形态缺乏足够的现实调查并过多凭借想象的双重结果。同时，这两种极端性认识也生动地反映了以多数族群或主流文化观念评价少数族群妇女地位的不恰当的评价标准。假如可以暂时撇开这两种极端的论断，我们可以清晰地看到：生活在一妻多夫制家庭中的藏族主妇确实拥有相对特殊的地位与权威，如对家内事务的实际掌控及其在以性生活为中心的家内关系中能够有效协调诸夫秩序的权威；纳西族社会中仍然延续的母系权威一直在提醒世人妇女所享有的权利与地位；而在早已确立父权制的独龙族社会中，主妇也仍然能够享有分食制和管仓制的权利。这种相对特殊的权利和权威仿佛将她们置身于家庭的中心位置，妇女俨然成为家庭运转的核心和性别政治较量中的优势方，并似乎因此成为父系社会中拥有"较高"地位的女性。

然而，这些妇女并不是一个独立的群体，她们也与其他妇女一样深受当地社会与文化因素的影响。因此，当我们把目光从其生活的"小家庭"放大到其所处的"大社会"中时，一种显然与"较高"地位不相符合的"较低"事实却清楚地呈现在眼前：虽然在家庭中位居"中心"的位置，但她们仍然必须遵守当地文化对社会性别角色与权利的基本定义与规范，包括对性别活动空间范围的划定以及根深蒂固的性别污秽观念等。其结果是，这些妇女不可能因为其所涉入的相对特殊的婚姻形态而突破当地社会性别政治的藩篱，从社会性别权利与文化的边缘来到中心。

这种将集中焦点与对比分析相结合的分析方法体现了上文对社会性别理念操作性的把握，即在详尽描述研究对象真实生活的同时还需对研究群体自我社会性别的认同与评价进行审视。因此，对为数稀少的特殊婚姻形态和不同社会中性别权利与政治问题的理解必须拨开那些过多吸引人们好奇心态的"特殊"表象——如不均衡的配偶数量，以及在绝大多数深受父权制观念影响的世人看来罕见的一妻多夫制婚俗，而应该从滋养其外在形貌与内在结构的社会文化土壤中寻找对其进行理解与判断的恰当方式。例如，在藏族社会的家庭组建方式、亲属称谓与继承制度上，女性与男性似乎拥有同样平等的权利与义务，他们似乎同样深受父母意愿的压力，同样是当地双系继嗣制度的受益者，同样拥有继承家产的权利及成为当家人的可能。这些种种外在表现似乎向我们展示了一个与传统的父权制社会截然相反的男女平权社会。假如从这种表象出发，循着男女平权的路径，我们可以很自然地想象多偶制家庭中人数单一的配偶一方会由于其身上具有的"稀缺性"而获得相对较多的权利与较高的地位。然而，事实上，社会对妇女婚姻与生育所造成的压力远远大于对男性所造成的压力，严格的社会性别分工与空间区隔观念对妇女的生存与发展形成了强烈的限制，男女有别的身体与意识观念更成为当地社会在神圣与世俗两重世界中对妇女进行排斥与规训的基本准则。假如将这些社会与文化规则内涵考虑在内，我们又不得不对某些将藏族社会认识为"男女平权社会"的判断产生疑问。

面对这样一个纷繁复杂的社会与文化体系，假如仅从亲属称谓、财产继承、家内事务的管理与决策等方面判断妇女地位的模式化视角对不同婚姻形态中的妇女进行评价，我们无疑会很容易陷入上述种种表象所编织的"迷局"之中。正如民国时期曾经游历藏族聚居区的刘曼卿女士所说："西藏女子地位甚奇特，不得谓其绝高，以社会尚认渠为下生，而褫其参政权。更不得谓其绝低，以其经济能独立，而行动又非常自由。"① 因此，笔者认为不能单一性地使用"高"与"低"或"大"与"小"的标准对研究对象——女性的地位与权利进行判断，并且妇女的角色与地位也不是一个可以笼统划一进行评估的整体概念。与汉族妇女一样，少数族群妇女的内部同样存在着巨大的群体性差异。例如，在笔者访问过的牧区、农区以及农牧商混合地区，藏族妇女群体在角色、地位和权利上都表现出不可忽视的差异性，并且处于一种动态的变化之中。因此，很难用一种整齐划一的概念对之进行评判，更毋宁说仅仅使用"高"和"低"这样一对简单绝对化的静态评价概念了。

本书的研究在很大程度上验证了奎恩（Quinn）的判断，即理解妇女的权利与地位问题需要将之放置到具体的生活场景之中，从真实的生活状态出发，在实际场域中对其角色、地位和权利做出理解和解释。并且，本书的尝试拓宽了以往对少数族群妇女角色与地位的评价标准，注意到了很多在过去的研究中被忽视的领域，例如藏族妇女对家庭与社会的贡献不仅仅表现在她们对物质资料和人口生产活动的积极参与，还表现在部分妇女被迫退出人口生产领域的活动上，依靠这些没有配偶或仅有不稳定配偶的妇女的牺牲，社会的人口增长与青藏高原脆弱的生态环境之间找到了平衡；同时，在研究方法上进行反思和新的尝试，将妇女的贡献和牺牲与其地位相联系，将显性的外在表现和隐性的内在表现与地位相联系，力求全面且客观地对研究对象进行评价，并依照社会性别理论的发展要求向可测量和可操作的方向迈进，从抽象的空谈转向具体的可

---

① 刘曼卿：《国民政府女密使赴藏纪实——原名〈康藏轺征〉》，民族出版社1998年版，第110页。

实践、可验证的方向。

可见，尽管以藏族一妻多夫家庭的主妇为代表的少数妇女群体在家庭中占据了举足轻重的地位，但她们并未因其家庭形态的特殊性而完全改变自己在当地社会中所处的"边缘"性位置，三江并流峡谷的广大地域仍然是一个凸显父系权威的社会，男性是社会政治中绝对的优势群体；虽然从现代化进程中受益的女性正在逐步改变自己的"边缘"位置，但她们仍然游离在社会与家庭权利的"中心"与"边缘"之间。

## 第三节　异动中的社会性别角色与地位

本书全面展示了生活在三江并流峡谷的藏族、纳西族、怒族和独龙族妇女所扮演的角色及其所处的地位与权利，就整体而言，这些身处各家各户中的妇女同时充当着妻子、女儿、儿媳、母亲甚至是祖母的角色，她们作为夫妻间性活动的参与者、家庭中的食物制作者、家务和农业劳动的主要承担者、后代的生养者、家庭运转的主要执行者以及家内关系重要的联系与协调者，在家庭和当地社会的运行和发展中发挥着重要的作用；但与此同时，作为通过濡化与教化方式不断社会化的个人，她们也是当地社会制度与文化模式的产物，在当地社会中具有权威和较高地位的政治与宗教领域都在极力地排斥着她们。

史料展现了各个时期男女两性在权利与政治事务中的不同表现与地位，并为本书的研究提供了重要的时空框架。回顾历史，我们发现，国家的形成体现了性别等级的形成①，土地制度的每一次调整都必然会引起婚姻观念与形态的变化，这种由社会的基本结构所决定的核心准则在多偶制家庭中得到了最为集中的体现。然而，这种从古至今延续不断的社会机制在发挥其显著的有效功能的同时，也伴随着社会结构、经济基础和文化模式的变迁不可避免地卷入全球化的浪潮之中。

聚焦性别权利领域，不同民族传统的社会性别制度深深根植于其长期形成的亲属制度、土地制度、家庭关系、劳动分工、权利空间、身体意识及文化传承机制等因素中，尽管制度森严，但男女两性从未在生活实践中停止过对这种制度的试探与挑战。为了突破"内外有别"的空间区隔，妇女们通过各种方式不断拓展属于自我的公共空间，并在其中建立起延伸到家庭范围之外的人际

---

① 参见（美）托马斯·帕特森《马克思的幽灵——和考古学家会话》，何国强译，社会科学文献出版社2011年版，第195页。

关系网络。但事实证明，这些做法对于妇女自我意识的激发作用极其有限，真正对当地社会性别制度产生冲击的力量主要来自于经济结构的多样化发展，尤其是妇女大量参与市场经济的行为、制度化学校教育的普及以及外界传媒的不断渗透。这些力量共同为妇女的个人选择赋予了权利，并且正在逐步改变着妇女所扮演的传统社会性别角色，同时也促进着她们在家庭和社会中地位的提升。

首先，社会生产的高度社会化和家务劳动的日益社会化进一步打破了男主外、女主内的传统社会性别分工角色模式，不少妇女直接进入社会劳动和经济分配领域中；其次，制度化的学校教育已经卓有成效地对社会性别规范的重塑和原有固化模式的消解发挥着作用，以国家意志为转移的制度化学校教育通过其规范化的内容、形式、手段与成效在一定程度上打破了当地传统文化对男女两性的内外空间区隔与培养期待，传统的家庭观与婚姻观亦因此受到强烈的冲击；最后，经由发达的传媒不断扩散的现代都市的生活方式也在悄然改变着人们的传统生活观念。

尽管前文叙述的消极现实令人对妇女群体的权利与地位感到沮丧，但正如本书第六章所展示的那样，在经济高速发展的全球化社会中，不同民族传统社会中的男女两性群体也在随之产生着相应的调试与变动。我们看到，男女两性都正在尝试涉入对方的传统领域与空间，社会文化也在试图重新定位两性在其中所处的位置及其所占据的地位与彰显的权利。

三江并流峡谷的妇女们正向我们演示了这种多元化的角色转型。伴随着社会的变迁，特别是藏族聚居区民主改革之后，妇女们正在逐渐参与到政治、经济、文化、社会活动中。通过接受教育，她们当中的不少人成为政府工作人员、医生、教师或是成功的商人和著名的艺术家。社会经济的迅速发展为更多的男性提供了离家外出的工作机会，妇女控制家庭经济与社会活动的时间大大增加，包产到户和对外开放政策的实施又为妇女提供了更多融入社会的机遇，市场经济体制的运行使她们得以从事传统家庭劳作以外的经济活动，无论是从事经济作物种植、手工业、商业还是从事新兴的旅游业、服务业。在各种宣传画册、传媒影像中，她们自信、漂亮的形象也随处可见，她们似乎从这些新角色中获取了更多的收入、增添了自信、提升了地位，但与此同时，她们也在遭受着全球性的文化与政治渗透。总之，妇女扮演的角色更加多样化，但积极与消极的作用并存。

那么，这些变化是否说明妇女将更多地脱离她们在当地社会中身处的"边缘"位置，由此向家庭与社会中的"中心"位置靠拢呢？尤其是那些能够协调甚至是统领多个丈夫的多偶制家庭的女性。目前的情形已经表明了这种趋向的可能。就在传统的边疆社会经历急速的改革与变迁的同时，妇女的角色与地位确实随之发生着不小的变化，这一系列的变化既来自当地社会自身内部，同时还受到另外一股强有力的外部力量的影响——作为国家政策的妇女工作。少数民族妇女的地位问题早已成为国家所关注的对象，数量丰富的各种调查报告和研究文献，以及业已出台的各种政策，无疑都在显示着国家对这一领域所投注的目光与期待。

## 第四节 迈向发展之路的妇女群体

　　随着研究的深入，笔者发现社会性别研究对政治人类学领域的重要价值，它促使研究者对当今民族志和社会性别研究前沿进行更为有益的探索，将研究对象放置于不断发展变迁的全球化背景中，以做出更具说服力的解释。正如前文所述，随着地方不可避免地被卷入全球化的世界经济体系，强势主流话语权威在世界上的任一角落得以确立；以传统社会生产关系中的分工模式、文化建构与席卷而来的全球政治经济体系为主导力量的相互作用，共同造就了三江并流地区的性别权利与政治格局。

　　性别权利与地位变动的原因不是单一的，任何一方衰落或崛起的原因也不是单一的。正如本书所展示的那样，地域与族群间的差别深刻地表明了性别的权利与政治问题所呈现的复杂性与多样性。目前妇女群体所处的状况正显示出这一趋向，但从群体自身寻找问题的思路无可厚非。尽管部分妇女已经冲破性别制度的藩篱，开拓了属于自己的社会空间，但她们并不能代表整个妇女群体。事实上，由于较少参与社会活动，目前少数民族妇女在政治上获得的实际参政议政机会仍然不多，她们在社会和家庭事务中所发挥的决定性作用仍然极其有限，能够参与社会经济活动的妇女群体也集中表现出缺乏技能与资金等问题，这些究其根本还在于妇女未能获得充分的教育机会。地区的落后首先表现为妇女的落后，地区的贫困也无疑集中体现为妇女的贫困。这些大量被限制于农业生产劳作、繁重家务和养育后代责任中的妇女所承担的社会与家庭责任早已远远超过男性，然而她们获得的却是与其贡献极不相称的权利与地位。

　　妇女群体脆弱的首要原因无疑是对生产资料缺乏控制的结果，同时还在很大程度上受制于其所处的社会文化。妇女要发展，不仅需要以国家法制和政策为代表的外在力量的支持，还需要开展相应深入的问题研究与探讨，寻找其适合自身的发展之路。因此，尽管国家对妇女地位的关注为农村妇女地位的提升营造了积极的政治环境，但改变命运的关键仍然取决于妇女自身，发挥主观能动性和个体实践是妇女改变不利于自己生存与发展状况的核心。

# 参考文献

一、著作

（一）中文著作

[1] （汉）司马迁. 史记［M］. 北京：中华书局，1975.

[2] （唐）樊绰. 蛮书［G］//方国瑜. 云南史料丛刊：第二卷. 昆明：云南大学出版社，1998.

[3] 赵吕甫. 云南志校释［M］. 北京：中国社会科学出版社，1985.

[4] （明）钱古训. 百夷传［G］//方国瑜. 云南史料丛刊：第二卷. 昆明：云南大学出版社，1998.

[5] （明）刘文征. 滇志［M］. 昆明：云南教育出版社，1991.

[6] （清）余庆远. 维西见闻录［G］//于希贤，沙露茵，选注. 云南古代游记选. 昆明：云南人民出版社，1988.

[7] （清·道光）云南通志稿［M］. 刻本. 云南省图书馆藏.

[8] 王文韶. 续云南通志稿［M］. 台湾：文海出版社，1966.

[9] （清·光绪）丽江府志稿［M］. 稿本. 云南省图书馆藏.

[10] 云南提督郝玉麟奏折（雍正三年十二月初二日）［G］//张书才. 雍正朝汉文朱批奏折汇编：6. 南京：江苏古籍出版社，1986.

[11] （清）范承勋，吴自肃. 康熙·云南通志［G］//北京图书馆古籍出版编辑组. 北京图书馆古籍珍本丛刊（44）史部·地理类·卷七. 北京：书目文献出版社，1998.

[12] （清）夏瑚. 怒俅边隘详情［G］//方国瑜. 云南史料丛刊：第十二卷. 昆明：云南大学出版社，2001.

[13] 徐丽华. 中国少数民族古籍集成：第85册［G］. 成都：四川民族出版社，2002.

[14] （清）杜昌丁. 藏行记程［G］//吴丰培辑. 川藏游踪汇编. 成都：四川民族出版社，1985.

[15] （清）吴其浚. 植物名实图考：上册［M］. 北京：中华书局，1963.

[16] 李根源. 滇西兵要界务图注［G］//方国瑜. 云南史料丛刊：第十卷.

昆明：云南大学出版社，2001.

[17]《云南各族古代史略》编写组. 云南各族古代史略（初稿）[M]. 昆明：云南人民出版社，1977.

[18]《西藏研究》编辑部. 西藏志 卫藏通志[G]. 拉萨：西藏人民出版社，1982.

[19] 刘赞廷. 民国武城县志[G] //中国地方志集成·西藏府县志辑. 成都：巴蜀书社，1995.

[20] 迪庆藏族自治州地方志编纂委员会. 迪庆藏族自治州志[M]. 昆明：云南民族出版社，2003.

[21] 迪庆州工商行政管理局. 迪庆藏族自治州工商行政管理志[M]. 昆明：云南民族出版社，1997.

[22] 中共迪庆州党史征集研究室. 封建农奴制度在迪庆的覆灭[M]. 大理：大理印刷厂，1993.

[23] 段绶滋. 民国中甸县志稿[G] //中国地方志集成·云南府县志辑：83. 南京：凤凰出版社，1960.

[24] 云南省中甸县地方志编纂委员会. 中甸县志[M]. 昆明：云南民族出版社，1997.

[25] 甘孜州志编纂委员会. 甘孜州志[M]. 成都：四川人民出版社，1997.

[26]《甘孜藏族自治州概况》编写组. 四川甘孜藏族自治州概况[M]. 北京：民族出版社，2009.

[27] 云南省地方志编纂委员会. 云南省志（卷六十一）民族志[M]. 昆明：云南人民出版社，2002.

[28] 当代云南编辑委员会. 当代云南简史[M]. 北京：当代中国出版社，2004.

[29] 德钦县志编纂委员会. 德钦县志[M]. 昆明：云南民族出版社，1997.

[30] 丽江县县志编委会办公室. 丽江府志略[M]. 丽江：丽江县县志编委会办公室，1991.

[31] 维西傈僳族自治县志编纂委员会. 维西傈僳族自治县志[M]. 昆明：云南民族出版社，1999.

[32]《民族问题五种丛书》云南省编辑委员会，《中国少数民族社会历史调查资料丛刊》修订编辑委员会. 纳西族社会历史调查（一）[G]. 北京：民族出版社，2009.

[33]《民族问题五种丛书》云南省编辑委员会，《中国少数民族社会历史调查资料丛刊》修订编辑委员会. 独龙族社会历史调查（一）[G]. 北京：民族出版社，2009.

[34]《民族问题五种丛书》云南省编辑委员会,《中国少数民族社会历史调查资料丛刊》修订编辑委员会. 怒族社会历史调查［G］. 北京：民族出版社, 2009.

[35] 四川省编写组. 四川省甘孜州藏族社会历史调查［G］. 成都：四川省社会科学院出版社, 1985.

[36] 云南省编辑组,《中国少数民族社会历史调查资料丛刊》修订编辑委员会. 中央访问团第二分团云南民族情况汇集：上［G］. 北京：民族出版社, 2009.

[37]《民族问题五种丛书》云南省编写组,《中国少数民族社会历史调查资料丛刊》修订编辑委员会. 独龙族社会历史调查（二）［G］. 北京：民族出版社, 2009.

[38] 杨仲华. 西康纪要［M］. 上海：商务印书馆, 1935.

[39] 李有义. 今日的西藏［M］. 天津：知识书店, 1951.

[40] 赵松乔, 程鸿, 郭扬, 等. 川滇农牧交错地区农牧业地理调查资料［G］. 北京：科学出版社, 1959.

[41] 范文澜. 中国通史简编［M］. 北京：人民出版社, 1965.

[42] 牙含章. 西藏历史的新篇章［M］. 成都：四川民族出版社, 1979.

[43] 詹承绪, 王承权, 李近春, 等. 永宁纳西族的阿注婚姻和母系家庭［M］. 上海：上海人民出版社, 1980.

[44] 费孝通. 民族与社会［M］. 北京：人民出版社, 1981.

[45] 赤烈曲扎. 西藏风土志［M］. 拉萨：西藏人民出版社, 1982.

[46] 严汝娴, 宋兆麟. 永宁纳西族的母系制［M］. 昆明：云南人民出版社, 1983.

[47] 中国科学院青藏高原综合科学考察队. 横断山考察专集（一）［G］. 昆明：云南人民出版社, 1983.

[48] 格勒. 甘孜藏族自治州史话［M］. 成都：四川民族出版社, 1984.

[49] 中国科学院青藏高原综合科学考察队. 西藏农业地理［M］. 北京：科学出版社, 1984.

[50] 西藏自治区文物管理委员会, 四川大学历史系. 昌都卡若［M］. 北京：文物出版社, 1985.

[51] 方国瑜. 中国西南历史地理考释：下册［M］. 北京：中华书局, 1987.

[52] 任乃强. 西康图经·民俗篇［G］//亚洲民族考古丛刊·第四辑. 台北：南天书局, 1987.

[53] 覃光广, 等. 文化学辞典［M］. 北京：中央民族学院出版社, 1988.

[54] 刘创楚, 杨庆堃. 中国社会：从不变到巨变［M］. 香港：香港中文大学

出版社，1989.

[55] 张增祺. 中国青铜器全集·滇、昆明[M]. 北京：文物出版社，1993.

[56] 张天路. 中国少数民族社区人口研究[M]. 北京：中国人口出版社，1993.

[57] 尤中. 云南民族史[M]. 昆明：云南大学出版社，1994.

[58] 郭大烈，和志武. 纳西族史[M]. 成都：四川民族出版社，1994.

[59] 张传富. 云南藏族人口[M]. 北京：中国统计出版社，1994.

[60] 石硕. 西藏文明东向发展史[M]，成都：四川人民出版社，1994.

[61] 王恒杰. 迪庆藏族社会史[M]. 北京：中国藏学出版社，1995.

[62] 霍巍. 西藏古代墓葬制度史[M]. 成都：四川人民出版社，1995.

[63] 沙吉才. 当代中国妇女家庭地位研究[M]. 天津：天津人民出版社，1995.

[64] 何叔涛. 云南民族女性文化丛书·怒族——复苏了的神话[M]. 昆明：云南教育出版社，1995.

[65] 杨福泉. 原始生命神与生命观[M]. 昆明：云南人民出版社，1995.

[66] 李寿，苏培明. 云南历史人文地理[M]. 昆明：云南大学出版社，1996.

[67] 杨福泉. 多元文化与纳西社会[M]. 昆明：云南人民出版社，1998.

[68] 刘曼卿. 国民政府女密使赴藏纪实——原名《康藏轺征》[M]. 北京：民族出版社，1998.

[69] 李银河. 妇女：最漫长的革命[M]. 北京：生活·读书·新知三联书店，1998.

[70] 云南省社会科学院宗教研究所. 云南宗教史[M]. 昆明：云南人民出版社，1999.

[71] 云南省妇女运动史编纂委员会. 云南妇女运动史（1949—1995）[M]. 昆明：云南人民出版社，1999.

[72] 费孝通. 生育制度[M]. 北京：商务印书馆，1999.

[73] 李金明. 独龙族文化大观[M]. 昆明：云南民族出版社，1999.

[74] 杨鹤书. 中国少数民族社会与文化[M]. 广州：中山大学出版社，1999.

[75] 云南民族事务委员会. 怒族文化大观[M]. 昆明：云南民族出版社，1999.

[76] 杨毓骧. 伯舒拉岭雪线下的民族[M]. 昆明：云南大学出版社，2000.

[77] 罗海麟. 开启心智的金钥匙——云南民族教育[M]. 昆明：云南教育出版社，2000.

［78］中共甘孜州党史研究室. 甘孜藏族自治州民主改革史［M］. 成都：四川民族出版社，2000.

［79］张佩国. 地权分配·农家经济·村落社区——1900—1945年的山东农村［M］. 济南：齐鲁书社，2000.

［80］芮逸夫. 云五社会科学大辞典（第十册）人类学［M］. 台北：台湾商务印书馆，2000.

［81］范河川. 父系原始文化的活化石——山岩戈巴［M］. 成都：四川大学出版社，2000.

［82］谭琳，陈卫民. 女性与家庭：社会性别视角的分析［M］. 天津：天津人民出版社，2001.

［83］刘霓. 西方女性学：起源、内涵与发展［M］. 北京：社会科学文献出版社，2001.

［84］方国瑜. 方国瑜文集：第四辑［G］. 昆明：云南教育出版社，2001.

［85］哈经雄，滕星. 民族教育学通论［M］. 北京：教育科学出版社，2001.

［86］滕星. 族群、文化与教育［M］. 北京：民族出版社，2002.

［87］张佩国. 近代江南乡村地权的历史人类学研究［M］. 上海：上海人民出版社，2002.

［88］李开义，殷晓俊. 彼岸的目光——晚清法国外交官方苏雅在云南［M］. 昆明：云南教育出版社，2002.

［89］潘允康. 社会变迁中的家庭：家庭社会学［M］. 天津：天津社会科学院出版社，2002.

［90］德吉卓玛. 藏传佛教出家女性研究［M］. 北京：社会科学文献出版社，2003.

［91］宋兆麟. 伙婚与走婚——金沙江奇俗［M］. 昆明：云南人民出版社，2003.

［92］尕藏加. 雪域的宗教：宗教与文明传承 宗派与教法仪轨：上册［M］. 北京：宗教文化出版社，2003.

［93］王尧，王启龙，邓小咏. 中国藏学史（1949年前）［M］. 北京：民族出版社，2003.

［94］刘俊哲. 藏族道德［M］. 北京：民族出版社，2003.

［95］王尧. 藏学概论［M］. 太原：山西教育出版社，2004.

［96］葛志华. 为中国"三农"求解：转型中的农村社会［M］. 南京：江苏人民出版社，2004.

［97］周怡. 解读社会——文化与结构的路径［M］. 北京：社会科学文献出版社，2004.

[98] 格勒, 海帆. 康巴: 拉萨人眼中的荒凉边地 [M]. 北京: 生活·读书·新知三联书店, 2005.

[99] 杨恩洪. 藏族妇女口述史 [M]. 北京: 中国藏学出版社, 2006.

[100] 刘志扬. 乡土西藏文化传统的选择与重构 [M]. 北京: 民族出版社, 2006.

[101] 察仓·尕藏才旦. 西藏苯教 [M]. 成都: 四川人民出版社, 2006.

[102] 苏红军, 柏棣. 西方后学语境中的女权主义 [M]. 桂林: 广西师范大学出版社, 2006.

[103] 陆学艺. 历史上最具影响力的社会学名著20种 [M]. 西安: 陕西人民出版社, 2007.

[104] 白玉芬. 藏族风俗文化 [M]. 拉萨: 西藏人民出版社, 2007.

[105] 蔡家麒. 藏彝走廊中的独龙族社会历史考察 [M]. 北京: 民族出版社, 2008.

[106] 根旺. 民主改革与四川藏族地区社会文化变迁研究 [M]. 北京: 民族出版社, 2008.

[107] 尹绍亭. 远去的山火——人类学视野中的刀耕火种 [M]. 昆明: 云南人民出版社, 2008.

[108] 罗布江村. 康藏研究新思路: 文化、历史与经济发展 [M]. 北京: 民族出版社, 2008.

[109] 李燕兰. 茶马古道要地奔子栏 [M]. 昆明: 云南民族出版社, 2008.

[110] 高志英. 藏彝走廊西部边缘民族关系与民族文化变迁研究 [M]. 北京: 民族出版社, 2009.

[111] 任乃强. 民国川边游踪之"西康札记" [M]. 北京: 中国藏学出版社, 2010.

[112] 尕藏加. 藏区宗教文化生态 [M]. 北京: 社会科学文献出版社, 2010.

[113] 柳陞祺. 西藏的寺与僧 (1940年代) [M]. 北京: 中国藏学出版社, 2010.

[114] 何国强. 政治人类学通论 [M]. 昆明: 云南大学出版社, 2011.

[115] 张保见. 民国时期青藏高原经济地理研究 [M]. 成都: 四川大学出版社, 2011.

[116] 李绍恩. 中国怒族 [M]. 银川: 宁夏人民出版社, 2011.

[117] 杨将领. 中国独龙族 [M]. 银川: 宁夏人民出版社, 2012.

[118] 李晓广. 当代中国性别政治与制度公正 [M]. 南京: 南京大学出版社, 2012.

[119] 李钢, 李志农. 历史源流与民族文化——三江并流地区考古暨民族关系

研究学术研讨会论文集［C］. 昆明：云南大学出版社，2011.

[120] 李志农，李红春. 藏传佛教信仰与儒家文化互动下的"二次葬"习俗——以云南省迪庆州德钦县奔子栏藏族村为例［G］//何明. 西南边疆民族研究：第七辑. 昆明：云南大学出版社，2010.

[121] 张增祺. 云南青铜文化研究［G］//云南省博物馆. 云南青铜文化论集. 昆明：云南人民出版社，1991.

[122] 中国人民政治协商会议甘孜藏族自治州委员会. 甘孜州文史资料：第二十一辑［G］. 2004.

[123] 宋恩常. 藏族中的群婚残余［G］//民族学研究：第二辑. 北京：民族出版社，1981.

[124] 谭乐山. 对杂交、血缘群婚和马来亚亲属制的质疑［G］//民族学研究：第二辑. 北京：民族出版社，1981.

[125] 林耀华. 民族学研究［M］. 北京：中国社会科学出版社，1985.

[126] 庄孔韶. 云南山地民族（游耕社区）人类生态学初探［G］//中国人类学会. 人类学研究续集. 北京：中国社会科学出版社，1987.

[127] 庄英章. 惠东婚姻制度初探：以山霞东村为例［G］//马建钊，乔健，杜瑞乐. 华南婚姻制度与妇女地位. 南宁：广西民族出版社，1994.

[128] 余志伟，孙桂琴. 妇女是发展商品经济的一支重要力量——迪庆藏族妇女在发展商品经济中的地位和作用初探［G］//云南藏学研究论文集：第二集. 昆明：云南民族出版社，1997.

[129] （美）威廉·J. 古德. 家庭［M］. 魏章玲，译. 北京：社会科学文献出版社，1986.

[130] （美）巴伯若·尼姆里·阿吉兹. 藏边人家［M］. 翟胜德，译. 拉萨：西藏人民出版社，1987.

[131] （美）露丝·本尼迪克特. 文化模式［M］. 何锡章，黄欢，译. 北京：华夏出版社，1987.

[132] （美）玛格丽特·米德. 三个原始部落的性别与气质［M］. 宋践，译. 杭州：浙江人民出版社，1988.

[133] （法）伊·巴丹特尔. 男女论［M］. 陈伏保，王论跃，阳尚洪，译. 长沙：湖南文艺出版社，1988.

[134] （美）R. M. 基辛. 文化·社会·个人［M］. 甘华鸣，陈芳，甘黎明，译. 沈阳：辽宁人民出版社，1988.

[135] 德司·桑杰嘉错. 四部医典系列挂图全集［M］. 强巴赤列，王镭，译. 拉萨：西藏人民出版社，1988.

[136] （法）米歇尔·福柯. 性史：第一、二卷［M］. 张廷琛，林莉，范千

红, 等, 译. 上海: 上海科学技术文献出版社, 1989.

[137] (俄) 顾彼得. 被遗忘的王国 [M]. 李茂春, 译. 昆明: 云南人民出版社, 1991.

[138] 莲花生. 西藏度亡经 [M]. 徐进夫, 译. 北京: 宗教文化出版社, 1995.

[139] (法) 孟德斯鸠. 论法的精神: 下册 [M]. 张雁深, 译. 北京: 商务印书馆, 1997.

[140] (美) 索甲仁波切. 西藏生死之书——藏传佛教生死观 [M]. 郑振煌, 译. 北京: 中国社会科学出版社, 1999.

[141] (美) J. F. 洛克. 中国西南古纳西王国 [M]. 刘宗岳, 等, 译. 昆明: 云南美术出版社, 1999.

[142] (英) 马林诺夫斯基. 原始的性爱 (上) [M]. (英文版) 3 版. 王启龙, 邓小咏, 译. 北京: 中国社会出版社, 2000.

[143] (美) 凯特·米利特. 性政治 [M]. 宋文伟, 译. 南京: 江苏人民出版社, 2000.

[144] (英) H. R. 戴维斯. 云南: 联结印度和扬子江的链环——19 世纪一个英国人眼中的云南社会状况及民族风情 [M]. 李安泰, 和少英, 邓立木, 等, 译. 昆明: 云南教育出版社, 2001.

[145] (法) 皮埃尔·布尔迪厄. 男性统治 [M]. 刘晖, 译. 深圳: 海天出版社, 2002.

[146] (英) 马凌诺斯基. 文化论 [M]. 费孝通, 译. 北京: 华夏出版社, 2002.

[147] (法) 石泰安. 西藏的文明 [M]. 耿昇, 译. 北京: 中国藏学出版社, 2005.

[148] (加) 巴巴拉·阿内尔. 政治学与女性主义 [M]. 郭夏娟, 译. 北京: 东方出版社, 2005.

[149] (加) 宝森. 中国妇女与农村发展——云南禄村六十年的变迁 [M]. 胡玉坤, 译. 南京: 江苏人民出版社, 2005.

[150] (美) 罗伯特·C. 尤林. 理解文化 [M]. 何国强, 译. 北京: 北京大学出版社, 2005.

[151] 孙中欣, 张莉莉. 女性主义研究方法 [M]. 上海: 复旦大学出版社, 2007.

[152] 韩敏. 回应革命与改革: 皖北李村的社会变迁与延续 [M]. 陆益龙, 徐新玉, 译. 南京: 江苏人民出版社, 2007.

[153] (美) 玛格丽特·米德. 萨摩亚人的成年 [M]. 周晓红, 李姚军, 刘婧, 译. 北京: 商务印书馆, 2008.

[154]（美）鲁丝·华莱士,（英）艾莉森·沃尔夫. 当代社会学理论：对古典理论的扩展［M］. 6版. 刘少杰, 等, 译. 北京：中国人民大学出版社, 2008.

[155]（英）玛丽·道格拉斯. 洁净与危险［M］. 黄剑波, 卢忱, 柳博赟, 译. 北京：民族出版社, 2008.

[156] 杜杉杉. 社会性别的平等模式——"筷子成双"与拉祜族的两性合一［M］. 赵效牛, 刘永青, 译. 昆明：云南大学出版社, 2008.

[157]（英）德斯蒙德·莫利斯. 裸猿［M］. 何道宽, 译. 上海：复旦大学出版社, 2010.

[158]（英）克里斯·希林. 身体与社会理论［M］. 李康, 译. 北京：北京大学出版社, 2010.

[159]（美）托马斯·帕特森. 马克思的幽灵——和考古学家会话［M］. 何国强, 译. 北京：社会科学文献出版社, 2011.

[160]（法）雅克·比岱,（法）厄斯塔什·库维拉基斯. 当代马克思辞典［M］. 许国艳, 等, 译. 北京：社会科学文献出版社, 2011.

[161]（英）西蒙·冈恩. 历史学与文化理论［M］. 韩炯, 译, 北京：北京大学出版社, 2012.

[162]（美）罗伯特·C. 尤林. 陈年老窖：法国西南葡萄酒业合作社的民族志［M］. 何国强, 魏乐平, 译. 昆明：云南大学出版社, 2012.

[163] 恩格斯. 反杜林论［M］. 北京：人民出版社, 1957.

[164] 马克思恩格斯全集：第42卷［G］. 北京：人民出版社, 1979.

[165] 马克思. 论资本主义以前诸社会形态［M］. 北京：文物出版社, 1979.

[166] 马克思. 1844年经济学哲学手稿［M］. 北京：人民出版社, 1985.

[167] 马克思恩格斯选集：第4卷［G］. 北京：人民出版社, 1995.

[168]（美）比阿特丽丝·D. 米勒. 西藏妇女的地位［G］. 吕才, 译//王尧. 国外藏学研究译文集：第三辑. 拉萨：西藏人民出版社, 1987.

[169]（美）南希·列维妮. 在尼泊尔宁巴社会中, 藏族妇女在法律、工作和经济上没有保障的状况［G］. 玉珠措姆, 译//陈庆英. 国外藏学研究译文集：第十三集. 拉萨：西藏人民出版社, 1997.

[170]（印）群沛·诺尔布. 西藏的民俗文化［G］. 向红笳, 译//王尧. 国外藏学研究译文集：第九辑. 拉萨：西藏人民出版社, 1992.

（二）外文著作

[1] Phillips A. Survey of african marriage and family life［M］. London：Oxford University Press, 1953.

［2］Aziz B N. Tibetan frontier families: reflections of three generations from D'ingri [M]. New Delhi: Vikas Publishing House, 1978.

［3］Berreman G. Hindus of the himalayas [M]. Berkeley: University of California Press, 1963.

［4］Boserup E. Women's role in economic development [M]. New York: St. Martin's Press, 1970.

［5］Cohen M L. House united, house divided: the Chinese family in Taiwan [M]. New York: Columbia University Press, 1976.

［6］Majumda D N. Himalayan polyandry: structure, functioning and culture change: A field-study of Janunsar-Bawar [M]. New York: Asia Publishing House, 1962.

［7］Hammond D, Jablow A. Women in culture of the world [M]. California: Cummings Publishing Company, 1976.

［8］Evans-Pritchard E E. Kinship and marriage among the nuer [M]. Oxford: Clarendon Press, 1951.

［9］Croll E. From heaven to earth: images and experiences of development in China [M]. London & New York: Routledge, 1994.

［10］Durkheim E. Education and Sociology [M]. New York: Free Press, 1965.

［11］Friedl E. Women and men: an anthropologist's view [M]. New York: Holt, Rinehart and Winston, 1975.

［12］Freedam M. Ritual aspect of Chinese kinship and marriage [G] //Freedam M. The study of Chinese society: essays. Chicago: University of Chicago Press, 1979.

［13］Furer-Haimendorf C von. The sherpas of Nepal: buddhist highlanders [M]. Harmondsworth: Pelican, 1964.

［14］Herchatter G. Women in China's long twentieth century (global, area, and international archive) [M]. London: University of California Press, 2007.

［15］Djamour J. Malay kinship and marriage in Singapore [M]. London: Athlone Press, 1965.

［16］Goody J and Tambiah S J. Bridewealth and dowry [M]. Cambridge: Cambridge University Press, 1973.

［17］Fisher J F. Himalayan anthropology: the Indo-Tibetan interface [M]. [S. L.]: Mouton Publishers, 1978.

［18］Collier J F, Yanagisako S J. Gender and kinship: essays toward a unified analysis [M]. Stanford: Stanford University Press, 1987.

[19] Gyatso J, Havnevik H. Women in Tibet: past and present [M]. Columbia: Columbia University Press, 2005.

[20] Kapadia K M. Marriage and family in India [M]. Bombay: Oxford University Press, 1955.

[21] Douglas M. Natural symbols: explorations in cosmology [M]. [S. L.]: Pantheon Books, 1970.

[22] Wolf M. Women and the family in rural Taiwan [M]. Stanford: Stanford University Press, 1972.

[23] Evans M. Gender and social theory [M]. Buickingham: Open University Press, 2003.

[24] Herskovits M J. Man and his works: the science of cultural anthropology [M]. New York: A. A. Knopf, 1949.

[25] Zeitzen M K. Polygamy: a cross-cultural analysis [M]. New York: Berg Publishers, 2008.

[26] Levine N E. The dynamics of polyandry: kinship, domesticity and population on the Tibetan border [M]. Chicago: University of Chicago Press, 1988.

[27] Parish W L, Whyte M K. Village and family in contemporary China [M]. Chicago: University of Chicago Press, 1978.

[28] Parma Y S. Polyandry in the himalayans [M]. Delhi: Vikas Publishing House, 1975.

[29] Saksena R. Social economy of a polyandrous people [M]. London: Asia Publishing House, 1962.

[30] Linton R. The Study of man: an introduction [M]. New York: Appleton-Century Crofts, 1936.

[31] Jones R L, Jones S K. The himalayan women: a study of Limbu women in marriage and divorce [M]. Palo Alto: Mayfield Publishing Company, 1976.

[32] Ekvall R. Religious observances in Tibet: patterns and function [M]. Chicago: University of Chicago Press, 1964.

[33] Ekvall R. Fields on the hoof: nexus of Tibetan nomadic pastoralism [M]. New York: Holt, Rinehart and Winston, 1968.

[34] Rosaldo M Z, Lamphere L. Women, culture, and society [M]. Stanford: Stanford University Press, 1974.

[35] Perelberg R J, Miller A C. Gender and power in families [M]. London: Routledge, 1990.

[36] Schuler S R. The other side of polyandry: property, stratification, and non-

marriage in the Nepal Himalayas［M］. Boulder：Westview Press，1987.

［37］Bell S C. The people in Tibet［M］. Oxford：Clarendon Press，1928.

［38］Jacka T. Women's work in rural China：change and continuity in an era of reform［M］. Cambridge：Cambridge University Press，1997.

［39］Greenstein T N. Methods of family research［M］. Oaks：Sage Publications Inc，2001.

## 二、论文

（一）中文论文

［1］杨福泉. 略论滇西北的民族关系［J］. 云南社会科学，2000（5）.

［2］和即仁. 试论纳西族的自称族名［J］. 思想战线，1980（4）.

［3］胡玉坤. 社会性别、族群与差异：妇女研究的新取向［J］. 中国学术，2004（17）.

［4］土呷. 昌都历史文化的特点及其成因［J］. 中国藏学，2006（1）.

［5］王大道. 云南青铜文化的五个类型及与班清、东山文化的关系［J］. 云南文物，1988（24）.

［6］高志英，徐俊. 元明清"藏彝走廊"西端滇、藏、缅交界地带民族关系发展研究［J］. 甘肃社会科学，2008（6）.

［7］周智生. 明代纳西族移民与滇藏川毗连区的经济开发——兼析纳藏民族间的包容共生发展机理［J］. 思想战线，2011（6）.

［8］坚赞才旦. 真曲河谷一妻多夫家庭组织探微［J］. 西藏研究，2001（3）.

［9］张建世，土呷. 珠多村藏族农民家庭调查［J］. 西藏大学学报，2006（2）.

［10］龚佩华. 独龙族的婚姻、姓名和历法［J］. 民族文化，1980（2）.

［11］张天路，张梅. 中国藏族人口的发展变化［J］. 中国藏学，1988（2）.

［12］星全成. 藏族继承制度的内涵及特征试析［J］. 西藏研究，1997（2）.

［13］刘龙初. 俄亚纳西族安达婚姻及其与永宁阿注婚的比较［J］. 民族研究，1996（1）.

［14］赵留芳. 道孚县浅影［J］. 康导月刊，1938.

［15］李安宅. 西康德格之历史与人口［J］. 边政公论，1941（2）.

［16］翁乃群. 女源男流：从象征意义论川滇边境纳日文化中社会性别的结构体系［J］. 民族研究，1996（4）.

［17］赵心愚. 和硕特部南征康区及其对川滇边藏区的影响［J］. 云南民族学院学报：哲学社会科学版，2002（3）.

［18］刘彦，张禹. 云南藏区民主改革口述史之个案调查［J］. 思想战线，

2010（S2）.

[19] 宋恩常. 试谈独龙族私有财产的产生［J］. 思想战线, 1977（3）.
[20] 吴杰. 浅析藏族民居帐篷里的空间结构与信仰［J］. 青海师范大学民族师范学院学报, 2011（1）.
[21] 胡昂, 黄琬雯. 传统藏族民居的空间结构之分析与探究［J］. 建筑与文化, 2010（11）.
[22] 坚赞才旦. 真曲河谷亲属称谓制探微［J］. 西藏研究, 2001（3）.
[23] 瞿明安. 跨文化视野中的聘礼——关于中国少数民族婚姻聘礼的比较研究［J］. 民族研究, 2003（6）.
[24] 王端玉. 喇嘛教与藏族人口［J］. 民族研究, 1982（2）.
[25] 严德一. 察隅边防述略［J］. 边疆通讯, 1947（5）.
[26] 李式金. 云南阿墩子——一个汉藏贸易要地［J］. 东方杂志, 1944（16）.
[27] 吴文晖, 朱鉴华. 西康人口问题［J］. 边政公论, 1944（2）.
[28] 陈文瀚. 昌都剪影［J］. 康导月刊, 1940（11）.
[29] 绒巴扎西. 云南藏区农户经济行为分析［J］. 云南社会科学, 1996（1）.
[30] 王文长. 对藏东藏族家庭婚姻结构的经济分析［J］. 西藏研究, 2000（2）.
[31] 陶占琦. 西藏盐井纳西族的发展现状及其宗教信仰［J］. 西藏研究, 1999（2）.
[32] 金飞. 盐井县考［J］. 边政, 1931（8）.
[33] 庄孔韶. 父系家族公社结构的演化进程概说［J］. 中央民族大学学报：哲学社会科学版, 1982（4）.
[34] 叶世富, 记录整理. 婚礼歌［J］. 华夏地理, 1991（1）.
[35] 散人. 甘南生殖崇拜点滴［J］. 西藏艺术研究, 1999（1）.
[36] 马达学. 青海民俗与巫傩文化考释［J］. 青海民族研究, 1999（1）.
[37] 余英. 德钦县农村2000—2003年孕产妇死亡检测情况报告［J］. 中国实用乡村医生杂志, 2004（11）.
[38] 杨书章. 西藏妇女的生育水平与生育模式［J］. 中国藏学, 1993（1）.
[39] 谢成范. 西藏的医疗卫生事业和高原病研究的成就［J］. 中国藏学, 1991（2）.
[40] 方铁. 南方古代少数民族婚育习俗面面观［J］. 民族艺术研究, 1999（1）.
[41] 穆赤·云登嘉措. 藏传佛教信众宗教经济负担的历史与现状［J］. 西藏

研究, 2002 (1).

[42] 沈醒狮. 独龙族文面习俗现状调查 [J]. 安徽师范大学学报: 人文社会科学版, 2005 (2).

[43] 林继富. 人生转折的临界点——母题数字"十三"与藏族成年礼 [J]. 青海民族研究, 2004 (1).

[44] 洲塔, 王云. 从婚俗文化看社会转型过程中藏族生育文化的变迁——以青海卓仓藏族为例 [J]. 兰州大学学报: 社会科学版, 2010 (2).

[45] 金少萍. 云南少数民族女子成年礼探微 [J]. 思想战线, 1999 (2).

[46] 石硕. 《格萨尔》与康巴文化精神 [J]. 西藏研究, 2004 (4).

[47] 周润年. 藏传佛教五大教派寺院教育综述 [J]. 西藏大学学报, 2007 (3).

[48] 赵心愚. 略论丽江木氏土司与噶玛噶举派的关系 [J]. 思想战线, 2001 (6).

[49] 措姆. 略论黄教对藏族地区生产及人口的影响 [J]. 西藏研究, 1986 (4).

[50] 郎维伟, 张朴, 尚云川. 四川甘孜州藏传佛教尼姑现状浅析 [J]. 西藏研究, 2002 (2).

[51] 房建昌. 藏传佛教女尼考 [J]. 中央民族学院学报, 1988 (4).

[52] 王铭铭. 教育空间的现代性与民间观念 [J]. 社会学研究, 1999 (6).

[53] 李钢. "女千总内附"壁画的发现与初步研究 [J]. 中国藏学, 2012 (2).

[54] 陆俊元. 论地缘政治的本质 [J]. 国际关系学院学报, 2006 (4).

[55] 陈昭星. 天主教、基督教在我国西南民族地区传播的原因 [J]. 民族研究, 1992 (4).

[56] 走出香格里拉——访藏族女高音歌唱家宗庸卓玛 [J]. 云岭歌声, 2000 (1).

[57] 蔡维琰. 社会文化变迁中怒族女性的人格主体 [J]. 思想战线, 2000 (4).

[58] 高雅楠. 女性学视野下的云南贡山族际通婚圈的成因分析 [J]. 红河学院学报, 2009 (1).

[59] 李勤. 少数民族妇女外流对当地社会的影响——以云南贡山县为例 [J]. 云南民族大学学报: 哲学社会科学版, 2005 (4).

[60] 杨筑慧. 西南少数民族妇女外流与传统社会文化 [J]. 中央民族大学学报: 哲学社会科学版, 2006 (2).

[61] 王金玲. 非农化与农村妇女家庭地位变迁的性别考察——以浙江省为

例［J］．浙江社会科学，1997（2）．

［62］嘎·达哇才仁．藏族人名文化［J］．西藏大学学报，1996（2）．

［63］袁芳．从社会性别看怒族的村寨教育［J］．河南教育学院学报：哲学社会科学版，2003（1）．

［64］何林．多元宗教背景下的少数民族婚姻——以云南贡山怒族为例［J］．云南民族大学学报：哲学社会科学版，2009（6）．

［65］杨伟兵．森林生态学视野中的刀耕火种——兼论刀耕火种的分类体系［J］．农业考古，2001（1）．

［66］林木．独龙族教育简况［J］．民族教育研究，1991（2）．

［67］奔厦·泽米．独龙族基础教育需跨越式发展［J］．云南师范大学学报：哲学社会科学版，2004（5）．

［68］和建春．香格里拉县东旺乡藏族婚俗初探［J］．香格里拉史志通讯，2008（2）．

［69］赵银棠．旧社会的丽江纳西族妇女［J］．玉龙山，1985（4）．

［70］（美）戈尔斯坦，辛西亚·M．比尔．中国在西藏自治区实行的节育政策——神话与现实［J］．海淼，译．世界民族，1993（3）．

［71］（法）古纯仁．川滇之藏边［J］．李哲生，译．康藏研究月刊，1948（15）．

［72］（法）古纯仁．旅行金沙江［J］．李哲生，译．康藏研究月刊，1948（22）．

［73］（美）戈尔斯坦．利米半农半牧的藏语族群对喜马拉雅山区的适应策略［J］．坚赞才旦，译．西藏研究，2002（3）．

［74］（美）Melvyn·C．戈尔斯坦．巴哈里与西藏的一妻多夫制度新探［J］．何国强，译．西藏研究，2003（2）．

［75］（美）梅尔文：C．戈德斯坦．当兄弟们共享一个妻子时［J］．党措，摘译．世界民族，2005（2）．

［76］（美）南希·列维妮．"骨系"与亲属、继嗣、身分和地位［J］．格勒，赵湘宁，胡鸿保，译．中国藏学，1991（1）．

［77］（美）迈克尔·G．佩勒兹．20世纪晚期人类学的亲属研究［J］．王天玉，周云水，译．广西民族大学学报：哲学社会科学版，2010（1）．

（二）外文论文

[1] Aiyappan A. Fraternal polyandry in Malabar [J]. Man in India, 1935, 15 (283): 108-283.

[2] Hillman B, Henfry L A. Macho minority: masculinity and ethnicity on the

edge of Tibet [J]. Mordern China, 2006, 32 (2): 251 - 272.

[3] Berreman G D. Pahari polyandry: a comparison [J]. American Anthropologist, 1962, 64 (1): 60 - 75.

[4] Berreman G D. Himalayan polyandry and the domestic cycle [J]. American Ethnologist, 1975 (2): 127 - 138.

[5] Bradley K, Khor D. Toward an integration of theory and research on the status of women [J]. Gender and Society, 1993, 7 (3).

[6] Mukhopadhyay C C, Higgins P J. Anthropological studies of women's status revisited: 1977—1987 [J]. Annual Review of Anthropology, 1988 (17): 461 - 495.

[7] Cassidy M L, Lee G R. The study of polyandry: a critique and synthesis [J]. Journal of Comparative Family Studies, 1989, 20 (1): 1 - 11.

[8] Makley C E. Gendered boundaries in motion: space and identity on the Sion-Tibetan frontier [J]. American Ethnologist, 2003, 30 (4): 597 - 619.

[9] Majumda D N. Family and marriage in polyandrous society [J]. The Eastern Anthropologist, 1955 (8): 85 - 110.

[10] Gwako L M, Edwins. Polygyny among the logoli of western kenya [J]. Anthropos, 1998, 93 (4 - 6): 331 - 348.

[11] Leach E R. Polyandry, inheritance and the definition of marriage: With particular reference to sinhalese customary law [J]. Man, 1955, 55 (199): 182 - 186.

[12] Garber C. Marriage and sex customs of the western eskimos [J]. The Scientific Monthly, 1935, 41 (3): 215 - 227.

[13] Steward J H. Shoshoni polyandry [J]. Amerian Anthropologist, New Series, 1936, 38 (4): 561 - 564.

[14] Peters J F, Hunt C L. Polyandry among the yanomama shirishana [J]. Journal of Comparative Family Studies, 1975, 6 (2): 197 - 208.

[15] Brown J K. A cross-cultural study of female initiation rites [J]. American Anthropologist, 1963, 65, (4): 837 - 853.

[16] Gough K E. Is the family universal? The nayar case [J]. Journal of the Royal Anthropological Institute, 1959 (89): 23 - 34.

[17] Dalsimer M, Nisonoff L. The implications of the new agricultural and one-child family policies for rural Chinese women [J]. Feminist Studies, 1987, 13 (3): 583 - 607.

[18] Hermanns M. The status of woman in Tibet [J]. Anthropological Auarterly,

1953：67-78.

[19] Goldstein M C. Stratification, polyandry, and family structure in central Tibet [J]. Southwestern Journal of Anthropology, 1971, 27 (1)：64-74.

[20] Goldstein M C. Fraternal polyandry and fertility in the himalayas of N. W. Nepal [J]. The Tibet Society Bulletin, 1977, 11 (10)：12-19.

[21] Levine N, Sangree W. Conclusion：Asian and African systems of polyandry [J]. Journal of Comparative Family Studies, 1980, 11 (3)：385-410.

[22] Levine N E, Silk J B. Why polyandry fails：sources of instability in polyandrous marriages [J]. Current Anthropology, 1997, 38 (3)：375-398.

[23] Quinn N. Anthropological studies on women's status [J]. Annual Review Anthropology, 1977 (6)：181-225.

[24] Peter P, H R H. The polyandry of ceylon and South India [J]. Man in India, 1951 (11)：167-175.

[25] Peter P. The polyandry of Tibet, actes du IV congres international des sciences anthropolgiques et ethnologiques [J]. Vienne, 1952 (2)：176.

（三）学位论文

[1] 高微茗. 上帝在藏族村庄中 [D]. 广州：中山大学, 2009.
[2] 郭净. 卡瓦格博澜沧江峡谷的藏族 [D]. 昆明：云南大学, 2001.
[3] 李长虹. 我国民族的"入赘婚"初探 [D]. 广州：中山大学, 1988.
[4] 李锦. 家屋与嘉绒藏族社会结构 [D]. 广州：中山大学, 2010.
[5] 却落. 安多藏族文化中的女性地位研究 [D]. 北京：中央民族大学, 2005.
[6] 吴晓蓉. 仪式中的教育——摩梭人成年礼的教育人类学分析 [D]. 重庆：西南师范大学, 2003.
[7] 西绕云贞. 迪庆藏族百年社会发展简论 [D]. 昆明：云南大学, 2003.
[8] 朱文惠. 佛教寺院与高地农牧村落共生关系研究：以云南省迪庆藏族自治州来远寺为例 [D]. 台北：台湾"清华大学", 2000.
[9] 邹中正. 汉族与藏族亲属称谓的比较研究 [D]. 成都：四川大学, 2003.
[10] Ben Jiao. Socio-economic and cultural factors underlying the contemporary revival of fraternal polyandry in Tibet [D]. Cleve Land：Case Western Reserve University, 2001.

# 后 记

本书的写作离不开导师何国强教授的指导与建议，部分章节在我的博士论文基础上修改而成。回首过往之路，可以说，本书的写作是在不断摸索与坚持中持续下来的。现在，面对即将付梓的书稿，我想向先后以各种形式为此书提供关照与支持的人表示谢意，但限于篇幅，我仅能在此列出其中一部分人的姓名，对未能列出姓名者深表歉意。

首先要感谢的是我的导师何国强教授。他慷慨接纳了跨学科报考的我，这对于我今后的人生和学术之路是一次重大的转折。在3年的学习与研究过程中，导师以客观严谨的治学态度和一丝不苟的工作作风身先垂范。无论是学习还是生活中，假如没有导师谆谆不倦的教诲和持续不断的支持与鼓励，我不可能在如此有限的时间内踏上正确的学习轨道，也无法在艰辛与危险的田野调查中坚持下来，完成论文和学业。

我要感谢中山大学人类学系的周大鸣教授、麻国庆教授、邓启耀教授、张应强教授、程瑜副教授以及暨南大学的马建春教授在论文的开题、预答辩以及其他场合对论文所提出的宝贵建议，刘昭瑞教授、王建新教授和上述老师们用他们广博的知识和严谨的学风引导我一步步进入人类学的殿堂，并为我今后的学习、工作与人生之路树立了典范。

迪庆州民族中等专业学校的李学东副校长一家如同我在迪庆的家人，曾多次帮助我解决调查中的困难。德钦县的次仁永追老师始终是我忠诚的合作伙伴，在我多次前往德钦调查的过程中，她不仅积极地为我联络村里的访问人，还热心地帮忙安排食宿，并充当我工作中的翻译，同时她也是我寂寞时良好的陪伴者。她爽朗的性格、诚恳的为人和谦虚的态度，留给我美好的记忆，也成为我与当地人之间无法割断的一条纽带。

德钦县政府办的格桑嘉措、县旅游局扎西吾堆局长和县妇联西劳卓玛副主席，以及奔子栏镇的次里拉姆、益西卓玛、阿布只玛和热心的村民阿追大姐，他们都曾经为我在德钦县的调查提供过无私的帮助。

云南师范大学校长助理李宏老师、校长办公室主任吴雁江老师和云南华文学院的武友德院长在本书的调查研究和撰写过程中不断关心、鼓励和帮助着我，使书稿得以顺利完成；李兴仁教授则不断地关心我的学习和成长，并为田野调查工作提供便利；教育科学与管理学院2008级硕士生查小艳同学曾在田野调查中两次与我同行,为调查提供协助并贡献心力。云南省教育科学研究院的陶天麟研究员曾在本书的研究阶段多次慷慨相助,并对书稿提出过中肯的意见和建议,使我获益颇丰。

我还要感谢在工作和学习中不断帮助和鼓励我的骆小所教授、邹平教授、杨林教授、黄海涛教授、李劲松教授和云南大学出版社的蔡红华老师,以及旅居迪庆藏族聚居区的罗敏怡夫妇。对藏族文化的共同爱好奠定了我和罗敏怡之间深厚的友情,她的无私关照缓解着我旅途中的艰辛,她对藏文化的执着也鼓励着我在研究之路上不断前行。

中山大学出版社的嵇春霞老师是本书的责任编辑,没有她的辛勤工作,本书很难顺利面世。在此对她表示深深的谢意。

我还需要感谢的是所有接受我访问的藏族妇女,感谢她们的慷慨与无私,并愿意将她们鲜为人知的私人生活与隐秘的个人情感向我倾诉,但我必须遵守保护隐私的约定,无法在此一一提及她们的真实姓名。

最难用言语表达的是我对家人的感激之情,无论是在精神上还是在经济上,假如没有他们一如既往默默的支持和鼓励,相信我不会在求学之路上走到今天。在我多年远离家庭的求学经历中,他们所承受的痛苦与压力并不比我少,但他们始终用宽容与乐观的态度慰藉着我矛盾与内疚的心,并不断鼓励我坚持理想、努力前行。

本书付梓之际,距离我初次进入迪庆藏族聚居区正好过去了整整 10 年。此时的终点,就是彼时的起点。书稿的写作虽然暂时画上了句号,但我的学术之路才刚刚开始。每当回忆起耸立在崇山峻岭中圣洁的雪山、迎风飘扬的风马经幡、美丽勤劳的藏族妇女,以及庄严的佛堂庙宇时,那种感觉,不仅是一种美的感官享受,更是一种超然的精神体会。对人类学的爱好、学习与追求,不仅训练了我的专业技能,同时也提高了我的自身修养。我经历了学习的艰难与痛苦,同时也从中体会到了价值与乐趣,学习与研究工作在孔子所说的"悦己、乐人与修身"的过程中不断地循环前进。

在多次前往迪庆的行程中,我曾经两次幸运地拜谒过神圣的卡瓦格博主峰,活佛和当地的村民都说我是一个心地善良的人,同时也告诉我神山总是愿意赐福于那些信念坚定和心存感恩的人。回想起自己在多次有惊无险的意外中能够安然无恙,我从心底感激上天对我的眷顾,也感激生命中遇到的每一位帮助过我的人!

王天玉
2013 年 3 月 20 日
于春城昆明寓所